軍縮と
武器移転の世界史

「軍縮下の軍拡」はなぜ起きたのか

横井勝彦【編著】

日本経済評論社

はしがき

横井 勝彦

本書のテーマ

本書は、横井勝彦・小野塚知二編著『軍拡と武器移転の世界史——兵器はなぜ容易に広まったのか——』（日本経済評論社、二〇一二年）の続編である。本書においてわれわれは「軍縮・軍備管理と武器移転との関係解明」という新規のテーマに取り組んでいるのであるが、あえて本書のタイトルを前作と似た紛らわしいものにしたのは、軍拡と軍縮を一体の歴史過程として捉え、そこにおける武器移転の持った歴史的意味をトータルに議論したいからにほかならない。本書と前作は、それぞれに完結した体系ではなく、相互に密接な関係を有しているのである。

われわれの共同研究は、武器移転という現象の歴史に注目して、二〇世紀初頭から第二次大戦前夜までに展開された軍拡・軍縮・再軍備の世界史的全体構造を解明することを課題としてきた。ただし、われわれの武器移転史研究は、日英関係史の領域でスタートしており、まずはその領域でいくつかの成果を発表してきた。とりわけ、ここでは奈倉文二・横井・小野塚『日英兵器産業とジーメンス事件——武器移転の国際経済史——』（日本経済評論社、二〇〇三年）ならびに奈倉・横井編著『日英兵器産業史――武器移転の経済史的研究――』（日本経済評論社、二〇〇五年）、以上の二冊を紹介しておきたい。

日本海軍は創設からおよそ半世紀の間に、世界でも稀に見るほど急激に拡張した。その日本海軍に艦艇・兵器とそれらの製造技術を供給したのは圧倒的にイギリスの民間兵器製造企業・造船企業であり、イギリスと日本の間には、長い期間、きわめて濃密な武器移転の関係が維持されていたのである。このような日本海軍とイギリス兵器製造企業との間の武器移転の関係に注目することによって、国際的な兵器取引の実態や兵器生産と産業発展の関係などについて、新たな研究領域を開拓し、これまでの歴史研究では解明されてこなかった事実や視点を提示することができた。

なお、われわれが注目してきた武器移転（arms transfer）とは、軍縮・軍備管理を対象として冷戦時代に国際政治学の分野で誕生した分析概念である。この武器移転という概念は、ライセンス供与や技術者の派遣と受入れ、さらには武器の運用・修理・製造能力の移転までの広範な内容を含み（したがって、技術移転も含み）、武器の輸出入国の政府・軍・兵器企業などの戦略や関係を総合的に捉えることによって、国際的な武器取引の全体構造を解明することを目的とした分析概念である。われわれの共同研究は、冷戦時代に誕生したこのような武器移転概念を初めて歴史研究に導入し、これまでの日英関係史や国際関係史の欠落部分を補填することをめざしてきた。

武器移転史研究の可能性

日本海軍とイギリス兵器企業の間で展開された武器移転は、日英関係史のなかできわめて重要な意味を持っていたにもかかわらず、従来ほとんど解明されてこなかったのであるが、それは兵器産業史研究の特殊性や資料的な制約に加えて、日英間の研究交流や学際研究が十分に取り組まれてこなかったことに起因していた。われわれの上記の二冊の共著は、そうした制約を克服しようという挑戦の中間報告であり、それを踏まえて二〇〇六年には、政治経済学・経済史学会秋季学術大会（明治大学）において「国際経済史研究における『武器移転』概念の射程」というパネル報告を行い、日英関係史、国際関係史、さらには帝国史研究への武器移転概念の適用の意義と可能性について議論した。

以上の成果や議論を総括したうえで、一昨年に刊行した前作『軍拡と武器移転の世界史』では、分析対象を時間的にも従来の「一八六〇年代から両大戦間まで」を「一六世紀から第二次大戦期まで」に拡張し、空間的にも日英関係史の枠組みを越えてアメリカやドイツにも拡大し、さらに分析視角もそれまでの経済史的・経営史的な手法からの拡張を試みた。軍拡と兵器の拡散・武器移転がなぜ容易に進んだのかをテーマとして掲げ、軍備拡張の促進要因を「言説や道徳的な問い」をも含めて幅広く論じた。

軍拡側に注目した以上の共同研究の成果については、すでに一定の評価を得てきているが（さしあたり『西洋史学』第二四五号（二〇一二年）、『軍事史学』通巻一九〇号（二〇一二年）、『歴史と経済』第二一九号（二〇一三年）に掲載の書評参照）、軍縮側に注目した研究成果についてはその後も発表できずにきた。しかし、ようやく本書によって、この課題に関してもわれわれの共同研究の成果を集約することができた。

ワシントン軍縮会議（一九二一年）、ジュネーヴ海軍軍縮会議（一九二七年）、ロンドン海軍軍縮会議（一九三〇年）などでの軍縮論議に、イギリス、アメリカ、日本がどのように参画し、兵器生産国としていかに対応したのか。なぜ軍縮協定と武器輸出管理は破綻し、再軍備へとシフトしていったのか。こうした問題に対する従来の研究は、国際政治史・外交史・軍縮交渉史の分野にとどまり、経済史・国際関係史・帝国史・軍事史などの分野ではほとんど扱われてこなかった。したがって、軍縮と兵器拡散防止が兵器産業に及ぼす影響やそれをめぐる兵器産業と国家との関係、さらには兵器拡散が及ぼす社会的経済的影響などは、その現代的重要性にもかかわらず、ほとんど解明されてこなかったのである。

「軍縮下の軍拡」の三つの側面

本書は、以上のような問題意識に即して、「軍縮・軍備管理と武器移転との関係解明」をテーマとしているが、ここではとくに本書の副題にも掲げた「軍縮下の軍拡」という概念について前もって説明し、本書の主要な論点を明確にしておきたい。「軍縮下の軍拡」とは、両大戦間の軍縮下における次の三つの側面に注目した概念である。ここで結論を先取りして言えば、本書では「軍縮下の軍拡」という概念を用いて、戦間期の海軍軍縮の限界性（下記の第一側面と第二側面）ならびに軍縮に伴う武器移転拡大の必然性（下記の第三側面）を明確にし、従来の研究が無条件に「軍縮期」と位置付けてきた戦間期の捉え直しを企図している。

第一の側面は、ワシントン海軍軍縮条約以降における補助艦艇での建艦競争の新たな展開である。ワシントン軍縮の艦艇保有制限によって英米日三国における主力艦（戦艦・巡洋戦艦）と航空母艦の一部については廃棄ないしは建造中止となり、三国は海軍費（主力艦建造費）の過大な財政負担からひとまず解放されたが、その一方で、条約では制限されなかった補助艦艇、とりわけ大型巡洋艦と駆逐艦で英米日の三つ巴の建艦競争が展開された。補助艦艇を中心とする新たな軍拡が開始されたのである。以上の点については、とくに海軍軍縮交渉での「亀裂」を浮彫りにした本書第Ⅰ部の第1章（倉松論文）やアメリカを中心に軍備「削減」の顛末を追究した第2章（西川論文）ならびに日本の側から海軍軍縮を扱った第Ⅲ部の第10章（奈倉論文）で詳しく検討されている。

第二の側面は、ワシントン軍縮以降における新兵器製造分野の拡大である。巡洋艦・駆逐艦・潜水艦などの補助艦艇の建造ペースが引き続き維持・拡大の方向にあったのに加え、魚雷や航空機の分野でも大幅な拡張が見られた。第Ⅱ部の魚雷に注目した第5章（小野塚論文）や海軍拡張制約下での艦船建造思想を扱った第6章（飯窪論文）は、こうした動向の起源をワシントン軍縮のはるか以前に見据えているが、ワシントン軍縮以降に関して言えば、やはり各国兵器体系において空軍戦力の占める比重が急上昇した点に注目すべきである。しかも、この時代には欧米航空機産業の展開する武器移転によって、航空機生産拠点が世界的に拡散を遂げた。この点については、とくに第Ⅱ部の第8章（横井論文）で扱われている。

第三の側面は、軍縮下における兵器生産国と兵器輸入国の増大、つまり武器移転の拡大である。両者はいずれも第一次大戦以前と比較して格段に増加しているが、それは一九二〇年代の軍縮や武器取引規制の圧力に対応し、一方では兵器企業が武器輸出の拡大をめざし、また他方では戦後に誕生した新興諸国が国家の主権と独立保持の条件として、武器の輸入による軍備整備と兵器の国産化を追求した結果にほかならない。この点については、北東ヨーロッパにおけるフィンランド、エストニア、ラトビア、リトアニア、ポーランド、チェコスロバキア、南東ヨーロッパにおけるトルコ、ユーゴスラビア、ギリシャ、ルーマニアなどに注目して、第Ⅱ部の第4章（グラント論文）で詳しく論じられている。

本書の構成

本書では、上記のような三つの側面を内包した「軍縮下の軍拡」に注目して、「軍縮・軍備管理と武器移転との関係解明」を試みているが、この課題を追究するにあたり、本書は、次のような三部より構成されている。

第Ⅰ部「両大戦間期の軍縮会議・武器取引規制の取り組み」（第1章～第3章）は、ワシントン軍縮会議、ジュネーヴ海軍軍縮会議、ロンドン海軍軍縮会議、さらには武器取引規制をめぐる議論に、イギリス、アメリカ、日本はどのように参画し、兵器生産国としていかに対応したのか。また、各国内部における軍縮論議や武器輸出統制をめぐる議論はどのような方向で展開されたのか。第Ⅰ部の三篇の論文は、こうした問題をそれぞれ独自の視点より真正面から取り上げており、軍縮と兵器拡散防止が兵器産業に及ぼす影響や兵器産業と国家との関係を考えるうえで、いくつもの貴重な視点を提示してくれている。

第Ⅱ部「軍事技術と軍縮」（第4章〜第8章）は、ワシントン軍縮そのものの戦術的前提と軍縮下での産業再編、そして「軍縮下の軍拡」の具体的な展開過程を、艦艇、魚雷、航空機、軍用光学機器などに即して検討している。いずれの章も、一次史料に依拠した本格的な実証研究であるという点に加え、これまでの軍縮史研究ではほとんど扱われてこなかった軍事技術の進化と武器移転の実態に注目している点が、この第Ⅱ部の大きな特徴と言えよう。

第Ⅲ部「日本における陸海軍軍縮の経済史」（第9章〜第11章）は、二〇一一年度政治経済学・経済史学会秋季学術大会（立命館大学）で行ったパネル報告「第一次大戦後の日本陸海軍軍縮と兵器関連産業・兵器生産」をベースとしたものであり、ワシントン軍縮下の「軍拡」の内実と陸軍軍縮（山梨・宇垣軍縮）下の兵器「近代化」を兵器関連産業・兵器生産との関連で考察している。標題に掲げたとおり、軍縮問題に対する日本経済史の分野からの本格的な実証研究の成果である。

なお、以上三部に収められている各論文の概要については、第Ⅰ部から第Ⅲ部までの冒頭の序において紹介しているので、そちらを参照されたい。

目次

第Ⅱ部　軍事技術と軍縮

第Ⅰ部　両大戦間期の軍縮会議・武器取引規制の取り組み

序

横井　勝彦

アメリカ大統領ウィルソンは一九二〇年の国際連盟規約に次の一節を入れさせた。「国際連盟加盟国は、民間企業の兵器生産が深刻な反対を受けるべきであることに同意する。」これはクルップ社、シュナイダー社、ヴィッカーズ社のような各国の巨大兵器企業に対する徹底的な告発であったが、この批判は国際連盟創設時に突如はじまったものではない。それは第一次大戦前夜のドイツ帝国議会において社会民主党のカール・リープクネヒトが行ったクルップ社に対する告発の焼き直しに過ぎない。

しかし、ここに端を発する兵器産業批判（いわゆる「死の商人」批判）は、その後も一九三〇年代に世界が再軍備に向かうまで軍縮論議のなかでたびたび持ち出され、アメリカとイギリスでは政府によって調査委員会まで設置されている。一九二七年のジュネーヴ海軍軍縮会議では、一九二一年のワシントン軍縮会議では制限されなかった巡洋艦・駆逐艦・潜水艦などの補助艦艇の制限協定が審議されたが、アメリカ造船業界から同会議を破綻させる目的で送り込まれた連邦議会ロビストW・シアラーの内部告発が契機となって、アメリカの世論は兵器産業批判へと傾いた。

その後、アメリカでは一九三四年九月に軍需産業調査委員会（通称、ナイ委員会）が設置された。ジュネーヴ軍縮会議（一九三二〜三四年）が破綻した四カ月後のことである。さらにナイ委員会の調査からヴィッカーズ社の南米での政治的緊張を煽る販売戦略が発覚し、翌年二月にはイギリスにおいても自国の兵器産業の国有化の是非を問う王立調査委員会が設置された。しかし、その翌月にはイギリス政府とナチス・ドイツが相次いで再軍備宣言を行っており、「死の商人」批判が葬り去られるのは時間の問題であった。

以上のような情勢のなかで、われわれが注目する「軍縮と武器移転」は、いったいどのように議論されたのであろうか。以下の第1章（倉松論文）では一九二七年のジュネーヴ海軍軍縮会議に焦点を当て、第2章（西川論文）ではワシントン軍縮からロンドン軍縮までを対象とし、そして第3章（松永論文）では一九三五年の王立調査委員会でも議論の対象となったイギリスの武器輸出政策に注目して、軍縮や武器輸出統制をめぐる議論を詳細に辿っている。われわれは、この三篇の論文より、戦間期の国際会議における軍縮論議の変遷や軍縮下での政府と兵器産業との関係について、きわめて明確な歴史像を得ることができるであろう。

本書は全体を通して、ワシントン軍縮会議、ジュネーヴ海軍軍縮会議、ロンドン海軍軍縮会議などでの軍縮論議に、イギリス、アメリカ、日本がどのように参画し、兵器生産国としていかに対応したのか。なぜ軍縮協定と武器輸出管理は破綻し、再軍備へとシフトしていったのか、という問いを掲げているのであるが、この第I部は軍縮会議と武器取引規制の実態解明を課題として以下の三章で構成されている。各章の概要は、以下の通りである。

第1章「一九二〇年代の海軍軍縮会議とその影響——一九二七年ジュネーヴ海軍軍縮会議を中心として——」（倉松中）は、ワシントン軍縮で積み残された補助艦艇の保有制限が審議されたジュネーヴ海軍軍縮会議に、英米日の三国がそれぞれどのような意図をもって臨んだのか、そしてそこにおいて表面化した「亀裂」がその後の三国の巡洋艦を中心とする艦艇建造計画にどのような影響をもたらし一九三〇年のロンドン軍縮会議に到達したのかを明らかにしている。本書の「はしがき」において、「軍縮下の軍拡」の第一の側面として、ワシントン軍縮では制限されなかった補助艦艇、とりわけ大型巡洋艦と駆逐艦での英米日三つ巴の建艦競争について論及した。本章は、豊富な一次史料を駆使して、海軍軍縮交渉の内実を詳細に辿りつつ、以上の点を検証している。

第2章「戦間期の軍縮――ウィルソンからフーヴァーまで――」（西川純子）では、ドイツのジュネーヴ軍縮会議と国際連盟からの脱退、そしてアジアにおける日本の満州侵略、これをもって戦間期の軍縮が終わるまでの軍縮論議が、アメリカを中心とした海軍軍縮会議や国際連盟の臨時混成委員会（一九二三年）と軍縮会議準備委員会（一九二六年）でどのように展開されたかを辿る。戦間期の軍縮と安全保障をめぐる議論は未解決の問題を多く残した。本章はそうした事実を認めつつも、一九二〇年の国際連盟規約に兵器産業批判の一節（「深刻な反対」）を入れさせたアメリカ大統領ウィルソンが、軍備の「制限（limitation）」ではなく「削減（reduction）」という言葉をもって軍縮を訴えた点に注目する。たしかに現代の軍縮論議では arms control とか arms limitation という言葉が横行しているが、戦間期の軍縮交渉では arms reduction が追求されており、本章はこの事実の今日的な意味を問い直している。

なお、ワシントン軍縮会議に出席した各国代表の多くが、大艦巨砲主義の戦略思想から脱却しつつあったことは間違いない。彼らは第一次大戦の経験より、航空戦力の重要性を十分に認識していた。にもかかわらず、ワシントン会議では航空機に対する規制はなにもなかった。ワシントン軍縮の会期中、航空委員会が飛行機の戦時使用を統制する原則を制定しようと試みたが失敗に終り、それ以降もジュネーヴ軍縮会議に至るまで、度々議論が重ねられたが、結局、なんの成果も得られないままに終っている。この点については、第Ⅱ部で改めて検討する。

軍縮によって国内市場の縮小に直面した兵器産業は、国内生産基盤を維持するために海外への武器輸出を開始する。これは小火器や航空機だけにとどまらず、各種艦艇についても言えることであった。つまり、海軍軍縮によって主要海軍国の建艦競争に歯止めがかかった時点で、新興海軍国への艦艇輸出が始まっていたのである。この点についても、第Ⅱ部で改めて検討したい。

第3章「イギリス商務院の武器輸出管理政策と外務省との角逐」（松永友有）は、ライセンス制による武器輸出管理政策の実態に注目する。世界最大の武器輸出国イギリスは、世界に先駆けて一九二一年に武器輸出禁止令（Arms Export Prohibition Order）を制定した。ライセンス制の下での武器輸出の管理は、その後、ベルギー（一九三三年）、スウェーデン（一九三五年）、アメリカ（一九三五年）、フランス（一九三九年）と広まっていくが、その起点となったイギリスの武器輸出禁止令はどのような国際情勢の下で、どのような意図で導入されたのか。そもそも、この武器輸出統制は実際に効力を発揮したのであろうか。

第3章は、イギリスの商務院と外務省との角逐に注目して、以上の問題に関してきわめて詳細な分析を行い、両大戦間期の武器輸出統制の実態を浮彫りにしている。陸海空三軍の〈軍の論理〉と兵器産業擁護派の商務院の〈産業・企業の論理〉と武器輸出規制の厳格実施を主張する外務省の〈外交の論理〉、以上三者の対抗と連携に関する本章での議論は、資料的な裏付けが十分なだけに説得力に富んでいる。第Ⅱ部において、軍縮と兵器拡散防止が兵器産業に及ぼす影響や兵器産業と国家との関係を考えるうえでの貴重な示唆を提供してくれている。

第1章　一九二〇年代の海軍軍縮会議とその影響
――一九二七年ジュネーヴ海軍軍縮会議を中心として――

倉松　中

1　はじめに

戦間期は海軍軍縮の分野において、史上まれにみる成果を残したが、一九二〇年代の軍縮問題を研究する理由につながる二つの大きな流れがある。メイによれば戦間期の軍縮の歴史研究には三つの波が存在する。(1)第二次大戦の頃から始まった最初の波の諸研究では、それはナイーブで楽観的な思考のもたらしたものであって、ありもしない期待を幻想させて、結果として連合国側は十分な準備ができずに第二次大戦を迎えることとなったという教訓が強調された。第二の波は一九七〇年代、ＳＡＬＴやＳＴＡＲＴといったいわゆる「軍備管理」の時代に触発されて訪れた。何かしらの教訓を得ることのできる唯一の歴史的前例として、戦間期の軍縮問題が注目を集めたのである。しかしながらこの時代の研究は、軍備管理という考え方に賛成するものはその成功した側面に、反対する者はその失敗した側面に注目するという、結論が先にあって、それを導き出すために歴史的教訓を探し出そうとする面が多々見られた。そして冷戦後に訪れた第三の波において、戦間期は新国際秩序形成の前例として、「旧世界」が崩壊したと考えられた第一次大戦後に「新世界」の国際秩序を形成しようとする試みの前例として研究されることになった。この第三の波と重なる形での流れとして考えられるのが、戦間期に第二次大戦の起源を見いだそうとして、過去にさかのぼって戦間期を紛争を育んだ温床とみなすのではなく、第一次大戦後から展開していく歴史を年代順を追って捉えることによって、一九二〇年代を独立した対象として研究していくようになったことにある。(2) 本論文は、一九二〇年代の海軍軍縮会議、とくに一九二七(昭和二)年に開かれたジュネーヴ会議に注目し、この会議に参加した日本、イギリス、アメリカの三国について、とりわけワシントン会議後にそれまでの戦艦から建艦競争の中心が移行したとされる巡洋艦の建造に与えた影響にふれながら、いくつかの教訓を導き出そうとする試みである。(3)

2　ワシントン会議からジュネーヴ会議へ

ワシントン海軍軍縮(五カ国)条約は、軍縮の分野において歴史上まれに見る成功を収めた協定としてその名を留めている。いわゆる主力艦である戦艦・航空母艦については当時の三大海軍国であった英米日間に5対5対3の比率に基づく総トン数による量的制限と、基準排水量三万五〇〇〇トン、主砲口径一六インチという質的制限に合意した。しかしながら巡洋艦・駆逐艦・潜水艦等のいわゆる補助艦については、基準排水量一万トン以下、主砲口径八インチ以下という質的制限を定めたのみであった。(4) その結果、会議終了後まもなくから補助艦をめぐって第二次海軍軍縮会議が開かれることが予想された。

(1)　ワシントン会議が巡洋艦建造に与えた影響

一般的に、ワシントン会議で主力艦の制限が決められたことで、建艦競争が補助艦、とくに巡洋艦に移行したとされるが、実際は必ずしもそうではなかった。とくにアメリカではヒューズ国務長官（Charles Evans Hughes）が「この条約が海軍軍備競争に完全なる終止符を打つ」とその成果を誇ったこともあってか、ワシントン会議後の軍艦建造については政府、議会ともに消極的であり、遅々として進んでいなかった。第一次大戦に遅れて参戦後、ドイツの潜水艦に対抗するために多くの駆逐艦を早急に建造する必要に迫られたこともあって、ワシントン会議当時アメリカ海軍の所有していた巡洋艦は、建造中のオマハ型十隻を除くとすべて一九〇八年以前に建造された老朽艦であった。[5]これに対し、イギリス海軍は建造中の艦も含めて一九一五年以降に完成した艦だけで三七隻の巡洋艦を保有していた。[6]そして、ワシントン会議で巡洋艦の排水量および主砲の口径の上限が決められたことによって、それまで存在しなかった排水量一万トン、主砲口径八インチの新しい条約型巡洋艦[7]（Treaty Cruiser）が建造されることになり、とくにこの型の巡洋艦において新たな建艦競争が起こったとされる。しかしながら実際、イギリスと日本ではこのクラスの巡洋艦の建造が着実に行われていったのに対して、アメリカは全く遅れていた。このことが、ジュネーヴ海軍軍縮会議でのアメリカの立場を弱めることにつながった。ジュネーヴ会議開催時にイギリスでは一九二四年九月に着工が始まったカウンティー型巡洋艦一一隻が着工済みであり、[8]日本でも大正一二年度艦艇補充計画の下で妙高型巡洋艦四隻が着工済みであった。[9]これに対して、ワシントン会議の結果を受けてアメリカ海軍内で策定された海軍の方針においてオマハ型巡洋艦を除くすべての旧式巡洋艦に換えて条約型巡洋艦一六隻の建造が規定されていたのにもかかわらず、[10]一九二七年までに着工されていたのは、アメリカにとって初めて八インチ砲を搭載したペンリコーラ型巡洋艦二隻だけであった。[11]

(2) 第二軍縮会議に向けての各国の方針

一九二五年、奇しくも時を同じくして日英米それぞれの海軍内で第二次海軍軍縮会議に向けての研究が行われた。この研究では、イギリスは大英帝国としての長大な海上通商路保護のために必要なだけの補助艦、とくに巡洋艦において絶対数を要求していた。すなわち、巡洋艦の制限については通商の保護に必要な最小限の数が認められることと、「他の海軍国が英帝国にとっての巡洋艦の特別な必要性を認め、わが国がこの艦種において必要とする優越性を保持することを承認すること」なしには巡洋艦の数を制限することは認められないというものであった[12]。一方アメリカ海軍将官会議（General Board）は「いかなる状況下においても、アメリカがワシントン条約の5対5対3の比率以外による海軍力のどの要素の制限をも考慮することは許されざるべきである」と結論していた[13]。アメリカにとってこの比率は世界一の海軍国イギリスとのパリティ（parity）と、太平洋を挟んでの潜在敵国である日本と戦争になった場合に勝算を持つために必要な対日優勢比率を体現していたからである。一方日本にとっては、ワシントン会議で主力艦について決められた対英米六割の比率の改善が目標であり、とくに一九二三年の第二次改定帝国国防方針において仮想敵国第一位とされたアメリカに対する比率を、補助艦について七割程度まで向上させることが最も重要であるとされた。また、ワシントン比率が当時の現有勢力および建造中の艦船量を基準にして導き出されたと説明されたこともあって、次回の会議までにできるだけ多くの補助艦を建造することに努めた[14]。したがって、ワシントン会議での主力艦に関する比率による制限の合意にもかかわらず、第二軍縮会議での交渉の対象となる補助艦に関しては、アメリカが単純なワシントン比率の拡大適用を望んでいたのに対して、イギリス、日本ともにこれをいかに回避するかが課題であった。この食い違いが実際にジュネーヴ会議で表面化することになる。

(3)　国際連盟軍縮準備委員会の舞台裏で行われた英米交渉

第二軍縮会議が開催される前に、一九二五年一二月国際連盟は一般軍縮を取り扱う軍縮準備委員会を設立し、これに非加盟国であるアメリカも参加したことで[15]、海軍軍縮の舞台は国際連盟に移ることとなった。翌年五月に開会した国際連盟軍縮準備委員会においては、軍縮と安全保障の不可分性を主張するフランスおよびイタリアを一方のグループとして三大海軍国である日英米がもう一方のグループを形成する状況が見られた[16]。イギリスとアメリカは海軍軍縮に関して主要海軍国だけによる別個の会議が開かれるべきだという見解で一致していたが、委員会での話し合いが継続している間に別に軍縮会議を開催することは政治的に望ましくないとされ、国際連盟での試みが不毛であることが明らかとなるまでは、これに付き合わざるを得ないと考えられた[17]。したがってアメリカはとりあえず第二次海軍軍縮会議開催の前提条件である、補助艦における英米パリティへのイギリスの同意が得られるかについて非公式に確認することに努めた。国務長官ケロッグ（Frank B. Kellogg）からの電文はこの点が最も重要であることをはっきりさせていた。すなわち「わが政府はイギリスの海軍力優勢を意図するような協定の基礎を話し合うことはできない」のであり、「英米の平等がアメリカの署名することができるいかなる海軍軍縮条約においても根本的な主要点の一つ[18]」であった。

軍縮準備委員会にアメリカ全権として参加していたスイス公使ギブソン（Hugh S. Gibson）や海軍からアドヴァイザーとして派遣されていた米海軍将官会議幹部会議長ジョーンズ（Hilary P. Jones）海軍少将がイギリス側と接触してイギリス側の意向を確かめることに努め[19]、イギリスとしてはその絶対量として必要とする巡洋艦の数さえ認められればアメリカがイギリスと同数の巡洋艦を建造する権利に対して異論はないという発言がイギリス側の全権であったセシル卿（Viscount Cecil of Chelwood）からえられた[20]。さらに一一月にロンドンを訪れたジョーンズは英海軍軍令部長ビーティー（Admiral of the Fleet Earl Beatty）から「すべての艦種において我々（アメリカ）の平等権に関して何の問題もない」ことを約束された。[21] ケロッグはジョーンズのこの会話の記録をクーリッジ大統領（Calvin Coolidge）の許に送り、「イギリスと日本が（5対5対3ベースに）賛成することを信じられるだけの数々の理由がある」[22]と付け加えた。イギリスからの同意を取りつけたと信じたアメリカは、国際連盟における軍縮の試みを妨げるのではなく補助するためという意向を明確にするため会議の開催場所をジュネーヴに設定して、一九二七年二月クーリッジ大統領がワシントン海軍軍縮条約国の締結国イギリス、日本、フランス、イタリアに対して海軍軍縮交渉を呼びかけた。フランスとイタリアが会議参加を拒否したが、日本とイギリスはアメリカの招待を受け入れ、結局六月からジュネーヴにおいて日英米の三国海軍軍縮会議が開かれることとなった。

3　各国のジュネーヴ会議に向けての準備

(1)　イギリス[23]

一九二六年末頃からイギリス政府内部でも第二次海軍軍縮会議をイギリスの主催で開こうという動きが海軍省内部に起こっていた。戦略上、帝国を結ぶ海上交通路の防衛と戦闘艦隊に付属する巡洋艦合わせて七〇隻の巡洋艦が必要と海軍省は考えていたが、これらをすべて条約型巡洋艦として建造することが財政的に難しいとの判断から、ワシントン会議で定められた巡洋艦の最大限度である排水量一万トン、搭載砲口径八インチを、新たな国際軍縮会議においてそれぞれ七五〇〇トン、六インチに制限しようとすることが目的であった。[24] またワシントン比率が巡洋艦に適用されないために、イギリスが他のどの国よりも長大な海上通商路を持っているという「必要性」の論理によって、イギリス海軍が巡洋艦において優越性を保持することを認めさせようという意図もあった。結果としてアメリカに先んじられてイギリスによる会議開催の機会を失ったが、その後海軍省内で進められたジュネーヴ会議に向けての研究でも、この巡洋艦に関する問題を最重要視していた。またとくにワシントン会議において冒頭にヒューズがいわゆる「爆弾」提案で優位に立った例に倣い、イギリスの提案は会議開催まで秘密とされ、帝国防衛委員会（ＣＩＤ）および閣議で承認を得るために説明がなされた際も、これがすべて口頭で行われたという慎重さであった。(25)

(2)　日本(26)

ワシントン会議が補助艦の量的制限を達成しなかったことから、日本海軍にとってアメリカからのジュネーヴ海軍軍縮会議への招待は予測されていたものであった。そのために一九二五年五月には「軍備制限ニ関スル研究」を完成させていた。しかしながら、実際に会議への参加が決定し、会議に向けての具体的な提案を詰める段階になって、海軍内部では大きな混乱が見られた。アメリカ海軍に対する七割確保達成は会議における目的として一般に認められてはいたが、この七割が絶対に確保されなければならない比率なのか、それとも交渉の結果としての譲歩の余地があるのかについては意見が分かれていたのである。この件については軍令部がより強硬であったが、当時軍令部次長を務めていた野村吉三郎海軍中将自身はアメリカの無制限建造を制限するためには六割の比率を受け入れることも容認していた。(27)さらに自身の目標として対米七割を掲げていたにもかかわらず「劣等比率」は劣等国家につながるとして比率主義による軍備制限に換えて、「国防所要兵力」の概念を取り入れて絶対的に必要な兵力を基準に据えようとすることにしたが、なにがこの兵力量なのかの説明を求められると軍令部自身、具体的な数字や理由づけをすることができないという有様であった。

(3) アメリカ[28]

一方アメリカ政府内部では会議に向けての研究が海軍の将官会議内で進められた。これによると、アメリカの国策はⓐ非同盟、ⓑモンロー主義、ⓒ門戸開放、ⓓ海上貿易の維持と強化、ⓔアジア人の移民入国禁止、ⓕ他人種移民の割り当て制による制限であり、これを遂行するための海軍政策は「世界第一位の海軍（Navy second to none）を建造、維持、運用する」こととしていた[29]。さらに具体的には「イギリスとの平等が公平な条約による制限が適用できる唯一の基礎である」[30]と結論付けていた。イギリスにとっての巡洋艦における数の必要性も認識しており、これとアメリカの戦略上からの大型巡洋艦の必要とを和解させる方式として「ヤード・スティック（yardstick）」の概念が示唆されたが[31]、結局「我々よりも恵まれた状況にある他の国（some other power）に、より多くの小型巡洋艦の建造を許すことは不利である」として、この案は「アメリカの利益と合致しない」ことを理由に採用されなかった[32]。

4 ジュネーヴ会議[33]

ジュネーヴ会議は六月二〇日に開会した。会議冒頭アメリカ、イギリス、日本の順でそれぞれの全権が制限案を読み上げた。アメリカ案は単純にワシントン比率を補助艦に適用するというものであり、これに基づいた巡洋艦・駆逐艦・潜水艦それぞれの制限トン数が提示された[34]。一方イギリス案はワシントン条約の修正を含んだ複雑なもので、それぞれの国が自国の必要とするだけの艦数を正当化するという原則にたっており、ケロッグが大統領に報告したとおり「イギリス案はどのクラスの艦船についても総トン数を含んでいない」のであった[35]。日本案はそれぞれの国の現有量と建造計画に従った制限を定めるとしたものであった。

六週間余りの会議は英米間の激しい抗争に彩られたが、いくつかの争点があった。まずはイギリスの提案した主力艦の排水量および主砲の口径縮小ならびに艦齢の延長といったワシントン条約規定の修正問題であった。これらの主力艦における質的制限はこれで浮いた分で七〇隻の巡洋艦を賄おうとする点で非常に重要であった。これに対してアメリカはフランスとイタリアというワシントン条約締結国が参加していないこと、またワシントン条約の既定上一九三一年までは新規の主力艦は建造されないのであるからその四年も前に主力艦のデザインを決めるのは技術的に問題があることを指摘した[36]。さらに、イギリスがネルソン（HMS *Nelson*）とロドニー（HMS *Rodney*）というワシントン会議以降に建造が開始された最新型戦艦を有することを理由にこの問題の討議を避けようとした[37]。根本的な問題点は、ワシントン会議ですでに決められた事項の討議を認めることは、「当該条約で既にカバーされている他の非常に重要な諸点について再びふたを開ける事につながる」恐れがあることであった[38]。すなわちアメリカにとって自国の提案の基礎がワシントン比率にしかなかった関係上、このいわば「パンドラの箱」を開けることは彼らにとって最も避けるべきことなのであった。ワシントン条約という基準に頼らない限り、アメリカはイギリスが主張するようなその安全保障上の必要性からも、また日本が提案したような現有量の観点からもイギリスとのパリティという主張を正当化することは難しかったのである。この問題をめぐって、開始早々からジュネーヴ会議の特徴である英米の対立と日本の仲介という構図が生まれていた。英米両国ともに日本をこの問題について取り込もうとし、日本は逆にこの問題を利用しようとしたのである。すなわち、首席海軍委員であった小林躋造海軍中将が報告したとおり「目下各國委員間交渉ノ焦點ハ英ノ主力艦ニ關スル問題提案ニ對シアメリカハ會議ノ目的以外ナリトシテ之ヲ一蹴セントスルコトニシテ英米共ニ日本ヲ自國主張ニ引入ントシツツアリ右ハ我主張貫徹ノ手段トモナルヘキニ依リ我全権ハ請訓ニ藉口シ暫ク不即不離ノ態度ヲ持シツツ[39]」あったのである。ジュネーヴ会議における主な目的が対米比率の改善であった日本ではあるが、あえてイギリスに一方的な肩入れをするようなことを避けたのがこの会議における日本の特徴であった[40]。

結局この件については紆余曲折を経た後に、表面的には七月八日の幹部会でアメリカ側が「他の艦種において協定が成立した後でならこの機会にワシントン協定を修正しないと条件で討議することに反対する理由はない」と譲歩して解決したが、実際のところは「補助艦という根本的な問題について合意に達したあとでまでジュネーヴに留まってこの問題を討議しようとする真剣な意欲があるかどうかは疑問である」とギブソンは報告していたのであった[41]。

続いて争点となったのが英米間のパリティであった。会議開始早々からアメリカ側はイギリスが海軍力における優越を求めていると疑っていた。もしも主力艦の艦齢が延長され将来的に排水量が制限されれば「不平等が条約に記された期間を越えて存続することになる」のであった[42]。ジュネーヴにおけるアメリカ代表団の主要な目的はこのイギリスとの絶対的なパリティであった[43]。イギリス全権海相ブリッジマン（William C. Bridgeman）からの、アメリカはすべての艦種においてパリティを主張するのかという問いに対してギブソンは「私も永久に外国に住むつもりはないし、もし私がイギリスとの完全なパリティを満たさない条約に署名すれば、当然ながらアメリカに帰国することできないだろう」と答えたのであった[44]。なによりもアメリカにしてみれば「英帝国はワシントン会議においてすべての艦種で平等な比率に同意した」のであり[45]、イギリスの、それぞれの国は自国がどれだけの艦船を必要とするかを述べ「その必要性を正当化するような言い分を述べるべきである[46]」という論理に従うつもりは全くなかった。この点に関してアメリカ側は、会議が始まって早々に国務長官ケロッグが大統領に宛てて述べたように「我々はワシントン条約と同じ比率に基づいた明快で筋の通った制限を提案したのであって、もし他の国々がこれを受け入れないというのなら、それまでのことである」という態度を取り続けたのであった[47]。言いかえると、イギリスがいわば必要性の原則に基づいた絶対量を要求したのに対してアメリカはワシントン比率に基づいた相対量を主張したのであり、イギリスにとっての問題はアメリカがパリティのレベルとしてイギリス側が要求するだけの巡洋艦を受け入れるかであった。イギリスが七〇隻の巡洋艦の総トン数として六〇万トンの数字を提示したのに対してアメリカは「巡洋艦のトン数として四〇万トンを越える数を討議することはできない」と応答した。[48] すなわちそのような数字は制限と呼ぶには余りにも非効果的で「この時点での条約の締結を正当化しない」からであった。[49] 今や問題はイギリスがパリティの原則を認めるかどうかではなくどのレベルでパリティを設定するかにあった。[50]

イギリス政府内では蔵相チャーチル（Winston S. Churchill）をはじめとする会議決裂も辞さない強硬派の勢いが強くなっていた。チャーチルの見解では、

「自然で健全な改善策はアメリカが一〇か一五隻の巡洋艦を建造してその艦隊を妥当な比率まで引き上げ……そしてイギリスがその建艦計画を縮小し遅らせることであった。……不幸にして我々はジュネーヴでの『軍縮会議に参加している。U.S.A.はすべての艦種において我々と数的に絶対的なパリティを要求している。ひとたびこの点を譲歩すればそれはモンロー主義と化し、いつかU.S.A.がそのレベルまで建艦することを選択すれば、我々は恒久的な海軍における劣勢へと運命づけられてしまう[51]」

のであった。チャーチルの方針は経費の削減とアメリカとのパリティを明記した条約締結の阻止であった。万が一アメリカが多くの巡洋艦を建造したとしても「その結果は……日本とイギリスを接近させるだろう。そして我々自身で建造しない場合の選択肢は日英同盟を再締結することである。同盟が廃止された際に我々が正しく行動したことに間違いはないが、あの政策の変更によってなんらの利点を確保したことはない[52]」のであった。彼によればもしも巡洋艦の総トン数について何らかの合意をしたとすると、それはアメリカにその数字まで建艦を迫ることになるのであった。それに対してもしも、総トン数について同意がなされない場合は二、三年の間建艦に増加が見られるだろうが、それでもイギリスの立場を脅かすものではなく、逆にアメリカ内でその経費について批判が高まり結果として建造は抑えられるだろうという意見であった。[53] 彼にとって会議の決裂のほうがアメリカとのパリティを規定した条約よりはまし

なのであった。[54] この点でイギリスに有利であったのは、ワシントン会議の時点でアメリカが多くの建造中の戦艦を抱えていてイギリスに圧力をかけることができたのとは対照的に、一九二七年当時の英米両国の条約型巡洋艦所有状況をみると、イギリスが一一隻を建造中でさらにもう二隻が計画されていたのに対して、アメリカは一九二九年完成予定の建造中二隻のほかはかろうじて予算カットを免れた六隻の建造計画が紙の上に存在するだけであった。日本ですら四隻を建造中でそのほかにもう四隻の建造計画に予算が付いていた。何より彼にしてみればイギリスとアメリカ、すなわち「海軍がその生命である国と海軍が威信のためでしかない国の間に均等はありえない」のであった。[55] 会議において譲歩をする唯一の理由は会議が決裂した場合に悪化するだろう英米関係への配慮であった。しかしながら閣僚の間には先の大戦以来のアメリカに対する反感の鬱積が存在していた。チャーチルによれば、

「戦債も払わず、会議に参加することもよしとはしなかったこれらの国々［フランスとイタリア］が強気の返答をするとアメリカは尻尾をまいてしまう。巡洋艦におけるパリティはアメリカにとっての優勢を意味するこの優勢をそうやすやすと獲得させてはならない[56]」

のであり、ビーティーにとってジュネーヴ会議は「アメリカ人が金も使わず戦うこともせずに制海権を手に入れようとした最もとてつもないはったり」であり「いかなる国も未だかつてかくも格安で制海権を手に入れようとしたことはなかった」と考えた。[57] 穏健派とされる閣僚でさえ「大戦以来の我々の弱みに付け込もうとするアメリカ人」に対して憤慨していた。[58] チャーチルはさらに英米戦争という「タブー」にまでふれ、「平和（の維持）という見地からはアメリカとの戦争は『考えられないこと（unthinkable）』だと言いつづけることが確かに正しいことに間違いはない。しかしながらこれが本当でないことは誰もが知っていることである。そのような戦争がいかに愚かで悲惨なものであろうとも、これがジュネーヴで進められている海軍問題に関する議論の唯一の前提条件である[59]」と言い切っていたのである。これに対するアメリカ側の見解も明快であって、会議の決裂が予測される中、指針を求めるケロッグへの返

信でクーリッジは、

「我々は制限のための計画を全く正直でごまかしなく提案した。それから逸脱すべきではないと考える。もしほかの者たちが受け入れようとしないのであれば、公正な提案をしたことに満足してほかの者たちに拒否した責任を負わせることで構わない。我々が望むような一万トンの巡洋艦を建造し、我々が望むような八インチ砲で武装する権利を絶対に保持すべきである。六インチ砲や小さな巡洋艦に私は賛成しない。正直に言うとこのようなイギリスの立場が明らかにされたことはとても残念である。彼らの側に私がこれまで存在するとは思わなかった心持ちを明白にしているからである。私の考えでは彼らはとても近視眼的な見方をしており、我々よりも大きな海軍を建造することによっていかなる利点を得ることを望むこともできないであろう。もちろん我々以外に彼らが対抗して建造する必要がある海軍は存在しない(60)」

と「沈黙のカル(silent Cal)」の異名をとった大統領にしては珍しく雄弁であった。もともと各国海軍がそれぞれの望む内容を提案して始まったこの会議は、イギリスそしてとくにアメリカにおいて協定成立のために譲歩をしようとする政治的なイニシアティヴに欠けたこともあり、最終的にアメリカが巡洋艦に搭載する砲の口径として六インチ制限を認めず、そもそも海軍省の会議参加の主目的がこの制限にあったイギリスもこの点で譲歩することを拒否した(61)ことから決裂し、いわゆる「戦間期において英米関係の最も悪化した時期」を迎えることとなった。

5　おわりに――ジュネーヴ会議の影響――

「我々には誇り高く献身的な海軍があり、造船業に従事する誇り高く献身的な労働力によって維持されている。我々は……我が本国(island)を防衛し、世界に広がる利権を守り、我々の安全を保持するために必要な軍艦を建造する能力を維持しなければならない。それが我々全員に課せられた課題であり義務なのである。[62]」

ジュネーヴ会議の決裂は、日英米三国それぞれに違った結果をもたらした。アメリカでは、ジュネーヴ会議の決裂と前後して再選を求めないことを発表したクーリッジ大統領[63]最後の仕事の一つとなった、一五隻の条約型巡洋艦[64]を含むアメリカの海軍艦艇建造法案の成立を見た[65]。アメリカが主催した海軍軍縮会議であるワシントン会議とジュネーヴ会議はその対照的な結果とともに自国海軍に対照的な結果をもたらした。すなわちアメリカ外交の成功例として挙げられることの多いワシントン会議が、アメリカ海軍が望む条約型巡洋艦建造を遅滞させたのとは対照的に、交渉が決裂したジュネーヴ会議は、計画に留まっていた六隻の着工を促し、さらに一五隻の建造計画を成立させたのである。

一方、イギリスではジュネーヴ会議中、海軍側と協力して強硬な姿勢を貫いた蔵相チャーチルは、会議後最初の閣議で歳出削減を目的として今後の巡洋艦建造計画の見直しを議題として取り上げ、その結果立ち上げられた委員会での検討を経て、一九二七～二八年度建艦計画から二隻の条約型巡洋艦の建造を延期することが決定された[66]。その後ロンドン会議の開催を経て、イギリスが条約型巡洋艦を建造することはなかったのである。そしてロンドン会議でさらに五年間の戦艦建造休止期間の延長が協定された結果、イギリスが一九二〇年代には二隻の最新型戦艦の完成や巡洋艦の建造で何とか維持に努めてきた軍艦建造に関する技術・労働力の確保が最も困難に直面することになるのであった[67]。

これに対して、軍艦の建造に与えた影響という意味では日本が最も影響を受けなかったといえよう。妙高型巡洋艦四隻を就役させていくとともに昭和二年度艦艇補充計画に基づいて高雄型巡洋艦四隻を引き続き建造していくことになる。ジュネーヴ会議後に海軍省内で設置された軍備制限研究委員会は翌年八月に報告書を完成させた。次回の会議においてもアメリカは日本の対米七割比率の主張に「絶對ニ反對スヘク帝国トシテハ七割比率以下ニ下ルカ会議ヲ決裂セシムルカノ二者ノ一ツヲ選ハサル可カラサルニ至ルコトアルヲ覚悟シ研究シ置クヲ要ス」とされていた[68]。さらに海軍、とくに軍令部内では「対米七割」は絶対的に必要であるとされ、ロンドン会議に臨む日本全権に与えられた訓令ではいわゆる三大原則がうたわれていた。すなわち補助艦兵力量総括七割、大型巡洋艦七割そして潜水艦現有量保持の三点である。一九三〇年ロンドン海軍軍縮条約の成立は、イギリス側が補助艦においても条約規定上の均等を認めたことによって、この問題が英米間の争点であることを終えたことを意味したが、同時に日本が海軍軍縮体制からの脱退へと進んでいく結果をもたらした(69)。

このように、巡洋艦の建造に関してワシントン会議とジュネーヴ会議が日英米に与えた影響を考察すると、その結果は非常に複雑であることがわかる。ワシントン会議を成功させたアメリカがその後巡洋艦の建造で後れを取ったのとは対照的に、アメリカの提案を受け入れたイギリスと日本では、ワシントン会議の結果登場した条約型巡洋艦を着実に建造することに努めることとなった。そしてまさにこの巡洋艦をめぐる英米の衝突によって決裂したジュネーヴ会議の結果、アメリカが大規模な条約型巡洋艦の建造に乗り出したのとは対照的に、この分野で大きく先行していたイギリスでは、それ以降新たに条約型巡洋艦が着工されることはなかった。そして、日本はその建造計画を変更することなくロンドン会議を迎えることとなり、このロンドン会議で巡洋艦に関する三国間の軍縮条約が成立するのである。

注

（1）Forward by Ernest May, in Goldstein & Maurer [1994].

（2）Preface by Zara Steiner in Steiner [2005]; Boyce [1993] p. 17. また日本外交史研究において戦間期を扱う意義について、渡邉昭夫［二〇〇二］一〇〇～一〇四頁。この傾向は現在においても続いていると考えられ、たとえば、現在、二〇一三年に国際連合の下で採択された武器貿易条約（ＡＴＴ）が発効するか関心を集める中、一九一九年の国際連盟規約第八条のいわゆる「軍縮条項」そして第二三条第三項の武器弾薬の国際取引規制に関する規定に基づき、また一九一九年のサン・ジェルマン協定に始まる国際武器取引規制の動きの中で、一九二五年に国際連盟の下でジュネーヴ協定が採択されたが、結局大国が批准せず発効しなかったことを思い起こさせる。

（3）最近のジュネーヴ会議に関する研究としては、Kitching［2008］pp. 91–111.

（4）一九二四年にはワシントン海軍軍縮条約の規定を五大国以外にも広げようとする会議がローマで開催されたが失敗に終わった。Silverlock［2003］pp. 184–205.

（5）排水量七一〇〇トン、主砲口径六インチ。

（6）Friedman［1984］pp. 450, 468–469; League of Nations［1929］pp. 126–127.

（7）条約型巡洋艦については、第一次大戦中に排水量九七五〇トン、主砲口径が七・五インチのホーキンス型の巡洋艦をイギリスが建造したことからすでに一九二〇年からアメリカ海軍内では一万トンクラスの巡洋艦の建造が検討されており、ワシントン会議開催前すでにその主砲の口径を八インチ砲にすることで意見の一致をみていた。NA, RG80, General Records of the Department of the Navy, 1798–1947, Secret & Confidential Correspondence of the Office of the Chief of Naval Operations and the Office of the Secretary of the Navy 1919–1927（microfilm）, roll 38, Memoranda by Lt Commander H. H. Frost, 24 January 1921, by Captain B. F. Hutchison［Assistant for Operations］, 26 January, 1921 & by Commander W. S. Pye, 28 January, 1921; Fanning［1995］pp. 13–14.

（8）ほかに八五〇〇トン級のヨーク（HMS *York*）が着工済みで、さらにもう二隻のカウンティー型巡洋艦が一九二七年七月と九月に着工。

（9）ほかに設計排水量七一〇〇トンだが二〇センチ砲を搭載した古鷹型、青葉型巡洋艦合わせて四隻が就役あるいは進水していた。日本の巡洋艦建造については Lacroix & Wells［1997］を参照。

（10）NA, RG80, Proceedings and Hearings of the General Board, 17 January 1925. "U. S. Naval Policy 1922"（December 1922）はこの一九二五年の文書に添付されている。

（11）ペンサコーラ（USS *Pensacola*）一九二五年一〇月着工、ソルトレイクシティー（USS *Salt Lake City*）一九二七年六月着工。

（12）TNA, ADM1/8683/131, File: "Naval Disarmament Conference: Admiralty Views on Question of Further Limitation of Naval Armaments, Memorandum on Limitation of Naval Armament Prepared by Admiralty at the request of the Cabinet".

(13)　NA, RG 80, Records of the General Board, Disarmament Series, Box 8. Memorandum by the General Board, 26 June 1925 また Washington Navy Yard, Naval Historical Center, *Pratt Papers*, Ser. I, Box 2, W. V. Pratt, "Thoughts and Notes anent A Future Conference for Limitation of Naval Armament" を参照のこと。

(14)　防衛研究所蔵、榎本資料、軍備制限研究委員会「軍備制限ニ関スル研究」一九二五年五月。ほかにこの報告書では、ワシントン会議の教訓として、英米の共同戦線に対抗するために仏伊と協同すること、予備交渉の必要、世論をまとめること、合理性と実際性に基づいた単純で平素な原則の必要の四点が挙げられていた。また、太平洋の要塞制限については、ハワイとシンガポールの海軍基地の要塞化を現状維持とすることは非常に望ましいが、日本側にこれに対応するような制限区域を拡大する余地がないため、ほかの点で譲歩する必要があり、それは問題外であるとしていた。

(15)　国務省は海軍のみならず陸軍・空軍問題も一緒に取り扱うとしたこの委員会の実効性に懐疑的ではあったものの、「軍縮のチャンピオン」であるアメリカとしては参加を拒否するわけにはいかないという結論に達した。すなわちワシントン会議の成功を受け継いで軍縮を支持してきた共和党大統領クーリッジとしての体面があったし、アメリカの不参加を失敗の理由とされることを恐れたためであった。Harvard University, Houghton Library, MS Am 2021, Vol. 8, *Castle Diaries*, 21 December 1925; NA, RG 59, Department of State, Decimal File, 500. A15/17, Kellogg to Houghton, 2 January 1926; Hoover Library, *Castle Papers*, Castle to Houghton, 7 January 1926.

(16)　Carlton [1965] pp. 143-164.

(17)　また、イギリス海軍省は「フランスとイタリアの参加しない限り海軍軍縮に関する会議は開かれるべきでない」と主張していた。TNA, CAB 23/53, *Cabinet Conclusions*, 48 (26) 2 (d) of 28 July 1926.

(18)　NA, RG 59, 500. A 15A/92, Kellogg to Gibson, 7 September 1926.

(19)　NA, RG 59, 500. A 15A/154½, Gibson to Kellogg, 30 September 1926.

(20)　Memorandum by Cecil, 24 September 1926, W 9494/78/98, *Document of British Foreign Policy* [hereafter *DBFP*], Ser. IA, Vol. II, pp. 396-398; NA, RG 59, 500. A 15A/141, Gibson to Kellogg, 24 September 1926.

(21)　Library of Congress, *Hilary Jones Papers*, Box 4, Memorandum by Jones, 10 November 1926. しかしながらビーティーはこの二週間前の帝国会議において、一国標準主義はワシントン条約に規定された主力艦と航空母艦にだけ適用されると述べていた。TNA, CAB 32/46, Minutes and Memoranda of the Imperial Economic Conference London 1926, Statement by the First Sea Lord, 26 October 1926.

(22) NA, RG 59, 500. A 15A/258a, Kellogg to Coolidge, 16 December 1926. しかし外相チェンバレン（Austen Chamberlain）も「補助艦におけるアメリカ方式（5対5対3）は受け入れることができない」としていた。TNA, FO 371/12660, W 1052/61/98, Note by Chamberlain, 14 February 1927.

(23) この項について詳細は Kuramatsu［1996a］pp. 104–121を参照のこと。

(24) TNA, ADM 167/76/2286, Memorandum by the Sea Lords for consideration by the Board, 24 January 1927.

(25) TNA, CAB 2/5, *CID Minutes*, 227th Meeting, 20 May 1927; TNA, CAB 23/55, *Cabinet Conclusions*, 34（27）3 of 25 May 1927.

(26) この項について詳細は Kuramatsu［1996b］pp. 11–42を参照のこと。

(27) 野村は「大局ノ見地カラ米英ノ無制限拡張ヲ阻止スルタメニハ5－5－3ノ受諾尚大ニ可ナリ」と考えていた。「寿府三国会議秘録」（ジュネーヴ会議海軍側随員の佐藤市郎海軍中佐の日記）一九二七年三月二五日の条（佐藤信太郎氏所蔵）。この日記は佐藤信太郎［二〇〇一］として出版されているが、残念ながらミスが散見されるので原本にあたることが望ましい。

(28) この項について詳細は Kuramatsu［2011a］pp. 89–122を参照のこと。

(29) NA, RG 80, Records of the General Board, Disarmament Series, Box 15, General Board Report, Part I, p. 5.

(30) *Ibid*., p. 6.

(31) NA, RG 80, Records of the General Board, Disarmament Series, Box 19, Unsigned Memorandum [but by Captain R. M. Griswold, War Plans Division], 15 February 1927; Library of Congress, *Hilary Jones Papers*, Box 1, Jones to Eberle, 17 March 1927.

(32) NA, RG 80, Records of the General Board, Disarmament Series, Box 15, General Board Report, Part Ⅲ, p. 13. もちろんこの「ほかの国」とはイギリスのことを指している。

(33) 会議進行一般については、Fanning［1995］pp. 51–80; Richardson［1989］pp. 119–139; Kuramatsu［2011b］pp. 93–125; Kuramatsu［2011c］pp. 77–103を参照のこと。

(34) 訓令には「この会議の主要な目的は……ワシントン条約の原則と比率を延長することによって最もよく達成される」とあった。Stanford University, Hoover Institution, *Gibson Papers*, Box 48, Kellogg to Gibson, 2 June 1927; *Foreign Relations of the United States* [hereafter *FRUS*], 1927 Vol. I, pp. 43-45.

(35) NA, RG 59, 500. A15a1/321a, Kellogg to Coolidge, 22 June 1927.

(36) Geneva to Foreign Office, 22 June 1927, W 5776/61/98, *DBFP*, Ser. IA, Vol. III, pp. 611-612.

(37) Library of Congress, *Hilary Jones Papers*, Box 2, Jones to Wilbur, 21 July 1927.

(38) *Ibid.*, Box 4, Memorandum on the British and Japanese Proposals, 23 June 1927.

(39) 防衛研究所蔵、榎本資料、「軍備制限対策研究」(以下「対策研究」と略記)(丙)、第十一冊(第十篇第四章第六節:寿府三国会議)昭和三年八月、二〇二頁、海軍首席委員発次官、次長宛　昭和二年六月二三日発電(小林機第十四番電)。

(40) ジュネーヴ会議における日本の対応については麻田貞雄[一九九三]一六八〜一七六頁:Sadao Asada [2006] pp. 116-121を参照。

(41) Kellogg to Gibson, 30 June 1927, 500. A 15a1/354; *FRUS*, 1927 Vol. I, pp. 65-66; NA, RG 59, 500. A 15a1/382, Gibson to Kellogg, 7 July 1927.

(42) Gibson to Kellogg, 24 June 1927, 500. A 15a1/324; *FRUS*, 1927 Vol. I, pp. 54-55.

(43) 三年後のロンドン海軍軍縮会議におけるアメリカ全権であったスティムソン(Henry L. Stimson)も「アメリカ全権団はパリティを獲得するためにロンドンに送られた」としている。Stimson & Bundy [1971] p. 174.

(44) NA, RG 59, 500. A15a1/317, Memorandum of Conversation by Gibson, 23 June 1927.

(45) NA, RG 59, 500. A 15a1/327b, Kellogg to Gibson, 25 June 1927. この点については三年後のロンドン会議で海軍首席委員を務め、イギリスびいきで知られたプラット(William V. Pratt)海軍少将も同意見であった。彼はジョーンズに宛てた手紙の中で、イギリスにとっての世界に散らばった権益を守る必要性を認めながらも「この協定(ワシントン条約)によって我々は5対5対3そしてイギリス、あるいはそれがどの国であろうと世界の第一位海軍国、との平等を確保した。この立場は決して譲られるべきではない」と述べている。Washington Navy Yard, Naval Historical Center, *Pratt Papers*, Ser. I, Box 2, Pratt to Jones, 3 February 1926. 彼はワシントンおよびロンドン会議において海軍内の多数意見とは異なり政府の妥協的条約締結を支持したことで有名である。プラットの経歴については Symonds [1980] pp. 68-86を参照のこと。

(46) TNA, ADM 116/2609, Minutes of the Conference of British Empire Delegation [hereafter *BED*], 3rd Meeting, 24 June, 1927.

(47) NA, RG 59, 500. A 15a1/321a, Kellogg to Coolidge, 22 June 1927. ギブソンも母に宛てた手紙に「一つの慰めは我々が誠実に努力しているということで、もし失敗に終わったとしても我々のせいではない」と書いている。Stanford University, Hoover Institution, *Gibson Papers*, Box 40, Gibson to Mary Gibson, 30 June 1927.

(48) Geneva to FO, 29 June 1927, W 6028/61/98, *DBFP*, Ser. IA, Vol. Ⅲ, pp. 625-626; League of Nations [1927], p. 83. その後この数字は一九三六年時の暫定予想量として五〇万トン余りまで引き下げられた。TNA, ADM 116/2609, *BED*, 4th Meeting, 29 June 1927.

(49) League of Nations [1927] pp. 109-110; Gibson to Kellogg, 5 July 1927, 500. A 15a1/371, *FRUS*, 1927 Vol. I, pp. 70-71.

(50) TNA, CAB 23/55, *Cabinet Conclusions*, 38 (27) 5 of 4 July 1927.

(51) TNA, T 161/295/S 34442/1, Memorandum by Churchill, 25 June 1927.

(52) TNA, CAB 2/5, *CID Minutes*, 228th Meeting, 7 July 1927.

(53) TNA, CAB 2/5, *CID Minutes*, 229th Meeting, 14 July 1927.

(54) チャーチルは「会議決裂によって生じうる最悪の事態は自由である。自由と小規模な建艦計画が彼の望むものである。現在ある提案は大規模な建艦計画と海軍の劣勢と手かせである」と考えていた。TNA, CAB 27/350, L. N. A. (27) 3, 19 July 1927.

(55) TNA, CAB 24/187, C. P. 189 (27), Memorandum by Churchill, 29 June 1927.

(56) TNA, CAB 2/5, *CID Minutes*, 229th Meeting, 14 July 1927. さらに British Library, *Balfour Papers*, Add. MSS. 49704, Hankey to Balfour, 29 June 1927も参照。

(57) Beatty to Keyes, 6 August 1927, Halpern [1980] pp. 225-226.

(58) British Library, *Cecil Papers*, Add. MSS. 51086, Salisbury to Cecil, 4 August 1927. さらにほかの閣僚も「私の考えでは我々が彼ら〔アメリカ人〕に対して立ち向かう時がまさしく来た」と考えていた。Cambridge University Library, *Baldwin Pa-*

pers Vol. 130, Birkenhead to Baldwin, 20 July 1927.

(59) TNA, T 161/295/S 34442/2, Churchill s Memorandum, 'Cruisers and Parity', 20 July 1927.

(60) Coolidge to Kellogg, 25 July 1927, *FRUS*, 1927 Vol. I, pp. 133–134.

(61) この件については首相ボールドウィンが不在のため、外相チェンバレンが議長を務める閣議において、一〇対六の評決で決した。Cambridge University Library, *Baldwin Papers*, Vol. 230, Hankey to Baldwin, 28 July 1927; TNA, CAB 23/55, *Cabinet Conclusions*, 44 (27) 1 of 26 July 1927.

(62) 二〇一三年一一月六日にイギリスの下院で、ポーツマスにある五〇〇年の歴史を誇るイングランド地方最後の軍艦造船所の閉鎖が発表された際の、ヴァーノン・コーカー（Vernon Coaker）（労働党；影の防衛相）の発言。

(63) この点については、Ferrell [1998] pp. 191–196を参照のこと。

(64) うち五隻はロンドン海軍条約の成立後キャンセルされた。

(65) ケロッグもワシントン会議で戦艦を制限することに成功したのは、このクラスの軍艦においてアメリカが「疑いのない優勢を持っていた」からであると強く思うようになり、無理のない巡洋艦建造によって理にかなった軍縮をもたらすことにつながると考えるようになった。Minnesota Historical Society, *Kellogg Papers* [microfilm], Reel 33, Kellogg to Mrs W. Reid, 24 July 1928; Kellogg to Borah, 26 July 1928.

(66) TNA, CAB 23/55, *Cabinet Conclusions*, 55 (27) 3 of 11 November 1927.

(67) ワシントン会議の際のイギリス側の最も大きな懸念の一つは、一〇年間の戦艦建造休止期間の規定による自国海軍造船産業の衰退への懸念であった。Ranft [1993], pp. 191–192. ワシントン会議開催前に四隻の *Super Hood* 型巡洋戦艦建造計画が採択されたときもビーティーは「軍艦製造の特殊な仕事に熟達した特殊技術を持った労働力が散逸し、軍艦建造が延期されればされるほど適当な技術を持った労働力を見つけることがより困難になる」と主張していた。Gordon [1988] p. 76.

(68) 「対策研究」（甲）、第三冊、七頁。

(69) その顕著な例が、条約廃棄後の改装を見越した最上型巡洋艦の建造であろう。

参考文献

麻田貞雄［一九九三］『両大戦間の日米関係』東京大学出版会。

佐藤信太郎［二〇〇一］『父、佐藤市郎が書き遺した軍縮会議秘録』文芸社。

渡邉昭夫［二〇〇一］渡邉昭夫教授最終講義「日本外交へのプロレゴメーナ――歴史学と政治学との対話」、『青山国際政経論集』第54号。

Asada, S. [2006] *From Mahan to Pearl Harbor: The Imperial Japanese Navy and the United States*, Annapolis.

Boyce, R. [1993] 'Was There a' "British" Alternative to the Briand Plan? in Catterall, P. & Morris, C. J. (eds), *Britain and the Threat to Stability in Europe, 1918–45*, London.

Carlton, D. [1965] "Disarmament with Guarantees: Lord Cecil 1922–1927", *Disarmament and Arms Control*, 3–2.

Fanning, R. W. [1995] *Peace and Disarmament: Naval Rivalry & Arms Control, 1922–1933*, Lexington.

Ferrell, R. H. [1998] *The Presidency of Calvin Coolidge*, Lawrence.

Friedman, N. [1984] *U. S. Cruisers: An Illustrated Design History*, Annapolis.

Goldstein, E. & Maurer, J. [1994] *The Washington Conference, 1921–22: Naval Rivalry, East Asian Stability and the Road to Pearl Harbor*, Ilford.

Gordon, G. A. H. [1988] *British Seapower and Procurement between the Wars*, London.

Halpern, P. G. [1980] *The Keyes Papers*, Vol. II, 1919–1938, London.

Kitching, C. [2008] 'Sunk before We Started?: Anglo-American Rivalry at the Coolidge Naval Conference, 1927,' in Hamilton, K. & Johnson, E. (eds), *Arms and Disarmament in Diplomacy*, London.

Kuramatsu, T. [1996a] "The Geneva Naval Conference of 1927: The British Preparation for the Conference, December 1926 to June 1927", *Journal of Strategic Studies* 19–1.

Kuramatsu, T. [1996b] "Japan and the Geneva Naval Conference of 1927: Preparation for the Conference, February to June 1927", *The Navy in Interwar Japan*, LSE: STICERD International Studies Discussion Paper, No. IS/96/311.

Kuramatsu, T. [2011a] "The Geneva Naval Conference of 1927: The US Preparation for the Conference, November 1926 to

June 1927"『青山国際政経論集』第83号。
Kuramatsu, T. [2011b] "Britain, Japan and the United States at the Geneva Naval Conference of 1927: 'the bankruptcy of diplomacy'? (1)"『青山国際政経論集』第84号。
Kuramatsu, T. [2011c] "Britain, Japan and the United States at the Geneva Naval Conference of 1927: 'the bankruptcy of diplomacy'? (2)"『青山国際政経論集』第85号。
Lacroix, E. & Wells, L. [1997] *Japanese Cruisers of the Pacific War*, Annapolis.
League of Nations [1929] *Armaments Year-Book*, Geneva.
League of Nations [1927] *Records of the Conference for the Limitation of Naval Armament held at Geneva from June 20th to August 4th, 1927*, Geneva.
Ranft, B. [1993] *The Beatty Papers*, vol. II, Aldershot.
Richardson, D. [1989] *The Evolution of British Disarmament Policy in the 1920s*, London.
Silverlock, G. [2003] 'British Disarmament Policy and the Rome Naval Conference, 1924', *War in History* 10 (2).
Steiner, Z. [2005] *The Light that Failed: European International History 1919–1933*, Oxford.
Stimson, H. L. & Bundy, M. [1971] *On Active Service in Peace and War*, reprint, New York.
Symonds, C. L. [1980] "William Veazie Pratt: 17 September 1930–30 June 1933" in Robert William Love, Jr (ed.), *The Chiefs of Naval Operations*, Annapolis.

第2章　戦間期の軍縮
——ウィルソンからフーヴァーまで——

西川 純子

1　はじめに

一九二一年から二二年にかけて開催された軍縮会議に、イギリス、日本、フランス、イタリア、ベルギー、オランダ、ポルトガル、中国の八カ国を招聘したのはアメリカであった。ワシントンで開かれた会議の冒頭で、ハーディング大統領は次のように述べている。「招聘側の代表として申しますならば、会議への呼びかけはアメリカ合衆国のものというよりは、戦争に疲弊した世界が、復興のために闘いながら、これまでよりもよい関係を築くことを渇望して挙げた声によるものであります。それは救済を求め、恒久平和を願う人間の叫びであります。（中略）戦争にかかる莫大な費用とこれからも続く軍備の重荷を思えば、思慮ある人間ならだれでも軍備が制限されることを願い、戦争がなくなることを願うでしょう。（中略）公式には合衆国のことを言うに留めますが、われわれは率直に申して、軍備を縮小し、戦争をなくすことを望んでおります(1)」。戦争を否定し、平和を求めて軍備の縮小を実現しようというハーディング大統領の提案は、一九一八年一月八日、第一次世界大戦に参戦するに際して、ウィルソン大統領が提起した一四カ条の和平提案を思い起こさせる。その第四条には、「国家の軍備は、国家の安全に必要とされる最少限度まで削減されるという適当な保障が相互に行われなければならない(2)」とあった。

同じく軍備の縮小を訴えながら、ウィルソンとハーディングの考え方には相当な開きがある。第一に、ウィルソンは軍備の「削減（reduction）」という言葉を用いているが、ハーディングは注意深く「削減」を避けて、「制限（limitation）」という言葉遣いに終始している。削減は、戦争のために拡大した軍備を国防に必要な最小限度（the lowest point）に戻すことであり、制限は、現状を踏まえてそれ以上の軍備に上限を設けることである。第二に、ウィルソンが軍備の縮小を保障する機関として国際連盟を想定したのに対して、ハーディングは関係諸国がその都度協議を行うことを良しとしていた。ウィルソンの国際連盟構想をアメリカの議会が葬ったのは一九二〇年の春であり、その勢いを駆って共和党から大統領になったのがハーディングであったことを思えば、これは当然のことかも知れない。

しかし、ウィルソンの挫折後も「削減」という言葉が消えることはなかった。それは国際連盟の規約第八条において生き続けたのである。国際連盟は一九三二年に軍縮国際会議を予定して、軍縮会議準備委員会を設立し、すべての国の参加を呼びかけた。アメリカは準備委員会に代表を送ったが、連盟に加盟することは頑なに拒んでいた。アメリカはむしろワシントン軍縮会議の方針と課題を受け継いで、アメリカ、イギリス、日本、フランス、イタリアの五カ国の間で軍備の「制限」を実現することを選択したのである。戦間期の軍縮が、国際連盟とアメリカ主導の軍縮会議の二本立てで進められたのはこのためであった。アメリカの執念が実って、一九三〇年にはロンドン軍縮会議が実現する。しかし、このときのキーワードは「制限」ではなく「削減」であった。

本章では、「削減」と「制限」という二つの言葉を追いかけながら、とくに武器の「削減」という発想がこの時代に生まれたことの意味を考えてみたい。戦間期の軍縮は、第二次世界大戦を防げなかったという意味では失敗だったとしても、軍備の「削減」が諸国家の外交のテーマとして正式に掲げられるようになったことは注目に値する。以来、二一世紀の今日にいたるまで、われわれの武器は核と宇宙を手に入れて殺戮能力を格段に高めたが、これを押し止める論理は「制限」か「抑止」に留まり、「削減」の迫力を著しく欠いている。本章が戦間期の軍縮に注目するのは、それがいかに失敗したかを確認するためではなく、結実することのなかった議論も含めてこの時代に軍縮が国際的な議論の対象とされたことの意味を考えることによって、今日のわれわれの軍縮における立ち位置を確認するためである。ただし、筆者の力量からして、以下の考察はアメリカを中心に据えたものにならざるをえないことを、あらかじめお断りしておく。

2　ウィルソンの軍縮

(1)　ウィルソンの一四カ条

ウィルソンの一四カ条はよく知られているが、彼がその第四条に軍縮を掲げていたことは、従来の研究によってもあまり重要視されてない。一四カ条の成文化にあたり大統領に意見を具申したのは、エドワード・ハウス（Edward House：通称ハウス大佐）が組織した「調査会（the Inquiry）」であった。「調査会」には事務局長を務めたウォルター・リップマンをはじめ、歴史家、経済学者、地理学者、ジャーナリストが一五〇人あまり集結していた。「調査会」のメンバーが作成した報告書は二〇〇〇冊、地図は一二〇〇枚に及んだという。しかし、軍縮を提案したのは彼らではなかった。[3] 軍縮を一四カ条に盛り込んだのがウィルソン自身であることは、彼がハウス大佐と作成した「マグノリア草案」において、はじめて軍縮という言葉が出てくることから明らかであろう。[4]

国防に必要な最低限度の軍備とは何を意味するのだろうか。ウィルソンは一九一四年八月にヨーロッパで戦争が始まった時点では、強固な中立主義者であった。彼はワシントン大統領とモンロー大統領の伝統に忠実たらんとして、次のように述べている。「軍隊について我々は最初からはっきりと定まった考えをもってきた。我々は過去と同様に、これからも主義主張が変わらない限り、大規模な常備軍をもつことはないだろう」。中立国としてヨーロッパのいかなる勢力からも距離を保っていれば、軍隊は州兵を基盤として組織されたもので十分だというのがウィルソンの立場だった。(5) しかし、この立場は一九一五年に起こる二つの事件によって修正されざるをえなくなる。ひとつはドイツの潜水艦によるイギリス客船ルシタニア号の攻撃が多数のアメリカ人の死傷を招いたことであり、他はメキシコで起こった革命がアメリカの利権を脅かしそうな展開となったことである。

一九一五年一二月の年次教書において、ウィルソンは中立を守るためには国防のための準備をしなければならないと訴えた。国防は攻撃に対して国民の権利を守るための自衛であり、武器をもつのは憲法によって保証された国民の権利であった。(6) ウィルソンは、新たな事態に武装中立主義をもって対応しようとしたのである。一九一六年八月にウィルソンが署名して成立した海軍法は、彼が承認した海軍力の全容を示している。それは五年計画で、ドレッドノート一〇隻、巡洋戦艦六、軽巡洋艦一〇、駆逐艦五〇、艦隊用潜水艦一五、沿岸用潜水艦八五、その他一〇隻を建造しようというものであった。(7) この計画が達成されれば、アメリカの海軍力がイギリスやドイツの海軍力を凌駕するほどのものになることは十分に予想された。

一九一七年一月、ウィルソンは「勝利なき平和」と題する有名な演説を行って、ヨーロッパの戦争の早期解決に向けてアメリカが仲介の労をとることに意欲を示すとともに、平和実現の条件として軍備の抑制をあげ、それを実現するために新しい計画が必要であると述べた。「これからも軍備が彼方此方で拡大し強力なものになれば、国家間の安全と平等が失われることは必定である。世界の政治家たちは、戦争の計画を立てたと同じように平和についても計画を立て、平和にふさわしい政策を編み出すことによって残酷な闘争と対立に備えなければならない。軍備は、陸と海を問わず、国家と人類の未来像に関わるもっとも緊急かつ重要な解決すべき問題である」。「平和についての計画」は、諸国家によって形成される共同体の合議をとおして形成されるべきであり、列強間の勢力均衡（balance of power）をもとにつくられるべきものではないというのがウィルソンの主張であった[8]。ウィルソンは同年三月、二度目の大統領就任演説を行っているが、ここでも「国家の軍備は国家の秩序と国内の安全にとって必要なものに限られるべきである[9]」と述べている。交戦国に投げかけたこの言葉はそのままアメリカにもあてはまるはずであったが、この段階でアメリカは武装しながらもまだ中立主義国に留まっていた。

しかし、ほどなくドイツによる潜水艦無差別攻撃が再開されて、決断を迫られたウィルソンは四月二日、議会にメッセージを送り、「世界平和と人々の自由が、人々の願いと関わりのない強力な意思によって支配されている独裁的政府によって脅かされているところでは、中立はもはや可能ではないし、望ましくもない[10]」と述べた。中立主義と決別したアメリカは、公然と武器をとり、ヨーロッパに兵を進めることになったのである。進軍の目的は、ヨーロッパの戦火を一刻も早く収めて民主主義と自由を取り戻すことにあるとされた。ウィルソンは次のように述べている。「我々の目的は利己的なものではない。我々は征服や支配を目指してはいない。我々がすすんで身をさらしている犠牲に対して保障や賠償を求めることはしない。我々は人権のための戦士にすぎないのである。世界の国々に人権を守る信念と自由が生まれるようになれば、それで十分である[11]」。ウィルソンはこう発言することによって、帝国主義的な侵略戦争を批判し、アメリカの参戦がそれとは一線を画すものであることを強調した。

(2)　ウィルソンの挫折

ウィルソンの一四カ条は、一九一七年一一月、レーニンが主導するロシア・ソヴェトによって発表された「平和に関する布告」[12]を強く意識していたといわれる。たしかに一四カ条には、無併合、無賠償の即時講和を要求する革命ロシア政府の方針と共鳴する部分があった。第一条の秘密外交批判と、第五条から第一三条までの民族自決権の承認と読める部分がそれである。[13]しかし、第四条に掲げられた軍備削減の提案はウィルソンだけのものであった。[14]革命の成就を控えて武力を手放せないレーニンに対して、ウィルソンは軍縮を掲げることによって独自に平和実現の道筋を示そうとしたのである。

一九一九年一月、ウィルソンは一四カ条をひっさげてパリ講和会議に臨んだが、「勝利ある平和」を望むロイド・ジョージとクレマンソーを相手に交渉は難航した。イギリスとフランスにとって、平和回復の第一歩はドイツの武装解除であった。そのうえで彼らは領土の割譲と賠償を求めたのである。[15]一四カ条の基本精神は踏みにじられようとしていたが、不思議なことにウィルソンは拒否権を発動しなかった。イギリスの代表団にいたJ・M・ケインズが、ドイツへの報復に執念を燃やす講和会議に愛想をつかしてロンドンに帰ってしまったことは有名だが、彼は、ウィルソンが妥協を重ねて一四カ条がほとんど骨抜きにされる様子を、旧世界に翻弄されるドン・キホーテになぞらえていた。ケインズは、ウィルソン大統領がアメリカの強大な富と軍事力を後ろ盾にしながら、なぜもっと抵抗できなかったのかと問い、その理由を、ウィルソンが何にも増して一四カ条の第一四条を守ろうとしたためであろうと推測している。[16]第一四条は国際連盟の結成を提案していた。たしかに、ウィルソンは国際連盟さえ承認されればすべてが望みどおりに解決すると信じていたのである。

講和会議で承認された国際連盟の規約（Covenants）はヴェルサイユ条約の第一編に収められているが、規約作成の責任者となったのはウィルソンであった。もともと国際連盟に気乗りのしなかったクレマンソーとロイド・ジョージは規約づくりに無関心であったから、ウィルソンにこの仕事が任されたのである。[17]この結果、連盟規約の第八条には、「連盟加入国は、平和の維持のために国家の安全を保障するに足る最低限にまで軍備を削減することと、これを強制するための国際的な義務の共同行使が必要であることを認める」[18]との文言が、ウィルソンの用意した原案に沿って盛り込まれることになった。

ウィルソンはパリに来る前から国際連盟の構想を練っていたが、それが連盟の憲法ともいうべき規約の原案として形あるものになったのは、イギリス人のセシル[19]（Lord Robert Cecil）と南アフリカ人のスマッツ[20]（Jan Christian Smuts）の協力によるところが大きい。原案づくりはアメリカの講和使節団にも諮られずに、ひそかに進められた。原案の第四項には、「条約締結国は、平和の確立と維持のために軍備は国家の安全に見合う最小限度にまで削減される必要があり、これは国際的な義務を負う共通の行動によって強制されることを原則として承認する」[21]と書かれていた。原案にある軍備の「削減」という言葉は、そのまま連盟規約の第八条に書き写されたのである。[22]

一九一九年七月、ヴェルサイユ平和条約を土産に帰国したウィルソンを待っていたのは、国際連盟に反対する共和党議員たちであった。彼らの批判が集中したのは、連盟規約の第一〇条と第二一条である。第一〇条は、国際連盟加入国が外部の攻撃から領土と政治的独立を守るために、集団的安全保障体制を形成し維持することを定めていた。また第二一条には、ウィルソンの配慮によって、モンロー宣言が集団的安全保障に矛盾するものではないとの文言が特記されていた。[23]上院外交委員会の長であった共和党のロッジ（Henry Lodge）議員は、合衆国憲法のもとでは戦争宣言をするのは議会にのみ許された権限であり、国際連盟の命をうけてアメリカの軍隊が他国に送られることはあり得ないと論じた。またモンロー宣言については外国にとやかく言われる筋合いのものではないとして、第二一条で取り扱うこと自体に反対した。ロッジは平和条約承認の条件として一四の留保項目を提出した。注目すべきは、そのひとつが連盟規約の第八条についての修正であったことである。修正案は「第八条にもとづいて国際連盟理事会が申し入れる軍備制限の計画は、合衆国議会がそれを受け入れてはじめて拘束力をもつものとする」というものであった。[24]「削減」という言葉は「制限」に置き換えられていた。

ロッジの提案をすべて拒否したウィルソンは、議会の外で直接国民に訴えようとして全国遊説の旅に出るが、途中で健康を害し挫折してしまう。議会では、一一月に上院で民主党がロッジの修正案を否決したあと、翌一九二〇年三月に再投票して是非が争われたが、ウィルソンの要求する無条件の批准が三分の二の賛成票を得ることはなかった(25)。アメリカ議会はヴェルサイユ平和条約に背を向け、国際連盟への加入を拒み、ウィルソンの軍縮構想を葬り去ったのである(26)。

ウィルソンがどのようにしてアメリカの軍縮を達成しようとしていたかについて、具体的なことは不明である。軍縮が軍備の「削減」を意味するからには、真っ先に彼がやらなければならなかったのは海軍力の縮小だったであろう。しかし、彼はそれについて何らの判断を示すことなく去ってしまった。後に残ったのは、未完成のものも含めて一八六隻におよぶ艦船であり、ワシントン軍縮会議ではこれがアメリカ海軍力の実績となった。

3　ワシントン軍縮会議（一九二一〜二二年）

(1)　主力艦の比率

一九二一年一一月一二日にはじまったワシントン軍縮会議をリードしたのは、アメリカの国務長官ヒューズ（Charles Hughes）であった。会議の冒頭で、ヒューズは軍縮会議の目的を二つに分け、ひとつはアメリカ、イギリス、日本、フランス、イタリアの五カ国で海軍に限って軍備の制限問題を議することであり、もうひとつは、さらにベルギー、中国、オランダ、ポルトガルの四国を加えて、九カ国で太平洋・極東問題を議することであると説明した。二つの目的のうちとりあえず前者について、ヒューズは四つの原則を提案した。提案の第一は、主力艦（戦艦と巡洋戦艦を含む）の建造計画は、進行中であれ計画段階であれ、すべて破棄すること、第一は、主力艦のさらなる縮小は古い艦船の解体によって行うこと、第三は、関係国の現有海軍力が考慮されるべきであること、第四は、海軍力の測定は艦船のトン数によって行うことであった。ではこのような原則に従ってどのような決定がなされることが望ましいか、ヒューズはさらに踏み込んで具体的な数値にまで言及した。①協定成立後一〇年間は主力艦の建造を行わない。②主力艦を総トン数によって制限し、アメリカとイギリスがそれぞれ五〇万トン、日本が三〇万トンまでとする。③定められた制限内において二〇年以上を経た主力艦の建て替えを認める。④新しくつくられる主力艦は三万五〇〇〇トンを上回ってはならない[27]。

ヒューズの提案で最も重要なのは、米英日の主力艦保有比率を一〇対一〇対六としたことである。日本は英米がそれぞれ「一〇」であるのに対して「六」を割り振られたことに不満であり、実績からしても「七」が正当な比率であると主張した。日本にとって「六」になるか「七」になるかは八・八艦隊の成否に関わる重要な問題であった。しかし、アメリカにとっては、「六」は絶対に譲れない数値であった。アメリカ海軍省の将官会議[28]（General Board）は、「日本に七〇％を許せば、日本が極東における攻撃的な政策をさらに強めて世界平和の脅威になることを容認することになる[29]」との意見を、ヒューズに具申していた。

開会第一日目が終わると、ヒューズは会議を休会にして三国間の交渉に入った。イギリスの代表は外務大臣バルフォア（Arthur Balfour）、日本の代表は海軍大将加藤友三郎である。加藤は本国からの訓令をもとに、三つの要求を提示した。第一は日本の比率を「七」とすること、第二は、太平洋の要塞と海軍基地を現状のままで承認すること、第三は、九八％まで完成している戦艦「陸奥」を完成船として認め、代わりに「摂津」を解体することである。五回にわたる協議の結果、比率問題は第二の基地問題と引き換えに、日本が「六」を受け入れることで決着した。アメリカはハワイを、イギリスは香港を例外としたうえで、太平洋に新たな要塞や海軍基地を築かないことが約束されたのである。この取引は日本が太平洋の現状維持をいかに重視していたかを物語る。加藤はこの取引が日英同盟の破棄につながることを十分に承知していたはずであった。(30)

難航したのは第三の「陸奥」と「摂津」の差し替え問題であった。「陸奥」がいかに完成に近いとはいえ、これを認めることは未完成の艦船を省くというヒューズの提案にもとる。加藤は「陸奥」が認められれば、イギリスとアメリカは各一隻ずつ戦艦を増やしてもよいとまで妥協したが、これではヒューズの軍縮提案が評判を落としかねない。結局、ヒューズが出した結論は、「陸奥」を認める代わりに、アメリカも日本と同様の手法で、未完成の「コロラド」と「ワシントン」をリストに加え、性能において劣る「ノース・ダコタ」と「デラウェア」を廃棄することであった。日本もアメリカも主力艦の保有比率はそのままに、性能の高い艦船を編入することに成功したのである。(31) しかし、イギリスの事情は異なっていた。バルフォアによれば、五年前のユトランドの海戦で海軍が大打撃を受けて以来、イギリスは戦艦の製造を中止していた。ユトランドの経験から従来型の戦艦ではこれからの戦争に勝てないことを痛感したイギリスは、全く新しいタイプのポスト・ユトランド型戦艦を建造することにして、ようやくデザイン段階に入ったところであった。(32) バルフォアの要求は、この新鋭戦艦二隻をキング・ジョージV型戦艦四隻および巡洋戦艦一隻と入れ替えることであった。新鋭戦艦の予定トン数は四万三〇〇〇、ヒューズが提案した上限の三万五〇〇〇トンを八〇〇〇トン上回っていた。アメリカと日本が難色を示したのはこのトン数の開きである。加藤は軍事の専門家として、戦艦の防衛力は大きさではなく装備する武器によって決まることを説いたが、バルフォアは引き下がらなかった。彼は三万五〇〇〇トンでは、水雷や潜水艦や航空機からの攻撃に耐える高速で堅牢な戦艦をつくることはできないと主張して、巨大な大砲を備えることにのみ執心するアメリカと日本に不満をもらしたのである。結局、この問題は結論を得ずに棚上げとなり、三万五〇〇〇トンの上限値は残したまま、イギリスが主力艦の総トン数をアメリカと同じく五二万五〇〇〇トンに収めることで合意がなされた。イギリスはプレ・ユトランド型の戦艦を大幅に整理して、新鋭艦二隻のトン数を確保する事実上の権限を得たのである。[33]

(2) 補助艦問題

三者会談はフランスとイタリアを除いて行われた。三国の合意が成立したうえで、ヒューズは両国に連絡をとっている。彼は、ワシントンからパリに戻っていたフランス首相兼外相ブリアン（Aristide Brian）あてに電報を送り、「フランスの主力艦の実績は一〇万二〇〇〇トン、多く見積もっても一三万六〇〇〇トンである。しかし、われわれはフランスに特別の事情を考慮して一七万五〇〇〇トンを許容することにした」と告げている。フランスに特別の事情とは、戦争中に艦船建造をストップし、戦後に五四万四六五五トンの戦艦を廃棄して以来、所有する戦艦は七隻にとどまっていたということである。ヒューズの提案は実績においてはるかに劣るフランスに三の比率を与えようというものであり、これにフランスが同意しないはずはないとの自信に満ちていた。ヒューズは「この合意によって、貴国は何もせずに他国との比率において実績を二倍する戦力をもつことになる」とも付け加えていた。[34]「何もせずに」というのは、実績がなくとも比率さえ確保すればその枠内での海軍力の補強が可能になるという意味である。[35] ブリアンの返答は、主力艦と同じ比率を巡洋艦と駆逐艦に適用しないことを条件に、ヒューズの提案を受け入れるというものであった。[36]

ヒューズは主力艦以外の艦船を水上補助艦（軽巡洋艦および駆逐艦）、潜水艦、航空母艦・航空機の三つに分類して、それぞれに主力艦と同じ比率の制限をかけることを次の課題としていたが、ブリアンの条件を受け入れて海上補助艦はとりあえず制限から外されることになった。潜水艦については、制限どころか全廃を主張したのはイギリスである。アメリカの提案どおりに主力艦の比率を潜水艦に当てはめれば、潜水艦の建艦競争はむしろ助長されることになるというのである。[37] 潜水艦について、ヒューズの提案はアメリカとイギリスに九万トン、日本に五万四〇〇〇トンの保有枠を与えていたが、実績では日本を上回るフランスが日本と同じ枠を要求し、フランスと同等の扱いを望むイタリアもこれに同調することは必至であった。イギリスはこれらの三国が、実績と上限枠の差を縮めようとして激しい建艦競争を行うことを憂慮したのである。イギリスの提案にはフランスとイタリアが強く反対した。フランスは、主力艦によって守られることの少ない国にとって潜水艦が必要な武器であることを強調し、イタリアも、潜水艦は自国の海岸線を守るために必要不可欠であると主張した(38)。この結果、潜水艦の制限問題は棚上げにして、潜水艦の使い方についてのみ取り決めがなされることになった(39)。

航空母艦と航空機については、武器としてまだ実験段階にあることが考慮された。航空機は制限から外され、航空母艦は建造中のものを完成したうえで、制限内であれば自由に艦船を入れ替えることが認められた。航空母艦の保有枠は主力艦と同じ比率で定められたが、これにフランスとイタリアが異論を唱えなかったのは、実績となる艦船の持ち合わせがなかったにもかかわらず、黙っていれば、然るべき保有枠を確保できたからである。ヒューズの最初の提案はアメリカとイギリスが八万トン、日本が四万八〇〇〇トンであったが、最終的には航空母艦一隻の最大トン数が二万七〇〇〇であることを考慮して、アメリカ、イギリスが各一三万五〇〇〇トン、日本八万一〇〇〇、フランス六万、イタリア六万で決着した(40)。

ワシントン軍縮会議を海軍問題に限ってみれば、アメリカが得た成果の第一は、主力艦における一〇対一〇対六の比率である。これによってアメリカは、栄光あるイギリス海軍と肩を並べる一方で日本の八・八艦隊構想を挫折に導いた。日本から譲歩を引き出すために、太平洋に要塞と基地を新設しないこと約束したのはアメリカにとって大きな決断であったが、代わりにフランスを巻き込んで太平洋に関する四カ国協定を成立させることで、日英同盟を不要なものとした。これが第二の成果である。ヒューズがワシントン会議を日英同盟を破棄に追いやる好機と捉えていたことは間違いないが、彼はこれを正面から提案せずに、四カ国協定を軍縮条約に先行して成立させることによって、な

しくずし的に実現したのである。(41)

4 国際連盟の軍縮

(1) 相互援助協定（一九二三年）

ワシントン軍縮会議において、ヒューズの提案は海上補助艦と潜水艦については実らなかったが、アメリカはこれで諦めたわけではなかった。ヒューズは一九二五年三月に国務長官を辞める直前まで、外交ルートをとおして二度目のワシントン軍縮会議を開催する可能性を探っていた。ヒューズにとっての気がかりはジュネーヴで発足した国際連盟の動きであった。そこではウィルソンが遺した連盟規約の第八条が息を吹き返していたのである。

一九二〇年一月、四二カ国が加盟し、イギリス、フランス、イタリア、日本が常任理事国となって発足した国際連盟にとっての急務は、規約の第八条に基づいて、軍備の「削減」と、国際的な集団的安全保障（collective security）体制の構築をいかに実現するかということであった。一九二三年に開催された総会は、この問題についての検討と具体案の提示を「臨時混成委員会（Temporary Mixed Commission）」に委ねることを決議した。この決議（Resolution XIV）には、同委員会が検討すべき課題が次のように列記されていた。①軍備の「削減」計画は、規約八条が意味するところに従い、全般的なものでなければならない。②現在の世界情勢に鑑み、十分な安全の保障がないかぎり軍備の「削減」に責任を負えないとする政府が多い。③そのような保障はすべての国に開かれた防衛協定によって可能である。④全般的な軍備の「削減」という目的を達成するために、相互保障の協定（Treaty of Mutual Guarantee）について検討する。(42)

臨時混成委員会の議論をリードしたのは、ロバート・セシルであった[43]。彼はウィルソンとアメリカが姿を消した国際連盟にイギリス代表として留まり、すでに重きをなす存在となっていた。彼が中心になって作成されたのが、相互援助協定の草案（Draft Treaty of Mutual Assistance）である。草案の骨子は、軍縮の前提条件として安全保障を位置づけることにあったから、連盟規約第八条との整合性がまず問われなければならなかった。第八条はあくまで軍縮を目的としており、集団的安全保障はそれを実現するための手段であったからである。第八条はあまりにも理想主義的であり、平和が回復したとはいえ戦争の火種が絶えることのないヨーロッパの現実に立ち返れば、安全保障をまず確保するのが先であるというのがセシルの議論であったが、この議論が第八条と矛盾しないように、草案では軍縮と安全保障が密接不可分のものであることを強調し、どちらが先かという順序の問題は二の次としたのである[44]。そのために援用されたのが、連盟規約の第一〇条と第一六条であった。第一〇条は上述のとおり、連盟規約のなかでもアメリカ議会が最も強く反発したものであるが、第一六条とともに有事の際に連盟加盟国に課せられる軍事的関与の責務を明確にしていた。

相互援助協定草案の前文には次のように書かれていた。「条約締結主要国は連盟規約第一〇条と第一六条を適用し、第八条に沿って国家の軍備を削減もしくは制限するために（傍点引用者）相互援助の計画案を構築することを希求するものである」[45]。この場合に注目をひくのは傍点部分である。規約第八条に軍備の削減とある部分に、あたかも補足するごとく、「もしくは」でつないで「制限」の文字を加えたのは何を意味するだろうか。臨時混成委員会が作成した草案を検討し、第四回総会に報告する義務を負ったのは第三委員会であったが、その報告書によれば、「制限」の文字をつけ加えたのはチリ政府の意見を取り入れたためであった。第三委員会が相互援助協定草案について各国政府に修正意見を募った際に、チリ政府は、南アメリカには武装していない国々があり、彼らにとって軍縮とは、軍備の「削減」ではなく、軍備の「制限」でしかないと述べたのである。この状況をひとり南米だけのものではないと判断した第三委員会は、連盟の用語として軍縮を語る場合に、「削減」だけではなく「制限」を加えることにしたという。[46]「軍備の削減もしくは制限」はまもなく、「軍備の削減および制限」という表現に落ち着く。「もしくは」であろうと「および」であろうと、用いる側にとって大きな意味上の違いはなかったが、重要なのは、理由はどうであれ、連盟が「制限」という言葉を「削減」と並べたことである。

軍備の「制限」はワシントン軍縮会議のキーワードであったから、連盟はこの言葉を用いることに慎重なはずであった。したがって、あえてこのような言葉使いを容認した背後には、ワシントン軍縮条約に対立するよりはこれに協調しようとする連盟の姿勢が伺える。これはワシントン軍縮会議に参加したイギリス、フランス、イタリア、日本の四国が連盟の常任理事国であったことを思えば当然であったかも知れない。一九二二年の連盟総会は、ワシントン軍縮条約の原則を評価し、これを協定に署名していない国々にも広げていくことを申し合わせていた。[47]この限り、ワシントンからヨーロッパに目を凝らすヒューズにとって、軍縮をめぐる国際連盟の動きは神経を尖らすほどのものではなかったのである。

(2)　ジュネーヴ議定書（一九二四年）

相互援助協定案は一八カ国が賛同したが、総会の票決で敗れた。フランスは賛成し、イギリスは反対にまわった。イギリスの判断をまかされたのは、一九二四年一月に政権を獲得したばかりの労働党首マクドナルド（Ramsey MacDonald）であった。マクドナルドはセシルの強い抵抗にもかかわらず、真の安全は軍事的な手段では達成できないという自説を貫き、軍の派遣による安全の保障よりも国際司法裁判所による仲裁に期待したのである。[48]

マクドナルドは、相互援助協定にイギリスが反対した理由を次のように述べた。『われわれは軍事的な同盟が安全を保障すると思っていない。われわれは安全を約束する軍事同盟はマスタードの種のようなものだと思っている。最初は小さかった約束の種が年とともに大きくなって最後には天下を見下ろすほどの大木になり、われわれは一九一四年と同じ軍事状況に戻っていることだろう」。軍事同盟によらずに平和と軍備の削減を実現するために、マクドナルドはまず、国際連盟を万国に開かれた組織にして、アメリカもドイツもロシアもすべての国々が参加する軍縮国際会議を開催することを提案した。ついで彼は、連盟理事会が勧告するだけでは解決しない紛争には、常設の国際司法裁判所（Permanent Court of International Justice）による仲裁が必要であると述べた。[49] 連盟規約の第一四条に記された常設国際司法裁判所の定款は、判決を強制的なものとして受け入れるか受け入れないかは国ごとの選択によるとしていたので、[50] マクドナルドはこの選択条項（Optional Clause）の再検討を求めたのである。

フランスの首相エドアルド・エリオ（Edouard Herriot）はこれに対して、改めて安全保障の必要性を訴えた。彼はマクドナルドの国際司法裁判所に仲裁を委ねるという提案に賛意を表しながらも、「仲裁は必要だがそれだけでは十分ではない。それは手段であり目的ではない。仲裁だけでは安全と軍縮を求める連盟規約第八条の主旨を全うすることはできない」と述べた。そのうえで彼は、仲裁と安全保障と軍縮の三つは分離不可能であるとして、安全保障をマクドナルドの強調する仲裁と同等のところに引き上げようとしたのである。[51] エリオは前任者のポアンカレ（Reymond Poincaré）と違って、ルール占領地からの撤退を考えていたし、ドーズ案にも前向きであったから、マクドナルドとの間柄は決して悪くはなかったが、[52] 彼が安全保障にかくもこだわったのは、フランスが身をおく大陸の緊迫した状況を示していた。一九二三年八月にはコルフ島事件が起り、ムッソリーニがギリシャに兵を進めていたのである。

マクドナルドとエリオの提案をもとに作成されたのが、ジュネーヴ議定書（Geneve Protocol）である。起草したのはチェコスロヴァキアのベネシュ（Eduard Beneš）であった。ジュネーヴ議定書は、安全保障と軍縮を併記する点では相互援助協定と同じであるが、さらに仲裁を加えている点が違っていた。エリオが主張したように、仲裁と安全保障と軍縮が議定書の三本の柱となったのである。

仲裁については、マクドナルドが示唆したように、常設国際司法裁判所の定款から選択条項がはずされて、裁判所の裁決は強制力をもつことになっていた。連盟理事会が当事国の訴えをうけてまず仲裁を試み、それが功を奏さない場合には国際裁判所の判断を仰ぐことが成文化されたのである。この場合に当事国とは、攻撃と防御を問わず、戦闘行為に及んだ国のことであり、理事会が決定をくだすまではいずれも攻撃国とみなされる。

安全保障については、理事会が攻撃国とみなした当事国が理事会の仲裁に従わないときには、連盟加盟国は経済・財政面での制裁を行い、場合によっては軍事力を行使して攻撃された国を守る義務を有することが明記された。また軍縮については、一九二五年六月一五日にジュネーヴで軍備「削減」のための国際会議（International Conference for the Reduction of Armament）を開いて、連盟に加わっていない国々も加えて討議を行うことが定められていた。会議の目的が軍備「削減」のためとなったのは、マクドナルドの影響をうかがわせる。マクドナルドは平和と軍縮を結びつけていたから、彼にとっての軍縮とは、連盟の新しい言葉遣いにもかかわらず、「制限」ではなく「削減」でなければならなかったのである。(53) ジュネーヴ議定書は第五回総会で議決され、あとは各国の批准を待つばかりとなった。

ヒューズはジュネーヴ議定書が登場すると、これを放っておくことはできないと考えた。議定書は連盟に加盟していないアメリカについて例外措置を設けていなかったからである。連盟は国際軍縮会議に世界中のすべての国が集まれば、議定書はおのずと万国に共通のものになると想定していたが、それはアメリカの与り知らぬことであった。ヒューズは、制裁を行うのはアメリカの中立主義にもとるし、南米諸国の間で紛争が起きた場合にはモンロー主義が冒されると考えたのである。しかし、連盟非加盟国であるアメリカが正面からジュネーヴ議定書を批判することは避けたかったから、ヒューズにとって最も望ましいのは何もせずに議定書が消えることであった。(54)

ヒューズにとって幸いなことに、イギリスでは一一月の選挙でマクドナルドが破れ、保守党のボールドウィン

(Stanley Baldwin)が政権に返り咲いた。ジュネーヴ議定書を批准するか否かの判断は、保守党に任されることになったのである。外相はチェンバレン(Austen Chamberlain)であった。ボールドウィンはジュネーヴ議定書検討小委員会を設置し、一二月四日に開催する帝國防衛委員会(Committee of Imperial Defence：CID)のために報告書を作成するよう要請した。小委員会の委員長になったのはCDI事務局長のハンキー(Maurice Hankey)である。注目すべきことに、報告書には一九一九年二月一四日、パリ講和会議に国際連盟規約案を提出するにあたって、ウィルソン大統領が行った演説の一節が引用されていた。「このプログラムの背後には武力があるが、それはあくまで背後のものであって、道徳の世界だけでは不十分な場合に力の世界が出てくるのである。しかし、それは最後の方法である。何故なら、ここで目指すべきは平和の構築であり、戦争のための連盟ではないからである」。

ハンキーの報告書によれば、ジュネーヴ議定書は、武力によって支えられる強制的な仲裁のシステムを付け加えることによって、連盟規約の生みの親であるウィルソンの精神から大きく逸脱していた。イギリスはこれに対して、規約の精神にのっとり、問題解決の主要な武器は道徳であり、物質的な力は最後の手段であるという立場をとるべきだというのである。そのうえで報告書は、議定書の三本の柱のうち仲裁と安全保障が連盟規約と矛盾することを指摘する。連盟規約において常設国際裁判所の設置を提案しているのは第一四条であるが、議定書はこれに加えて、二項から六項において、裁判所や連盟の総会もしくは理事会による仲裁に強制力を与えようとしていた。安全保障については、連盟規約の第一六条が、仲裁を無視して戦闘行為に及んだ連盟加盟国にたいして、理事会の主導のもとに経済的・軍事的制裁を加えることを定めていたが、議定書の一六項は、制裁の対象を連盟に加盟していない国々にまで広げていた。これは各地に自治領をもつイギリス帝国の利益に反すると同時に、非加盟国であるアメリカへの配慮を完全に欠いているというのが、報告書の結論だったのである。(55)

帝国防衛委員会では、アメリカに配慮して議定書の否決に傾くチェンバレンと、ジュネーヴ議定書を修正してでも存続させて軍縮国際会議をなんとか実現させようとするセシルの主張が真っ向から対立した[56]。チェンバレンはひそかに駐米大使のハワードを介してヒューズの意向を探ろうとする。ヒューズの答えは沈黙であった[57]。何も言わないことによって彼の意志はチェンバレンに伝わったのである。フランスが固執する安全保障については、独自に英仏二国間の相互協定を結ぶことが提案された。この場合にもセシルは反対して、個別の国による協定よりも世界の国々を糾合して軍縮会議を行うべきであると主張している。セシルが抱く軍縮国際会議への期待には、国際連盟にすべてを託そうとしたウィルソン大統領の執念に近いものがあった[58]。四回にわたる討議の末にボールドウィン内閣が出した結論は、否であった。

ヒューズは国務長官を辞したとき、すでにジュネーヴ議定書の先を見ていた。彼の関心はアメリカが主催する二度目の軍縮会議に移っていたのである。彼は退任ぎりぎりまでイギリスと日本の意向をさぐり、両者が会議への参加に前向きであると知ると、さらにイギリスを通してフランスとイタリアの意向を確かめようとしていた[59]。

(3)　軍縮会議準備委員会

流れが変わったのは一九二五年一〇月、ロカルノ協定が成立したときからである。イギリス、フランス、イタリア、ベルギー、それにドイツを加えて五カ国間で合意したこの相互不可侵協定は、ジュネーヴ議定書に代って安全保障をヨーロッパの主要国のあいだで確保しようとするものであった。協定を持ちかけたのはドイツのシュトレーゼマン[60]であったが、安全保障を念願とするフランスがこれに応じないはずはなかった。イギリスは、アメリカに配慮してジュネーヴ議定書を葬った代償としてフランスとの安全保障協定を考えていたが、二国よりは五国のほうが望ましいに違いなかったし、なによりもドイツをソ連邦から遠ざけておくことが重要であった。ロカルノ条約は五カ国間の国際協定であったが、ドイツを国際連盟に加盟させるというもうひとつの目的を含んでいた。条約の最後には、「本条約は、すべての批准書が寄託され、ドイツが国際連盟の加盟国となることをもって発効する」[61]と書かれていたのである。

ロカルノ条約の成立はアメリカに孤立感と焦燥感を与えることになった。ヒューズを継いで国務長官となったケロッグ（Frank Kellogg）は、駐英大使ハウトン（Alanson Houghton）から次のような電報を受け取っている。「ロカルノの決着は関係諸国の心理を大きく変えました。彼らは今やアメリカから独立したような気分でいます。それればかりか、国際連盟に関わることによって、新しくて重要な彼ら自身の政治機構を生み出したと思っています」。ハウトンは、ロカルノ協定の成立によって、軍縮のイニシャテイヴはワシントンからジュネーヴに移ったと述べていた[62]。

たしかに、ロカルノ協定が成立のはこびになってからの国際連盟の動きは迅速であった。九月に開かれた第六次総会は、軍縮国際会議の開催を目指してそのための準備委員会を設置することを決議していた。ロカルノ協定によってドイツの加盟が時間の問題となったいま、アメリカやソ連にもよびかけて国際軍縮会議を成功させることが国際連盟にとって当面の重要課題となったのである。注目すべきは、国際軍縮会議の目的がここでふたたび「軍備の削減と制限」に戻ったことである。ジュネーヴ議定書は国際会議の目的を軍備の「削減」としていたが、新しい提案は、マクドナルドの平和主義よりも第三次総会の決議XIVに即して会議を現実のものにすることを選んでいた[63]。アメリカが「削減」よりは「制限」を好む国であることは明瞭であったから、アメリカの参加をえて軍縮国際会議を成功させるために、これが現実的な選択であったことはたしかである。

アメリカが国際連盟から軍縮会議準備委員会（Preparatory Commission for the Disarmament Conference）への招待状を受け取ったのは、一二月のことであった。招待状にはベネシュが作成した軍縮会議準備委員会の詳細なプログラムと、アンケートが添えられていた。クーリッジ大統領は翌年一月の議会へのメッセージで、とりあえずの参加を表明し、準備委員会への参加はかならずしも「軍備の削減と制限」についての国際会議への参加を意味するものではないと付け加えた[64]。準備委員会に派遣されるアメリカの代表は、スイス公使であったギブソン（Hugh Gibson）に決まった。

国務長官ケロッグは、準備委員会から寄せられたアンケートに沿って、アメリカのとるべき基本方針を次のようにまとめている。①軍備の制限が可能なのは現存の兵器（visible armaments）と、戦争のために動員し得る平時の兵力（peace strength）のみである。②陸上軍備の縮小はヨーロッパの問題であり、アメリカにとっては研究と倫理の問題でしかない。③海軍の軍縮と陸軍の軍縮は別個に扱われるべきであり、海軍力が陸軍力と取引されることがあってはならない。④航空機については、ヨーロッパと事情が異なり、アメリカではとくに制限の必要を感じていない。⑤アメリカは国際連盟などの国際組織が協約にもとづいて課す制裁のいかなるものにも組しないし、軍備の制限計画の進捗状況について外部の機関から査察を受けることも拒絶する。⑥海軍軍備の制限協定においてはいかなる場合であれ、アメリカはワシントン条約の比率を守る。陸上軍備については他の強国と同等の戦力を維持する権利を主張する。(65)

ケロッグのまとめは、軍縮会議準備委員会に代表を送るに際して、アメリカの最大の関心事が海軍の軍縮であったことを物語る。この意味では、連盟規約第八条に即して軍備の全般を議題にしようとする軍縮会議準備委員会と、アメリカの立場は最初から隔たっていた。それにもかかわらずアメリカが代表を送ったのは、ヨーロッパの軍縮の動きを無視して孤立するよりは、連盟の討議に加わることによって、アメリカの望む形での軍縮会議を早期に実現する機会を作ろうとしたためである。アメリカが早期の軍縮会議にこだわったのは、ワシントン会議から三年を経過する間に、イギリスと日本が一万トン級の大型巡洋艦の建造において実績を築きはじめており、アメリカはそれに遅れをとっていたからであった。(66)

軍縮会議準備委員会は、二二カ国の代表を集めて一九二六年五月一八日、ジュネーヴで開始された。委員会のもとには二つの小委員会が設定されて、Ａ小委員会には陸軍、海軍、空軍の検討が、Ｂ小委員会には経済など軍事以外の問題の検討が委ねられることになった。アメリカが参加したのは前者である。アメリカは専門家の集まりである小委員会が技術的な問題に解決を見いだすことを期待したが、小委員会の議論が政治的対立を免れることはなかった。まず海軍国イギリスと陸軍を重んずるフランスが対立し、その対立は軍艦の制限問題に持ち越されて、フランスは軍艦の種類による制限ではなく、総トン数による制限を主張するにいたった。しかもアメリカの反対を承知で、フランスは軍備の削減状況について国際的な査察の必要を主張したのである(67)。

(4) ジュネーヴ海軍軍縮会議(一九二七年)

長引くばかりの軍縮会議準備委員会の議論にアメリカが見切りをつけたのは、一九二七年に入って間もなくのことであった。二月三日付けでケロッグがイギリス、フランス、イタリア、日本の四カ国に送付した覚書には、次のように書かれていた。「ジュネーヴでの六カ月にわたる議論は、海軍力制限に関わる全般的な問題について意見を交換するうえで非常に有益であった。この議論をとおして、さまざまな意見があっても海軍強国の要求に合わせて妥当な制限方法を探るならば、妥協点に達する可能性があるとの感触が得られた。制限協定に向かって断固として前進するために、合衆国政府はワシントン海軍軍備制限条約の締結国に次のような問いかけを行うものである。準備委員会の来る会合に出席する自国の代表に対して、ワシントン会議では扱えなかった種類の軍艦を制限する協定のために協議を行う権限を与える意向の有りや無しやと」。ケロッグは付け加えて、アメリカには準備委員会が本来の目的とする軍縮会議の開催を妨害するつもりは毛頭ないと述べていた。妨害どころか、アメリカの提案は世界の軍縮会議を成功に導くためのものだというのである(68)。

チェンバレンからの返答は、ワシントンで採用された主力艦の制限比率を、他の艦船や他の国々に対してどこまで適用すべきかについて話し合う必要があるとして、ジュネーヴの準備委員会との関係を損なわない限り、アメリカの提案に賛同するというものであった(69)。フランスは反対であった。ブリアンからの返答は、「アメリカの提案は、ジュネーヴにおいて、合衆国の代表も参加している準備委員会によってのみ検討に値するものとなろう」と述べていた。ブリアンは連盟規約第八条に忠実であろうとすれば、国際連盟の軍縮は海軍だけに限られるものではないし、大国だけで解決される問題でもないと主張して、連盟に属さないアメリカを暗に批判したのである。(70) イタリアも反対であった。イタリアではムッソリーニが会議への参加に前向きであったが、フランスとの同率制限を条件に求めて、受け入れられなかったために断念したという。(71) 日本は補助艦比率を自国に有利に改定する好機と捉えて、積極的な賛意を表明した。(72)

アメリカ、イギリス、日本の三カ国による海軍軍縮会議が開かれたのは、六月二〇日のことである。日程は軍縮会議準備委員会と重ならないように調整され、開催場所は国際連盟の施設を借りることになった。アメリカとイギリスの代表は軍縮準備委員会と同じく、ギブソンとセシルであった。ギブソンにはジョーンズ（Hilary Jones）が、セシルにはブリッジマン（William Bridgeman）が、海軍の専門家として付き添っていた。日本が派遣した全権大使は斎藤実海軍大将であり、彼のもとで実際の交渉にあたったのは石井菊次郎であった。

ジュネーヴ軍縮会議では、冒頭でイギリスがワシントン条約の修正を提案したところから、アメリカの手はずに狂いが生じた。(73) イギリスの提案は二点にわたり、ひとつは、巡洋艦の制限基準を総トン数から必要総トン数に変えるというものであり、他は、主力艦の上限トン数を三万五〇〇〇から三万に変更するというものであった。チェンバレンの説明によると、帝國としてのイギリスが植民地との交易を守るために必要とする巡洋艦は大型一五隻と小型五五隻の合計七〇隻であり、これを海軍予算の範囲で獲得するためには主力艦にかかる費用を縮小する必要があるというのである。チェンバレンは建艦費用の削減はワシントンの精神に決して背反しないことを強調し、このような取り決めは国際連盟の軍縮会議準備委員会の議論が結論を得るうえで参考になるだろうと述べた。(74)

アメリカにとって主力艦の上限見直しはとうてい受け入れられるものではなかった。すでに述べたように、イギリスはワシントン軍縮会議でポスト・ユトランド型の超大型戦艦のために三万五〇〇〇トンを上回る二隻の建造枠を獲得しており、このときすでにロドニーとネルソンを完成させていた。アメリカが持つ最大の戦艦は三万二六〇〇トンであったから、イギリスの提案はアメリカにとって悪質な企みとしか思えなかったのである(75)。

巡洋艦については、日本が間に入ってイギリス側と協議し、石井とセシルおよびブリッジマンによって妥協案メモが提示された。駆逐艦と巡洋艦を合わせて五万トンをアメリカとイギリスに、三万二五〇〇トンを日本に割り当てようというのである。このうち一万トン級の重巡洋艦は数の基準によって、アメリカとイギリスに一二隻、日本に八隻が割り振られた。また軽巡洋艦に搭載する大砲は六インチまでとされた(76)。日本はこの妥協案において、ワシントン軍縮会議で定められた比率を六から六・五に増やすことに成功したが、本国からの訓令は日本がこれに決して満足していないことを示していた(77)。イギリスも本国政府がこの妥協案に満足していないことは、セシルとブリッジマンが本国に呼び戻されたことから明らかであった。

アメリカはワシントン条約を修正しようという動きには反対であったが、イギリスと日本の提案を退けて、軍縮会議を招聘しながらそれを失敗に導いた責任を問われることは避けたかった。そのためには、イギリスが軽巡洋艦には六インチ砲しか認めないという主張を放棄して、アメリカに一万トン級の巡洋艦でなくとも八インチ砲を搭載する自由を与えてくれればよかったのである。しかし、セシルとブリッジマンが本国から持ち帰った新しい提案には、もはや妥協の余地はなかった。そこには将来において巡洋艦の武装はすべて六インチ砲に制限されることが望ましいと書かれていたのである(78)。ケロッグは八月一〇日付けのクーリッジ大統領あての書簡で、会議の終焉を告げた(79)。

5　ロンドン海軍軍縮会議（一九三〇年）

(1)　ケロッグ＝ブリアン条約（＝パリ不戦条約　一九二八年）

フランスはジュネーヴ軍縮会議への参加を断ったが、このために軍縮に対して後ろ向きであるとの非難を蒙りたくはなかった。ブリアンが一九二七年四月六日に報道陣に向けて声明を発したのはそのためである。彼は、アメリカをヨーロッパに平和をもたらしてくれた福音者として持ち上げ、是非にもそのアメリカと友好関係を結びたいと述べた[80]。この声明が平和を主張する人々の間で好評を博すると、ブリアンはケロッグに、フランスとアメリカの二国間で不戦条約を締結することを申し出る。彼の腹案は二項目にわたっていた。第一項は、国家政策遂行のための手段として戦争を用いることの非を認め、戦争の放棄を宣言する。第二項は、フランスとアメリカのあいだでいかなる理由にせよ紛争または衝突が起こった場合、解決は平和的な方法においてのみ追求されるべきである、というものであった[81]。提案の内容がケロッグに示されたのは六月二二日のことである。この二日前にジュネーヴ軍縮会議は始まっていた。

ケロッグはブリアンの提案が軍縮を飛び越えた「戦争の放棄」であることに驚き、この時期にアメリカとの二国間協定を望むフランスの真意を測りかねたが、さりとて、すでに公表されているフランスの提案をすげなく断るわけにもいかなかった。世論に訴えるところから始めたブリアンの策が功を奏して、アメリカの去就は世界中の注目を集めていたのである。ケロッグに対して、フランスとの二国間協定を多国間の協定に生まれ変わらせることを提言したのは、国務省で西ヨーロッパ問題を担当するマリナー（J. Theodore Marriner）であった。彼はブリアンが軍縮会議のさなかにアメリカとの平和協定を提案する真意が、軍縮会議に参加しなくともフランスが世界平和に抱く熱意に変りはないことを示すことにあると見定めたうえで、国際連盟の加盟国であり、ロカルノ条約の協定国でもあるフランスと一方的な協定を結ぶことは、モンロー宣言に違反するばかりか、ヨーロッパの他の国々に要らざる動揺を与えることになると述べた[82]。

ケロッグはすでに疑心暗鬼に陥っていたイギリスと日本に対して、フランスとだけの二国間協定はあり得ないと説明している。そのうえで彼が持ち出したのは、一九〇八年のルート協定[83]（Root Treaties）と、一九一三年のブライアン協定[84]（Bryan Treaties）であった。二つの協定はいずれも、戦前に中立主義をとっていたアメリカが、国際紛争の解決を国際司法裁判所の判断に委ねることを提案して成立させた多国間協定である。前者はたまたま失効期を迎えていた。後者は無期限であったが、日本が参加していなかったので、ブリアンの提案を契機に古い協定を新しくつくり直してはどうかと、ケロッグは持ちかけたのである[85]。ケロッグの用意した不戦条約は、第一項はブリアンの提案と同じだったが、第二項ではフランスとアメリカの二国間協定が条約締結国間の協定に置き換えられていた。

イギリスと日本が賛意を表したにもかかわらず、ブリアンはアメリカの提案に不満であった。九月に入ってジュネーヴ軍縮会議が暗礁に乗り上げ、米英の対立軸が鮮明になると、孤立を恐れる必要のなくなったフランスは、不戦協定に消極的になった。他方、ケロッグはドイツとイタリアからも合意をとりつけ、ロカルノ条約の参加国であるベルギー、ポーランド、チェコスロヴァキアを加え、さらにイギリスの要望にこたえて英連邦諸国をも起草国のメンバーに加えて、一九二八年八月にパリで条約の調印式を行うところまで漕ぎ着けた。

ケロッグが不戦条約の締結に向けて突き進んだのは、不戦条約が世界中の平和愛好者の間で高く評価されたためであろう[86]。不戦条約は、連盟加盟国でもないのに軍縮会議を強行して失敗したアメリカが、名誉を挽回するチャンスでもあったのである。不戦条約は義務や強制を伴わない誓約であることが幸いした。そうである限り、戦争の放棄宣言が軍備放棄の義務を負うことはなかったし、またそうであるからこそ、ケロッグは「不戦の誓い」という平和のパフォーマンスにほとんどの連盟加盟国を巻き込むことができたのである[87]。ソヴィエトが「パリの条約には軍縮についての義務が全く含まれていない」といって批判したのは、正鵠を得ていたというべきであろう。ソヴィエトはこの年、軍縮準備委員会に参加したばかりであったが、早速にも「完全かつ即時の武装解除」を主張して、「軍備の削減と制限」

を目指す軍縮会議準備委員会に揺さぶりをかけていた。ソヴィエトを代表して外相のリトヴィノフ（Maxim Litvinoff）は、「戦争を非合法なものとする多国間協定を世界にもたらした国」としてアメリカを名指ししながら、「その国がロシアの提案に賛成するのは理の当然であろう」と述べたのである。[88]

一九二八年一二月四日にクーリッジ大統領は議会で一般教書演説を行って、パリ不戦条約の成立を礼賛したが、そのあとに、「それは我国の決して譲りえぬ主権（inalienable sovereign）と国防の義務を超えるものではないし、万が一にもこの協定が破られるようなことがあれば、議会が賢明と判断するなんらかの措置をとることを妨げるものでもない」と付け加えることを忘れなかった。これはソヴィエトの批判に対するアメリカの回答であったともいえるであろう。アメリカにとって戦争の放棄宣言は武力の放棄を意味するものではなかったのである。これを証拠立てるかのように、クーリッジが次いで言及したのは、軍事予算の拡充であった。「我国の海軍は一般に受け入れられている水準に照らして巡洋艦が不足している。一〇隻は比較的に新しいが、二二隻は老朽化し、八隻が建造中である。早急な更新と代置が行われなければならないことは明白である」。[89] 一般に受け入れられている水準とは、ワシントン条約で定められた比率のことである。ジュネーヴ会議でこの比率を巡洋艦に及ぼそうとして失敗してからは、アメリカは、実績を積むことでしかイギリスにひけをとらない水準を維持することができなくなっていた。このときイギリス海軍は、八インチ砲重巡洋艦一万トン級を八隻、九五〇〇トン級を四隻、建造中のものとして一万トン級の六隻、八三〇〇トン級の二隻、さらに加えて六インチ砲を備えた七五〇〇トン未満の軽巡洋艦四三隻を擁していたのである。クーリッジの要請に応えて一九二九年二月に議会が承認した海軍法は、一万トン級重巡洋艦一五隻と航空母艦一隻の建造を約束していた。[90]

(2) フーヴァーの軍縮

不戦条約の成功で、アメリカはジュネーヴ軍縮会議の失敗から立ち直ったといえるであろう。国際連盟では一九二九年四月一五日に軍縮会議準備委員会が再開されたが、アメリカの存在は一段と大きなものになっていた。アメリカを代表するのは依然としてギブソンであったが、彼が三月に就任したばかりの新大統領フーヴァーの訓令をうけて行った演説は、注目を集めるに十分であった。ギブソンは、不戦条約の成立を自賛したあとで、これを契機に、軍縮の討議は軍備の「制限」よりも「削減」に重点を置くよう転換すべきであると主張した。「制限」という言葉が、軍備の水準の維持や高度化についての合意を表すものになった結果、「削減」が忘れ去られてしまったというのである。この際、「思い切って『制限』という言葉を捨て、軍備の全般的な『削減』に議論を集中すべきである」と彼は述べた[91]。

フーヴァーが彼自身の言葉で軍備の「削減」に言及するのは、五月三〇日の戦没将兵追悼記念日の演説においてである。「われわれは、軍備の制限を唱えても制限が軍備の増強をうながす高い水準に設定されるのであれば、意味がないと考えます。軍備の制限という考え方は有効ですが、(中略)結果として、以前より多くの軍艦が建造されてきました。したがって、われわれが調印した不戦条約が本物なのか、あるいはさらに多くの軍艦建造に邁進するべきなのかを決めるときがきました。われわれが目指すのは、上に向う制限ではなく、現にある実績を削減して低い水準にもっていくことです[92]」。

第一次大戦中に食糧問題の責任者としてウィルソンに仕えたフーヴァーは、共和党員でありながらウィルソンのよき理解者であった[93]。しかし政治家としてのフーヴァーは、ウィルソンのように平和の実現のために軍備を必要最小限に抑えようと主張するよりも、軍備をできるだけ減らすことによって国民の負担を減らそうと説く。そのうえでフーヴァーが決断をせまられたのは、軍備の「削減」を国際連盟の討議に委ねるか、ワシントン軍縮会議の線に沿ってアメリカのイニシャティヴで遂行するかであった。フーヴァーは後者を選ぶが、その理由は、パリ不戦条約の成功体験である。あのときと同じように、連盟に加盟していないからこそ、アメリカは諸国相互の思惑と関係なく独自に主導権を握ることができるのであった[94]。ワシントン条約が定めた一〇年間の主力艦建造休止は一九三一年に期限を迎えようとしていた。フーヴァーが三度目の軍縮会議を一九三〇年に設定したのは、その前に五カ国間でワシントン条約の確認と再検討をはかりたかったからである。会議のキーワードは軍備の「削減」になるはずであった。

軍縮会議にとって思いがけぬ追い風となったのは、一九二九年一〇月二四日にはじまるニューヨーク株式市場の大暴落であった。世界中を巻き込んだ経済恐慌の幕開けである。

(3)「制限」から「削減」へ

大西洋の彼方からフーヴァーに呼応したのは、イギリスで首相に返り咲いたばかりのマクドナルドであった。マクドナルドは、一九二四年のジュネーヴ議定書を作定するにあたって、軍縮国際会議の目的を軍備「削減」のためとした人物である。彼は一万トン級の重巡洋艦二隻の着工をキャンセルすると表明した[95]。フーヴァーが、駐英大使ドーズ(Charles Dawes)を通して極秘にイギリスとの交渉を開始したのは一九二九年六月であったが、一〇月にはマクドナルドをワシントンに迎えて私的な予備会談をするところまで漕ぎ着けた。

マクドナルドとフーヴァーの会談は不戦条約の確認からはじまった。戦争を紛争解決の手段としないことを不戦条約で誓っている以上、アメリカとイギリスが一戦を交えることはあり得ないのである。両国の間で建艦競争の必要がなくなれば、パリティの原則に沿って双方の海軍力を同じ程度にまで削減することが可能なはずであった。そのためには、アメリカは世界最大の海軍をもつ望みを捨て、イギリスはアメリカにパリティを許すまいとする意地を捨てなければならなかった。一〇月一〇日、両首脳は記者団の前で、翌一九三〇年一月にロンドンにおいて海軍軍縮会議を開催することを日本、フランス、およびイタリアに呼びかけたのである[96]。

スティムソン（Henry Stimson）国務長官の率いるアメリカの代表団にとって、最大の課題はイギリスとのパリティをいかに実現するかであった。この場合には当然ながら、従来よりも低い水準での均衡が求められた[97]。スティムソンは会議の二日前からマクドナルドと会談している。彼は、両国がパリティに到達するための方法として、①艦船の更新を先延ばしにする、②艦船のサイズを小さくする、③艦船の数を少なくする、の三とおりを提示する。そこには巡洋艦のみにこだわったジュネーヴ会議の失敗を繰り返さないために、主力艦も含めてすべての艦船を見直そうというメッセージが込められていた。マクドナルドは即座に賛成したばかりか、①について具体的な提案を行った。主力艦建造の休止をさらに一九三六年まで延長しようというのである。この結果、戦艦のパリティは老朽艦の廃棄によって求められることになった。アメリカが戦艦四隻を廃棄して七万トンを削り、イギリスが戦艦五隻を廃棄して一三万三九〇〇トン削ることによって、一九三六年に一〇対一〇・三のパリティが得られる計算が成立したのである[98]。

巡洋艦については②と③の方法が組み合わされた。アメリカは二一隻の重巡洋艦を要求したが、イギリスは一五隻までとした。しかし、アメリカの海軍関係者がこれに強く反発したので、もうひとつの選択肢として一八隻までを容認することにした。アメリカが一八隻を選んだのは、日本との差を広げるためである。そのうえで、巡洋艦全体の総トン数においてパリティが求められた。一九三六年までに、イギリスは三三万九〇〇〇トンに、アメリカは三二万三五〇〇トンにすることで折り合いがついたのである。イギリスのほうが一万五五〇〇トン多いが、アメリカは重巡洋艦でイギリスを三隻上回ることでパリティ成立とみなしていた[99]。軽巡洋艦の数は総トン数の枠内で双方が決めればよいことになった。結果として、イギリスは巡洋艦の総トン数を一九三六年までに三万一四一一トン削減し、アメリカは逆に二万三〇〇〇トンを増やすことになる[100]。巡洋艦に関して、アメリカが削減の方針を貫けなかったのは、一九二九年二月の海軍法によって承認された重巡洋艦一五隻の予算がまだ消化されていなかったうえに、パリティを実現するためには、さらに三隻を一九三六年までに完成させなければならなかったためである。

駆逐艦については、アメリカが一四万三〇四トンを削り、イギリスが四万一二六一トンを削って、一五万トンでパリティが成立した。また潜水艦はアメリカが三万二九三〇トンを削り、イギリスが一万六二四トンを削ることによって、五万二七〇〇トンでパリティが成立した(101)。いずれの場合にも削減の方向であっさりと合意が得られたのは、おなじく補助艦でありながら、駆逐艦と潜水艦には巡洋艦ほどの重要性が認められなかったためである。イギリスとアメリカはこの段階では、依然として大型艦船による海上の戦闘を重要視していた。とくにイギリスはかねてから潜水艦の全廃を主張していたが、それを引っ込めたのは、日本やフランスが海中の戦闘を重視していることに配慮したためである(102)。

パリティで合意に達したアメリカとイギリスが次に取り組んだのは、日本に補助艦の削減をせまることであった。日本との交渉にあたったのはアメリカである。日本がワシントン条約で定められた一〇対六の比率に満足していないことは、すでに明白であった。日本がとりわけ固執したのは、重巡洋艦の比率であり、それを六から七に上げるために、着々と実績を積んでいたのである。一九二九年末には重巡洋艦八隻が進水し、さらに四隻が完成を目前にしていた。これに対して、アメリカは予定された一五隻の重巡洋艦のうち、完成していたのは二隻、三〇年末までにさらに三隻の建造が予定されていたものの、残りの一〇隻は三一年度末まで着工できないという有様であった(103)。そのアメリカがイギリスとの取り決めで、さらに三隻を加えて一八隻を保証されたとなると、日本が黙って引き下がるわけがない。しかし、アメリカは日本に一二隻以上の重巡洋艦を与えることは絶対に避けたかったから、重巡洋艦ではなく、補助艦全体の比率を七に上げることで日本の妥協を引き出そうとした。アメリカ代表のリード（David Reed）議員と松平恒雄駐英大使が交渉の末にまとめたのは、日本が現に保有している補助艦の総トン数を四万六九八二トン減らすことによって、アメリカとの比率を一〇対六・九七五にしようというものであった。重巡洋艦の比率は六に留まるが、軽巡洋艦の比率は七、駆逐艦は七、潜水艦は一〇となる。とくに潜水艦は二万五一四二トン減らして英米とのパリティを得るという計算であった[104]。結局、日本はこの提案を受け入れることになったが、「隠密裡に英米相結んで我に強論」するやり方に不満が残ったのも事実であった[105]。

フランスとの削減交渉に当たったのはイギリスであった。フランスはワシントン軍縮会議のメンバーとしての義務を果たすべくロンドン会議に出たものの、一九二七年のジュネーヴ軍縮会議のときから一貫して、軍縮問題の議論は国際連盟に預けるべきであるという立場であった。交渉に当たったブリアンは、執拗に集団的安全保障の必要を訴え続けてきた人物である。ロンドン軍縮会議は英米の親密ぶりがブリアンを不安にした。イギリスをヨーロッパに引き戻すために、ブリアンは安全保障問題を諮問する正式な機構（consultative arrangement）を設けることを提案する。ロンドン会議の決定が得られれば、アメリカとてこれを無視できないはずであった。しかし、アメリカの議会がこれを許すはずはなかったのである[106]。

ロンドン軍縮会議は、アメリカ、イギリス、日本の三国が新たな条約海軍の形成に合意したことで、面目を保ったといえる。しかし、フランスとイタリアについては、主力艦の建造中止と潜水艦の使用制限協定を除けば、みるべき成果はほとんどなかった。フランスとイタリアの間のパリティ問題を含めて、ヨーロッパの軍縮と安全保障の議論は未解決のままに終わったのである。マクドナルドは最後に、残された問題の解決は国際連盟の軍縮準備委員会に委ねたいと述べて、会議を締めくくった[107]。

ロンドン海軍軍縮会議によって、アメリカ、イギリス、日本の三国は合計して約四三万トンの軍艦を削減することになった。削減によって生まれたのは、一九三六年までに完成を約された新しい条約海軍である。条約海軍は、条約によって上限を定められた海軍力のことであるから、ロンドン条約が削減によって生みだしたのは新たな「制限」であったことになる。同じく「削減」という言葉を用いながら、フーヴァーがウィルソンと違うのは、この点においてであった。ウィルソンは国防に必要な最少限度までの軍備の削減を主張したが、フーヴァーの「削減」は新たな基準での制限を生み出すものでしかなかったのである。しかし、フーヴァーの「削減」にウィルソンと共通するものがなかったわけではない。フーヴァーは「削減」の行き着くところ、ウィルソンと同じく、国防に必要な最小限の軍備にいたる可能性を否定してはいないのである。

一九三二年二月、国際連盟が七年を費やして準備した軍縮国際会議がジュネーヴで開催されたとき、フーヴァーは、マクドナルドと同様に、フランスとイタリアの軍縮問題の決着を期待した。しかし、軍縮会議は四カ月経っても出口のない議論を繰り返すばかりであったから、フーヴァーは、スティムソンにも相談せずに、軍縮会議に対して一〇項目の軍縮提案を用意した。このうち海軍に関わるものは次の五項目である。①戦艦の三分の一を削る。②航空母艦は全廃とする。③巡洋艦についてはロンドン条約で定めた三国保有分の三分の一を削り、フランスとイタリアには新しく建造することを認めない。④駆逐艦はロンドン条約で定めた三国保有分の三分の一を削り、フランスとイタリアには現在建造中のものを上回ることを認めない。⑤潜水艦を全廃する。(108)

フーヴァーの提案は、フランスとイタリアから妥協を引き出すために条約海軍のさらなる削減をせまっていた。しかし、スティムソンを含めて関係者を驚かせたのは、新たな削減の規模の大きさである。これが実現すれば、各国の軍備は国防の域を出ないものに縮小されるかも知れない。それはウィルソンのいう国防に必要な最小限度の軍備を意味するのだろうか。その解答は、フーヴァーが提案に付した前文の中に見いだせる。「世界中の勤労者にのしかかる軍備の重荷を削るために大局的で断固とした方法がとられるべき時がきた。これは経済の復興を促進するために世界がとり得る最も重要な道である。われわれは人間相互の信頼を殺してしまう軍備から生まれる相互の恐怖や抗争に正面から立ち向わなければならない。どの国にしてもわれわれはすでに自衛のために必要なものは手にしている。一〇〇億ドルないしは一五〇億ドルにも達する無駄を省くことによってそれを国民に還元し、平和を確保できるのである(109)」。

フーヴァーが自衛目的を上回る軍備を無駄とみなしていたことは、ここから明らかであろう。これは最小限度の軍備を説くウィルソンに近い。

フーヴァーが、この段階で、ほとんどウィルソンばりの「平和主義」を唱えるようになった背景には、大恐慌以来、落ち込む一方の経済の対策に苦しむ大統領の姿をみないわけにゆかない。フーヴァーは、軍縮を経済復興に結びつけようとしていたのである。彼がロンドン会議の後に、条約海軍の枠が残っていることを知りながら一隻たりとも軍艦の発注を行わなかったのは、そのためであった。

6 おわりに

軍縮政策に転換が起るのは、一九三二年の大統領選挙でアメリカ国民がフーヴァーではなく、ローズヴェルトを選んだときからである。ローズヴェルトが早速に取り組んだのは、一九三三年産業復興法の第Ⅱ部「公共の事業と建設プロジェクト」に、二億八三〇〇万ドルの軍艦建設予算を盛り込むことであった。軍艦の発注によって造船業が活気を取り戻し、雇用が増えれば、ニューディールが目標とする経済復興の道が開けるのである。一九三四年に成立するヴィンソン＝トランメル法は、条約海軍を完成させるために必要な予算を公共事業とは切り離して正式に認めることによって、フーヴァーの軍縮にピリオドを打った。

軍縮国際会議の議論はフーヴァーの退場後も続いた。会議場にマクドナルドはまだ残っていたが、彼の尽力もむなしく、一九三三年にはドイツがヴェルサイユ条約に定められた再軍備禁止を不満として、会議と連盟から脱退した。アジアでは日本が本格的に満州への進出を開始したが、国際連盟にこれを抑える力は残っていなかった(110)。ウィルソンにはじまり、フーヴァーに引き継がれた戦間期の軍縮はこうして終わったのである。

注

（1）U. S. Senate, *Conference on the Limitation of Armaments*, Document No. 126, 67th Cong., 2nd Sess., Wasington, D. C., 1922, pp. 38-40.
（2）アメリカ学会訳編［一九五七］三四八頁。
（3）Lawrence Gelfand [1963] p. 150; Inga Floto [1973] pp. 31-32；A．J．メイア［一九八三］一五七～一九八頁。
（4）ウイルソンは、パリの講和会議に出かける前にハウス大佐のマグノリアにある別荘で一四カ条の草案を練っていた。John Cooper [2001] p. 29. 一四カ条を要約すれば次のとおりである。①秘密外交の排撃、②公海自由の原則、③通商障壁の撤廃、④軍備縮小、⑤植民地要求の調整、⑥ロシアの回復、⑦ベルギーの回復、⑧フランス領の回復、⑨イタリア国境の調整、⑩オーストリアの自治、⑪バルカン諸国の回復、⑫トルコ少数民族の保護、⑬ポーランドの独立、⑭国際連盟の結成。アメリカ学会訳編［一九五七］三四七～三五〇頁。
（5）Woodrow Wilson, "Foreign Trade and National Defense," December 8, 1914, Edgar Robinson, Victor West [1918] p. 230.
（6）Woodrow Wilson, "Annual Message of the President," Dec. 7, 1915, Edgar Robinson, Victor West [1918] pp. 298-299.
（7）George Davis [1968] p. 214.
（8）Woodrow Wilson," Address to the Senate on Peace Without Victory," Jan. 1917, Edgar Robinson, Victor West [1918] p. 368.
（9）Woodrow Wilson, "Inaugural Address of the President," March 5, 1917, Edgar Robinson, Victor West [1918] p. 381.
（10）Woodrow Wilson, "Address to the Congress on War with Germany," April 2, 1917, Edgar Robinson, Victor West [1918] p. 387.
（11）*Ibid.*
（12）歴史学研究会編［二〇〇六］五三～五四頁。
（13）西川正雄［二〇〇五］四九頁。
（14）アーノウ・メイアは「ウィルソン外交とレーニン外交を比べた場合、軍縮を唱えた第四項目がおそらく一四カ条のなかでも最もウィルソン的といえる内容を含んでいた。軍縮という領域では、ウィルソンとレーニンは、共通点を何も持っていなかったのである」と述べている。A・J・メイア［一九八三］一九一頁。

(15) 平瀬徹也「第一次世界大戦終結とヨーロッパ列強――対ドイツ休戦交渉に関する覚書」『史論』（東京女子大学）52号、一九九九年三月、六五頁。

(16) J・M・ケインズ「平和の経済的帰結」（早坂忠訳）『ケインズ全集2』［一九七七］三二、三八、四二～四三頁。

(17) マーガレット・マクミラン［二〇〇七］一二四頁。

(18) Robert Lansing [1921] pp. 302-303.

(19) Ruth Henig, "New Diplomacy and Old: a Reassessment of British Conceptions of a League of Nations, 1918-20" in Michael Dockrill, John Fisher eds. [2001] pp. 157, 161, 163-168.

(20) *Ibid.*; C. A. Kluyver [1920] pp. 65, 74.

(21) Lansing [1921] p. 284.

(22) 連盟規約の第二三条(d)には、武器の輸出について制限が設けられていたことも注目される。そこには「連盟加入国の共通利益にとって統制が必要とみなされる国々との武器の交易を監視する権限を連盟に与える」と書かれていた。Lansing [1921] p. 312.

(23) Arthur Walworth [1986] p. 529; August Heckscher [1991] pp. 158-159.

(24) Henry Cabot Lodge [1925] pp. 195-203.

(25) アメリカ学会編訳［1957］三四四頁；歴史学研究会［二〇〇六］一〇、一五一頁。

(26) 共和党が一九一五年に「平和強制連盟（League to Enforce Peace）」を結成しながら、ウィルソンの国際連盟構想を粉砕したのは、国際協調の理念よりも政権抗争の執念が上回ったからである。この点について詳細はCooper［2001］pp. 10-32を参照。

(27) U. S. Senate, *Conference on the Limitation of Armament*, pp. 40-49.

(28) 海軍将官会議は戦時にそなえて艦隊の準備を十全なものにしておくことを目的に一九〇〇年に設置された。構成員は、海軍元帥、海運局長、防諜局長、海軍大学長である。

（29）Department of Navy, General Board, Memorandum on Limitation on Armament, November 22, 1921, G. B. No. 436, Charles E. Hughes Papers, Box 162, Reel 125, Library of Congress.

（30）Memorandum of a Conversation Held in Mr. Hughes' Room at the State Department, December 12, 1921, 4 p. m., Hughes Papers, B 162, R 125.

（31）*Ibid.*, Dec. 13, 1921, 4 p. m.

（32）*Ibid.*

（33）*Ibid.*, Dec. 14, 1921, 4 p. m.; Memorandum of a Conversation Held at Mr. Hughes' Private Residence at Washington, Dec. 14, 1921, 6. 30 p. m., Hughes Papers, B 162, R 125.

（34）Summary of Mr. Hughes' Address as Cabled to Paris (Preliminary English Translation), Friday, Dec. 16, 1921; French Delegation to the Washington Conference, "Note on the Naval Situation of France", November 19, 1921, Hughes Papers, Box 162, R 125.

（35）フランスとほぼ同じ状態にあったイタリアは、フランスに対すると同じ提案を受諾している。軍縮協定第三章第三部第一節には、一九二二年から一九四二年までの主力艦の配置が各国別に示されているが、フランスとイタリアについては、「主力艦のトン数の割り振りについて、最高を三万五〇〇〇とし、全体を協定で定められた枠内で抑える限り、独自に決定しうる権限を与えること」が明記されていた。Conference on the Limitation of Armament, *Minutes of the Subcommittees*, November 12, 1921-February 6, 1922, Washington, D. C., 1922, pp. 118, 120.

（36）*Ibid.*, p. 257.

（37）*Ibid.*, p. 265.

（38）*Ibid.*, pp. 270-271; From the Secretary of Navy Edwin Denby to the Secretary of State Charles E. Hughes, November, 1921, Hughes Papers, Box 162, R 125.

（39）とくに中立国の船舶や非武装船舶に対して潜水艦が攻撃を加えることは厳重に禁止されることになった。U. S. Senate, *Conference on the Limitation of Armament*, p. 887.

（40）*Ibid.*, pp. 61, 873.

（41） U. S. *Congressional Record*, 29, March 1922, Washington, D. C., pp. 4718–4722.

（42） League of Nations, *Arbitration, Security and Reduction of Armaments,* Extracts from the Debates of the Fifth Assembly, September 27, 1923, Geneva, p. 2.

（43） George Egerton", Ideology, Diplomacy and International Organization: Washington and the League of Nations in Anglo-American Relations 1918–1920" in B. J. C. McKercher ed. [1991] pp. 23–27.

（44） Peter Yearwood, [2009] p. 224.

（45） League of Nations, *Reduction of Armaments,* Reports of the Third Committee to the Fourth Assembly, September 27, 1923, Geneve, First Part, p. 7.

（46） *Ibid.*, p. 6.

（47） *Ibid.*, Second Part, p. 4.

（48） Yearwood [2009] p. 281. マクドナルドは首相になる前年まで社会主義第二インターナショナルのロンドン書記長であった。彼はインターナショナル行動委員会の代表としてセシルに面会し、国際連盟からドイツとロシアを排除すべきではないと申し入れをしていた。西川正雄［二〇〇五］八〇、一二六頁。

（49） League of Nations, *Arbitration, Security and Reduction of Armaments,* Extracts from the Debates of the Fifth Assembly including of Those of the First and Third Committees, September 4, 1924, Geneva, pp. 3, 5.

（50） World Peace Foundation, *A League of Nations*, vol. Ⅳ, no. 1, February, 1921, pp. 104–107.

（51） League of Nations *op. cit.,* p. 20.

（52） Yearwood [2009] p. 292.

（53） League of Nations *op. cit.,* p. 12.

（54） U. S. Department of State, *Papers relating to the Foreign Relations of the United States*, 1925, vol. I, pp. 16–17.

（55） Committee of Imperial Defence, Sub-Committee on the Geneva Protocol, Report, *Reduction of Armaments: Pacific Settlement of International Disputes. French and Belgian Security*, January 1925, CID Paper 589–B, pp. 5, 21, 22.

（56） Committee of Imperial Defence, *Minutes of the 192nd Meeting*, December 16, 1924, Cabinet Papers, p. 6, 10, 11; Yearwood [2009] p. 333, 334.

(57) *Foreign Relations*, 1925, vol. I, pp. 19-20.

(58) Committee of Imperial Defence *op. cit.*, p. 8.

(59) *Foreign Relations*, 1925. vol. I, pp. 6, 7.

(60) 富永幸生［一九七九］二七〇～二七三頁；岡義武［二〇〇九］二〇八～二〇九頁。

(61) 歴史学研究会編［二〇〇六］一五四頁。

(62) *Foreign Relations*, 1925, vol. I, pp. 12-13.

(63) 決議文には、軍縮会議の発想が第三総会の決議XIVに基づくものであることが明記されていた。League of Nations, Preparatory Commission for Disarmament Conference, Documents, Series I, *Resolutions Adopted by the Sixth Assembly*, Geneva, 1925, p. 5.

(64) *Foreign Relations*, 1926, vol. I, pp. 40-44.

(65) *Ibid.*, pp. 52-55, 88.

(66) Thomas Buckley," The Icarus Factor: the American Pursuit of Myth in Naval Arms Control, 1921-36", Erick Goldstein et al. [1994] p. 137; George Davis [1968] pp. 315-317.

(67) Fanning [1995] pp. 42, 43; *Foreign Relations*, 1926, vol. I, pp. 112-114.

(68) *Foreign Relations*, 1927, vol. I, p. 4.

(69) *Ibid.*, p. 22.

(70) *Ibid.*, pp. 11-13.

(71) *Ibid.*, pp. 24, 25; Tadashi Kuramatsu, "The Geneva Naval Conference of 1927: The US Preparation for the Conference, November 1926 to June 1927", *Aoyama Kokusai Seikei Ronshu*, 83, Jan. 2011, pp. 96-97.

(72) 麻田貞雄［一九九三］一六八頁。

(73) 倉松中「海軍軍縮をめぐる一九二〇年代の英米関係――一九二七年ジュネーヴ海軍軍縮会議を中心として」日本国際政治学会『国際政治』122、一九九九年九月、九一頁。

（74）*Foreign Relations*, 1927, vol. I, pp. 61, 62.

（75）*Ibid.*, p. 63.

（76）*Ibid.*, pp. 111, 113, 114.

（77）*Ibid.*, p. 124；麻田貞雄［一九九三］一七二、一七三頁。

（78）*Foreign Relations*, 1927, vol. I, p. 137.

（79）*Foreign Relations*, 1927, vol. II, p. 157.

（80）*Ibid.*, pp. 611-612.

（81）*Ibid.*, p. 616.

（82）*Ibid.*, p. 617.

（83）一九〇八年、当時の国務長官であったイーライ・ルート（Elihu Root）は、一八九九年のハーグ平和条約の精神をうけて、紛争の解決を常設国際司法裁判所に委ねることを約束する協定を二四カ国と結んだ。

（84）ブライアンはウィルソン政権の国務長官として、国際紛争の解決を平和的手段に訴えることを約束する二国間協定を三〇国との間で結んだ。彼はドイツ潜水艦の措置をめぐって中立主義の立場からウィルソンと対立し、国務長官を辞任したが、国際司法裁判所に期待する彼の平和理念は国際連盟の規約第一四条に生かされている。

（85）*Foreign Relations*, 1927, vol. II, pp. 619-622.

（86）Warren Kuehl, Lynne Dunn［1997］p. 191.

（87）U. S. Congress, Senate, Committee on Foreign Relations, *Hearings, The General Pact for the Renunciation of War, Signed at Paris August 27, 1928*, 70th Cong., 2nd Sess., Washington, D. C., 1928, Part 1, p. 6.

（88）*Foreign Relations*, 1928, vol. I, pp. 140, 173. ソヴィエトが不戦協定に反対することを予想したアメリカはソヴィエトとの国交がないことを理由にフランスに連絡を依頼した。フランスから不戦協定の案内がとどいたのはパリでの調印式の当日であったから、ソヴィエトはこれを不服として調印に加わらなかった。しかし、のちに協定には参加している。

（89）Calvin Coolidge, "State of the Union Address," December 4, 1928, Philip Morgan ed.［1970］pp. 125-126.

（90）George Davis［1971］pp. 330-331.

1936年の条約海軍

		アメリカ	イギリス	日本	比　率
1929年12月	戦　　艦	532,400トン	608,650	292,400	10：11.4：5.5
	航空母艦	90,086	115,350	68,870	10：12.8：7.6
	重巡洋艦	230,000	186,226	108,400	10：8.1：4.7
	軽巡洋艦	70,500	184,185	98,415	10：26.1：13.9
	駆 逐 艦	290,304	191,261	129,375	10：6.5：4.5
	潜 水 艦	85,630	63,324	77,842	10：7.4：4.9
	計	1,298,920	1,348,996	775,302	10：10.4：6.0
1936年	戦　　艦	462,400	474,750	266,070	10：10.3：5.8
	航空母艦	135,000	135,000	81,000	10：10：6
	重巡洋艦	180,000	146,800	108,400	10：8.1：6
	軽巡洋艦	143,500	192,200	100,450	10：13.4：7
	駆 逐 艦	150,000	150,000	105,500	10：10：7
	潜 水 艦	52,700	52,700	52,700	10：10：10
	計	1,123,600	1,151,450	714,120	10：10.2：6.3

(91) *Foreign Relations*, 1929, vol. I, pp. 91-96.

(92) *Public Papers of the Presidents of the United States: Herbert Hoover, 1929-1933*, Washington, D. C., 1961, pp. 162-166.

(93) Herbert Hoover [1958] pp. 263-264.

(94) *Public Papers of the Presidents of the United States: Herbert Hoover, 1929-1933*, pp. 371-379.

(95) Hugh Latimer [1930] p. 60.

(96) *Foreign Relations*, 1929, vol. III, pp. 33, 34.

(97) U. S. Senate, Committee on Foreign Relations, *Hearings, Treaty on the Limitation of Naval Armaments*, 71st Cong., 2nd Sess., Washington, D. C., 1930, p. 10; バレット&マロウスキー［二〇一二］五二〇、五二一頁。

(98) *Foreign Relations*, 1930, vol. I, pp. 15-17.

(99) George Davis [1971] p. 342.

(100) U. S. Senate, Committee on Foreign Relations, *Hearings, Treaty on the Limitation of Naval Armaments*, p. 27.

(101) *Ibid.*, p. 23.

(102) Christopher Hall [1987] p. 102.

(103) Hugh Latimer [1930] p. 75.

(104) U. S. Senate, Committee on Foreign Relations, *Hearings, Treaty on the Limitation of Naval Armaments*, p. 23. 上表参照。

(105) Christopher Hall [1987] p. 96；麻田貞雄［一九九三］一八四、一八五頁。

(106) Christopher Hall [1987] p. 98; Walter Lippmann, "The London

Naval Conference; an American View", *Foreign Affairs*, vol. 8, no. 4, July 1930.

(107) Great Britain. Foreign Office, *Documents of the London Naval Conference, 1930*, H. M. S. O, 1930, p. 261.

(108) Foreign Relations, 1932, vol. I, pp. 181-182.

(109) Herbert Hoover [1963] p. 354.

(110) 篠原初枝［二〇一〇］二二一～二二三頁。

参考文献

麻田貞雄［一九九三］『両大戦間の日米関係——海軍と政策決定過程』東京大学出版会。

アメリカ学会編訳［一九五七］『原典アメリカ史　5』岩波書店。

岡義武［二〇〇九］『国際政治史』岩波現代文庫。

ケインズ、J・M（早坂忠訳）［一九七七］『ケインズ全集　2』東洋経済新報社。

篠原初枝［二〇一〇］『国際連盟　世界平和への夢と挫折』中公新書。

富永幸生［一九七九］『独ソ関係の史的分析１９１７－１９２５』岩波書店。

西川正雄［二〇〇五］『社会主義インターナショナルの群像　１９１４－１９２３』岩波書店。

マクミラン、マーガレット（稲村美貴子訳）［二〇〇七］『ピースメイカーズ　上』芙蓉書房出版。

ミレット&マコウスキー（防衛大学校戦争史研究会訳）［二〇一一］『アメリカ社会と戦争の歴史』彩流社。

メイア、A・J（斉藤孝・木畑洋一訳）［一九八三］『ウィルソン対レーニン』岩波書店。

歴史学研究会編［二〇〇六］『世界史史料　10』岩波書店。

Cooper, John, Jr. [2001] *Breaking the Heart of the World, Woodrow Wilson and the Fight for the League of Nations*, Cambridge University Press.

Davis, George [1968] *A Navy Second to None, The Development of Modern American Naval Policy*, Westport, Connecticut.

Dockrill, Michael & Fisher, John eds. [2001] *The Paris Peace Conference, 1919, Peace Without Victory?*, Houndmills, Basingstoke, Hampshire, GB.

Fanning, Richard [1995] *Peace and Disarmament, Naval Rivalry and Arms Control 1922-1933*, University of Kentucky.

Floto, Inga [1973] *Colonel House in Paris, A Study of American Policy at the Paris Conference 1919*, Princeton University Press.

Gelfand, Lawrence [1963] *The Inquiry, American Preparations for Peace, 1917-1919,* Yale University Press.

Goldstein, Erick & John Maurer eds. [1994] *The Washington Conference, 1921-22,* New York.

Hall, Christopher [1987] *Britain, America, and Arms Control, 1921-37*, Basingstoke, Hampshire.

Heckscher, August [1991] *Wilson, A Biography,* New York.

Hoover, Herbert [1958] *The Ordeal of Woodrow Wilson,* New York.

Hoover, Herbert [1963] *The Memoirs of Herbert Hoover: The Cabinet and the Presidency 1920-1933*, New York.

Kluyver, C. A. [1920] *Documents on the League of Nations*, International Intermediary Institute, the Hague.

Kuehl, Warren & Lynne Dunn [1997] *Keeping the Covenant, American Internationalists and the League of Nations, 1920-1939,* The Kent State University Press.

Lansing, Robert [1921] *The Peace Negotiations, A Personal Narratives*, Cambridge, Mass.

Latimer, Hugh [1930] *Naval Disarmament, A Brief Record from Washington Conference to Date*, London.

LePore, Herbert [2003] *The Politics and Failure of Naval Disarmament, 1919-1939*, Lampeter, Celedigion, Wales.

Lodge, Henry Cabot [1925] *The Senate and the League of Nations*, New York.

McKercher, B. J. C. ed. [1991] *Anglo-American Relations in the 1920s*, London.

Morgan, Philip ed. [1970] *Calvin Coolidge 1872-1933*, New York.

Robinson, Edgar & Victor West [1918] *The Foreign Policy of Woodrow Wilson, 1913-1917*, New York.

Walworth, Arthur [1986] *Wilson and His Peacemakers, American Diplomacy at the Paris* Conference, 1919, New York.

Yearwood, Peter [2009] *Guarantee of Peace, The League of Nations in British Policy 1914-1925*, New York.

第3章　イギリス商務院の武器輸出管理政策と外務省との角逐

松永友有

1　はじめに

英帝国、フランス、アメリカ、ベルギー、イタリア、日本など第一次大戦の戦勝国を中心とする諸国は、パリ郊外のサンジェルマン・アレーにおいて一九一九年九月一〇日、武器貿易を規制するための条約に調印した。この条約は前文において、次のように謳っている。

「現在終結を見た、多数の諸国が続々と参戦した長い戦争は、世界の多様な地域において、相当多数の武器、軍用品の累積をもたらすに至った。これらの拡散は、平和と公共秩序に対する危険となっている。

世界の特定の地域においては、武器・弾薬の貿易と所有に対して、特別な監督を行うことが必要な状況である。

特定の地域における武器・弾薬の取引を規制する既存の条約および会議、とりわけ一八九〇年七月二日のブリュッセル法は現在の状況に適したものではない。現在の状況は、アフリカのより広範な領域、およびアジアの一部の地域における同様な状況の下にある体制に対して適用可能な、より精巧な規定を必要としている」。

こうした要請に応えるため、条約の第一条は、ライセンス許可を得ない武器輸出の禁止を締結国に義務づけるとともに、第六条ではアフリカ、および中東地域を中心に、とくに厳しい規制が適用される輸出禁止地域を列挙した[1]。

このように、サンジェルマン条約は、非欧米地域における兵器の拡散による政情不安の拡大を抑止することを主な目的としており、先進工業国間の武器貿易を規制することを目的としたものではなかった。実際、アメリカの外交当局者は、サンジェルマン条約の目的はヨーロッパ諸国の帝国保有を維持することにあると確信していた。イギリス、フランス、イタリア、日本の四国はサンジェルマン条約の批准を待たずに、一九二〇年七月のパリにおける会談において、アフリカと中東に対する武器輸出規制に関して非公式に合意するに至った。しかし、アメリカの批准拒否が致命的となり、三年経っても少数諸国の批准に留まり、条約は死文と化した[2]。

一方、イギリスはサンジェルマン条約を受けて、一九二一年には武器輸出禁止令を制定し、いち早く武器輸出に関するライセンス制を制度化した[3]。このライセンス制の下では、ライセンスは包括的一般ライセンス（open general licence）と特定ライセンス（specific licence）に二分され、前者は適格な証明書を添付している限り無制限な武器輸出を認証する一方で、前者の適用対象でないアフリカやアジアの一部地域に対する武器類の輸出に対しては、個別審査を要する特定ライセンスが適用されることとなった[4]。これらのライセンスを認証する担当官庁となったのは商務院（Board of Trade）である。そもそも、商務院がライセンス付与の担当官庁となったことは、武器輸出規制の性質からして、必ずしも自明の選択ではなかった。むしろサンジェルマン条約の主旨が軍需産業に対する規制というより、政情不安地域への武器拡散の抑止という外交的観点に立脚していたことを考慮するならば、商務院より外務省の通商担当部局が担当することのほうが理に適っていたようにも思える。それにもかかわらず、なぜ外務省でなく商務院が武器輸出規制の担当官庁となったのか。そして、その帰結はいかなるものであったのか。本章は、こうした問題を解明することを課題とする。

2では、第一次大戦期に商務院と外務省との間で対外的通商政策をめぐる深刻な主導権争いが勃発し、商務院の優位に決着したプロセスを描出する。3では、戦後に商務院が武器輸出規制担当官庁としての地位を得るとともに、武器輸出管理に関していかなる姿勢をとったのか解明する。4では、一九三三年に武器輸出規制が秘密裡に緩和されるに至った経緯を明らかにする。

2　通商政策をめぐる商務院と外務省との角逐

一八六五年に外務省内部に通商局が新設された一方で、一八七二年にいったん消滅した商務院通商局が一八八二年に再設立されて以来、外務省と商務院がそれぞれの通商局を有するという、通商政策に関する二元状態が継続していた。しかし、通商政策に関する熱意、およびスタンスの点で、商務院と外務省との間では明瞭な相違があった。

商務院にとっては、通商政策はその中心機能を成しており、とりわけ輸出貿易の促進が最大の任務とみなされていた。第一次大戦中の一九一七年に商務院の通商・産業機能の改善策を調査するため組織された、自由党議員ハイドを長とする委員会は、その報告書において、次のように指摘している。

「直ちに明らかになったことは、商務院は過去において国内産業（home trade）の促進および育成をその主要な機能の一部とは見ていなかったということである。商務院の通商に関する機能は主に、情報の収集とその普及によるイギリス海外貿易の育成、海外貿易に関する統計の収集と発行、通商条約その他の通商協定に関する外務省への助言、海外において個々の通商業者が業務を遂行する際の障害に対し、可能な際には外務省の仲介を経つつ対処すること、以上に向けられてきた[5]」。

二〇世紀初頭にかけて、商務院は、通商政策に留まらず、鉄道政策、海運政策、労働政策などをも管掌する巨大官庁に成長した。一九〇〇年から一九一三年にかけて、イギリス官僚機構全体で一二四%の支出増を見たのに対し、同時期の商務院における支出増は五九五%にまで達した(6)。その主要部分は、職業紹介所・失業保険制度の導入などに代表される労働行政部門の拡張によって生じたものであったが、筆者が別稿で実証したように、商務院の労働政策は一貫して、輸出貿易拡大のための労働コスト低廉化を追求していたのである(7)。また鉄道政策の面でも、商務院の規制により、一八九三年以降一九一三年に至るまで、貨物運賃の上限が画され、これにより貿易業者は安価な輸送コストを長期間にわたって享受することができた(8)。

このように、輸出貿易の拡大に向けてエネルギッシュな活動を展開した商務院は、通商・産業・労働分野に関して豊富な専門知識を有する優れた人材を数多く擁していた。たとえば、一八八二～九七年の通商局長ロバート・ギッフェン、および一九〇三～七年通商・労働・統計局長、一九〇七～一九年事務次官を務めたルウェリン＝スミスは、著名な経済学者・統計学者でもあった。ルウェリン＝スミスの後任事務次官スタンリ・チャップマンは、マンチェスター大学教授からの転任であり、とくに綿工業に関して豊富な専門知識を有していた。後の福祉国家体制の設計者ウィリアム・ベヴァリッジも、一九〇七～一六年に商務院労働局に勤務している。

こうした商務院に対し、外務省は貴族の子弟を縁故採用する伝統が最後まで残った官庁であり、通商政策に専門知識を有するような外務官僚も極めて乏しかった。実際、外務省通商局は、第一次大戦以前においては、閑職部局という状況にあった。ホーマーによれば、外務省の全部局の中で、通商局は最も仕事が少なく、最も蔑まれた部局であった。外務官僚ベアリングも、その自伝において、他局の慌ただしさと比較して、通商局を「ジェントルマン風の安らぎに満ちた天国」と呼んでいる(9)。商務院と比較して、貿易活動を促進する面での外務省のレッセフェール主義も際立っていた。一九三三年に元外務官僚は、次のように回顧している。「外務省、および外交実務に関する批判の中で、最も頻度が甚だしかったのは、外務省は通商問題に関心をもっていない、とするものであった」[10]。このような見解には確かな根拠があり、プラットによれば、一八七二～八二年の商務院通商局不在時でさえ、外務省通商局は海外駐在領事、通商担当官から提出された報告書を商務院に取り次ぐだけの役割に甘んじていたのである[11]。

海外からの通商情報を充実させるため、実業経験を有する者を領事に採用するという案が提起された際も、外務省は次のような根拠に基づいて強く反対した。すなわち、領事や外交官は、複数の顧客に対する公平性を保たなければならない法廷弁護士に比すべき存在である。同様に、彼らは母国の多様な利益を代弁する必要があり、実業界の利益はその中の一つに過ぎない、と[12]。通商上の利益のみの代弁に努める商務院との相違は明らかであろう。

第一次大戦以前において、商務院と外務省との間の関係において、最も深刻な争点となったのは、領事、および通商担当官をめぐる問題であった。元々商務院と外務省は、後者が領事、通商担当官、その他の外交官から通商に関する情報を収集する一方で、前者がそうして収集された情報を分析し、産業界に配布する、という形で分業していた。しかし商務院は、領事、通商担当官と直接接触することができないという点に強い不満をもっていた。実際、一九〇四年に商務院の一級省庁への昇格の是非を検討するため組織されたジャージー委員会によって実施されたヒアリングにおいて、商務院サイドの要請は、領事・通商使節との接触の際に外務省の仲介を経なければならない、という不都合に関する訴えにほぼ絞られた[13]。結局、この商務院の要請は実現を見なかったが、商務院は一九〇八年以降、自治領各地に商務院独自のスタッフである通商コミッショナーを派遣する一方、やがて彼らをして、外務省所属の通商担当官にとって代えようとするに至った[14]。すでにルウェリン＝スミス事務次官の下で、一九〇七年以降は通商条約交渉実務の主導権も、商務院の下に帰するに至っており、商務院は外務省の通商機能を着々と併呑する歩みを進めつつあった。

とはいえ、第一次大戦前においては、通商政策をめぐる商務院と外務省との対立と権限争いは、それほど深刻な状況には至らなかった。戦前の外務省は通商問題について基本的にあまり熱意をもっていなかったので、商務院の助言の下で外務省が対外的通商政策を決定する、という建前をとりつつ、実質的には商務院が主導権を握ることを外務省は容認してきたからである。しかし、こうして基本的には平穏裡に形成されていた商務院と外務省との間の分業関係は、第一次大戦進展とともに外務省が通商問題への関与を深めていく過程で大きな動揺を余儀なくされることとなる。すなわち、大戦が長期化し、総力戦の様相を呈するに従い、経済封鎖の手段となる通商政策の重要性は飛躍的に上昇した。その結果、外務省は通商政策に対する関心を高めるに至り、商務院との間で通商政策機能をめぐる激しい権限争いが勃発することとなったのである。

戦時中の外務省は、戦争指導の中枢を担当するロイド・ジョージ戦時内閣のメンバーから外務大臣が外されたことに見られるように、戦前の高い地位を一時的に失った状況にあった。その一方で大戦は、経済封鎖に関与する中で外務省が実業界と密接な関係を築く契機ともなった。実際、一外務官僚は次のように回想している。「外務省は、ほぼ四年にわたる経済封鎖を通じて、通商貿易に携わる英国内外の責任感の高い実業家と友好的に協調する関係をもち、その関係を通じて鍛えられた。外務省のメンバーは、経済封鎖の仕事を旧外交よりむしろ現実と密着したやりがいのある仕事とみなすようになったのである。そして彼らは、この領域における地位を保持することを熱心に望むようになった(15)」。

しかし、外務省の通商政策への進出は、必然的に商務院との衝突を招くこととなった。商務院と外務省との間の対立は、まず次のような形で表面化した。開戦に伴う通商の分断状況に乗じて、一九一四年から翌年にかけて、ドイツに近接する中立国に対するイギリス輸出貿易は戦前より三〇〇％増加するに至ったが、中立国からドイツに対する再輸出が可能である以上、これはドイツに対する経済封鎖を骨抜きにする危険をもつものであった。そこで外務省はこれに統制を課そうと試みたが、商務院は輸出貿易の伸長がイギリスの戦争遂行能力を高めると主張し、統制措置に反対した。結局、一九一五年末に対敵国通商法が制定され、イギリスの輸出貿易に対する統制は大幅に強化されることになったが、貿易禁止の対象となる外国企業のブラックリストを作成する任務を命じられたのは商務院でなく外務省であった[16]。

外務省の発言力強化に危機感をもった商務院は、一九一六年に入ると、通商政策機能の強化に向けて動き出した。すでに一八九九年に通商局内部に設けられていた通商情報部が局に昇格し、その機能が強化されたほか、事務次官ルウェリン＝スミスは外務省に対し、外務省に所属する通商担当官を商務院に所属する通商コミッショナーに転換することを求める申し入れを公式に行った。これに対し、外務省は省内委員会を設置して商務院の提案を協議したが、委員会の結論は真っ向から商務院に対立する内容であった。すなわち委員会報告書は、商務院による情報収集活動や実業界との調整活動の現状を徹底的に批判し、そうした欠陥を是正すべく、外務省に通商情報機能を一元化すべきと提言した。もちろん、通商担当官に関する商務院の要請は一顧だになされなかった[17]。

商務院も外務省も一歩も退かず、両者はきわめて険悪な関係に陥った。商務大臣ウォルター・ランシマンの強硬な主張を前に、彼と同じ自由党に属する外相グレイは、いったんは商務院の要請に応じる態度を示したが、外務官僚の激しい反発により翻意せざるを得なかった。外務省通商局長ウェルズリーによる次のコメントは、外務官僚にとっての問題の所在を明らかにしている。「通商と政治との漸進的かつ恒久的な分離、これこそ海外貿易事項に対する商務院の排他的なコントロールが究極的に帰結するところのものだ[18]」。

この問題を解決するため、商務院と外務省の代表に財界代表をまじえた委員会が組織され、打開案を勧告することとなったが、委員会報告は、議長を含む二名による商務院寄りの少数派報告と外務省寄りの三名の多数派報告に真っ二つに分裂し、事態を打開するには至らなかった[19]。結局、商務院と外務省との抗争は、一九一六年一二月に発足した保守党中心のロイド＝ジョージ連立政権の下で決着が着けられることとなる。外相バルフォアに代わって外務省の実務をとり仕切っていた外務政務次官ロバート・セシルと商務長官スタンリは、セシルが提示した次のような案で妥協することに同意を見た。すなわち、外務省と商務院の双方に責任を負う独立部局たる海外貿易局を新たに設置し、通商情報の管理機能と通商使節の監督権をこれに委ねる、とする案である。すでに一九一六年に外務省通商局は海外貿易局（Foreign Trade Department）に再編され、商務院通商情報部は局に昇格していたが、この妥協案の結果として、一九一七年八月には両者を統合した独立部局である海外貿易局（Department of Overseas Trade）が発足することとなったのである。(20)

このように、商務院と外務省との権限争いは、両者痛み分けという結果に終わったかに見えたが、結局その後の経過により勝利を収めたのは商務院の方であったと言える。それというのも、外務省が海外貿易局との関わりを露骨に軽視するスタンスを示したがゆえに、商務院は海外貿易局に対する実権を掌握するに至ったからである。すなわち、海外貿易局が発足した際に交わされた商務院と外務省間の合意事項によれば、商務院と外務省は海外貿易局にそれぞれ人員を派遣し、人材間の交流を促進することとなっていた。しかしながら、外務官僚は海外貿易局への派遣を事実上の左遷とみなしていたため、海外貿易局が控えめに六名の上級官僚派遣を外務省に要請したのに対して、同省からは結局二名しか派遣されなかった。その結果、海外貿易局のほとんどの人員は、商務院通商情報局出身者によって占められることとなったうえ、初代海外貿易局長は商務院出身のクラークであった。(21)さらに、戦後には、外務省は通商政策への関心を再び薄れさせるに至った。これらの事情があいまって、海外貿易局に対する商務院の影響力は外務省を大きくしのぐこととなったのである。

一九二一年に武器輸出禁止令が制定された際、それを所管する地位に就いたのは外務省でなく商務院であったが、その背景には、通商政策に関する外務省の再度の消極化があったと言える。しかし、そもそも外務官僚は、通商政策に関して、商務官僚に対抗できるだけの能力を欠いていたとも言えるだろう。

3　武器輸出規制政策をめぐる論争

一九一八年一二月に外務省は、武器取引を規制して戦後の余剰兵器拡散を阻止するための条約草案を、パリ講和会議に提出するため作成した。それは次のとおりである。

「今や終結した戦争遂行のために製造された武器・弾薬は交戦国の中で巨大な集積を見るに至っている。その処分は危険なものとなる可能性があるからして、統制下に置かれる必要がある。

あらゆる諸国の経験が教えるところによれば、居住民が独力で確固たる政体を築くことができないような地域において武器・弾薬が拡散することは有害な結果を帰結する。（中略）

第三条　本条約調印の日より、本条約締結国は、自国の統制下にある武器・弾薬のストックが条約締結国自身の用途以外の目的で国境を越えて売却されたり処分されたりすることを禁止することに同意する。本条項と背馳するような、条約調印日以前に結ばれた契約は、これを無効とする。

第四条　本条約締結国は、ライセンスによる許可がない限り、あらゆる地域に対する武器・弾薬の輸出を禁止する。ただし、武器・弾薬が輸入国政府の軍隊によって使用される場合、もしくは輸入国政府の統制下に置かれる場合は、その限りではない（後略）」。[22]

この外務省草案を審議するため、一九一九年二月、インド省、外務省、商務院、陸軍省、軍需省、植民地省、大蔵省、および海外貿易局の代表から成る実務者会議がインド省事務次官ホルダーネスを議長として開催された。ホルダーネスは、イギリス外務省案の狙いを次のように代弁している。「近代的な武器・弾薬の無差別な供給は、戦争を引き起こす最大の原因の一つであると考えられています。さらに、武器の取引を通じて、イギリス国民は、最も失うところもあれば、最も得るところもあると考えられています。イギリスは、半文明諸国、およびアフリカに関与すること、極めて大きなものがあるからです。また、もし我が国がこの種の条約をもたなければ、講和条約の締結後にドイツは全力を挙げて武器取引を促進することでしょう。つまり、協商国間でこの種の条約を調印すれば、ドイツは講和の条件として条約調印を余儀なくされることとなると考えられます」。

このように、イギリス外務省は、非西洋世界の政情不安地域に武器が拡散することを阻止することに最大の利害を有するのはイギリスであるという認識の下に、武器輸出規制のための条約草案を作成したのである。これに対し、まず軍需省代表レイトンが兵器の余剰ストックの処分を優先させる観点から第三条に関して難色を示した。陸軍省代表ネイピアもこれに同調し、すでに陸軍省は世界中の全軍事使節に兵器の余剰ストックの処分を指示しているが、この条項が通れば、直ちにこの指示を撤回しなければならなくなる、と論じた。さらに、レイトンとネイピアは、余剰兵器処分が不可能となることにより、三〇〇〇万~四〇〇〇万ポンドの損害が出るであろう、とも指摘した。軍需省と陸軍省が展開する反対論には大蔵省代表アプコットも同調した。彼は、「私は三条を削除することに賛成です。我々に関して言えば、それは単なる常識の問題です。我々はこの条項を全世界に強制する可能性があるとは思えません」と述べ、三条の非現実性を指摘した。

海外貿易局代表マーチャントも、製造業者に打撃を与えることを根拠に、三条に疑義を唱えた。植民地省代表デイヴィスは、専門知識のある担当者の不在を理由に意見表明をしなかったが、インド省代表グラントも、三条に対して否定的な見解を示した。すなわち、「たとえ一見非現実的な三条が他国に受け入れられたとしても、それが忠実に執行されるとは私には思えません。イタリアのような国が〔兵器の〕既存ストックを持っていたとして、その国が他国で売却するために新兵器をわざわざ製造するなど、とても見当がつかないことです。その国は、そんなことはしないでしょう。その国は、単に三条を無視するでしょう」。

議長のホルダーネスが、「我々には二つの選択肢しかないように思えます。現在の形のまま三条を保持するか、それとも三条を完全に削除してしまうかのいずれかです」と決断を迫る中、四面楚歌の状況で三条を守るべく孤軍奮闘したのは外務省代表スパーリングである。彼は、次のように述べた。「三条を削除すべきとは思えません。それは、本条約の中の、真に枢要な特徴をなすものです。もし我々がそれを削除すれば、売却用の大量のストックを擁する他の交戦国は、我々とちょうど同じだけの権利を有することとなります。したがって、フランスやイタリアやその他の諸国が彼らの全ストックをペルシアに望む限り売却することを止めるものは、一切なくなるのです」。またスパーリングは、フランスが三条を含む条約草案に同意していることも明らかにした。結局、外務省が押し切る形で、三条を草案に残すことが決まった。

次いで議論は、三条と四条との関係に移行した。ホルダーネスは、次のように問うた。「我々が既存のストックを売却することを不可能とする三条が保持されたとしても、我が国の製造業者が他国に売却するためにいかなる量〔の兵器〕を製造することも、妨げられることはありません」。「既存のストックからは、いかなるものも売却できないとする一方で、好きなだけ〔武器を〕製造し続けることはできるし、売却することもできるというのは、かなり非論理的な立場ではありませんか？」。

これに対してスパーリングは、次のように応答した。「大戦後には、武器・弾薬の大規模な製造は生じないであろう、と考えられます」。「もっと多く製造しようというよりも、既存のストックを処理してしまいたい、というのが大きな誘惑の源なのです」。四条に関しては、インド省代表シャックバーグが全兵器輸出をライセンス制の対象とすることを提案し、スパーリングも熱心に賛同した結果、この提案は採択された。

一方、「武器・弾薬」の定義を定めた二六条に関して、レイトンは、爆薬のための原料を除外することを主張した。これに対してスパーリングは、「その場合、エチオピアのような国は、爆薬のための原料を輸入できることとなってしまいます」と難色を示したが、平和目的の爆薬原料の輸入はいずれにせよ規制しようがない、というレイトンの論駁にあい、結局はレイトンの主張が受け入れられた。

以上のように、会議の討論においては、未開発地域における政情不安を恐れて武器取引規制の国際的なイニシアティヴをとろうとする外務省と、規制に消極的な軍需省、陸軍省との対立が基調的なトーンをなしていた。商務院代表として出席していたエヴラードは、とくに商務院としての意見を聴取されることはなく、中立国との武器取引は結果的に無効とされることを承知の上でならば今後も続行できる、ということを確認した以外は、とくに目立った意思表示をすることはなかった(23)。しかし、海外貿易局を代表するマーチャントが一方の上部組織である外務省に公然と反抗するような意思表示をしたことは、海外貿易局に対する外務省の影響力が形骸化したという、先述した状況を裏書きするものであろう。

結局、一九一九年九月には武器取引を規制するためのサンジェルマン条約が調印されたが、武器取引規制条約の最大の原動力がイギリス外務省であったことは、上記のことから明らかであろう。サンジェルマン条約に先んじて、同年五月と六月には商務院は、二連発ショットガン、スポーツ用ライフル、カートリッジ、産業用爆薬を特定地域に輸出する際の一般ライセンスの交付を開始した。サンジェルマン条約調印後、アフリカと中東への武器輸出に関して、イギリス、フランス、ベルギー、イタリア、日本の間で非公式の同意がなされた結果、イギリス外務省はライセンス制の厳格化を要請した。その結果、同年一二月からは新ライセンス制度が導入され、産業用爆薬、滑腔銃（smooth-bore shotguns）、弾薬を大半の国に輸出する際には一般ライセンスの対象とする一方で、アフリカ、中東などの一部地域への全兵器輸出に関しては特定ライセンスを義務づけることとなった。この制度の下では、輸入された兵器類が輸入国政府の明確な管理下に置かれるという保証がなければ、ライセンスは直ちに取り消されることとなった(24)。

一九二一年三月には武器輸出禁止令が制定されるに至るが、それ以前から武器輸出政策をめぐる商務院、陸軍省と外務省との対抗関係が明確化している。すなわち、兵器産業利害を代弁し、武器輸出規制を緩和しようとする商務院、陸軍省に対して、対外関係を配慮して規制緩和に抵抗する外務省が対抗する、という構図である。以下、具体的な事例に基づいて、この対抗関係を浮き彫りにしよう。一九一九年四月、爆薬産業の統合組織である爆薬産業株式会社(Explosives Trades Limited)会長マクゴワン(Harry McGowan)は、同月に全地域への爆薬の輸出にライセンス取得を義務づける命令が発せられたことを受け、商務長官スタンリに対して書簡を送った。その書簡においてマクゴワンは、戦時以来アメリカが爆薬輸出を激増させつつある中で、このような政策はイギリスの爆薬業界を多大な危機に陥れることとなると警告し、「命令の適用は、トラブルが現に生じている地域に限定されるべき」という要請を行った。この書簡に対する商務院の返信は保存されていないが、商務院返信に対する爆薬産業株式会社側の返信は保存されており、商務院がいかなる返信をしたのか、うかがい知ることができる。それによれば、「列挙されている非常に多くの港湾に対して、産業用爆薬の輸送を承認する包括的一般ライセンスが交付されること、およびあなた方が爆薬産業株式会社を構成する会社の輸出貿易を促進すべくとりはからう、ということを知って大変満足いたします」と記されている。このように、商務院と爆薬産業との間では、ライセンス制の下での規制を骨抜きにする密約がなされたことが明らかである(25)。

次いで、翌一九二〇年一月、爆薬産業株式会社の改組により発足したノーベル爆薬会社(Nobel's Explosives Company Limited)は、サンジェルマン条約で取り締まりの対象となる武器の中に産業用爆薬が入っていることに抗議する書簡を外務省に送付した。それによれば、「条約が許容する範囲内の諸国に対して爆薬を輸送するためのライセンスを取得することは確かに可能ではありますが、多大な追加的労力を伴うこうした制限は、許可が本当に得られるかという不確定性を通じて、我々の輸出の機会を大いに妨げることとなります。／したがって我々は、純粋な産業用爆薬とその付属物を条約でカバーされた諸国に輸出する際にはライセンスが免除されることを陛下の政府に要請するものであります」[26]。

外務省はこの要請に対する見解を商務院にたずねたが、外務大臣カーゾン自身の見解は、次のように記されている。「イギリスの貿易におよぼす損失を考慮に入れたとしても、武器取引規制条約に関して、国王陛下の政府が条約の下で負う義務を侵すリスクがあるという観点からすれば、カーゾン卿はそうした爆薬のためにライセンスを求めることには消極的です」[27]。

その一方、爆薬業界の意向を受けて輸出規制を緩和すべく、この頃商務院と陸軍省は共同歩調をとっていた。すなわち、陸軍省から商務院への一九二〇年三月二九日付の書簡によれば、同年二月一八日に発した書簡において商務院は、一部の産業用爆薬をライセンス制が適用される輸出禁止対象であるリストAから除外し、ライセンスなしで全地域に輸出可能な物資となるリストCに移す、という提案を行い、陸軍省はこれに同意した[28]。

この提案が外務省の反対を押し切って実現を見たかどうかは不明である。同年三月には商務院は、包括的一般ライセンスの付与対象を滑腔銃にまで広げるという案を陸軍省に打診した。陸軍省は、ポーランド、フィンランド、およびバルト三国に対する輸出に関しては、ソ連との近接性に配慮してライセンスの交付は控えるべきという留保を付したうえで、商務院案に賛成している[29]。

一九二一年三月に最初に制定された武器輸出禁止令も、以上の経緯からして、ライセンス認可の担当官庁である商務院でなく、外務省主導の下で制定されたものであることは明らかである。実際、サンジェルマン条約調印後、各国の批准が進まない中で、あえてイギリスが武器輸出禁止令の制定により、武器輸出規制政策の先頭に立つことに踏み切った理由は、一九二二年に外務省と銃製造業者協会との間で交わされた往復書簡を通じて明らかにされている。外務省は、サンジェルマン条約に対するイギリス政府の姿勢を問う銃製造業者の書簡への回答において、ベルギー政府がイギリスと同様な武器輸出規制政策を採用する予定であることを指摘しつつ、次のような基本方針を伝えている。

「世界平和に多大な影響を有するところの、武器取引に関するサンジェルマン条約は、国際連盟加盟国であるか否かを問わず、アメリカ合衆国を含めて、条約に調印した諸国が批准するまでは、死文のままであり続けることであろう」。「国際連盟理事会は、サンジェルマン条約を未だ批准していない諸国と連絡をとり、正式な批准書が寄託され得るようにするため、条約の批准に向けて必要な準備を各国に促すように働きかけるべきである」[30]。

こうしたイギリス外務省の回答に対して、銃製造業者協会は、条約が死文となっている限り、イギリスの武器輸出規制は単に他国の武器輸出を増加させるだけではないか、との反論を送付した。これに対するさらなる回答において、外務省は次のように述べている。「国王陛下の政府が知る限り、六条で言及されている輸出禁止地域に条約を適用しようとする企図は成功を収めており、〔武器の〕危険な使用がなされるリスクが最も高い地域への他地域からの武器の供給は減少してきている。全体として、条約の適用は、アメリカ合衆国を含めて全主要調印国の批准がなければ不可能であるということは、認識されている。その理由のため、国王陛下の政府は、輸出禁止地域以外の地域に対する条約の適用を試みてはいない[31]」。

以上のように、一九二一年の武器輸出禁止令は、サンジェルマン条約調印各国に条約への批准を促すための方策であったと言えるし、政情不安地域に対する武器輸出の規制にかけるイギリス外務省の熱意は真摯なものであったと評価してよいだろう。しかし、武器輸出規制の当の担当官庁である商務院は、こうした外務省の熱意を全く共有してはいなかった。たとえば、一九二五年に武器取引規制を定めるための会議が改めてジュネーヴで開催された際、アメリカ代表は毒ガス、およびその類似製品を規制対象にすることを提案したが、商務院通商条約局長ファウンテンは外務省への書簡において、アメリカ提案への徹底的な反論を次のように展開した。

「提案されている条項において考慮されているような、いかなる禁止条項も、我が国においては、化学製品分野での英国輸出貿易に深刻な障害を与えることなくして、効果的なものとなることはありません。本院が見たところ、この提案の趣旨は、液状か固形かを問わず、本条約の禁止対象となるガスその他の物質は、軍事的価値を有する物、および軍事的な目的を意図されている物のみを含むように、そしてその他の有益な目的を有する物を除外するように定義されるというものです。しかし、これは、相当量の化学製品に対するライセンス制の適用をともなうこととなります。各条約締結国のライセンス当局は、軍事目的の物とそうでない物との区別を判断しなければなりません。アンモニア、硫化水素やホスゲンのような、過去に軍事目的で使用されたことのある一部のガスは産業目的で大いに使用されている、ということを私はとくに想起するものであります。

したがって本院は、武器取引条約の条項にこのような化学製品を持ち込むいかなる提案に対しても、乗り越えがたい難点があるとみなすものであります」(32)。

ジュネーヴ会議に関しては、空軍省も、会議の議題に航空機輸出に関するライセンス制の提案が出た際にはイギリス代表は強く反対すべき、という意見書を提出している(33)。

また、一九二七年にジュネーヴ武器取引規制条約のエチオピアへの適用を英仏伊三国が協議することとなった際、外務省は即時適用を希望してその是非を商務院に打診したが、商務院はそれに正面から反対はしないまでも、外務省に対して次のような牽制を行った。まず、武器輸出禁止令の下では、ジュネーヴ条約で挙げられている航空機、航空機エンジン、銃剣、剣、槍、ゼリグナイト、ダイナマイト、雷管、爆発性ゼラチンなどの輸出は禁じられていないので、これらの物資の輸出を禁止するためには武器輸出禁止令の改正が必要となる可能性がある。しかし商務院によれば、これらの物資は重要性の面でさほどでないため、「外務大臣閣下は一九二一年の武器輸出禁止令をそのために改正することまでは望まないことでしょう」。

また、エチオピアへの条約の適用に関しても、商務院は次のような難色を示した。

「輸出入に関する詳細な統計データを公表するという、条約による義務は深刻な困難の源となります。外務大臣閣下がご存じのように、条約交渉時において、国王陛下の政府は、条約調印を拒否するに至るほどではないにせよ、こうしたデータは必要以上に詳細であるという見解でした。本院は、エチオピアのケースに関してのみ、そのような資料を公表することに同意する点では消極的であります。その根拠は、それが大して重要とは思われないという一事によるのではなく、他国に関して同様なデータを公表するように国王陛下の政府に圧力をかけるための先例として利用されることになりかねない、という点にあります。もちろん、〔ジュネーヴ〕条約が発効するならば、これを行うことは必要となるでしょうが、本院の理解によれば、本条約が批准される見通しはありません」(34)。

結局、一九三〇年八月に英仏伊三国とエチオピアとの間でエチオピアへの武器輸出を規制するための条約が締結されたが、それにあわせて翌年五月には新たな武器輸出禁止令が制定され、航空機、航空機エンジン、銃剣、剣、槍のエチオピア以外への輸出には包括的一般ライセンス、エチオピアへの輸出には特定ライセンスを必要とすることが新たに定められた(35)。つまり、外務省は商務院と空軍省の抵抗を押し切って、航空機などの輸出に対するライセンス制を適用すべく、武器輸出禁止令の改正を推進したのである。

以上のように、一九二〇年代においては、武器取引の規制を各国に働きかけるためにイギリス自身の武器輸出にも制限をかけようとする外務省と、武器輸出を取り締まるライセンス当局でありながら、輸出貿易拡大を目指す観点からライセンス制の厳格な運用には否定的な商務院との間で対抗関係が継続した。一九三〇年代になって、この対抗関係の結果、ライセンス制が完全に形骸化するに至る経緯について、次節で見ていくこととしよう。

4　武器輸出規制政策の転換

軍事・外交問題に関する内閣の枢要な諮問機関であり、議長を務める首相の下、外相、蔵相、陸海空軍の代表などによって軍事部門と非軍事部門が合同で組織的に防衛戦略の検討を行う組織である帝国防衛委員会（Committee of Imperial Defence）に属する主要補給担当官委員会（Principle Supply Officers Committee）は、第一次大戦以来イギリス兵器産業が着実に衰退していることを警告する報告書を提出した。この報告書をめぐって一九三三年四月に開催された帝国防衛委員会においては、商務大臣ランシマンと海軍大臣エアーズ＝マンセルが報告書を支持する論陣を張った。ランシマンは、海外からの受注の減少、同時にイギリスを差し置いての外国兵器産業の受注の伸びがイギリス兵器産業衰退の主要因であると指摘し、受注減少の原因は次の四点にあると述べた。

(1)　輸出ライセンス制。これにより海外の購入者は不安を感じる結果、イギリスへの発注を減らすようになっている。

(2)　補助金の欠如

(3)　信用保証制度の欠如

(4)　イギリスへの発注を海外諸国に仕向けるような外交的・政治的圧力の不在。

ここでランシマンが挙げている第四の論点は、外務省に対する露骨な当てつけであると言えよう。

これに対して外相サイモンは、次のように反論した。「一九三三年二月に内閣でなされた決定により、ジュネーヴ軍縮会議英国代表は、我が国で既に行われているのと同様な輸出ライセンス制を他国も採用するよう呼びかけるように指示されております。効果的に武器の取引を管理するためには、何らかの国際協定が必要であります。国際規模のライセンス制が望ましいものでもなく、実施も困難であることは明らかです。我々の輸出ライセンスと同様な制度を他国が導入することが唯一の解決策であるように思われます」。

結局、マクドナルド首相の裁断により、主要補給担当官委員会の報告書を内閣に付託するとともに、新たに省間委員会を任命してこの問題をさらに検討させることが決した[36]。一九三三年一二月七日、この問題を討議するための省間委員会がランシマンを議長として開催された。閣僚からはほかに、陸軍大臣ヘイルシャム、自治領担当相トマス、空軍長官ロンドンデリー、海軍大臣エアーズ＝マンセルが出席し、外相と蔵相は欠席した。これらの閣僚のほか、各省事務官も出席している。加えて、海外貿易局担当の政務次官コルヴィルも出席している。

省間委員会設置の目的は、「軍用船と航空機を含めた兵器の製造、および輸出に関して英国において存在するとされているハンディキャップを除去するために、いかなる行動をとり得るのか、そしてこの問題について効果的な国際協定が存在しない以上は、英国の製造業者、および造船業者をして、他国の競争者と対等な条件の下に立たしめるためには何がなし得るのかを検討する」こととされている。

まず、会議の口火を切ったのはコルヴィルである。取り立て不能になった輸出代金の一定部分を政府が保証するという、一九二一年に始まる輸出信用保証制度では軍需品の輸出は対象とされず、兵器産業の不満を招いていたが、コルヴィルは、同様な輸出信用保証制度を有する他国は兵器産業に対して同様な制限をかけてはいないと指摘したうえで、軍需品を輸出信用保証制度の対象に加えることを歓迎する旨を表明した。次いで、ヘイルシャムは、「英国兵器産業が現在陥っている極めて危険かつ困難な立場は、どんなに強調してもし過ぎることはありません」と力説し、軍需品を輸出信用保証制度の対象から除外したかつての決定を手厳しく批判した。次いで発言したエアーズ＝マンセルも、「陸軍大臣によって表明された見解に全面的に同意いたします」と述べたうえで、「ほぼ連日にわたって、海軍省のために働いてきた企業が倒産しており、さらに重要なことに、我々は非常に高度な熟練技術をもつ経験豊かな労働者を失っているのです」と危機感を表明した。トマスもこれに同調し、「我が国の政策は軍備縮小に関して言えば完全な失敗であったという見解に対して、私は全面的に同意いたします」と述べた。

欠席の外相に代わって代理出席していた外務省次官補マウンジーは、軍需品を輸出信用保証制度の対象に含める提案に対してはとくに異議申し立てをしなかったため、議長のランシマンは、この提案を全会一致で採択する旨を表明した。続いてランシマンは、帝国防衛委員会の付属委員会（主要補給担当官委員会のことか）による報告書の審議に移った。商務院事務次官ハミルトンは、報告書の趣旨を次のように説明している。ライセンス制が存在する現今の状況下では、イギリスの兵器産業は、契約を即決で結ぶことができず、契約内容の修正、もしくは契約自体の撤回の可能性もあるため、海外との受注競争で著しい不利にさらされている。報告書は、海外兵器産業との競争においてイギリス兵器産業を不利にしているこうした状況を解消するため、二つの提案を行っている。第一の提案は、特定の兵器製造業者に対して包括ライセンスを付与することである。実際、軍事担当省に契約内容をあらかじめ開示するという条件で包括ライセンスを付与するという制度の下で、航空機輸出には重大な障害は生じていない。第二の提案は、ライセンスに記載される語句を変更することである。現行のライセンスでは、理由を開示することなく、ライセンスはいつでも撤回され得る旨が記載されている。これに対して、業者がライセンス上の条件に違反した場合、帝国の安全保障を損なう場合、および国際協定に違反する場合というように、ライセンスが撤回される際の条件を具体的に例示し、それに当たらない場合にはライセンスは問題なく付与されるというように、語句を変更するのである。

ライセンス制の内容を改変するという、この帝国防衛委員会付属委員会提案を外務省以外の省庁は支持した。唯一、外務省のマウンジーが次のように述べて、反対の論陣を張った。「現在の提案は、武器を輸出する際の現行のライセンス制に疑いなく改変を加えることとなります。我が国が軍縮に向けての交渉にいまだ関与している状況において、このような行為は助けとはなりません。ジュネーヴにおいて、外国諸国の政府は、〔武器の〕極めて厳格な国際的管理を提案しており、この提案に対して我が国の代表は、我々の現在の〔ライセンス〕制度のほうがモデルとなる、と反論しているのです。こうした状況では、〔提案されているようなライセンス制の改変は〕とりわけ困難です」。

結局、議長のランシマンは、多数決で外務省の反対を押し切り、省間委員会は、帝国防衛委員会付属委員会の二つの提案を支持することを決したのである。(37)

一九三三年一二月一八日に開催された首相主催の会議では、こうした省間委員会の結論が検討されることとなった。この会議にサイモン外相は欠席したが、代わって出席した外務事務次官ヴァンシッタートと外務政務次官イーデンは、イギリスがライセンス制の国際的普及に関してイニシアティヴをとることができなければ、兵器産業に対してより脅威となる提案が他国によって提唱される可能性がある点について警告した。すなわち、ヴァンシッタートは言う。「列強の中には、ライセンス制をはるかに超えて、軍事産業の民間部門の撤廃、および武器貿易の厳格な国際管理を提唱するまでに至る国が出てくる恐れがあります。フランスとチェコスロヴァキアは、こうした提案をする可能性があります」。

続くイーデンも、次のように述べた。「本会議は、〔ジュネーヴ〕軍縮会議に出席している英国代表がこの問題に関して置かれている大変困難な状況に思いをめぐらすべきです。彼らは、英国で実施されているのと同様なライセンス制の一般的な採用を促すことによって、ジュネーヴにおける他国代表のより遠大な提案に何とか抗することができているのです。もし我が国がライセンス制を今放棄するならば、国際連盟ユニオンや類似団体によるきわめて激しいキャンペーンに直面しなければならないでしょう。大臣連は、内外において我々がこうむるであろう批判の激しさについて、決して楽観してはなりません」。

このように外務省は、現行のライセンス制を堅持しなければ、兵器産業に対してより厳しい計画が導入される可能性があるという点について脅しをかけることにより、帝国防衛委員会付属委員会、および省間委員会提案に抵抗を試みたのである。しかし他省庁は、外務省のこうした脅しには動じなかった。陸軍大臣ヘイルシャムは、「誰もライセンス制の完全な撤廃を望んでいるわけではありません」と論駁し、委員会提案はイギリス兵器産業が他国に対してもつ不当なハンディを軽減しようとするものに過ぎない、と改めて主張した。海軍大臣エアーズ＝マンセルも、イギリスの軍用船輸出の停滞状況を指摘し、「国際連盟ユニオンや類似団体の批判に対して我々の行為を正当化することに何の障害があるとも思えません」と論じた。

省間委員会の会議では、議長を務める立場にあったためか、省庁としての立場をそれほど明確に打ち出してはいなかった商務院は、この会議の場では、ライセンス制緩和の擁護論において先頭に立ち、外務省を痛烈に批判した。すなわち商務大臣ランシマンは、次のように、きわめて強硬な兵器産業擁護論を展開した。

「〔兵器を製造する〕民間企業が存続することが国益にとって不可欠であるという点については、誰もが同意しています。我々がこれまで遂行してきた政策はただ単に、深刻な国家的緊急事態の際に軍備を供給するための我が国の能力を危機的な水準以下にまで引き下げることでしかありませんでした。我が国の製造業者が理論的な面のみならず、事実としても、海外の競争相手とちょうど同様な立場に立つということは緊要な点です。もし外務省の提案が採用されるならば、海外の企業が容易に受注を受ける一方で、我が国の企業は敗れることとなりましょう。それというのも、我が国の企業は、他国の競争相手が服していない制約の下に置かれているからです」。

これに対してヴァンシッタートは、「国際連盟の統計によれば、我が国の軍備産出高は全体の約三八％に達しています。この数字は、英国自身の統計値に基づくとされている数字ですが、我が国に対する反論として利用されることとなることは確実でしょう」と反論し、ランシマンは、「その数値の正確性には疑問の余地がありますが、いずれにしても、我が国の兵器工場が閉鎖しつつあるという事実については、疑問の余地はありません」と応じた。

この後、「新しい取り決めの下では、イギリスの製造業者が外国の顧客から注文を得ることは、はるかに容易になることでしょう。イギリス製造業者とその銀行家との間の金融取引も、大いに促進されることとなるでしょう」と、ライセンス制の緩和を重ねて擁護するランシマンと、条約交渉におけるイギリスの立場を主張して抵抗するヴァンシッタート、イーデンとの間の応酬が続いた。

ちなみに、本来は外務省に近い立場にあるはずの植民地省大臣カンリフ＝リスターは、次のように述べ、他国にライセンス制の導入を迫るという案に疑義を示すとともに、委員会提案の支持にまわった。「たとえ他国が我が国の現在のライセンス制を採用することに同意したところで、その国が我が国と同様な厳格さでもって、その制度を運用するなど、あり得ないでしょう」。

カンリフ＝リスターは一九二四〜二九年の保守党内閣において商務長官を務めており、彼のそのような経歴が、商務院寄りの議論の背景にあったように思われる。

マクドナルド首相は中間的立場に立ち、「我が国の製造業者にとってきわめて不公平で、国防利害に対して差別的な現在の制度」がもつ問題点を認めたものの、ライセンス制の改変を行った際にイギリス政府が内外からこうむるであろう批判に対する外務省の懸念にも理解を示した。そこで、彼は次のような妥協案を提示した。「〔ライセンス制の改変という〕取り決めを公式に行うことは、本当に必要なことでしょうか？　現在の制度を維持したまま、個々の案件について前もってライセンスの付与を確約し、特別な理由がない限りライセンスが撤回されることはない旨の保証を与えることは可能でありませんか？」。

ライセンス制を公式に改変はしないものの、実際の運用面で骨抜きにするという首相提案にカンリフ＝リスターは賛意を表明した。この提案に対してランシマンは、「商務院に関する限り、私は一般ライセンス制の採用を望みます」と述べたものの、「提案されている計画が十分に機能するかどうかを判断するのは商務院より軍事部局でしょう」と陸海空軍三省の判断に委ねる姿勢を示した。結局、商務院と外務省、および軍事三省の代表が改めて会合し、ライセンス制を運用面で緩和するという首相提案の可否について検討することが決定された(38)。

これを受けて、一九三三年一二月二〇日、ランシマンを議長とし、外務省と軍事三省の代表が出席した会議が開催された。ランシマンは、「この〔首相の〕提案が企業をして、実際に海外からの受注を迅速に受けられるようなものとなるかどうか、そして他国のライバルと同じ条件に立たしめるものとなるかどうか、という点を知りたい」と問題提起した。外務省代表として参加したヴァンシッタートは、「この提案は、ジュネーヴにおける我が国の地位をより良くカバーするものであり、現行のライセンス制に目に見えるような変更を加えるものではないので、外務省はこの提案が悪影響を及ぼすようなものとは懸念しておりません」と述べ、首相提案を支持した。陸軍大臣ヘイルシャムと海軍大臣エアーズ＝マンセルは、特定ライセンスの包括ライセンス化という原案をより好むことを表明し、ランシマンも、「特定の兵器産業に包括ライセンスを付与し、批判を甘んじて受けるほうが私にとっては好ましい」と述べたものの、首相提案に従うことに結論は落ち着いた（空軍省代表は提案による航空機輸出への影響がないことを理由に意見を表明せず）。つまり、帝国防衛委員会付属委員会、および省間委員会提案のように特定ライセンスを包括ライセンスに移行させることはせず、特定ライセンス制度を残すが、ライセンスが例外的なケースを除いて無事に付与されるという確約を、特定の兵器会社に対して与える、という案が可決されたのである。ライセンス制を形式面では変更せず、運用面で変更したことを悟られないようにするため、ライセンス付与に関する企業への保証は書面ではなく口頭でなされる、ということも決定された(39)。

以上のようにして、ライセンス制を隠密裏に運用面で骨抜きにするという形で、武器輸出規制の緩和が決定した。横井勝彦の表現を借りれば、「武器輸出ライセンス制そのものを廃止することなく、武器取引に対するイギリス主導の国際協定への可能性を残しつつ、帝国防衛を担う特定企業に限っては、外国企業と対等の条件を付与し、国内兵器産業基盤の立て直しを図ろうとしたのである(40)」。

もっとも、輸出貿易拡大を至上命題とし、自らライセンス制に否定的であった商務院がライセンスの認証主体であった以上、すでに規制緩和の決定以前から、ライセンス制による輸出規制は実質的に骨抜きにされていたと言ってもよい。一九三一～三七年において、軍事物資に対して付与されたライセンス件数、およびライセンス付与が拒絶された件数は、それぞれ次のとおりである。一九三一年：四三五件、一件。一九三二年：四一〇件、三件。一九三三年：四一三件、詳細不明。一九三四年：四一三件、七件。一九三五年：四八七件、八件。一九三六年：三八六件、二件。一九三七年：四六二件、六件。(41)

つまり、一九三三年に決定された武器輸出の規制緩和は、元々進行していた輸出規制の形骸化に完全な仕上げを施すものに過ぎなかったのである。

5　おわりに

すでに述べてきたように、輸出貿易の拡大を組織にとっての最大の任務とみなす商務院が武器輸出規制の監督主体となった時点で、輸出規制の形骸化は定まっていたと言ってもよい。商務院が体現する〈産業の論理〉、もしくは〈企業の論理〉と、陸海空の軍事三省が体現する〈軍の論理〉は、一貫して武器輸出の自由化を追求し続けた。これに対して、武器輸出の自由化に抗する唯一の理念を提供したのは、外務省が体現する〈外交の論理〉であった。閣僚と主要官僚の交代を経ても、商務院と軍事省庁は一貫して武器輸出規制の緩和を唱えた一方で、外務省は一貫して規制緩和に抵抗したという事実は、閣僚や主要官僚といったアクターがそれぞれの組織の論理に忠実に行動していたことを示している。つまり着目すべきは、主要なアクターの個性ではなく、組織の論理なのである。実際、ナチス・ドイツの武器輸出政策に関して考察した田嶋信雄の論稿においても、武器輸出促進を追求する国防省と経済省に対して、対外的配慮を重視する外務省が輸出規制の緩和に抵抗したことが明らかにされている[42]。

通商政策のような「ローポリティクス」に強い関心をもたず、伝統的な「ハイポリティクス」ばかりに熱心なアマチュア集団であったイギリス外務省ではあったが、武器輸出規制政策に関しては、常に孤立した状況下で、規制のなし崩し的な緩和に対してブレーキをかける役割を果たした。そもそも、歴代の外務大臣や外務官僚が、とくに平和主義者であったわけではない。また、秘密裡の輸出規制緩和には強く抵抗しなかったように、武器輸出拡大そのものを積極的に阻止すべく外務省が努力していたわけでもない。しかし、対外的配慮に重点を置かなければならないという、外務省の〈外交の論理〉は、それほど強力であったとは言えないにせよ、武器輸出の拡大に対抗するうえでは、最も有力な防波堤であったことも確かである。イギリスにおいて、武器輸出規制をある程度実効的たらしめるような唯一のシナリオがあったとすれば、抜本的な組織改革を果たした外務省が対外的通商政策に関して主導権を握ることであったろう。

転じて現代の世界状況を見るならば、〈産業の論理〉、もしくは〈企業の論理〉と〈軍の論理〉がもっぱら武器輸出の拡大を追求するものでしかない以上、武器輸出の拡大に対抗する理念は、やはり〈外交の論理〉に依拠するしかないというのが、やはり実情と言えようか。

注

（1）以上、Parliamentary Papers（1919）, Cmd. 414, Treaty Series, No. 12.

（2）Stone [2000] pp. 218–219.

（3）横井勝彦［二〇一二］一四一頁、参照。

（4）TNA, BT 11/237, Commitee on classification and definition of firearms, Summary of evidence given on behalf of the Board of Trade, dated 22/02/1934.

（5）TNA, BT 13/134, Report of Sir Clarendon Hyde's committee on the reorganisation of the Board of Trade, pp. 1-3.
（6）Caldwell［1956］Appendix to Chapter Ⅷ.
（7）松永友有［二〇〇六］、［二〇一〇］、［二〇一一］参照。
（8）Cain［1973］.
（9）Homer［1971］p. 17.
（10）Ibid., p. 1.
（11）Platt［1968］pp. 124-125.
（12）Homer［1971］pp. 23-24.
（13）TNA, T 1/11093/6763, Confidential minutes of evidence, pp. 2-7.
（14）Homer［1971］pp. 40-50.
（15）Ibid., p. 55.
（16）Ibid., pp. 65-68.
（17）Ibid., pp. 83-92.
（18）Ibid., pp. 99-106.
（19）House of Commons Parliamentary Papers, 1917-18, vol. XXIX, Cd. 8715, Memorandum by the Board of Trade and the Foreign Office with respect to the future organization of commercial intelligence.
（20）ホーマーの学位論文によっても言及されていない、商務院と外務省間の交渉プロセスについては、BT 13/134を参照。
（21）Homer［1971］pp. 152-156.
（22）TNA, MUN 4/6340, Draft convention for the control of the arms traffic.
（23）以上、TNA, MUN 4/6340, Control of arms traffic, minutes of conference; report of inter-departmental conference held at the India Office, dated 24/02/1919.
（24）Atwater［1939］p. 298.
（25）TNA, BT 11/30, Sir Harry McGowan, dated 24/04/1919, 08/05/1919.

(26) TNA, BT 11/30, Foreign Office, Arms Traffic Convention, dated 14/01/1920.
(27) TNA, BT 11/30, Foreign Office, Arms Traffic Convention, dated 20/01/1920.
(28) TNA, BT 11/30, War Office, dated 29/03/1920.
(29) TNA, BT 11/30, War Office, Arms Traffic Convention, dated 15/04/1920.
(30) TNA, BT 11/30, Arms Traffic Convention, article 6, dated 01/08/1922.
(31) TNA, BT 11/30, Arms Traffic Convention, article 6, dated 18/08/1922.
(32) TNA, FO 371/11034, dated 13/05/1925.
(33) TNA, FO 371/11034, dated 13/05/1925.
(34) TNA, BT 11/30, Foreign Office, Arms Traffic Convention, C. R. T. 698/27.
(35) Atwater [1939] p. 301.
(36) TNA, CAB 2/5, Committee of Imperial Defence, minutes of the 258th meeting, dated 06/04/1933. なお、この点の議論に関しては、横井勝彦［一九九七］一九三～一九五頁、参照。
(37) TNA, BT 11/239, Board of Trade, Export of Arms, Committee on the private armaments industry, dated 07/12/1933.
(38) TNA, BT 11/239, Conclusions of a meeting of Ministers, dated 18/12/1933.
(39) TNA, BT 11/239, Conclusions of a meeting of Ministers, dated 20/12/1933.
(40) 横井勝彦［二〇一二］、一四二頁。
(41) Atwater [1939] p. 314n.
(42) 田嶋信雄［二〇一二］参照。

参考文献

田嶋信雄［二〇一二］「第三帝国の軍拡政策と中国への武器輸出」横井勝彦・小野塚知二編『軍拡と武器移転の世界史』日本経済評論社、所収。

松永友有［二〇〇六］「イギリス失業保険制度の起源」『史学雑誌』第115編第7号。

松永友有［二〇一〇］「一九〇九年職業紹介所法の制定とイギリス商務院の労働政策」『エコノミア』第61巻第２号。
松永友有［二〇一一］「イギリス商務院と最低賃金制度の形成」『社会経済史学』第77巻第１号。
横井勝彦［一九九七］『大英帝国の〈死の商人〉』講談社選書メチエ。
横井勝彦［二〇一二］「軍拡と武器移転の国際的連関」横井・小野塚編『軍拡と武器移転の世界史』日本経済評論社、所収。
Atwater, E. [1939] "British control over the export of war materials", *American Journal of International Law*, vol. 33, no. 2.
Cain, P. J. [1973] "Traders versus railways: the genesis of the Railway and Canal Traffic Act of 1894", *Journal of Transport History*, new series, vol. 2, no. 2.
Caldwell, J. A. M. [1956] "Social policy and public administration 1909–1911", University of Nottingham Ph. D. thesis.
Homer, F. X. J. [1971] "Foreign trade and foreign policy: the British Department Overseas Department", University of Virginia Ph. D. thesis.
Platt, D. C. M. [1968] *Finance, trade, and politics in British foreign policy 1815–1914*, Oxford.
Stone, D. R. [2000] "Imperialism and sovereignty: the League of Nations' drive to control the global arms trade", *Journal of Contemporary History*, vol. 35, no. 2.

第Ⅱ部　軍事技術と軍縮

序

横井　勝彦

われわれの共同研究は、武器移転概念を歴史研究に適用することによって、現代の常識では理解できないいくつもの現象を指摘してきた。その第一は、武器移転の「送り手」と「受け手」の関係である。とりわけ第一次大戦以前の武器移転においては、「送り手」が国家ではなく民間の兵器企業であることがめずらしくなかった。むしろ、それが一般的ですらあった。日本海軍からの注文を受けたイギリスのアームストロング社やヴィッカーズ社による艦艇（しかも最新鋭軍艦）の建造などはその最たる例である。その場合、イギリスの兵器企業は本国政府の意向とは関係なく、あくまでも自社の経営戦略に基づいて武器移転を展開していったのである。

第二に強調すべき点は、「送り手」側の国家と企業との関係についてである。少なくともイギリス政府は自国の兵器製造企業の海外展開について、輸出相手国の如何を問わず、いっさいの介入を行ってこなかった。武器輸出の管理制度そのものがいまだ存在しなかったのである。「送り手」側の国家には、いまだ国内兵器製造基盤保護の観点から民間兵器企業を保護するという考え方が根付いていなかった。

第一次大戦前のイギリスにおける政府と兵器企業との関係（軍産関係）が以上のようなものだとすれば、両大戦間の軍縮期においてはどうであろうか。こうした問題に関して、第Ⅱ部の第4章から第8章までの各章は、次のような点に注目している。第4章⑴⑵（グラント論文）は、各国政府と兵器産業との緊密な関係を輸出信用保証制度などに注目して確認している。第5章（小野塚論文）と第6章（飯窪論文）は、近現代海軍史でたびたび確認できる兵器の変革に規定された戦術・戦略の変化、そしてその結果としての軍縮・海軍費削減と海軍力増強の同時実現の事象に、それぞれ独自の分析を加える。第7章（山下論文）は、軍縮期における産業再編・合理化と技術開発すら国内軍需に依存していた事例を光学機器分野に注目して紹介する。そして第8章（横井論文）は、軍縮期の英米独航空機産業の発展と武器移転が政府の多様な保護育成策によって支えられていたことを明らかにしている。

つまり、兵器の変革をめぐる軍産関係についてはさらに検討を要するものの、両大戦間の軍縮期における「政府と兵器企業の関係」は、世界最大の武器輸出国イギリスで第一次大戦前に見られたような希薄なものではなかった。両者の関係は確実に緊密化しつつあった。第Ⅱ部では、その点を「軍事技術と軍縮」という視点から検証していくが、加えて第Ⅱ部の各章でもそれぞれの視点から「軍縮下の軍拡」がどのように進展したかが示されている。各章の内容を以上の点に留意して要約すれば、次の通りである。

第4章「⑴東欧における武器取引――絶頂期のフランス（一九一九～三〇年）――」（ジョナサン・グラント）は、一九二〇年代の軍縮期に東欧においていかに武器市場が拡大したのか、つまり戦後の新興諸国家がいかに広範に武器移転の「受け手」として登場したのかを克明に分析している（「軍縮下の軍拡」の第三の側面）。また、軍縮期における武器移転の「送り手」の側でのフランスの優位とイギリスの不利に関しても「政府と兵器企業との関係」から詳述しており、きわめて新味に富んだ論稿である。つづく第4章「⑵東欧における武器取引――大恐慌から再軍備まで（一九三〇～三九年）――」では、ひきつづき東欧市場に注目して、本国政府が再軍備に移行していくなかでの英仏独の武器移転の「送り手」としての対応とトルコに代表される「受け手」との複雑な駆け引きが、やはり「政府と兵器企業との関係」から詳細に紹介されている。厖大な一次史料を十分に読み込んだ国際関係史・経済史の視点からの分析である。

第5章「戦間期海軍軍縮の戦術的前提――魚雷に注目して――」（小野塚知二）は、世界の海軍の艦隊編成は海軍軍縮条約締結のはるか以前に、魚雷の登場によって大きな変更を余儀なくされていたという事実を強調する。第一次大戦において、魚雷は巨砲をはるかにしのぐ兵器となっており、主力艦（装甲巨艦）はすでに第一次大戦までに戦術的に無意味な存在と化し、いまや潜水艦こそが海軍の最大の攻撃力となった（「軍縮下の軍拡」の第二側面）。第5章は、このような戦術的前提の下で、ワシントン海軍軍縮とは戦術的に無意味な兵器体系の削減にすぎなかったという事実を指摘しつつ、その一方で軍縮条約破綻後の世界において再び戦艦という偶像の建造が再開されたのは、大艦巨砲主義という軍事的な幻想に一定の意味が与えられたからだとしている。

第6章「明治海軍形成期の建艦思想とベルタン――軍備拡大制約下における軽量艦の開発――」（飯窪秀樹）は、日本海軍の二人の造船技術者、平賀譲とエミール・ベルタンの建艦姿勢に注目して、重砲化を優先した艦船の開発に傾斜していく日本海軍の歴史過程を浮彫りにしている。平賀がワシントン軍縮前後の時代の造船官であったのに対して、ベルタンは日本海軍の形成期にフランス海軍から招聘した技術顧問であって、両者の間には第一次大戦を挟んで四〇年近くの時代的隔たりがある。しかし、そこには海軍予算の縮小と海軍力の増強という二つの課題をどのような建艦思想によって同時実現するかという共通の課題があった。第6章は、以上のような視点から、ベルタンの建艦姿勢の変遷に注目し、軍縮期日本海軍の建艦思想の起源を辿る。

第7章「戦間期イギリスにおける光学ガラス・機器製造業者の再編」（山下雄司）は、イギリスの光学機器製造業者バー＆ストラウド社に注目する。同社は、第一次大戦中は軍需省の統制下にあったが、戦後の軍縮期においても、イギリス海軍省の光学・精密機器研究開発部門として、つまり緊密な軍産関係の下で生き残りを図った。一九一六年のイギリス産業連盟（ＦＢＩ）の創設は、戦時下における軍需産業への過度の国家干渉に対する反発を直接の契機としていたが、バー&ストラウド社はイギリス光学機器製造業者の吸収・合併の過程から隔絶した存在であった。戦時期には一貫してイギリス軍産関係を支え、その後の軍縮期には国内兵器生産基盤保護の観点より、ヴィッカーズ・アームストロング社などイギリスの中心的な軍需企業とともに、武器輸出禁止令の適応除外企業にも指定されている(「軍縮下の軍拡」の第三の側面)。

第8章「軍縮期における欧米航空機産業と武器移転」(横井勝彦)も「政府と兵器産業との関係」の緊密化を指摘する。第一次大戦以降、とりわけワシントン海軍軍縮を契機として、各国の国防兵器体系において空軍戦力の占める比重が急速に上昇した(「軍縮下の軍拡」の第二の側面)。欧米各国はすべて軍用機調達を民間航空機産業に大きく依存していたが、軍縮期における航空機産業の発展は、自国の軍需だけでは到底支えられず、輸出信用保証や航空技術使節団の海外派遣、さらには海外での航空技術学校の開設や現地ライセンス生産などを展開して、世界的規模でのネットワークの形成と輸出市場の開拓を目指した。第8章は、ワシントン軍縮期におけるドイツや日本の航空機産業の発展をも視野に入れて、以上の点を論じている。

以上、第Ⅱ部の各章では「軍縮下の軍拡」の諸相をそれぞれの視点から論じているが、第一次大戦後の日本における陸海軍軍縮(ワシントン海軍軍縮と山梨・宇垣陸軍軍縮)と「軍縮下の軍拡」に関しては、第Ⅲ部の第9章から第11章を参照されたい。

第4章　(1)東欧における武器取引
――絶頂期のフランス（一九一九～三〇年）――

ジョナサン・グラント

1　はじめに

東欧における武器取引には、一九二〇年代における英仏間の緊張関係が大きな影響を及ぼしており、それは第一次世界大戦前の状況に戻ったかのごとくであった。とはいえ、大戦前の時期と大きく異なる点は、ヴェルサイユ条約によって課せられた規制によってドイツとオーストリアが武器取引から撤退したことにあった。より厳密に言えば、フランス企業であるシュネーデル・クルーゾー社がチェコスロバキアのピルゼンにあるシュコダ工場の支配権を取得したことであった。ヨーロッパ大陸において、シュネーデル社とシュコダ社のペアはイギリスの合併企業ヴィッカーズ・アームストロング社と競争関係にあった。新たにチェコ企業として創設されたかつてのオーストリア企業は、シュネーデル社にとって有力なジュニア・パートナーであった。そして、フランスによる投資と管理の結果、シュコダ社はチェコ企業として第一次世界大戦前のオーストリア企業時代よりもはるかに東欧市場のシェアを拡大させた。

一九二〇年代の一〇年間は、戦間期の武器取引、とりわけヒトラーが権力を握った一九三三年以後の時期の武器取引が注目されるのに対して、ほとんど見過ごされてきた。しかしながら、一九二〇年代は研究対象として注目に値する時期であった。なぜならこの時期は、軍備縮小への圧力が強まっていた中、新たに獲得した独立を保持するために軍備を増強したいという東欧諸国の願望がそれに対立しており、このような衝突がいかに生じたのかを探る機会を提供しているからである。[1] ヴィッカーズ社の販売代理人として悪名高きバシル・ザハーロフは一九一八年一〇月、次のように述べている。

「これら新諸国が最初に行うことは陸海両軍の軍備増強であろう。我々は、これら諸国が独立するやいなや代理人を送り、将来発注が期待される兵器への支払いを〔我々に〕保証する公債発行を提案するために、銀行やその他の金融業者とともに準備せねばなるまい。列強諸国はこれら新興国が軍備を増強しないよう要求するかもしれないが、彼らが自国の安全保障維持政策として軍備増強を主張する限り、その意思を妨げることはできない」[2]。

イギリス内における武器取引への批判は、間違いなく東欧での武器取引に影響を及ぼした。武器取引を禁止するため、イギリスの貿易促進法（一九二一年）では、とくに軍需品を適用対象外として、工業品目に限ってイギリス大蔵省によって融資に対する公的保証が与えられた。[3]

ゼアト・ギュベンスはトルコ海軍による軍需物資発注に関する研究から以下のように記している。

「軍備縮小に賛同する兵器供給国（英米両国）は、兵器に関する政府保証もしくは外国への販売補助金の交付をも停止した。このような状況は兵器供給者の空白という状況を生み出し、トルコは海軍用兵器の購入先を制限されることになった。経済状況が脆弱なこともあって、トルコ海軍の建設にとって外債や政府保証は必要不可欠であった」[4]。

以上の点は、より広く東欧全体にあてはまるだけでなく、海軍向けの取引の枠を越え、陸戦兵器や航空機取引にもあてはまる。一九二〇年代、イギリスとアメリカの武器取引を問題視する姿勢は、軍備縮小という目標とは正反対の作用を及ぼした。英米両国の企業による兵器の販売を事実上禁止し、その結果、フランスに絶大な優位を与えることとなったのである。

本章は、東欧の陸軍、空軍、海軍について、兵器供給企業と購入国の視点から考察し、そしてこうした状況下での英仏両国政府の役割について論じる。以下では分析を明快にするため、北東ヨーロッパと南東ヨーロッパを分けて扱う。概して、イギリスは軍備縮小に対して政治的な関与を深め、フランスと比べると武器取引への支援には消極的であった。その間、北東ヨーロッパではフィンランド、エストニア、ラトビア、リトアニア、ポーランド、チェコスロヴァキアが新たな主権を持った独立国として現れ、南東ヨーロッパでは兵器購入国としてトルコとユーゴスラビアが、ギリシャおよび領土を拡大したルーマニアに加わった。したがって、この時期はヨーロッパの潜在的な兵器購入国が増加したことを示していた。

2　北東ヨーロッパ

武器取引とそれに相反する軍備縮小という目標から生じるイギリスのアンビヴァレンスな状況は、バルト諸国での事例に明白に見ることができよう。一九二四年、ラトビア政府からの要請によるイギリス陸軍の使節団派遣は、ラトビア政府がイギリスから軍需品を調達すべきであるという提案をしたものの、イギリスの内閣が計画全体を否認したため実現しなかった。イギリス政府の態度が軟化した唯一の例は、一九二五年にエストニアが要求したイギリス使節団の派遣であり、これによって同国のイギリス製兵器購入計画に対して道が開かれることになった(5)。概して、余剰兵器を処分し、バルト諸国へフランスの影響力が及ばぬようにするため、イギリス陸軍省はエストニアの要求に好意的であった。また、外務省は供給量が妥当である限り兵器の輸出に同意していた。しかしながら、大蔵省はこの計画に対して批判的立場をとっていた。なぜなら、使節団の派遣は通常、兵器供給の提案を伴うものであり、バルト諸国を含むさまざまな国の負債を回収しようとするイギリス政府の基本政策に対して逆行する行動があると大蔵省は考えていたからであった。また、大蔵省は、信用取引によってのみバルト諸国は適当な規模の兵器購入が可能であり、この目的ではイギリス政府が信用保証を実施する見込みがないと考えていた。さらに、大蔵省は民間の契約者の名の下に自発的に兵器をこれらの国々に供給することに対して異論はなかったが、これら取引への金融支援を認可する意思はなかった。(6) 唯一、一九二五年二月、イギリスの内閣は陸海空軍に対して、直接、ないしは認定業者である民間の契約者を通じて間接的に、同盟国と友好国を対象として、余剰兵器および旧式兵器の市場開拓に踏み出す許可を与えた。この政策は、政府の余剰兵器の販売を禁じ、もし本国軍ないし自治領や植民地で使用されえない場合、兵器の破壊を命じた前内閣の決定(一九二四年四月一五日および一九二四年七月一九日)に真っ向から反するものであった。(7) 一九二五年、ラトビアは四万ポンド相当の余剰火砲をアームストロング社に発注した。(8) 一九二八年には、リトアニア政府がヴィッカーズ・アームストロング社と一八ポンド砲八門の購入契約を結んだ。在リガのイギリス代理人は、この注文が「アームストロング工場にとって、大戦以来獲得した初の大型兵器受注として大変喜ばしいものである」と評した。(9)

「イギリス政府が輸出促進に対する不干渉政策を採用している間、フランス政府はフランスの産業・金融集団に確固たる地位を築かせるとともに、長期間の支配が認められて新たな取引機会が生じた地域における新事業の保護を推進した。第一次世界大戦の休戦の後、フランスの産業・金融集団は株式の購入を通じて支配権の過半数以上を獲得し、圧倒的な影響力を重要な企業や彼らの東欧新興諸国での活動に行使した。

このような状況の下、シュネーデル社とパリ銀行連盟（Banque de l'Union Parisienne）はともに、オーストリア＝ハンガリー帝国の分割によって新たに建国された諸国の重要企業の経営に関与した。これらの企業への永続的な支配と彼らの代表権を確保するため、シュネーデルとパリ銀行連盟はユニオン・ユーロペーヌ（新たに創設された持ち株会社）に自身の株式持分を移譲した。持ち株会社は、その投資資産の中で、『グループを通じて支配権を維持するために必要な株式』を保持した[10]。そして、このように投資対象となった企業の中で最も際立っていたのがシュコダであった」。

シュコダ社の取締役会議事録や協約に依拠して、アリス・タイコーバはシュコダ社の戦略的発展がフランスによって導かれたものであったことを明らかにした。生産、販売、輸出、財務に関する主要な意思決定は、パリにあるフランス企業の中枢において握られていた。シュネーデル社の代表であったエルネスト・ウェイルはシュコダ社の取締役会に席を有し、ユジェーヌ・シュネーデル本人は、シュコダ社の取締役会の筆頭副社長となった。一九一九年九月二五日、シュコダの株主総会において、シュネーデル社はシュコダ工場への大量の資本供給を決定し、シュコダ社の総数四五万株のうち三二万五〇〇〇株をシュネーデル社が支配することとなった[11]。より具体的に言えば、シュネーデルグループは「市場分割はもちろん、生産、軍需関連計画の策定についても、シュネーデル・クルーゾー社とシュコダ社との間の役割分担を厳密に設定することを企図しており、これらについてシュコダ社はシュネーデル社の要求に従わねばならなかった[12]」。

フランス企業はシュコダ社の獲得を通じて一層強化された。一九二一年にシュコダの工場を訪れた際、シュネーデルの取締役の一人は次のように述べている。「シュコダの製鉄工場が我々のものよりも優れていることは議論するまでもない[13]」。

シュネーデル社はチェコスロバキアとその隣国からの注文に応じることができるよう、シュコダ社の火砲部門の整備に努めた。また、同部門はシュネーデルの火砲部門と技術・販売面で連携する役目を担っていた。このため、シュネーデル・クルーゾーは「シュコダに火砲製造事業の大部分を譲ることとなった」[14]。たとえば、一九二一年、火砲・砲弾関連契約の総受注額九億五五〇〇万クラウンのうちシュコダ社は二億五〇〇〇万クラウンを占めており、シュネーデルはチェコスロバキアにおけるシュコダの生産基盤を、「旧オーストリア＝ハンガリー諸国、バルカン諸国、オリエント地域そしてポーランドへの輸出」のための起点として利用することを望んでいた[15]。

シュネーデル社とシュコダ社の協同作業によってバルト諸国市場は拡大した。また、一九二〇年代、とりわけポーランドは将来有望な市場として見なされていた。一九二四年のポーランド陸軍省の予算は国家予算の三八・六％を占めていた。膨大な軍需品の在庫を抱えた他のヨーロッパ諸国と異なり、一九一八年以後のポーランド領内にこうした状況は事実上存在しなかった。結果として、ポーランドの歳出の大部分は、新たな軍備の購入に充てられた。フランス企業はポーランドでは大きな成果を上げていた。ポーランドではシュネーデルの野砲とホチキスの重機関銃がすでに採用されていた[16]。クルーゾー社は、一九二三年にエストニアから二〇門の大砲を、ポーランドからは一九二五年一二月に一二門の大砲を受注した[17]。一九二八年には、リトアニア政府がシュコダ社に自動小銃一五〇〇丁を発注した。リガ駐在のイギリスの販売代理人は次のように悲観している。「私はヴィッカーズのために契約を獲得しようとあらゆる手段を講じた。シュコダにすべての注文が流れた真の理由として、シュコダは受注分引き渡しが即可能であるためと言われた」[18]。一九二七年八月には、新たな契約として、フランス政府がポーランドからの一五五ミリ砲五〇門の注文をシュネーデル社に振り分けた[19]。

疑うべくもなく、シュネーデル社はシュコダ社の支配から利益を享受していた。一方でシュコダ社も利益を上げていた。フランス側により迅速に実施されたシュコダ社への極めて大規模な資本注入の結果、七二〇〇万クラウンの資本金が一九二一年までに一億四四〇〇万クラウンにまで増加した[20]。さらに、シュネーデル社は兵器受注分の一部をシュコダ社へ移譲することを認めた。たとえば、一九二七〜二八年、シュネーデル社は二億六五〇〇万フランの兵器受注したが、八〇〇〇万フラン相当の受注分をシュコダ社とフランス企業サンシャモン社に譲った。この受注には、ポーランド向けとユーゴスラビア向けの魚雷とシュコダ社の対空砲、三一〇〇万フラン相当が含まれていた[21]。さらに一九三一年、このような二社間の協力関係により、シュコダ社の収益は増加した。このときシュコダ社は、総額五億フランに及ぶシュネーデル社の受注額の一部としてポーランドから一五五ミリ砲二二〇門の受注を獲得したが、これは、シュネーデル側の原材料の一部が「ルーマニアからの受注獲得の代償措置として、シュコダのために確保されていた」ためであった[22]。

3　南東ヨーロッパ

シュネーデル社のチェコスロバキアへの進出とほぼ同時期、イギリスの兵器産業は南東ヨーロッパに対して特別の関心を払っており、この地域への輸出に関して、ドイツに取って代わろうと苦心していた。その戦略の一環として、ヴィッカーズ社のヴィンセント・カイヤーはルーマニアをイギリス兵器産業がその地位を確立するための最良の地と見なしていた[23]。

とくにヴィッカーズはレジタ機械製造会社の管理の下、ルーマニアのコプサミカ・クジル（CMC）の兵器工場設立に深く関与していた。同社は一九二五年、パリにおいてダグラス・ヴィッカーズとレジタ機械製作所理事であったヴェイスとの間で結ばれた協定によって設立された。同社の資本金は三億レウであり、ヴィッカーズが四〇年間に渡り二つの工場に対して、口径〇・三〇五インチまでの銃、砲弾、戦車、小銃、機関銃、自動小銃の製造に必要な機械設備の供給を保証した(24)。

しかしながら、ルーマニア市場におけるチェコとフランスの占有率は増加しつつあり、ヴィッカーズの地位を脅かしていた。一九二七年五月、ルーマニア陸軍委員会はチェコ製プラガ機関銃を強く支持し、ルーマニア陸軍の通常装備にしたいと報告している。スタービィ王子によれば、「ルーマニアは軍用目的として望めばいつでもフランスから資金ないし資源を得ることができる」のであった(25)。こうした状況の裏では、おそらく贈賄が相当な役割を果たしていたのではないかと思われる。デンマーク企業マドセンの代理人は、火砲の採用試験を担当するルーマニア陸軍省技術部門の将校と関係があり、その将校から必要な自動車の供給についてそれとなくほのめかされた、と語っている。彼のほのめかし（賄賂の要求）がマドセン側に拒否されると、その将校は二週間後、プラガの自動車を所有していた。その間、フランスはルーマニア陸軍大臣アンゲレスクに対し、フランスのシャテルロー機関銃とその購入費用に関連する融資案件を採用するよう圧力をかけていた(26)。ヴィッカーズ・アームストロング社はこの機関銃受注について、フランスとチェコ側から行使されている圧力を撤回させるようイギリス外務省に懇請している。

「わが社はルーマニア産業に対して非常に大きな利害関与があり、ＣＭＣ工廠への出資分として三〇万ポンド相当の機械設備を送っている。こうした事実を鑑みると、ルーマニアで製造できない兵器の受注についてはわが社に受注の優先権がある、との理解が可能である。以上の点を、大臣はルーマニア政府に対して効果的に念押しできよう(27)」。

しかし、ヴィッカーズはルーマニアへの投資に徐々に満足しなくなっており、さらに、レジタの取締役会がシュコダ社に接触して共同事業にシュコダ社を招き入れたという情報を入手した(28)。あまりにも憤慨すべきチェコの割り込みにもかかわらず、一九二八年前半、ヴィッカーズ社の取締役陣はシュコダ社をＣＭＣに引き入れることについて譲歩し、これを認めたのである。[29] このようにして、シュコダ社は、ルーマニアでの強固な支配力を構築するために開始されたイギリスの新規事業を蚕食することとなったのである。

その間、ギリシャでもヴィッカーズによる兵器受注活動は、フランスとの激しい競争に突入していた。シュネーデル社は、一九二五年、八五ミリ榴弾砲一二門、次に八万発の砲弾を含む一〇五ミリ榴弾砲一二門のギリシャへの販売に漕ぎ着けており、その前年には七五ミリ砲二四門、一〇五ミリ砲一八門、一五五ミリ砲八門を受注している。[30] 一方、イギリス・ギリシャ間では機関銃と自動小銃に関する契約が交わされた。ヴィッカーズ社による六〇〇〇丁のベルチェ銃供給に対しては、ギリシャ財務省債で支払いが行われた。アームストロング社とビアドモア社もまた競争関係にあったが、ヴィッカーズの銃が採用試験で最も高い評価を得ている。[31] しかしながら、この両兵器分野においては、軍事使節団を通じてフランスがギリシャ陸軍当局に対して影響力を行使しており、それによってフランス企業が最も危険な競争相手として浮上した。実際、フランス軍事使節団のジラール将軍はホチキスのギリシャにおける現地代表として働いており、同社の利害に基づき活発に活動していた。このような専門家の支持によって、重機関銃のホチキスへの発注が確保されたのである。[32]

一九二〇年代末には、シュコダ社は東欧への主要な火砲供給者としてシュネーデル社を凌駕した。シュネーデル社は一九二七年にユーゴスラビアから三六万フラン相当の榴弾砲受注を獲得し、これにより、同社がユーゴスラビアから獲得した受注総額は三六五万二〇〇〇フランに上った。[33] 一方、一九三〇年までにシュコダは三万二〇〇〇名を雇用し、その大半はピルゼンにおいて従事していた。総勢四〇〇〇名の労働者が軍需品製造に直接携わっており、以下の兵器受注の確保によって同社工場は一九三二年まで完全操業を続けた。一九三〇年の受注内訳は、ユーゴスラビアが一〇〇〇万ポンド（対空砲八〇〇門、その他は各種大砲と砲弾であり一九三一年に引き渡しが完了した）、ルーマニアが三六〇〇万ポンド（対空砲、大砲、砲弾）、トルコが二五五万ポンド（野砲一二四門と砲弾）であった。これらの注文には、購買者に対して複数年に及ぶ寛大な支払い条件が認められていた（ユーゴスラビアは一〇年、トルコには五年）。シュコダ社は、チェコスロバキア領内に兵器製造に従事する工場を三件所有していた[34]。イギリス外務省のある職員は、一九三〇年にこのように述べている。「この国（チェコスロバキア）は小協商国の兵器廠である」[35]。しかし、これらの事実については、シュネーデル社とフランスがシュコダ社の発展を導く役割を果たしており、かつシュコダ社の繁栄から直接、間接に利益を享受していた点を忘れてはならない。

4　航空機

大戦の終結とそれに伴う軍需品需要の急激な減少は、イギリスの軍用機産業に突如として過剰生産という問題を引き起こした。たとえば、最大の航空機製造業者であったイギリス企業エアコ社は、一九一八年には月産二五〇機を製造していた。しかし、イギリス政府からの新規発注がその後獲得できず、一九二〇年までに廃業に追いやられた。イギリス航空機産業史の大家であるピーター・フィアーロンは次のように述べている。

議会と国民による普遍的な軍備縮小要求と政府の軍事費削減は、自然に兵器発注を減少させた[36]。

これには政府が新型機購入に浪費するよりも旧式機を整備することを望んだことも一因として含まれていた。国内需要の喪失に直面したイギリスの航空機製造業者は輸出に救いを求めた。しかし、大量の余剰航空機と部品の存在によって、輸出も新たに製造された機種よりも余剰兵器で構成されることとなった。イギリス軍需省は過剰在庫に対応するため、一九一九年に余剰兵器処理委員会を創設し、一九二〇年には私企業であるハンドレイ・ペイジ社が航空機処理会社を創設するなど、ともに事態に対処した。これにより、ハンドレイ・ペイジ社は航空機一万機、航空機用エンジン三万台、着火プラグ約三万五〇〇〇個、ボールベアリング一〇〇〇個を、一〇〇万ポンドと見込み利益の五〇%で獲得した。新規受注がない期間、六〇〇万ポンドが航空機処理会社を通じて利益として獲得され、休業中のハンドレイ・ペイジ社の経営を支えた(37)。

表4(1)-1　イギリスの軍用機輸出

年	総額	海外輸出		総額に占める割合	英領への輸出		総額に占める割合
	(ポンド)	数量	額(ポンド)	(%)	数量	額(ポンド)	(%)
1920	798,961	427	461,164	57.7	208	337,797	42.3
1921	1,069,800	466	974,925	91.1	39	94,875	8.9
1922	703,406	246	559,166	79.5	73	144,240	20.5
1923	439,151	147	219,520	50.0	99	219,631	50.0
1924	438,172	137	328,860	75.1	51	109,312	24.9

出典：Fearon [1969] p. 482.

表4(1)-2　イギリスの軍用機のエンジンと部品の輸出

年	総額	海外輸出		総額に占める割合	英領への輸出		総額に占める割合
	(ポンド)	数量	額(ポンド)	(%)	数量	額(ポンド)	(%)
1920	576,700	1,183	243,256	42.2	336	333,444	57.8
1921	200,234	412	185,997	92.9	61	14,237	7.1
1922	281,234	322	217,732	77.4	60	64,014	22.6
1923	304,660	296	276,756	90.8	69	27,904	9.2
1924	449,335	522	407,598	90.7	58	41,737	9.3

出典：Fearon [1969] p. 482.

一九二〇年代前半を通じて、イギリスの軍用機製造業者の業務の大半は余剰機種の輸出であった。表4(1)-1と表4(1)-2を参照すると、イギリスの軍用機、エンジン、部品の輸出が業務の大きな部分を占めていたことがわかる。また、イギリスの一般海外向け航空機輸出数が英領(帝国市場)向けをはるかに凌駕していたことが確認できる。

フランスとイギリスは、陸戦兵器の場合と同様に、南東ヨーロッパへの航空機販売でもしのぎを削っていた。フランスはまずルーマニア航空機市場に参入した。大戦後初の契約は一九二〇年一二月に交わされていたが、そのとき、ブカレストにいた大使館付武官ヴィクトール・ペティンは、通貨の代わりにルーマニア産原油をフランスの軍需品引き渡しの支払に充てる契約の手はずを整えた。また、この契約ではフランスに対してルーマニア企業と合弁でルーマニア国内に航空機工場を建設することが要求された。一九二一年、ルーマニアは公式にフランスの航空機製造業者とこの件について同意したが、一九二三年の時点では、ルーマニアの財政逼迫によって、いまだ進展が見られなかった。これは、フランスの立法府が前もってルーマニアに一億フランを提供することを拒み、フランスの民間銀行もルーマニアの支払能力に対して大きな不信感を抱いていたためであった。最終的には一九二四年四月までに、ルーマニアはポテーズ社と航空機一二〇機（一機当たり一六万九〇〇〇フラン）、総合計およそ二一〇〇万フランにのぼる購入契約を交わした。また、追加契約としてロレーヌ・ディートリッヒと軍用機二四機、二四〇〇万フランの契約を結んでいる。(38)

イギリスの兵器企業アームストロング社の子会社であった航空機製造業者アームストロング・シドレイ社もフランスと同様に、海外市場を開拓するため、ルーマニアで航空機工場の建設交渉を続けていた。これらの交渉の結果、ルーマニア政府との間に戦闘機八〇機の契約を取り交わし、シドレイ社によって一九二五年に引渡しが予定されていた。しかしながら、ルーマニア空軍の担当士官は契約内容に関し変更や修正を繰り返し、フランス企業ポテーズに対して、すべての航空機契約を与えることをルーマニア側が支持しているふりを見せた。だが最終的に、ルーマニア政府は契約仕様書に明記されていた航空機完成品の受け取りを拒否し、エンジンのみを受け入れた。(39) 一度はルーマニアの国営航空機工場の管理権を獲得していながら、アームストロング・シドレイ社は、ブラソフ近隣のルーマニア工場を買収したフランス企業ロレーヌ・ディートリヒ社とブレリオ社に取って代わられた。さらにこの損失に加えて、アームストロング・シドレイの契約はキャンセルされ、その代わりにルーマニアはブレリオ社とＳＰＡＤ（スパッド）製航空機一〇〇機の契約を交わすこととなった。(40) ブラソフ工場は一九二七年に開業し、三年間の製造計画の二年目中にＳＰ

ＡＤ製一〇〇機を自ら組み立てることとなった。[41]

イギリスはフランスの巧みな操作でルーマニアからの受注が奪われたことを認識した。フランスはおりしもルーマニア航空隊司令官ルジンスキー大佐に叙勲したばかりであった。ルーマニア人の大佐は明らかに親仏家であり、彼は反アームストロング・シドレイ社の報道キャンペーンの端緒を開くのに際立った役割を担い、フランス製航空機支持を声高に叫んだ人物であった。イギリス大使ダーリングはイギリス企業の代表として、イギリスとの契約が「フランスその他の国による敵対活動によって白紙に戻されぬよう」食い止めようと繰り返し仲裁に入った。[42]しかしイギリスの努力はすべて水泡に帰した。ダーリングがルーマニア首相に面会した一九二四年二月八日、首相は「安物の時計であっても、あらゆる点からして三倍の価格の時計と同様に機能する」と彼に語った。ダーリングはそれに対し、尊い人命を守るのに時計の正確さを引き合いに出すのは適当ではなく、（今問題になっている）航空機については「もっとも最良である機種のみがルーマニア人飛行士の命を保証することができる」と返答している。[43]

不運にも、ルーマニア空軍士官であったサナテスク少佐がアームストロング・シドレイ社製のシスキン搭乗中にコベントリ近辺で事故死しており、この一件がルーマニアに相当の否定的印象を与えてしまった。商売仇であるフランスはこの事件を取り上げてイギリス製航空機の性能不足を強調し、またルーマニアの親仏家たちも同様にこの事故を問題視した。事件の状況はイギリス航空省によって設置された査問会議によって検証されたが、結果はルーマニア側にとって十分納得がいくものではなかったと思われる。その一方で、フランスのポテーズ社の機体は、六件の重大事故を起こした上、一二人のルーマニア人飛行士の命を奪っていた。しかし、興味深いことに、ルーマニアの新聞ではフランス機の事件に対する抗議は一切取り上げられなかったのである。また、フォッカー社との契約も成功にはほど遠いと判明した。アームストロング・シドレイ社との契約がキャンセルされると、ルーマニアはオランダのフォッカー社に航空機五〇機を発注した。この航空機（部品）が届くと、骨格は新型であったがエンジンは旧式であることが判明した。フォッカー社との契約はその後キャンセルされ、ルーマニアの航空機使節団は収賄の容疑で軍法会議にかけられた(44)。数人のルーマニア人上級空軍将校がその地位を追われ、ルーマニア空軍は完全に再編成された。

イギリス企業はフランスが不公正な活動をしていると抗議する一方で、自らも不正行為を伴う受注獲得競争に参画していた。ルーマニア市場でイギリス利害を発展させようというイギリス大使館付武官の努力は、このようなイギリス企業の行為によって無駄骨に終わった。一九三〇年九月、ルーマニア空軍のゴルスキ将軍は露骨な賄賂の誘いがあったことに関して、イギリスの武官に苦情を申し出ていた。ゴルスキは自宅に送られてきた銀のタバコケースを提出して、そのタバコケースの中に入っていた名刺には、ホーカー・エンジニアリング社とサンダース・ロー社の代理人の名があった。これらの代理人は、その一～二日前にゴルスキ将軍に連絡を取り、その後姿を消した。名刺に住所が記載されていないので、ゴルスキはタバコケースを返却するために代理人に連絡する手段がなかった。イギリス武官サンプソンによると、ゴルスキ将軍は怒り狂って「このやり方は他のバルカン諸国でも同様に行われているものである、と述べた。彼が『バルカン』という形容詞を使ったのは間違いなく意図的なものである。なぜなら、よく知られているとおり、ルーマニア人は自国をバルカン諸国と同様に考えられることを嫌うからである。さまざまな分野でルーマニア当局の収賄があることはよく知られており、その点は彼ら自身も認めている。しかし、これについては、外国企業の代理人は基本的なビジネスのコツを知らないようで、こうした状況があまりにも一般的である結果、イギリス将校は甚だ無礼であるとみなされるようなことを、何の配慮もなくルーマニア将校に対して行うのである(45)」。

アームストロング・シドレイ社がルーマニアでの事業を模索していたころ、同社およびその他のイギリス企業はすでにフランスの息がかかったギリシャへも進出を求めていた。一九二五年以前、ギリシャの保有軍用機は、練習機一五機、偵察機（ブレゲ）三五機、戦闘機（ニューポート）五機であり、それらはすべてフランス製航空機によって構成されていた。一九二五年、使節団のフランス派遣の結果、ギリシャはさらに三〇機の航空機を発注した。(46)チェルトナムのグロスターシャー航空機会社は、国内に航空機工場を建設しようとするギリシャ政府との契約に対して真剣に関心を抱いていたが、支払額があまりに低く、魅力がないと判明した。唯一、ブラックバーン航空機会社がギリシャのファレロン航空機会社の買収契約について関心を抱き続けていた。また、アテネのフランス公使館もこの契約に大きな関心を抱いていた。乗り気のブラックバーン社はギリシャの低い支払額を受け入れ、契約を獲得することとなった。このようにして、ギリシャ政府はイギリスとフランスの利害のバランスをとることとなった。ギリシャ航空機業界すべてにおいてフランスはいまだ優位を保持していたが、ギリシャは海軍用航空機ではイギリスの製造業者を選択した。(47)一九二五年四月、ブラックバーン社はギリシャ政府との契約に調印し、旧ファレロン工場において偵察機六機、複座戦闘機六機、雷撃機九機、単発重爆撃機六機を製造することとなった。(48)一九二七年、アームストロング・シドレイ社はアトラス（Atlas）式航空機をギリシャ海軍航空隊向けに売却した。ギリシャ海軍は陸軍からの非常に強い抵抗の下で、アトラスを購入した。その後、ギリシャ陸軍航空隊も、新たに偵察機と単座戦闘機の獲得を目指した。アームストロング・シドレイ社は、ギリシャ海軍航空隊により購入予定であったアトラス一機の製造契約の入札に参加することとなった。さらに、レトフ社（チェコ）、ブレゲ社（フランス）、フェアリ社（イギリス）もその入札に参加した。一九二九年八月の航空機トライアル中、ギリシャ陸軍調査委員会はアームストロング・シドレイ社製航空機を不採用とする方針をとった。その理由は航続距離八一〇キロに相当する四時間半分の燃料を満載することができなかったからである。実際には、アトラスは三時間半の燃料消費で、航続距離はちょうど八〇〇キロであった。アトラスは航続距離の要求基準を一〇キロ下回ったものの燃料消費はより少なかったが、ギリシャは調査試験を終了させ、事実上アトラスの採用は却下された[49]。

一九二〇年代末までに、ギリシャにおけるイギリスの航空機販売は海軍航空機分野で幾分増加した。一九二九年以前、フランスのブレゲ型はギリシャ陸軍の標準装備であったが、これらは旧式であることを理由についに廃棄され、以後ブレゲへの発注はなされなかった。フランスはブレゲ社の地位を回復することを望んだが、チェコがレトフ社の採用を欲していた[50]。

ネイピア&サン社（Napier & Son）の代理人であったギリシャ人A・C・コウトロウビスによれば、ギリシャ陸軍は親仏であったが、ギリシャ海軍の航空関連の役人はみな親英であるとのことだった。コウトロウビスは「ギリシャの航空隊司令官はフランスの手先であり、フランス軍事使節団の将校はフランス兵器産業の代理人である」とみなしていた[51]。一九二九年一二月、ギリシャ海軍はホウカー・ホースレイ社のコンドル雷爆撃機六機を入手した。ホーカー・エンジニアリング社とロールス・ロイス社は、駐ギリシャイギリス大使P・W・ラムゼイの立会いのもと、正式にタトス空軍基地に航空機を引き渡した。イギリス企業は、イギリス公使の精神的な支援がギリシャをイギリス市場へ再度引き戻すための一助になるだろうと期待していた[52]。一九三〇年には最終的にギリシャは八万七〇八〇ポンド相当の航空機（モラン一八機とポテーズ二四機）をフランスから購入したが、一方ではイギリスからも一一万ポンド相当の航空機を購入している[53]。

ギリシャでのわずかな成功ののち、ブラックバーン社は隣国ユーゴスラビアに目を向けた。ブラックバーン社の代理人であったフェスティン将軍は一九二五年一二月、海軍用航空機供給について、ユーゴスラビア海軍当局との面会のため同国を訪れた。駐ベオグラードイギリス大使ケナードは、ブラックバーン社に対して同社の提案をより魅力的なものにするため、ユーゴスラビア国内に訓練施設と航空機工場を建設することを提案した。にもかかわらず、ユーゴスラビアはブラックバーン社の航空機は高額であると考えていた可能性がある[54]。イギリス企業の主要な問題点は、ユーゴスラビアが何よりも寛大な支払い条件を求めていたことに集中していた。ユーゴスラビアとの事業を続けるには、提供企業が数年に及ぶ分割支払に対する低利子を受け入れる準備がなければならなかったが、イギリス企業がこのような条件を受諾する姿勢を示すことは滅多になかった[55]。

以下のブルガリアの例においても、イギリスはやはり軍備縮小の原則を進んで厳守して自らを不利な立場に置いた。その結果、フランスとチェコの企業が再度大きな成功を収めている。ブリストル航空機会社の代理人であったジョンソン少佐は、郵便業務向け航空機一〇機の販売に関してブルガリアの担当委員会と交渉を開始した。ブリストル社は連合国からブルガリアに課せられていた9箇条（Nine Rules）に従ったが、若干のフランス企業、具体的にはマンリオ社、ポテーズ社、モラン社はみな、9箇条に従わず、軍用機として使用されていた機種の供給をブルガリアに提案した。一九二五年には、これらの機体の購入契約がフランスとの間で結ばれている。結果として、ブリストル社は、フランス企業が順守しなかった連合国の規制を守ったために契約を失ったのである[56]。その後、ブルガリアは一九二七年四月にカザンリクに航空機工場を建設する契約をチェコ企業アエロ社と交わしたが、同工場が受注を獲ることはほとんどなく、一九三〇年にこの航空機製造計画（カザンリク工場か？）は最終的にイタリア企業カプロニ社に売却された。にもかかわらず、一九三〇年、ブルガリアは五〇〇万レバ相当の航空機エンジンをチェコのウォルター社に発注した[57]。

最後に紹介するのは、南東ヨーロッパ市場である。イギリスの航空機企業にとってとりわけ面倒な顧客であったトルコについても、フランスは再度優位に立っている。イギリスの航空機製造業者はトルコの航空機市場に参入し拡大することは非常に難しいと判断した。ある製造業者はトルコに自社製品を採用させようとかなりの費用を投じたが、トルコは航空機の受領前に動作試験を行うため、組立済みの航空機をトルコへ送ることを要求した。だが、イギリス企業はこの引渡し方式（常套手段）を拒否した。なぜなら、トルコ人は精度の低い計測器具を使用するため、航空機が要求性能を満たしていないとトルコ人操縦士が指摘するであろうと危惧したからであった。その後、二、三の中断を経てトルコは契約を破棄してきた。基本的にイギリス企業はトルコ現地での契約品受領という危険な引渡し方式には乗り気ではなかったが、他国の企業ではこうしたリスクを受け入れる態勢が整っていた[58]。一九二五年、トルコは二万七〇〇〇ポンドをドイツ企業ユンカース社に支払うと同時に、フランスのブレゲ社製爆撃機に二〇〇万フラン、コードロン社製偵察機に一五〇万フランの支払を認めた[59]。ユンカース社製航空機一〇機は民間仕様であり、ベルリンの連合国間航空保証委員会によって策定された規制に従うものであった。また、トルコはドイツ国外のユンカース社工場に対してより強力なエンジンを、さらに機関銃座を発注したのである。これら部品がトルコに届くと、ヴェルサイユ条約の規定を回避する形で、トルコはこれらの機体を軍用機に改装した[60]。また、価格はトルコにとって、購入時に考慮すべき主たる要素であった。トルコ政府はイギリスやアメリカの企業の価格で航空機を購入することを望まず、より廉価なフランス製機体を選ぶことが一般的であった[61]。

北東ヨーロッパでは、フランスとチェコの企業が完全に軍用機市場を独占していた。フランスはシュコダ社を通じて、チェコ航空市場への参入もかろうじて成功させた。一九二四年、チェコ政府は一五〇基のシュコダ社製航空機エンジンを発注した[62]。プラハのアヴィア工場（Avia）の買収を通じたシュコダ社による航空機市場拡大の背後にもまた、シュネーデル社が存在した。ピルゼン工場はフランス企業ドヴォアチン社からライセンスを得て、すでに機体の金属骨格の生産を開始していたが、アヴィア工場の獲得によってさらなる製造能力の拡張が可能となった[63]。一九二四年までに、ポーランド空軍は四〇〇馬力のロレーヌ・ディートリッヒエンジンを搭載したホテーズ15型Ａz二〇〇機とロレーヌ製エンジンを搭載した三〇機のアンリオ練習機を大量購入していた。その結果、ポーランドは合計で二〇〇基に及ぶ航空機エンジンをフランス企業に発注している[64]。フランスとのライセンス契約を利用して、一九二五年六月末、ポーランドのビアラ・ポッドラスカにある航空機工場では初の機体としてポテーズ式15型Ａ２が生産された[65]。一九二七年にはチェコ企業ウォルター社が五基の六〇馬力エンジンをポーランドから受注した。その後、一九二九年、シュコダ社は自社のワルシャワ工場でライト・ワールウインドエンジンをライセンス生産するために一〇年間の契約を交わした[66]。

こうした状況の下で、イギリス企業はバルト市場から事実上締め出されていた。ラトビアが一九二五年に新型機八機をイギリスへ発注したことは事実だが、同時にラトビアは一〇機をフランスからも購入していた[67]。一九二六〜二七年、リトアニアは練習機八機と一連の戦闘機をチェコから購入し、また一九三〇年三月にはＳ16型昼間爆撃機を購入している[68]。部外者的立場からではあるが、駐ヘルシンキイギリス大使レニーは、イギリス政府がイギリス企業による航空機契約獲得への支援においてわずかな費用しか投じないことを悲観していた。レニーは、フィンランドへの航空使節団として派遣されたイギリス空軍将校に対して、イギリス政府は彼らの給与を負担すべきである、と述べている。彼はまた、フランス政府は自国企業が今後に航空機受注から有望な利益を得ると理解しているため、現役の空軍将校を発注国に派遣することも発注国に容認している。彼は「イギリスの空軍将校がイギリスの航空機受注を支援することで、近い将来数十万ポンドにのぼる注文をイギリスは得るかもしれず、航空機生産に関しては最終的にフィンランドがイギリスの市場として手中に収まる可能性があることを念頭においておく必要がある。したがって、イギリス空軍将校のわずか数百ポンドの給与を節約するために、こうした受注を失う危険性を省みないのは、非常に短期的視野に基づいた愚策である」と指摘した(69)。一方、カーク少将は、フィンランドへのイギリス軍事使節団は「フランスの航空独占」を打ち破り、「イギリスの航空機製造業者を支援」する手段となるだろうと見なしていた(70)。

5　海軍向け取引

海軍向け取引も、武器取引におけるフランスの絶頂期を如実に物語ることとなった。第一次大戦前、イギリスは軍艦輸出市場を支配していたが、一九二〇年代にはフランスの市場占有率が急激に上昇した。まぎれもなく、軍縮は軍艦取引におけるフランスの優位形成に大きく貢献した。ワシントン海軍軍縮条約は、唯一、国際的に制定された正式な軍縮条約であった。条約は大型の水上艦艇の保有可能数を制限しており、間接的には潜水艦、駆逐艦、機雷敷設艦、掃海艇といったより小型の艦艇への需要にも影響を及ぼしていた。フランスは東欧向け潜水艦販売を支配するようになり、一方で駆逐艦販売に関しても、市場の四分の一を獲得し、イタリアに次いで二位となっていた。ドナルド・ストーカーは軍艦取引に関する包括的な研究の中で、イギリス、アメリカ、フランスがバルト諸国への艦艇販売に取り組む際、軍縮規制に対して三国がそれぞれ全く異なった解釈をしていたことを明らかにした。ストーカーは「イギリスは条約を非常に厳格に解釈しており、フィンランド、ポーランド、エストニア向けの販売は困難な状況であった。一方、アメリカは、その信念において行うべきでないと見なした艦艇販売を制限するために条約を利用した。フランスはそれほど厳格な姿勢を取らず、例外規定の適用を容認する傾向にあった」と指摘する(71)。

軍艦購入のための話し合いや交渉の多くは北東ヨーロッパ諸国との間で生じたが、当時のバルト諸国の艦艇市場は東地中海市場よりも小規模であり、そうした状況は一定期間続いた。以下の両事例では、フランスの販売がイギリスを凌駕していた。一九二五年、フランスはラトビアから潜水艦二隻の受注を勝ち取った[72]。ポーランドはバルト諸国の中でも主要顧客であり、ノルマン社、ロワール社、シュネーデル社からなるフランス企業から潜水艦三隻を購入した。加えて、ポーランドは一九二六年、イギリスから駆逐艦取引がワシントン軍縮条約違反であると反対されたにもかかわらず、フランセ造船所から駆逐艦二隻を購入した[73]。

フランスはイギリスの市場であったギリシャにも公然と割り込んだ。ギリシャはかつて計五隻の艦艇建造をもっぱらイギリス企業にのみ委ねており、一九二三年にはギリシャ戦艦アヴェロフの修理契約を申し入れた。一九二四年四月、イギリス企業の見積価格が公表された後に行われたフランス公使からの抗議の末、フランス企業の入札参加も認められたことがイギリス企業側に伝えられた。その結果、なんと、シュネーデル社がアヴェロフの修理作業を受注することになったのである[74]。その直後、一九二四年五月、ギリシャはシュネーデル社と排水量六〇五トンの潜水艦二隻の追加契約にも署名した[75]。ギリシャでのイギリス艦艇企業の地位は、ヴィッカーズ社の駆逐艦販売が頓挫したことでさらに痛手を受けた。ギリシャ海軍の将校は、ヴィッカーズが魚雷発射管の製造作業をアームストロングに下請けに出していたために、購入を予定していた四隻の完成度は低いとの不平を漏らした。一九二五年、トルコとの外交危機の際、ヴィッカーズは発射管がない状態での四隻の引き渡しを認めるようギリシャに圧力を加えた。ギリシャはヴィッカーズ社に大きな不満をいだき、艦艇購入契約をイギリス企業のみと取り交わすとい

表4(1)-3　東欧諸国への各種艦船の輸出（1922〜30年）

艦種＼輸出国	仏	伊	英	蘭／独
潜水艦	12	3	2	2
駆逐艦	2	6	—	—
高速魚雷艇	—	—	4	—
機雷施設船・掃海挺	2	1	—	1

出典：*Conway's All the World's Fighting Ships, 1922-1946* (London, 1980), pp. 349-354, 357-358, 360, 366, 405-408.

うギリシャ海軍省の決定が見直されることとなった[76]。案の定、数カ月後、ギリシャ政府はアテネでフランス企業と排水量七一〇トンの潜水艦三隻（一一万五〇〇〇ポンド）を二年以内に受け取る契約を結んだ[77]。ギリシャがフランス製潜水艦を選択したのは、より小型艦ではあったもののイギリス側の提案した額の半額であったためであった。イギリスがさらなる海軍拡大計画に対して金融支援を実施しない以上、ギリシャ政府は最低限の艦艇保有量を満たすため市場最安値で購入するほか選択肢はなく、「フランスにとって都合が良いことは、ギリシャにとっても都合が良かったのである[78]」。

この後、ヴィッカーズ社はギリシャにおいて引き続き難局に直面しており、今度は駆逐艦受注においてイタリアに契約を奪われるはめになった。一九二八年四月、ヴィッカーズ社の代理人二名が南東ヨーロッパへと出張し、市場調査を行った。彼らはアテネに到着すると、同地でイギリス大使と面会した。ヴィッカーズ社はギリシャ海軍の注文に応じる準備を整えてはいたが、ギリシャが取引をするつもりがあるのかないのかはっきりするまで融資関係者を訪れることはできなかった[79]。その後、駐アテネのイギリス公使パーシー・ロレーヌがギリシャ外務大臣と面会し、イギリスによる財政援助への感謝の形として、イギリス企業に駆逐艦四隻の発注を行うよう非公式に要求した。パーシーは、イギリス製駆逐艦はフランス製やイタリア製と比較して高額であるものの性能が優れていることを主張したが[80]、残念ながら、今回も価格と融資条件が決め手となって、ヴィッカーズは契約受注を逃すこととなる。結局、ギリシャは駆逐艦四隻をすべてイタリアに発注したのであった[81]。

ドイツとイタリアの企業を優先する点で、トルコ共和国は各国の艦艇調達政策とは異なる変則的な手法を採用した例である。海軍建設計画の一環として、トルコはヴェルサイユ条約を回避するため、まず最初にドイツのUボート建造の隠れ蓑として機能していたオランダ企業に潜水艦二隻を発注した。一九二六年までにトルコは二万六〇〇〇トンの浮きドックをドイツ企業に発注し、また戦艦ヤウズ・スルタン・セリムの改装作業の監督を依頼するため、ドイツ企業ブロム・ウント・フォス社と契約を交わした。しかしながら、おそらくはトルコ海軍省への贈賄によるものと思われるが、翌年にフランスの造船所が改装作業を請け負うこととなった。一九二七年、海軍大臣は戦艦ヤウズの件の不正について告発されたが、フランス企業サン・ナゼール造船所は契約を継続し、総額五六万ポンドに及ぶ改装作業を一九三〇年までに完了した。イタリア政府は地中海戦略の一環として、トルコからイタリア企業へ発注された契約のうちで実行可能なものについて、発注額の最高七〇％までを保証するという非常に寛大な条件によってトルコへの影響力を強化しようと努めた。トルコへの寛大な融資促進策のほかに、イタリアは一二カ月以内という非常に短期間で艦艇を獲得したいというトルコの要求に応えた。トルコはイタリアの造船業者に対し、大規模な発注を行うことでこれらの努力に報いた。最終的に、一九二九年から三〇年にかけて、トルコは駆逐艦四隻、潜水艦二隻、電動駆潜艇三隻をイタリアから購入している(82)。

6　おわりに

軍縮に対する英仏両国政府の異なる態度は、武器取引の背後にある技術、財政、外交などの諸要因に起因していた。フランス企業は、兵器契約を獲得するに際し、イギリス企業よりも多くの外交的・財政的援助を自国政府から得た。法律上、政策上の問題から、イギリス政府は武器取引に対する財政保障を自国兵器産業に与える機会をたびたび逸した。

　支払保証を政府から得られなかったイギリスの民間兵器産業は、潜在的に金融信用度が低い顧客である東欧各国に対しては短期契約を志向することとなった。

イギリス企業はより柔軟な支払方法や低価格を顧客に与えることを拒んだため、契約調印へ漕ぎ着けるのに再三再四失敗した。これに対して、フランスとそのパートナーのチェコは資金不足の国々に好まれるような長期にわたる支払猶予期間を進んで認めたため、信用を拡大させることができた。それゆえ、一九二〇年代は東欧の武器取引におけるフランスの絶頂期を現出することとなったのである。

［訳：山下雄司］

注

（1） Jacobson [1983] pp. 617–645; Stone [2000] pp. 213–230.
（2） Quoted in Davenport-Hines [1983] p. 288.
（3） TNA, FO286/937, E. Keeling to Rendis（Greek Foreign Minister）, 26 Sept 1925.
（4） Güvenç [2002] p. 4.
（5） TNA, FO 371/10975, Van Allen. Minute to Vaughn（Riga）to FO, 12 Jan. 1925.
（6） TNA, FO 371/10975, Note on Departmental Attitude to Military Missions to the Baltic States, A. W. G. Randall, 24 March 1925.
（7） TNA, FO 371/10975, Cabinet 9（25）, 18 Feb 1925.
（8） TNA, FO 371/10975. Lloyd（mil attaché）to Vaughn（Baltic）, 4 Aug. 1925; Vaughn to FO, 10 Sept. 1925.
（9） TNA, FO 371/13271, Leonard Parish to Britsh charge d'Affaires Riga, 4 Feb. 1928.
（10） Académie François Bourdon, Le Creusot, France, Schneider Archive（SA）187AQ072-07, Service des Finances Union Europeenne Ind et Fin, 25 Oct. 1921.
（11） Teichova [1974] pp. 100, 103, 196.
（12） Ibid., p. 198.
（13） SA 1G 0001-02 Instructions de Direction Usine du Creusot pour M. Lefevre en vue d'une Mission a Skoda, 22 Jan. 1921.

(14) SA 187AQ 072-07, Note on Creation of a company of control of industrial shares of Central Europe, March 1920.
(15) SA 187AQ 072-07, Annexe I; Skoda, 25 Oct. 1921.
(16) TNA, FO 371/11005, Poland Annual Report, 1924, Muller to Austen Chamberlain, 16 Oct 1925.
(17) SA 0064Z 0756, 6 June 1923; 01F 0284, 30 Dec 1925.
(18) TNA, FO 371/13271, Vaughn (Riga) to Austen Chamberlain, 23 Jan. 1928
(19) TNA, SA 187AQ 548-16, 10 March 1937.
(20) TNA, SA 187AQ 072-07, Annexe I: Skoda. 25 Oct. 1921.
(21) TNA, SA 187AQ 027-02, Marche des Industries pendant l'exercice 1927-28, 22.
(22) TNA, SA 187AQ 029-02, 45.
(23) Davenport-Hines [1983] p. 287.
(24) TNA, FO 371/12977, Goodden (Mil attaché) to British Legation Bucharest, 16 Apr 1928.
(25) TNA, FO 371/12973, Greg (Bucharest) to Austen Chamberlain, 9 March 1928.
(26) TNA, FO 371/12973, Goodden (Mil attaché) to Minister Bucharest, 17 Apr 1928.
(27) TNA, FO 371/12973, Vickers-Armstrong to FO, 9 Nov. 1928.
(28) TNA, FO 371/12977, Goodden (Mil attaché) to Br Legation Bucharaest, 16 Apr. 1928.
(29) Davenport-Hines [1983] p. 304.
(30) SA 0064Z 0763-03, Greek contract 18 June 1925; contract Greece 12 Sept 1924.
(31) TNA, FO 286/937, British Legation to C. Goulimy 15 Dec. 1925; Milne Cheetham to Austen Chamberlain 17 Nov. 1925.
(32) TNA, FO 286/937, Milne Cheetham to Austen Chamberlain, 17 Nov. 1925.
(33) SA 0064Z 0756, 27 Apr 1927.
(34) TNA, WO 190/120, Draft of Minutes of Third meeting of Sub-committee on the Disarmament of CID, 7 May 1931, pp. 12-14.
(35) TNA, FO 371/14329, Czechoslovakia, Annual Report, 1929, Macleay to Henderson, 13 Feb. 1930.

(36) Fearon [1969] p. 494.
(37) Ibid., pp. 480, 490–493.
(38) Thomas [1996] pp. 237–239.
(39) TNA, FO 371/11428, Romania, Annual Report, 1925. Herbert Dering to Austen Chamberlain, 6 March 1926, p. 23.
(40) Ibid., p. 41.
(41) TNA, FO 371/12229, Goodden (Mil attaché Romania) to Legation Bucharest, 13 Oct 1927.
(42) TNA, FO 371/10806 Romania, Annual Report 1924, Dering to Austen Chamberlain, 5 March 1924, p. 12.
(43) TNA, AIR 5/274, Dering to MacDonald, 15 Feb 1924.
(44) TNA, FO 371/11428, Romania. Annual Report, 1925, Herbert Dering to Austen Chamberlain, 6 March 1926, pp. 23, 40–41.
(45) TNA, FO 371/14437, Mil attaché Sampson to WO, 9 Sept 1930.
(46) TNA, AIR 40/1404, Air attaché Paris to Air Ministry, 9 May 1938.
(47) TNA, FO 286/937, Cheatham to Chamberlain, 6 Jan 1925.
(48) TNA, FO 286/937, Keeling (Athens) to FO 17 April 1925.
(49) TNA, FO 286/1045, Alec Triandafyllides to Harvey, enclosed in Harvey to Henderson, 26 Sept. 1929.
(50) TNA, FO 286/1045, A. C. Coutroubis to Commercial Sec British Legation, Athens, 14 Oct. 1929.
(51) TNA, FO 286/1045, R. B. Goodden, Military attaché, Athens to O. C. Harvey, 23 Oct 1929.
(52) TNA, FO 286/1045, A. C. Coutroubis to P. W. Ramsey, 2 Dec. 1929.
(53) TNA, AIR 40/1404, Greece. Relations with France; Greece. Relations with Great Britain, 10 Dec 1932.
(54) TNA, FO 371/10795, Kennard (Belgrade) to Austen Chamberlain, 18 Dec. 1925.
(55) Ibid.
(56) TNA, FO 371/10671, Pigott, Air attaché Paris to Air Ministry, 23 Nov 1925.
(57) TNA, AIR 5/1179, Air Intelligence 8. Bulgaria. 4 Aug 1932.
(58) TNA, FO 371/14582, Boyle to Rendel, 20 May 1930.

(59)　TNA, FO 371/10856, Lindsay to Austen Chamberlain, 19 Dec 1925.

(60)　TNA, FO 371/10856, Horne to Austen Chamberlain, 15 July 1925.

(61)　TNA, FO 371/14582, Commercial Secretary Harold Woods to Dept of Overseas Trade, 11 June 1930.

(62)　SA 01G 0076-A-383bis, 14 Aug 1923, 01G 0075-A-477 bis, Report Mission of Caillet to Skoda, 1-13 Nov. 1924, p. 12.

(63)　SA 01G 0015-A-03, Situation des Industries des Skoda, 1 Jan. 1928.

(64)　TNA, FO 371/11005, Poland, Annual Report, 1924, Muller to Austen Chamberlain 16 Oct. 1925.

(65)　TNA, FO 371/11001, Mil attaché Warsaw, July, 1925. Notes on Polish Army to FO, 1 may 1925.

(66)　TNA, AIR 5/1179, A. 1. 8 Poland. 5 Aug. 1932.

(67)　TNA, FO 371/10975, Lloyd (Mil attaché) to Tudor Vaughn (Baltic), 4 Aug. 1925.

(68)　TNA, AI R 5/1179, A. 1. 8. Lithuania. 5 Aug. 1932.

(69)　TNA, FO 371/10990, Rennie to FO, 22 Dec 1924.

(70)　TNA, FO 371/10990, Rept of Major-General W. M. St. G. Kirke on the British Mission to Finland July 1924-March 1925, 4 Apr. 1925.

(71)　Stoker [2003] p. 61.

(72)　SA 0064Z 0756, 9 Jan. 1925.

(73)　Stoker [2003] pp. 90-93.

(74)　SA 0064Z0763-05, 7 Apr 1928; FO 371/10764, Milne Cheetham to Austen Chamberlain, 19 Dec. 1924.

(75)　SA 0064Z 0763-05, 12 May 1924.

(76)　TNA, FO 286/937, Vice Admiral Webb to ADM, 9 March 1925.

(77)　TNA, FO 286/937, Athens to FO 17 Nov. 1925.

(78)　TNA, FO 286/937, Milne Cheetham to FO, 12 Oct. 1925.

(79)　TNA, FO 286/1034, Howard Smith to Loraine 25 Oct. 1928.

(80)　TNA, FO 286/1034, Percy Loraine to Austen Chamberlain, 20 Dec. 1928.

(81) *Conway's All the World's Fighting Ships, 1922–1946* (London: Conway Maritime Press: 1980), p. 405.

(82) Gülen [1988] pp. 371, 379; TNA, FO 424/273 Clerk to Henderson, 28 Aug 1930; TNA, FO 424/276 Embassy (Angora) to Simon, 4 March 1932; Güvenç [2002] pp. 5–6.

文献リスト

Davenport-Hines, R. P. T. [1983] "Vickers' Balkan Conscience Aspects of Anglo-Romanian Armaments 1918–39", *Business History*, Vol. 25, No. 3.

Fearon, P. [1969] "The Formative Years of the British Aircraft Industry, 1913–1924", *Business History Review*, Vol. 43, No. 4.

Gülen, N. [1988] *Dünden Bugüne Bahriyemiz*, Istanbul.

Güvenç, S. [2002] "Building a Republican Navy in Turkey: 1924–1939", *International Journal of Naval History*, Vol. 1, No. 1.

Jacobson, J. [1983] "Is There a New International History of the 1920s?", *American Historical Review*, Vol. 88, No. 3.

Stoker, D. Jr. [2003] *Britain, France and the Naval Arms Trade in the Baltic, 1919–1939: Grand Strategy and Failure*, London.

Stone, David R. [2000] "Imperialism and Sovereignty: The League of Nations' Drive to Control the Global Arms Trade", *Journal of Contemporary History*, Vol. 35, No. 2.

Teichova, A [1974] *An Economic Background to Munich*, London.

Thomas, M. [1996] "To Arm an Ally: French Arms Sales to Romania, 1926–1940", *Journal of Strategic Studies*, Vol. 19, No. 2.

第4章　(2)東欧における武器取引
——大恐慌から再軍備まで（一九三〇～三九年）——

ジョナサン・グラント

1　はじめに

本章は、大恐慌から一九三〇年代後半の再軍備期までの時代を対象に、東欧諸国への大規模な兵器販売の動きを概観する。武器輸入国は大量の軍備を獲得しようと熱望していたが、大恐慌がこれらの国において以前から存在した外貨不足問題をさらに悪化させた。資金不足の武器輸入国は、イギリスが兵器に関する輸出信用保証の供与を拒否したことによって取引に著しい支障が生じたため、バーター取引や清算協定を通じて外貨準備の必要性の少ないドイツやイタリアに接近し、その結果、これら二国は兵器販売増加への道が開かれた。とはいえ、イギリスとフランスはこの間最大の武器輸出国であった。また、この時期には兵器の供給国がより国際的な武器取引へ関与し始めており、それまでのレッセ・フェール時代にも終止符が打たれた。ドイツ、イギリス、フランスの再軍備は、兵器製造業者に対して輸出よりも国内受注を優先するよう圧力を強め、この新需要が東欧諸国の武器購入（とくに軍用機、戦車、大砲）

表4(2)-1　戦闘機、戦車、潜水艦、戦艦の世界輸出（1930～40年）

国名	戦闘機		戦車		潜水艦		戦艦	
	台数	%	台数	%	隻数	%	隻数	%
アメリカ	3,218	22.8	574	14.7	4	8.0	3	2.3
イギリス	2,435	17.3	1,017	26.1	18	36.0	76	58.9
フランス	2,204	15.6	1,091	27.9	10	5.0	13	10.1
イタリア	1,786	12.7	424	10.9	24	12.0	23	17.8
ドイツ	1,336	9.5	160	4.1	4	8.0	—	—

出典：Harkavy［1975］pp. 61-68, 73-74.

表4(2)-2　東欧諸国の艦艇購入状況（1930～40年）

国名	駆逐艦	潜水艦
トルコ	4隻（伊）	10隻（4英、3独、2伊、1西）
ポーランド	2隻（英）	5隻（3仏、2蘭）
ギリシャ	6隻（4伊、2英）	—
ユーゴスラビア	2隻（1英、1仏）	—
エストニア	—	2隻（英）

出典：*Conway's All the World's Fighting Ships, 1922-1946*（London, 1980）, pp. 349-354, 357-360, 366, 405-408.
注：（　）内は輸出国。

への熱狂的な需要に加わることとなった。武器輸入国の需要は急激に増大したが、その一方でこのような需要に対応できるほどの財政支援力を有する供給国はほとんどなかった。トルコにおける武器取引は、これらすべての特徴を示しており、かつ同国が南東欧最大の兵器購入国であったため、とりわけ注目に値する事例である。

戦間期の兵器取引に関する独創性に富んだ論稿で、ハーカヴィは、一九三〇～四〇年における武器取引全体の複雑な輪郭図を見事に描いた。陸海空すべての兵器分野を考慮しても、イギリスとフランスが最大の武器輸出国であったことを彼は明らかにしている。たとえば、ハーカヴィはイギリスとフランスが一九三〇年代を通じて戦車販売においても優位にあったことを指摘した。そして、フランスがわずかにイギリスよりも有利な地位にあった唯一の理由として、五〇〇輌に及ぶルノー製戦車のソ連への大量販売（一九三五年）に言及している[1]。彼の調査結果の概略は表4(2)-1のとおりである。

これらの武器取引の全体像は、東欧の状況にも当てはめて考えてみる必要がある。なぜなら、東欧市場は武器取引全体における一つの単体的市場として機能していたわけではないからである。たとえば、アメリカは全体として最大の戦闘機輸出国であったが、東欧よりも南米と中国への販売が圧倒的に多数を占めていた。また、この時期にイタリアの輸出が比較的多く、ドイツの輸出が少なく見えたのは、ドイツが一九三五年まで公式に武器取引に再参入しなかった一方で、イタリアが一九三二年にギリシャとトルコへの輸出を筆頭に艦艇取引で最も優位な地位を占めていたという事実から理解できよう。一九三〇年代後半の東欧での武器取引においては、ドイツがイタリアよりも重要な供給国となっていく。

2　イギリスの武器輸出

一九一四年以前のイギリスが外国からの艦艇受注の九〇％を獲得していたことは周知のとおりである。しかし、一九二〇年代末までに、主にイタリアの成功によってイギリスのこの地位は完全に覆された。一九三一年一月、イタリアは海外向け艦艇として計三万トンを建造中であり、対してイギリスは五〇〇〇トンを建造していたに過ぎなかった。イタリアの造船業者アンサルドはトルコの注文に対して一二年間に及ぶ支払猶予期間を許容していたが、イギリスの兵器に対する支払猶予は輸出信用保証制度から完全に除外されていた。たとえ規定が改正されたとしても、この分野でイタリアと対抗するためには条件上大きな不利が存在したため、イギリスの政府諮問委員会は認可を拒否し続けた(2)。小国との艦艇取引に作用した二つの最重要要因は、価格と信用取引条件であった。価格は労賃に大きく左右されており、作業量が多くなればなるほど間接比率が増大し、これが企業にコストとして重くのしかかった。イタリア企業は海外からの兵器受注を独占するために協調行動をとり、その卓越した活動によって実現した劇的な収益増は、企業の大規模化、効率化、低賃金といった諸効果を生むことになった。つまり、何らかの支援がない限り、イギリス企業がイタリアと競争できる見通しはまずなかった。イギリスの商務院はやや塞ぎ気味に次のように結論している。

「感情的、もしくはそれ以外の特別な理由でイギリス製品を得ることを切望していた国は例外かもしれない。現在のところイタリアへの発注は増大を続けており、今後さらにこの傾向が強まるにつれ、イタリアの産業基盤は高い実績と更なる経験を積むことでより強固になるであろう。他方で、相対的に評価の高い我が国の企業や製品は衰退しつつある。我が国の製品は優れていると評価されてはいるが、いざ発注の段階となると常に価格と信用保証条件へと注目は移ってしまう。我が国の兵器生産能力はすでに一九一四年時点と比較して大分減少しており、受注不足に陥っている(3)」。

イタリアの艦艇輸出において信用保証条件が決定的な重要性を持つことは、トルコでの事業発展の事例で明らかとなっていた。一九三二年、トルコ政府は世界市場における輸出品価格の低下によって深刻な財政危機にあった。その結果、トルコの国防計画は全体としてデフォルトの危機にあった。財政の逼迫した同国政府は、軍備再建計画の継続を可能とするため、「外国から資金を獲得するか、もしくは計画を変更する必要に迫られた(4)」。一九三二年三月一日、国防大臣は諸外国の兵器供給者の代表と面会し、一九三六年までの支払延期案を取りまとめようとした。契約関係を有する企業は、ヴィッカーズ・アームストロング社、シュネーデル社、シュコダ社、ボフォース社、カンテエレ・ナヴァールのアンサルド社、サン・ナゼール造船所、リエージュのファブリーク・ナショナル、ゴルツ社、エアハルト社であった(5)。

ところが、非常に困難な危機に直面しつつも、トルコは思いがけずイタリア政府から三〇〇万リラの融資を獲得することとなった。融資に関して、「イタリア政府の、おそらくムッソリーニ閣下自らの好意的な対応を受けたことは、あらゆる面で意外な出来事であった(6)」。

しかしながら、一九三四年初頭、イタリアへの艦艇発注を通じて同国の東地中海における国土的野心を封じ込める、というトルコの目論見は水泡に帰することとなった。ムッソリーニのアフリカとアジアへの領土拡大への野心（ほのめかし）は、即座にトルコ側の防衛強化といった対応を引き起こすこととなった。イタリアへの懸念が強まったため、一九三四年以後、トルコの武器輸入の傾向は二通りに変化した。まず、おそらく最も顕著であった傾向としては、トルコ政府によるイタリア企業への艦艇発注がもはや行われなくなったという点である。その結果、トルコは仮想敵国であるイタリアに武器供給を依存する可能性はなくなった。第二に、トルコは国内の兵器製造業者への発注割合を劇的に増加させ、その拡大のために増税を課した。議会の予算配分によると、三九〇万トルコリラが国内兵器製造業者のために請求されている。この額は予算に占める全軍事費の六%に過ぎなかったが、全体として予算増で、前年度の約一・三倍となった(7)。

残念ながら、トルコの貧弱な産業基盤では海軍と空軍の拡張事業を自ら進めることは不可能であると判明した。そのため、トルコはその他諸国の兵器供給者に発注を行うという政治的判断を余儀なくされた。トルコとギリシャは、ともに自国の海軍力を倍増させる計画のためイギリスに接近した。しかし、「これら両国はともにいかなる大国の勢力圏にも与さないことを決定して」いたため、「両政府は、もし手はずが整えばイギリスに発注するとの結論に達していた」(8)。一九三四年末、イギリスの代理人との面会で、アラス博士はこの件に関するトルコの見解について次のように述べている。

「外務大臣は私にこう指摘している。日本への発注はロシアの気分を害し、フランスへの発注はイタリアの気分を害する。イタリアはいかなる場合も選択肢には全くなりえないし、さらにトルコ政府はイタリア製の四隻の駆逐艦の使用に関し、満足な結果を得られていなかった。ドイツは陸上兵器の輸出に関してヴェルサイユ条約を破棄しているが、艦艇輸出ついてはいまだに同条約を遵守しているため、ドイツも対象から除外している(9)」。

イギリス政府としては、たとえイギリス企業が利益を享受するにしてもトルコの新たな海軍拡張計画を促進することには気が進まなかった。

イギリス政府の軍縮推進と武器取引の縮小方針は、一九三四年まで政策として継続されていた。トルコの計画に対するイギリスの懸念のうち最も大きかったのは、ギリシャとトルコの新たな再軍備がイタリアの軍備拡張の引き金となり、翻ってフランスにも影響を及ぼすことを恐れた点であった。さらに、イギリスの立場からすると融資は不可能であり、また、一九二一年の規制によって外国政府への軍需品供給に対する輸出信用保証の認可は禁じられていた(10)。

イギリス陸軍大臣アミュルリーは、イギリス兵器企業がなおざりにされることにより、戦争が回避されるどころか逆に助長されている点をあげ、イギリス政府の政策の意図が軍縮の推進にあるのか、それともその抑止にあるのか、との質問を発している。当時は兵器生産に対する監視制度など存在しなかったが、当時起きていたのは、イギリス企業が外国企業に受注を奪われ続けているという現実問題であった。彼の見解は、イギリス企業を海外からの受注競争において不利な状況に置かないことが非常に肝要である、というものであった。外務省は、その立場として、いわば「イギリスが実践している」ように、兵器産業への政府補助金を全面的に禁止するという政策の採用を諸外国に促すことを重要視していた(11)。一方、バルト諸国では、このようなイギリスの政策は、イギリス企業の受注を確実にするための外交的な圧力が低下することを意味していた。一九三二年一一月、イギリス海外貿易局はフィンランドとヴィッカーズ社の契約に関して、「軍縮問題が最優先事項であることを鑑みると、現在イギリス政府はフィンランドによる兵器購入を強く促進できる立場にはない。また、この兵器購入問題を、フィンランドとイギリスとの間の貿易収支問題や、フィンランドとの今後の通商交渉と関連付けて考慮することは無分別である」と見ていた(12)。

一方、イギリス海軍省は自国の軍需産業にとってこれらの受注が重要であることを明確に認識しており、イギリス海軍はイギリスの造船所に対する外国からの受注不足が由々しき問題であるとも感じていた。海軍省は、海外注文の定期的な流入により、イギリス海軍にとって戦略的に重要な産業の生産力を最も有効に維持できると考えており、したがって同省は東地中海市場においてイギリス企業を支援するよう外務省に対して強く求めたのである。もし仮に、軍縮を求めるイギリスの声に反してトルコとギリシャが海軍拡張を強行した場合、軍需品は「イギリスに発注されることが非常に望ましかった」[13]のである。こうした状況をトルコが熟知していたことは、同国がイギリスの立場を利用し始めたことからも明らかである。トルコは、もし融資が取りまとめられない場合、他国に発注することも容易に選択可能であった。トルコは自らの優位性を明確にするため、すでに五隻の潜水艦をドイツ・オランダの合弁企業に発注していた[14]。

3　フランスの武器輸出

ところで、一九三〇年代を通じ、フランスの軍需企業は大恐慌とフランス再軍備（一九三五年）がもたらした二つの大きな変化を経験することになった。第一に、大恐慌によって兵器産業の重要性はかつてないほど高まった。第二に、フランスの軍事力は、すでに輸出のみでは不十分なほどに膨張していたフランス兵器企業の生産力に対し、国内購買者としてより直接的な需要を提供した。シュネーデル・クルーゾー社の一件はこの動向の好例であった。シュネーデル社の工業製品受注は一九二九年の八億七五〇〇万フランから一九三二年には四億四〇〇五〇〇万フランに急落した。二八％上昇した火砲と装甲板を除いて全分野の生産が縮小したのである。したがって、一九三一～三二年に抱えていた受注総額のうち、四〇％（一億七八〇〇万フラン）が火砲、一五・五％（七〇五〇万フラン）が艦艇であった。一九三二年の事業年度を通じてシュネーデルは一億九六〇〇万フラン相当の火砲受注を獲得したが、六七〇〇万フランは外国からの受注であった。なお、前年にシュネーデルは一億一〇〇万フラン相当の火砲受注を海外から獲得していた[15]。しかし、最も重要なのは、シュネーデル社の受注簿が一九三二〜三三年においても事業の縮小傾向を示し、過去最低記録である三億八九〇〇万フランへと著しく受注額を低下させたにもかかわらず、火砲の占有率は引き続き一億八〇〇〇万フランに増加し、同年度のシュネーデル社の受注額の四六・三％相当に達したことである[16]。シュネーデル社の取締役は、株主総会（一九三五年一一月）において、事業に占める兵器部門のシェアが五八・六％に達し（一九二九年は二六％）、「火砲と装甲板部門はますます重要度を増している」との報告をしている[17]。一九三九年、シュネーデル社の受注総額は最高額に達し、そのうち火砲は五五％、艦艇は一八％に相当したが、海外から得られた火砲と軍需品受注はわずか〇・一％に過ぎなかった[18]。

一九三〇年代後半、フランスの武器輸出は大きく制限された。フランスの武器輸出は、一九三五年九月三日の法令の下でより一層政府の統制下に置かれた。同法令では、すべての軍需品輸出に関して大蔵省による事前の認可が必要とされ、国家の認可なくして行われる軍需品輸出に対する包括的な禁止措置が課された。フランスの再軍備は一九三六年九月、四カ年計画として開始され、兵器生産への国家の関与が強まったことにより、外国からの軍需品受注に対する納期はより遅延し、その取引量も減少することになった。外国からの受注を満了して納入するよりも、フランス政府向けの兵器生産契約を完了させることに優先権が与えられるようになったのである。たとえば、一九三八年、ルノー社はフランス陸軍向けの新型軽戦車をすべて納入し、その後でようやく東欧の武器購買国（ポーランド、ルーマニア、トルコ、ユーゴスラビア）向け生産が認可されたのである。フランス政府は、一九三九年九月にこれら東欧向け注文を取り扱う協同企業を設立するために活発に動き出したが、戦争はすでに始まっていたため、この対応は遅すぎた。フランスの再軍備によって東欧諸国の再軍備計画は遅延し、妨害されたのである。東欧諸国が発注したフランスの軍需品は、一九三五〜三六年の間フランス国内に保留され、フランス軍に徴用された[19]。こうした末路を迎えた契約品としては、シュネーデル社が生産したリトアニアの一〇五ミリ砲七〇門と砲弾（一九三五年）、ルーマニアの一

○五ミリ野砲四五門と四七ミリ砲四〇門および砲弾（一九三六年一一月）などがあげられる[20]。実際、一九三八年末のフランスは自国向け兵器の増産に死にもの狂いであり、フランスの新聞によればフランス空軍は自国のエンジン製造業者の生産能力の低さゆえ、シュコダ社から航空機エンジンを購入せざるを得なくなっていた。シュコダ社はイスパノスイザ12Yエンジンをライセンス生産しており、チェコ企業は月単位で二五基のエンジンをフランスに供給し始めた[21]。このように、フランスの再軍備計画は東欧における兵器取引機会を阻害することになった。

一九三五年初頭、トルコは大型巡洋艦一隻と小型巡洋艦二〜三隻を含む新建造計画の規模を公表した。同国はまた、イギリスもしくはフランスに対して大型艦契約を発注したい旨をイギリスに伝えた[22]。以前のトルコの声明は、イタリアの感情を損ねることを避けるためフランスへの発注意図を表に出さないようにしていたが、それに対して今度のトルコの契約打診は、イギリスがもし本当に契約受注を望むのならば支払い条件に関する対応を緩和させ、融資を促すことで自国の有利に持ち込もうとする明白なたくらみを背景とするものであった。しかし、イギリスが好意的な対応をしなかったため、トルコは賭けに打って出た。三月、トルコ政府は四六〇〇万リラを新たな艦艇と基地建設に割り当て、老朽化したカシムパシャ兵器廠の設備近代化に関する契約について、ドイツ企業二社と交渉を開始した[23]。その後五月に、トルコはスペインと三四〇〇万ポンド相当の艦艇契約を結ぶ交渉をしていることを公表したのである[24]。

トルコの再軍備計画の規模が拡大するにつれ、フランスは信頼に足る兵器供給元とは見なせないことが判明した。一九三五年、トルコ政府はフランス企業デヴォアチン社に三六機の航空機を、ノルマン社との間には二億フラン相当の魚雷を、そしてシュネーデル・ルノー社には火砲、航空機、無線機器、潜水艦など四億フラン相当を発注した[25]。ところが、一九三五年四月、フランス政府は三六機のトルコ向け航空機を自国用に徴用した。これら航空機のうち、すでに一二機の準備が整い、四月一五日には引き渡される予定であったため、この件はとりわけトルコ側の怒りを招くこととなった。トルコ大使シュクルル・カヤが、フランスはドイツの脅威を誇張して自国の軍備計画を最優先にしていると非難したのに対し、フランス大使は、トルコもイタリアの脅威を理由に自国の都合を優先していると切り返した。さらにこれに対して、トルコ大使は、「今回完成した一二機などは貴国にとって些細な量かもしれないが、納入予定であった三六機の航空機はわが国の防空体制にとって欠くべからざるものである」と抗議した[26]。

トルコはフランスの対応に対して辛辣な抗議活動を展開した。トルコの外務大臣は駐アンカラのフランス大使に対して、二国間の外交関係は今回のフランスにおける航空機徴用によって悪化したと通告した。さらに彼は、この一件により、発注した兵器がフランス政府によって徴用されてしまうリスクをトルコ側は認識することとなり、その結果、以前からの安定したビジネス関係が阻害され、トルコ政府からのフランスへの兵器発注が滞る可能性を示唆した。

フランスが当てにならないため、トルコ政府は「オランダ、スイス、とくにアメリカといった、発注兵器が徴用されることの少ない国々へ」の発注も考慮していた[27]。

4　ドイツからの武器調達

一九三六年、東欧の潜在的な武器輸入国はイギリス製軍需品を求め、同国の兵器供給者に発注を打診したものの契約には至らなかった。この挫折により、これらの国々はドイツへと発注の矛先を転じた。一九三六年一二月、ユーゴスラビア政府は一〇〇万ポンド相当の兵器と装備をイギリスから購入する希望を有していた。イギリス陸軍省は、イギリス企業の名義でこれらの軍需品を供給する用意を整えたが、「イギリス陸軍大臣がこの件の代理人となることは望ましくなかった」ので、契約はユーゴスラビアと民間兵器産業の間で単独で交わされる必要があった[28]。ユーゴスラビアはイギリスの軍需品を購入するための外貨を保有していなかったので、ベオグラードのユーゴスラビア政府は、イギリス政府に対する支払い手段として、鉄鉱石、ボーキサイト、銅といった原料を供給するとの提案を行った。決済は、イギリス政府がこれら原料と同等額を契約業者に支払うことで実施することとされた。しかし、この提案は輸出信用保証局によって即座に却下された。この部局はユーゴスラビアの提案を、「もっぱら商業と金融利害に基づいて考慮しなければならず、その決定過程に政治的利害が入り込む余地はない」うえに、軍需品販売に関する補助金や保証が法的に禁止されているため、イギリスは同提案を受け入れることはできない、として却下したのであった[29]。政治的理由から、イーデンはチェンバレンにユーゴスラビアへの武器売却を認めるよう強く求めた。イーデンは、「ユーゴスラビアを支援し、親睦を表明するための実質的な方法として大蔵省がなんらかの財政手段を考慮し、イタリアやドイツからの魅力的なビジネス提案に対抗するための影響力を引き続きベオグラードに対して維持しうるかどうかは重要な点である。こうした緊迫した政治的状況は、ユーゴスラビアが我が国から購入したいと望む軍需品を幾分かでも供給するに際し、特別な計らいを正当化してくれるという意味で願ってもないもの」と伝えた[30]。武器取引に対するイギリスの規制を上手く避ける建設的な処置として、ロンドン駐在のユーゴスラビア大使はイーデンに、「もし購入した装備を法律上イギリス政府の所有物に留め、その上で緊急事態に備える名目でユーゴスラビア国内に備蓄するという方策」の可否について尋ねている[31]。ユーゴスラビア陸軍大臣のマリク将軍は、イギリス陸軍武官ストレンジ少佐と一九三七年二月に面会している。マリクは、「あらゆる国々が再軍備に向けて休むことなく邁進している。ユーゴスラビアのような国家は、新進気鋭ではあるが、現在のところ短期間で巨額の資金を工面する能力がないため、自国防衛に必要不可欠な要求についてさえも満足に満たすことができないというのは悲しむべきことである」と語った。議会の財政委員会における彼の予算に関する演説では、「できる限り早く自国の兵器産業を創出し、何よりもまず対外的な防衛能力に欠けるチェコスロバキアから兵器調達面で自立すべきである。ただし、自国で兵器産業を養成できるようになるまでには時間と資金が必要である」と語った[32]。結局、ユーゴスラビアはドイツから兵器を購入することになった。

一九三六年、ブルガリアはイギリスからの対空砲購入を熱望していた。しかし、ヴィッカーズ社は、ブルガリアの支払能力への不安から、たとえポンド支払いであっても同国からの受注に乗り気にはなれなかった。これに対して、シュネーデル、ラインメタル、マドセン、シュコダ、クルップの各社はこの契約獲得に意欲を示し、その受注をめぐって争った。最終的に、クルップが小口径対空砲と同時に大口径対空砲（八八ミリ）二〇門、山砲四〇門および砲弾を、総額一二億ブルガリアレバで受注した。クルップ社は、償還期間五年のブルガリア国債による支払条件を喜んで受け入れた。「ヴィッカーズ社が明らかに不熱心な印象を与えたのに対して、クルップ社はこの受注を間違いなく熱望し、この交渉のために六名をソフィアに派遣した。そのうえ、彼らはヴィッカーズ社よりも良い支払条件を提示した」(33)。

とはいえ、ブルガリアは対空砲や大砲をドイツから確保しつつも、なおイギリスからも戦車と航空機を購入したいと望んでいた。ブルガリア陸軍大臣ルコフ将軍は、ブルガリアは「第二のアビシニアになるつもりはない」とイギリス大使に語っている。ヴィッカーズ社はブルガリアにとって好ましい供給者ではあるものの、イギリスからの輸入が無理な場合、ブルガリアはドイツを代替購入先にするつもりでいた。ブルガリア大統領は次のように語っている。「ドイツに発注することは常に容易である。その場での支払を求められることが皆無だからである。ブルガリアの輸出額の六〇％をすでに対独輸出が占めているため、ドイツで兵器を購入すればライヒスマルクで清算することができる。また、ポーランドは、輸出した航空機の支払い代価としてタバコその他のブルガリア産品を受け入れる予定である。さらに、フランスもブルガリアに有利な支払条件を準備しつつある」(34)。ルコフによれば、支払条件に関する交渉への対応は、イギリスは緩慢であったが、フランスはそれより幾分かましであった。ドイツは、最良の条件を提示し、即座に製品を供給する用意があった。また、ブルガリアは同様に好条件を提示したポーランドへも二〇機の航空機を発注した(35)。

イギリスはフランスと同様、国内の再軍備を優先していたため、それが輸出に影響を及ぼした結果、東欧諸国との取引には不熱心であった。二カ月に及ぶトルコとの交渉の末、ヴィッカーズは戦車八輌を受注し、一九三六年七月に契約が交わされた。しかしながら、イギリス陸軍省はヴィッカーズに対し、イギリスの再軍備計画が遅れるとして受注を禁じたのである[36]。翌年、トルコはヴィッカーズ・アームストロング社に一五センチ沿岸砲の発注に関する照会を行った。しかし、イギリス海軍省は、イギリスの建艦計画に対する否定的な影響が大きいことを理由に、ヴィッカーズ・アームストロング社がトルコから受注することは望ましくないと考えた。その結果、ヴィッカーズは、今件を「辞退する」とトルコ側に伝えた[37]。

イギリスの支払条件問題と、フランス政府による購入品の納入妨害という難局に直面し、トルコ政府は兵器調達をドイツに頼ることとなった。フランスとの間に問題を抱え始めた頃とほぼ同時期、トルコはドイツに兵器契約発注の提案を申し入れた。四月、アンカラにおいてドイツ大使との交渉が行われ、シュクル・カヤは、「一般政策上の観点から、そしてドイツ兵器産業への依存がトルコ陸軍の装備を近代化する上で好都合であるとの理由からも、トルコはドイツ陸軍の再軍備を非難の目で見るようなことはせず、むしろ歓迎する」と述べている[38]。このときのトルコのドイツへの接近は、この供給者の影響力を通じてイタリアを牽制するという、対イタリア政策の一環でもあった。トルコ政府の上層部は、ドイツをイタリアの脅威に対する抑制力と見なしており、さらにドイツへの軍需品発注を通し、明らかにドイツからの支援強化を目論んでいた。一九三五年末、ドイツ海軍の専門家たちはトルコの代表者と面会し、トルコ海軍の再建について助言するとともに、クルップが火砲や他の兵器発注に関する交渉を開始している[39]。イギリスの大使館付武官によれば、ドイツとの契約の一部に相当する七五ミリ山砲四八門について、「ドイツの見積価格は他の競争相手よりはるかに低く、この点からしてもドイツは注文獲得のためにあらゆる犠牲を払う準備があると考えられる。さらに、大砲はクルップが専属で担当するようだが、他方ですべてのドイツ兵器産業は単一組織へと合同化されたと聞いている」と報告している(40)。

その間、トルコは兵器発注先の候補としてイギリスを加えるため、同国への誘致政策を続けていた。トルコは、とりわけ戦闘機五〇機、爆撃機三〇機の獲得を希望していた。トルコ大使アラスはイーデンに、イタリアがトルコとの外交関係を普及させる手段としてぜひとも航空機を提供したい、と願い出ていることをほのめかしている。しかし、実のところ、トルコはむしろイギリスへの発注を望んでいた。イーデンは以下のとおり報告している。「しかしながら、会見の冒頭でアラス大使は、フランス政府が折に触れてトルコとの武器取引において寛大な支払条件を認めてきたという事実を指摘された。そして、イギリス政府にも同様の政策を追随して採用して欲しいとの明確な希望を閣下（アラス）が述べられたので、わが国政府にそのような政策の実施は不可能であると私は彼に伝えざるを得なかった」と報告している(41)。

上述の書面に見られるアラスの言葉から、トルコがイギリスに対して圧力を加えて支払条件の緩和を認めさせ、自国の発注を受け入れさせようと苦心していたことが容易に見て取れる。航空機徴用問題に端を発したフランスとトルコの外交関係の不和と、イタリアの軍事・外交的脅威の継続により、武器購入に際してこれら二国のどちらかを選択するというトルコのほのめかしの信憑性は崩れた。そして、フランスとの航空機契約にトルコが困難を抱えているという事実をイギリスが知っていたという明白な証拠にもかかわらず、その後のイギリスの対応は、トルコからの情報がロンドンの政策方針に影響を及ぼさなかったことを示していた。事実、トルコは一九三六年中にイギリスで一件の発注も行うことができなかった。このときにトルコからの契約が受注されていれば、後に更なる追加受注がもたらされ、イギリスの労働力と資材への需要を数年間にわたって保証したであろうことは十分にありうる。[42]

その間、ドイツはイギリスとフランスの退出によって空白状態となった市場への進出にとりかかっており、とくに南東ヨーロッパは、ドイツの武器輸出市場として非常に高い重要性を有していた。一九三六年、ドイツの兵器輸出は総額四九二二万五五〇八レンテンマルクを計上した。ドイツの製造業者にとっての東欧最大の顧客はハンガリー（五九五万レンテンマルク）であり、続いてブルガリア（四九六万レンテンマルク）、ソビエト（三四五万レンテンマルク）、そしてトルコ（二二九万レンテンマルク）であった。小国ではユーゴスラビア（五七万二〇〇〇レンテンマルク）、続いてギリシャ（五一万二〇〇〇レンテンマルク）、フィンランド（一二万五〇〇〇レンテンマルク）などがあげられる。また、ポーランドとオーストリアはそれぞれ約一五万六〇〇〇レンテンマルク相当のドイツ製兵器を購入した。ドイツの武器輸出において、最大の部門は小銃弾（一二六〇万レンテンマルク）であり、続いて大砲用砲弾（六一六万レンテンマルク）、大砲（六〇三万レンテンマルク）、航空機（四〇〇万レンテンマルク）、小銃（二二〇万レンテンマルク）であった。[43] 一九三五年一一月以前には、ドイツはこれらの地域への武器輸出から完全に締め出されていたが、一九三五～三七年、ドイツの武器輸出対象国は第一次世界大戦時の同盟国であった国々のみならず、協商国であったギリシャ、ユーゴスラビア、ルーマニアなどへも拡大した。ちなみにドイツの成功の鍵は、天然資源を対価とする支払に快く同意した点にあった。[44]

5　トルコの武器調達戦略

ドイツとイギリスの緊張関係が強まったことを利用し、トルコ政府は両国からの軍需品購入をより有利に進めるようになった。たとえば、一九三七年八月、トルコはイギリス製ブレニム一二機の購入にとりつけ、さらにクルップとは四隻の潜水艦建造契約を結んだ[45]。九月、トルコはさらなる兵器発注のためドイツに接近し、とくに中口径砲の獲得を求めてクルップへ契約を打診した[46]。同年末、イギリスとドイツの企業は、潜水艦一〇隻、駆逐艦四隻、航空機一二機、重砲九門をダーダネルス海峡に配置するトルコの計画について、これら軍需品の受注を争った。これらの注文に関して、「オズデスは空軍司令官エルミスト空軍中佐に、クルップの代理人がアンゴラに現在いて（そして秘密裏にオズデスに接触し）、この受注を確保する手段としてイギリスの提示価格の二〇％引きを提案してきたと報告した。他方、財政上可能である限りは、これらの兵器をイギリスに発注する決定に変更はない、との元帥の意向も伝えている[47]」。

英独の競争状態に緊張の度合いが増してくる一方で、トルコ上層部は競争関係にあるこの二国の陣営いずれにも取り込まれることを望まなかった。トルコからすると、理想的にはドイツとイギリスにさらにもう一カ国の供給者を加えることが望ましかった。フランスとイタリアについては、先に紹介した問題によって、どちらの国も第三の供給者としての機能を果たすには適していなかった。したがって、論理的に導き出された選択肢はアメリカとなった。一九三七年、アンカラでのアメリカ大使との面会において、トルコ外務大臣はトルコの要望として、ヨーロッパの二国間の衝突に対する中立的立場の維持と、その政策に従って一定量の兵器を保持することの重要性について説明した。アメリカ大使の報告によれば、アラス博士はトルコ陸軍の高い士気に絶大な信頼を置いており、「軍隊には適切な装備が供給される必要があるものの、これについてトルコは多大な出費を軍備に投じているし、今後も出費は継続されるであろう」[48]。こうした話し合いが行われること自体、トルコの兵器調達における脆弱性が露呈されていたとも言える。アラス博士訪問の目的は、アメリカからヴァルティー製航空機四〇機の購入契約を確保することであった。この契約の明細が決定し、航空機は一九三七年七月に引き渡しの予定であったが、いくつかの事情で納期は遅延した。これらのアメリカ機はトルコの空軍計画の第一段階として旧式機に代替される航空兵力の三分の一に相当していた。アラス博士は「もしヴァルティー製航空機が期日通りに届かなければ、トルコの軍備計画は大いに妨害されると繰り返し強調」し、会見を次のように締めくくっている。「トルコ政府は、軍備計画の実行を国家の最優先事項であると見なしており、その計画全体がヴァルティー製航空機の納入遅延による航空計画の達成の遅れによって阻害されることを大変憂慮している」[49]。

トルコには、その航空計画の遅れを気にかける十分な理由があった。一九三三年、トルコは三一〇機を保有していたが、第一線で実際に稼働できるのはわずか一五〇機であった[50]。一九三七年には、一三一機が稼働機として第一線に配備されていたが、空軍力近代化の一角として「一九三七年、ポーランドから戦闘機四〇機、アメリカ製マーチン爆撃機二〇機、ドイツ製の最新鋭ハインケル爆撃機発注分である二四機のうち一〇機、イギリスからブリストル爆撃機二機を購入した」[51]。

一九三七年におけるトルコの兵器調達事業は、表面的にはイギリスとドイツいずれの陣営にも取り込まれることを避ける目的で実施された政策であったかの印象を受ける。イギリスとドイツの両国が兵器受注を獲得したことは事実だが、トルコは明らかにこの両国以外に発注を振り向ける方向へと進んでいった。したがって、アメリカとポーランドが航空機取引の大部分をトルコから受注することになったのである。実際、トルコの兵器調達においてイギリス製兵器が比較的少なかったことの真の理由は、従来から続いていた厳しい支払条件の緩和化が難航したことによるものであった。ローレン大使はトルコの兵器購入を円滑化する方法を模索し続けており、彼はイーデンに次のように報告している。

「トルコ政府がイギリス製兵器の獲得を望んでいることは火を見るより明らかです。よって、このトルコの兵器需要に対し、わが国の兵器産業が総力を以って応えることを正当化するため、何らかの政治的措置がとられることの重要性については、改めて強調するまでもありません。まして、トルコ海軍向けの艦艇建造ともなれば、その受注獲得において上にあげた政治的措置の意義がより増すことについても、この場で申し上げます」[52]。

一九三七年に発注されたブレニム一二機が納入されると、トルコはさらに一二機以上の追加発注を求めた[53]。ブリストル航空機会社のアベル少佐は、同社が上記契約の受注額三〇万ポンドを二年半も受け取ることができないので、ブレニム一二機に対するトルコの支払条件は同社にとって受け入れられるものではないと考えた。イギリス政府から支払代行や信用保証などの措置を期待できない以上、ブリストルが唯一の解決策としてトルコ側に伝えることができたのは、以前の一二機と同じ納入条件、すなわち契約時に契約額の三分の一を支払い、会社の格納庫において航空機を引き渡す際に残額を勘定する方法であった。アベル少佐は、外務省に対し、ブリストルが置かれている状況と、同社が満足のいく契約条件を得られるよう最大限の努力をしたことについて伝え、理解を求めた。同社は、外交的見地からこの契約の受注が非常に重要であると実感していた。同時に、トルコが国内で航空機のライセンス生産とエンジン製造を可能にするための契約を望んでおり、今回の航空機受注はその先駆けとしての重要性を有していることが明らかであるため、同社に対するアピール度は高かった。しかしながら、このような好条件が提示されたにもかかわらず、同社は財務上の理由からトルコの支払条件を受け入れられないと判断した[54]。

しかし、一九三八年三月にオーストリアがドイツに併合されると、イギリスはついに軍需品発注に関する支払条件の緩和をトルコに対して認めざるを得ない時期が来たことを理解した[55]。五月、イギリスとトルコは兵器向け信用保証協定を締結し、トルコは六〇〇万ポンドの保証額を手にした[56]。トルコの外務大臣はイギリスの支援に最大限の謝意を表したが、一方でイギリスとの同盟案については明言を避けた[57]。トルコには、兵器供給者の選択肢からドイツを排除する意思はなかったのである。一九三八年七月、トルコの新外務大臣メネメンチオグルは、リッベントロップと独土関係について話し合っている。メネメンチオグルは、トルコは自らを中立な立場であると理解していることを明確にしたうえで、「トルコをイギリス依存から自立させるため」、ドイツに対するさらなる軍需品注文の可能性について、その可否を尋ねている[58]。一九三八年九月までに、ドイツは軍需品受注を含む一億五〇〇〇万マルクの信用保証付与をトルコに提案した[59]。トルコはついに、以前から求めていた受注競争状態を自国の武器購入において形成することに成功した。実のところ、トルコはイギリスへの発注を熱望していたわけで、この競争状態により今やイギリスは財布のひもを緩め、トルコは大量の軍需品を獲得する可能性を得ることとなった。トルコが軍艦と航空機の発注量を倍増する可能性をほのめかした際、ローレンはロンドンに「トルコはこれらの兵器をドイツではなくイギリスから購入するはずである」と強調している[60]。そして、イギリスによる兵器信用保証の甲斐あって、トルコはブレニム一二機に加えてさらに六機を発注することができた。さらに、トルコはスピットファイアのライセンス生産についてヴィッカーズと交渉を開始した[61]。

次はギリシャであった。イギリス海軍武官パッカーによれば、「彼（ギリシャ国王）の懸念は、自国の空軍力の弱さにあり、わが国（イギリス）がギリシャを支援するのであればこの分野がふさわしいと語った。だが、わが国は緩和された支払条件の下で航空機供給の支援を与える状況にはない。ドイツがブルガリアへの好意を表明しようとした際に航空機一二機を贈呈したのに対し、わが国はギリシャに航空機の支払期限を延長することさえしなかった[62]」。ギリシャはブレニム一二機の購入を希望しており、総額二一万ポンドに利子五％を加えた額の三分の一を契約時に支払い、次の三分の一はロンドンで航空機を受領したのちに、最後の三分の一はギリシャに到着した際に支払うというブリストル側の条件を喜んで受け入れた。しかし、ブレニム取引は結局失敗に終わった。ギリシャ側は、その支払を行う際にギリシャ国立銀行による七万ポンドの過度の当座貸越を必要としたため、イギリスの銀行に受け入れられなかったからである。さらに、ブレニムの価格が上昇したため、ギリシャ国防評議会は同機発注の見直しを行い、ギリシャ空軍大臣はブレニムよりも安価であることを理由にフランス製ポテ機の購入を推薦した。(63)

ギリシャは三〇〇万ポンドの信用保証の付与を求める形でフランスに近づいた。フランス政府は大筋で認めたものの、ギリシャのメタクサス政権はこの武器購入案を議会での決議に付さず、この信用保証を政府間の公式債務として認めなかった。したがって、信用保証は純粋に商業貿易の形式で設定され、パリ・オランダ銀行と特別に設立されたギリシャ商業銀行団の間の協定の下で運用された。フランスは即座に一五〇〇万ポンド相当の兵器を供給し、一五年間に及ぶギリシャ製品の販売によって相殺することが決定された。(64)

一九三九年、イギリスの再軍備が緊急性を帯び始めると、東欧諸国の武器購入はますます妨げられるようになった。五月、キャメル・レアードがギリシャから二隻の潜水艦建造について照会を受けた。このイギリス企業は、イギリス海軍省に対してこれらの艦艇建造への入札が自由に可能かどうか意見を求めた。同社が応札可能かについては、海軍省による監督のみならず、イギリス海軍将校が指揮する入札試験時に海軍省から通常供給される資材を今回も入手できるかが重要な点であった。海軍省が援助しない限り、キャメル・レアードがこれらの艦艇建造を準備することはできなかった。イギリス海軍は自らの建造計画実施のため資材に余裕がなかったので、「海軍省がイギリスの潜水艦建造に通常供給する物品をこれらの外国艦艇の建造用に供給することは不可能」であった[65]。結局、このイギリス企業は潜水艦入札に応じず、ギリシャがこの時期に潜水艦を獲得することは一切なかった。イギリス陸軍省は、イギリスの再軍備計画に支障をきたすことなく外国の需要を満たすことはできなかったと報告している。当時、ルーマニアは航空機四五〇機を、ポーランドは二五〇機を購入することを望んでいた。これに対して、陸軍省は一九三九年末までに、諸外国に対してわずか一二四機を供給することが精一杯と予測していたのである[66]。

一九三九年までに、武器取引は明らかに東欧各国への懲罰ないし援助の手段として利用されるようになっていた。イタリアの脅威は再びトルコにとって最大の懸念材料となり、トルコは公的な相互援助協定を取り結ぶ形でイギリスとフランスからの支援を得ようとした。トルコがイギリスとフランスとの協定を結びつつあると悟ったドイツは、トルコへの兵器供給体制に対し直接圧力を加えることで、同国との協定締結にいち早く漕ぎつけようとした。ドイツ大使ヴァイツゼッカーは次のように報告している。「私は繰り返して彼らに強調した。この路線（ドイツとの協定締結）をたとえわずかでも逸脱した場合、我々はそれをドイツに敵対する陣営へのトルコの寝返りや我々との信頼関係に対する背信とみなす。その結果、政治的のみならず、経済的その他の独土関係が著しく害されることは疑いない」[67]。この脅迫を説得力あるものにするため、ヒトラーとゲーリングは二四センチ砲六門の引き渡しを保留した[68]。

トルコがイギリスとフランスとの協定に調印すると、ドイツは武器の引き渡しを一切停止した。その結果、一九三九年五月二五日、武器購入と視察のためにドイツにいたトルコの軍事使節団は全員追放され、トルコ向けの注文に対するいかなる作業も今後引き受けないことが通達された。ゲルマニア造船所に配属されていたトルコ使節団は、同造船所がトルコ向け潜水艦一艇の建造を完了し、さらに別の数艇を建造中であったにもかかわらず、翌日から造船所での勤務に従事する必要はない、との通告を受けている。その後、ドイツはトルコ向けに建造中であった残りの潜水艦の引き渡しも拒否している。クルップ、ハインケル、メッサーシュミット工場に配置されていたトルコ使節団にも、同様の通知がなされた(69)。一九三九年九月一日にドイツがポーランドに侵攻した時点で、ドイツが納入拒否したトルコ向けの軍需品内容は、二四センチ砲一〇門、二一センチ砲一二門、一五センチ砲一九門、航空機六八機（戦闘機と爆撃機）、潜水艦一隻、七五センチ対空砲六〇門であった(70)。

6 おわりに

全体として、イギリスとフランスは一九三〇年代において東欧向け武器輸出の中心にあった。しかし、この時期、イギリスとフランスの企業は実際に彼らが販売したよりも多くの兵器を東欧諸国に販売することが可能であった。この一〇年は、とりわけトルコ向け艦艇受注においてイタリアの台頭が見られたことに対するイギリスの兵器製造業者と政治指導者の悲観論で始まったが、締めくくりはイギリスがトルコへ例外的措置として与えた兵器供給の信用保証協定となった。東欧の武器取引に関するより詳細な研究が実施されたことで、ハーカヴィの分析はかなりの修正を余儀なくされた。要約すると、ハーカヴィは「イギリスとフランスの兵器製造業者は、一九三〇年代が進むにつれ、英仏両国が世界に対して共同で形成した影響力と覇権が衰退するのに連動してその力を失ったのであり、その兆候はさまざまな点においても明白であった」と結論していた(71)。しかし、本章で見てきたように、イギリスとフランスの兵器製造業者は、東欧諸国からのかつてない英仏製兵器への需要増大により、東欧市場での影響力を失ってはいなかった。英仏の兵器製造業者によるこれら地域への輸出を阻害したのは、むしろ国内の兵器需要を優先する国家的政策の存在であった。東欧諸国はイギリスとフランスの軍需品を求めて活発な活動を展開していたが、その動きを阻害したのはほかならぬ英仏政府であった。東欧が有利な市場を提供していたことからも、イギリスとフランスの兵器産業は衰退していなかったことがわかる。しかし、それとは全く逆に、彼らの好景気を支えたのは国内兵器需要の劇的増加だったのである。より正確に言えば、イギリスとフランスの兵器製造業者は自国の再軍備向けの兵器需要を賄うのに手一杯であった。英仏の兵器製造業者がいずれも東欧諸国の需要量に十分応えることができなかったのは、英仏両国で自国の再軍備が武器輸出よりも優先されるという事態が生じていたからであった。また、英仏政府による支払保証措置が不十分であったことも、これら企業が東欧の再軍備需要から受注を獲得するのを妨げる要因になった。

[訳：山下雄司]

注

（1）Harkavy [1975] p. 68.

（2）TNA, BT 56/18, Export of Naval Armaments. Summary 23 Jan. 1931.

（3）TNA, BT 56/18, Memorandum. 15 Jan. 1931.

（4）TNA, FO 424/276, No. 21, enclosed in Clerk to Simon, 3 Feb. 1932.

（5）TNA, FO 424/276, No. 25, enclosed in Embassy（Angora）to Simon, 4 March 1932.

（6）TNA, FO 424/276, No. 54, Clerk to Simon, 5 June 1932.

（7）United States Department of State（USDS）, Records of the Department of State Relating to the Political Relations of Turkey, Greece, and Balkans 1930-39, Turkish Fears of Italy, 1 June 1934, #767. 00/54. For details of the immediate Turkish measures to beef up defenses see TNA, FO 424/279, Nos. 18, 22, 26.

（8）TNA, FO 424/279, part XXVIII. no. 44, Consul（Geneva）to Simon, 22 Nov. 1934.

（9）TNA, FO 424/279, part XXIX. No. 1, Loraine to Simon, 26 Dec. 1934.

（10）TNA, FO 424/279, part XXVIII. No. 47 Loraine to Simon, 3 Dec. 1934; Ibid., No. 55, Simon to Consul（Geneva）, 8 Dec. 1934;

Ibid., No. 62, Simon to Loraine, 20 Dec. 1934.

(11) TNA, BT 56/18, Cabinet. Export of War materials and Warships. 21 Jan. 1931.

(12) TNA, FO 371/16286 Dept of Overseas Trade. Memorandum 16 Nov. 1932.

(13) TNA, FO 424/279, part XXVIII, No. 63, Simon to Loraine, 20 Dec. 1934.

(14) TNA, FO 424/279, part XXIX, No. 1, Loraine to Simon, 26 Dec. 1934; Ibid., No. 2.

(15) Académie François Bourdon, Le Creusot, France, Schneider Archive (SA) 187AQ 029-02, Proces-verbal de la Reunion du Conseil de surveillance, meeting 14 Nov. 1932, pp. 1, 40.

(16) SA 187AQ 030-01, Marche des Industries pendant l'exercise 1932-33, p. 1.

(17) SA 187AQ 031-01, Marche des Industries pendant l'exercise 1934-35.

(18) SA 187AQ 033-02, Marche des industries, 1938-39, pp. 4-5.

(19) Thomas, M. [1966] pp. 234-236, 253; Frankenstein [1980] pp. 743-781; Clarke [1977] pp. 414-416.

(20) SA 0064Z 0764-02, contract with Lithuania 20 Sept. 1935; SA 01F 0495, contract with Romania 28 April 1936; 01F 0596-02, contract with Romania 6 Nov. 1936.

(21) TNA, AIR 5/1179, A. A. no. 1011/865/1, 31 Oct. 1938.

(22) TNA, FO 424/279, part XXIX, No. 11, Consul (Geneva) to Simon, 21 Jan. 1935.

(23) Ibid., No. 41, Loraine to Simon, 8 March, 1935.

(24) TNA, FO 424/279, part XXIX, No. 51, Grahame to Simon, 3 May 1935.

(25) *Documents Diplomatiques Francais 1932-1939* (DDF), 1er serie, Tome X (Paris: Imprimerie Nationale, 1981), doc. no. 241, pp. 390-391.

(26) Ibid., p. 390.

(27) *DDF*, Tome XI, No. 24, Kammerer to Laval, 5 June 1935, pp. 28-29.

(28) TNA, BT 11/695 Yugoslav Army Credit. Minute Sheet, 25 Feb. 1937.

(29) Ibid.

(30) TNA, BT 11/695 Eden to Neville Chamberlain, 13 March 1937.

(31) TNA, FO 371/20371 Bentinck to Eden, 16 Apr. 1936.

(32) TNA, BT 11/695, Major Starnge to Campbell (Belgrade), 22 Feb. 1937.

(33) TNA, FO 371/20371 Bentinck to Eden, 16 Apr. 1936.

(34) TNA, FO 371/20371 Bentinck to Eden, 29 May 1936.

(35) TNA, FO 371/20371 Ross to Bentinck, 27 May 1936.

(36) TNA, FO 371/20371 Howard (Sofia) to FO, 23 July 1936.

(37) TNA, ADM 116/4195 S. H. Phillips to Air Ministry and Board of Trade, 2 Dec. 1937

(38) *Documents on German Foreign Policy 1918-1945* (DGFP), Series C, vol. Ⅳ (Washington: United States Printing Office, 1962), No. 43, Ambassador in Turkey to Foreign Ministry, 21 April 1935, p. 74.

(39) *DGFP*, No. 144, Ambassador in Turkey to Foreign Ministry, 8 June 1935, p. 284; No. 449, Ambassador in Turkey to Foreign Ministry, 6 Dec. 1935, pp. 889-891.

(40) TNA, FO 424/279, part XXX, No. 25, Enclosure in Major Sampson to Loraine, 15 Nov. 1935.

(41) TNA, FO 424/280, part XXXI, No. 9, Eden to Loraine, 30 Jan. 1936.

(42) TNA, FO 424/280, part XXXII, No. 93, enclosure in Col. Woods to Eden, 2 Dec. 1936.

(43) TNA, GFM 33/2843, Reichsgruppe Industrie to AA, 13 Jan 1937.

(44) TNA, GFM 33/2843, Reichsgruppe Industrie Die Geschäftsführung to AA, 10 Feb. 1937.

(45) TNA, FO 424/281, part XXXIV, No. 17, Loraine to Halifax, 18 Aug. 1937; Ibid., No. 23, Loraine to Eden, 20 Aug. 1937.

(46) *Akten zur Deutschen Auswärtigen Politik 1918-1945* (AzDAP), Serie D, Band V (Baden-Baden: Imprimerie Nationale, 1953), No. 538, Mackensen memo, 23 Sept. 1937, 598.

(47) TNA, ADM 116/4195, Loraine to Eden, 18 Dec. 1937.

(48) *USDS*, #767. 00/74, Robert F. Kelley to Secretary of State, 15 Nov. 1937.

(49) Ibid.

(50) TNA, FO 424/278, No. 18, Graham to Vansittart, 19 March 1933: Ibid., No. 22, Simon to Morgan, March 23, 1933.

(51) Deringil, S. [1989] p. 33.

(52) TNA, FO 424/281, part XXXIV, No. 80, Loraine to Eden, 18 Dec. 1937.

(53) FO 261/1, Air Ministry to FO, 21 Jan. 1938.

(54) FO 261/1, R. J. Bowker to Major Boyle, Air Ministry, 8 Feb. 1938.

(55) *DDF*, 2e Serie, Tome IX (Paris: Imprimerie Nationale, 1974), No. 509, Corbin to Bonnet, 2 June 1938, 1008.

(56) "Agreement between His Majesty's Government in the United Kingdom and the Government of the Turkish Republic regarding an Armaments Credit for Turkey,: London, 27 May 1938, *House of Commons 1938-9* vol. 28, Accounts and Papers (13), Treaty Series No. 49. Additional information can be found in Jordan, S. R. [1939] p. 32.

(57) *The New York Times*, 21 July 1938 cited in Curtis, M. (ed.) [1942], p. 299.

(58) *AzDAP*. Serie D, Band V, Ribbentrop memo, 7 July 1938, NO. 548, p. 615.

(59) Ibid., Wiehl to Berlin, 15 Sept. 1938, No. 552, p. 620.

(60) TNA, FO 424/282, part XXXVI, No. 29, Loraine to Halifax, 27 Oct. 1938.

(61) TNA, FO 261/1, Bowker FO Minute, 30 April 1938.

(62) TNA, ADM 116/3949 H. A. Packer, naval attaché Athens to Director Naval Intelligence, 12 Oct 1938.

(63) TNA, FO 371/22356, Bristol Aeroplane to National Bank of Greece, 4 Jan 1938; Waterlow to FO, 21 Jan 1938; Major Boyle to Ross, 4 Feb. 1938; Arliotti to Rush (Westminster Bank), 9 Feb 1938 enclosed in Waterlow to FO, 16 Feb. 1938; TNA, FO 371/22357, Hopkinson (Athens) to FO, 7 May 1938; Hopkinson to FO, 12 May 1938.

(64) TNA, ADM 116/3949, Waterlow (Athens) to FO, 29 Dec. 1938.

(65) TNA, ADM 116/3949, Johnson (Cammell laird Co) to Admiralty, 2 may 1939; Coxwell (ADM) to Cammell Laird, 9 May 1939.

(66) TNA, FO 371/23989, Committee of Imperial Defence. Minutes, 20 April 1939.

(67) *DGFP*, Series D., vol. VI, No. 226, Weiszäcker to Foreign Ministry, 18 April 1939, p. 277.

(68) Ibid., No. 321, Weiszäcker to State Secretary, 3 May 1939, p. 416.

(69) *USDS*, #767. 00/87, enclosure No. 4, MacMurray to Secretary of Sate, 4 Aug. 1939.

(70) TNA, FO 424/283, part XXXVIII, No. 134, Knatchbull-Hugessen to Halifax, 4 Dec. 1939.

(71) Harkavy [1975] p. 80.

文献リスト

Clarke, Jeffrey J. [1977] "The Nationalization of War Industries in France, 1936-1937: A Case Study", *Journal of Modern History*, Vol. 49, No. 3.

Curtis, M. (ed.) [1942] *Documents on International Affairs 1938*, Vol. 1, London.

Deringil, S. [1989] *Turkish Foreign Policy During the Second World War: An Active Neutrality*, Cambridge.

Frankenstein, R. [1980] "Intervention et atiqueetrearmemen ten France 1935-1939", *Revue économique*, Vol. 31, No. 4, *Histoire economique: La France de l'entre-deux-guerres.*

Harkavy, Robert E. [1975] *The Arms Trade and International Systems*, Cambridge.

Jordan, S. R. [1939] *Report on Economic and Commercial Conditions in Turkey*, London.

Thomas, M. [1966] "To Arm and Ally; French Arms Sales to Romania, 1926-1940", *Journal of Strategic Studies*, Vol. 19, No. 2.

第5章　戦間期海軍軍縮の戦術的前提
――魚雷に注目して――

小野塚　知二

1　はじめに

本章は、戦間期の海軍軍縮[1]が軍事史的にいかなる前提の下に可能となったのかを描くことを目的とする。海軍軍縮の軍事史的な前提といっても、第一次世界大戦など、それ以前の海戦の経験（すなわち、主力艦が高価なわりに実戦ではいかに役に立たなかったか）を各国首脳たちがどのように認識して軍縮条約にいたったのかとか、大戦期から大戦直後まで続く巨大な建艦計画とその財政負担、あるいは、大戦後の海軍と「死の商人」への怨嗟の声や平和思想の勃興といった、これまでにもさまざまに注目されてきたことがらをあらためて論じようというわけではない。本章は、戦争の手段としての兵器の変化と、それに対応する戦術の変化に注目して、戦間期海軍軍縮を可能ならしめた条件を明らかにすることを目指す。結論を先取りするなら、一方では、兵器と戦術の変化によって戦艦・巡洋戦艦など砲撃を主たる攻撃力として敵艦隊に対峙する主力艦はすでに第一次大戦以前には戦術的に無意味な存在と変じていたのに対して、他方では、主力艦はその後も長く――第二次大戦直前までは――大国の武力と国威を表現する手段として有効であり続けたことを明らかにすることが本章の目的である。つまり、一九二二年のワシントン海軍軍縮条約とは、戦術的には無意味となった兵器体系を削減することを、国内世論・国際世論の前には意味あることと見せる装置であったとの仮説を本章は提示する。いわゆる大艦巨砲主義とは、この無意味と意味の狭間に発生し、肥大化した軍事的な幻想であった。

本章が、戦争の手段としての兵器と、それを用いた具体的な戦闘方法としての戦術に注目するのは、以下のように、近現代の軍事を目的手段関係で了解しようとすることへの疑問に発している。通常、近代組織は、まず目的があって、その目的を達成するのに最も効率的な手段が選択されるという目的＝手段関係の枠組み（目的合理性）で認識される。軍事についても同様にして、まず国家の大きな利害や目的があり、それに従って国家戦略が選択され、その国家戦略に従って軍事上の戦略が決定され、その軍事戦略に適合的な戦術が――むろん想定されるさまざまな状況に対応して――策定され、それらの戦術を遂行するのに必要な用兵術（兵器と兵員をどのように用いて、戦を具体的に行う技それについての考え方）が発生し、そこから特定の具体的な兵器の必要性が認識され、それが開発、生産、配備されるというように、出発点に国家目的があり、そこから目的と手段の因果関係で、最終的に兵器が決定されると考えられがちである。軍事学は常識的にはそのように軍事を説明しようとするし、軍事予算を議会に説得する論理も同様の目的＝手段関係で構成される。しかし、現に発生したできごとの因果関係に注目する歴史家の眼には、そうした目的＝手段関係とは逆の因果連関、すなわち、新種の兵器の可能性が新たな戦術の可能性を開拓し、そこから新しい戦略が発見されるという因果連関も無視できない。目的が手段を規定する事例と、逆に手段が目的を規定する事例とがどれほどの比率であるかについて当て推量を述べることにさほどの意味があるとは思われないが、軍事の大きな転換期には後者の事例のほうがはるかに多く観察されるのではないだろうか。たとえば、銃砲が一四世紀頃に発明され、一六世紀にかけて定着する過程で、ヨーロッパ近世を特徴付ける陸戦の戦術と戦略が確定するのであって、近世の戦略が確立した後に、それに従って銃砲が開発・実用化・配備されたわけではない。一九世紀中葉の製鋼技術の確立、後装（元込）式の銃尾・砲尾機構およびカートリッジ式弾薬[2]の登場によって、欧米諸国や日本では近代的な陸軍・海軍の戦術に転換する。第二次大戦後の米ソの核戦略や冷戦体制は核兵器の登場によって必然化したのであって、冷戦体制が核兵器の発生を促したわけではないし、対日戦を効率的に進めるために核兵器が開発されたわけですらない。ドイツに先を越されないために核兵器の開発を進めたら、大戦末期に初期の原爆が数種類完成してしまったというのが真相である。膨大に投入された予算を正当化するためにもそれを対日戦に投入し、その絶大な威力が確認されたから、戦後も生産と配備が続けられ、その結果として、核戦術、核戦略、さらに冷戦期のアメリカの国家戦略が確立していくのである。因果関係は、軍当局者や国家の指導者が公言しているとおりとは限らないのである。

このように、手段の生成が、用法や目的を、それゆえ、戦術・戦略を規定したという因果関係を仮設して[3]、本章では、以下、まず第1節で帆船／木造船時代から鋼製汽船時代にいたる巨艦の論理と本質的な弱点を概観したうえで、第2節では、一八六〇年代以降、急速に進化を遂げた装甲巨艦への対抗手段として魚雷がいかに構想され、開発され、実用化されたのかを、殊に魚雷を可能にしたいくつかの条件に注目しながら明らかにするとともに、この魚雷が装甲巨艦の存在意義をいかに低下させたかを描き、第3節で戦間期に海軍軍縮が可能となった軍事史的な前提条件と軍縮条約の客観的な効果を明らかにする。

2　装甲巨艦の論理とその弱点

装甲巨艦[4]とは、敵の砲撃により撃破されない堅固な装甲を施し、かつ、敵の装甲を撃破しうる強力な砲を備えた軍艦で、必然的にそれは巨大な船となる。実際にそのような軍艦が相次いで建造されるようになるのは一八六〇年前後であるが、九鬼水軍の鉄甲船や李朝水軍の亀甲船の伝説に示されるように、その基本的な発想は水上の城である。よく防御された城郭と同様に、敵の切り込みや、火矢・焙烙玉《ほうろくだま》など火を用いた攻撃から自らを護るとともに、接近する敵には一方的に弾や矢を浴びせ掛ける、防御は厚く、攻撃力の強い船が装甲巨艦の考え方である。

(1) 木造帆船時代の海戦——接近戦のための巨艦——

発想としては古くからあっても、それが一九世紀中葉まで実用化しえなかった理由は、二つある。ここからは近世・近代の西洋海軍を念頭において考察する。第一に、船全体を防御するのに必要な厖大な量の鉄板を用意するのが難しかったし、たとえそれが可能であっても、そうした装甲は船の重量と重心と価格を押し上げ、性能を低下させた。殊に木造帆船時代の西洋軍艦の到達点である戦列艦（ship of the line, line-of-battle ship）では、敵艦に対する優越性の大部分は、近接砲撃や、接舷しての切り込み攻撃に有利な乾舷（水面上に出ている船体）の高さで決まっていたから、砲を上下二層に備えた船よりも上中下の三層に配置し、その分乾舷の高い船が強いと考えられた。しかし、その高い乾舷をすべて装甲すれば、船は重くなり過ぎ、また重心が極端に上がり、ごくわずかの風浪で転覆してしまい、実用的ではない。第二に、沿岸を航走するだけなら、古代以来のガレー船のように巨艦を手漕ぎで推進させることもそれほど非現実的ではなかったが、大航海時代以降、遠洋を長距離航洋する能力を求める場合は帆装は絶対的に不可欠で、軍艦の主流も橈漕から帆走に転換した。帆船の帆装は装甲によって防御できないから敵の攻撃に対して脆弱な部分として残ってしまい、火を用いた攻撃や、鎖などで連結された砲弾による攻撃で、索具や帆柱、帆桁などが損傷すれば、橈漕能力を欠く帆船は操船能力が低下し、逃げ切れないし、悪くすれば切り込み隊の餌食となってしまうこともある。

つまり、帆船は本質的に装甲では防御できないのである。それゆえ、帆船軍艦は通常は装甲を施されない。敵の攻撃に対するこうした脆弱性が、ながく放置されたままだったのは、帆船時代の海戦は、敵艦を完全に殲滅するという考え方では戦われなかったからである。戦列艦同士の海戦は、典型的には、縦一列に並んだ艦隊が、同様の縦一列の敵艦隊と並走して、舷側から砲撃を浴びせ掛けることで始まる。その帰趨は三つの要素で決まる。①海戦を有利に展開し、また不利な場合は逃げることが可能な操船能力と速力。②逃げようとする敵艦が逃げ切る前に大量の砲弾を浴びせることが可能な砲門数。③敵艦の甲板上の水兵や索具を上から砲撃できるように、砲が高い位置に装備されている（乾舷が高い）こと。①から戦列艦は三檣（三本マスト）全帆装艦（three-masted full-rigged ship）となるが、帆装に対して船体が大きすぎないほうが操船能力や速力の点から望ましいし、乾舷が高すぎれば帆装の高さが制約される。逆に②と③からは船体が大きく、乾舷の高い船が求められる。この相反する要求から、戦列艦の大きさは、一〇〇門、三層で、長さ一〇〇メートル、排水量三五〇〇トン程度が限界となる。

当時の数キロから一五キロ程度の重量の、単なる鉄球の砲弾は何発命中したところで、巨艦の構造自体に致命的な損傷は与えず、砲撃による撃沈や撃破はありえなかったから、不利な側がその海域から去ることで通常は海戦は終わった。艦長の判断ミスや操船能力の低さゆえに逃げる機会を失うと、敵艦に接舷され、切り込み隊が侵入してくることもありえたが、艦上・艦内での白兵戦は切り込んだ側が一方的に有利というわけでもないから、接舷・切り込みによって敵艦を完全に制圧するなどということは通常は目指さず、敵艦隊を一定の海域より追い払えば勝敗の決まるのが海戦の通常の姿であった。これは陸戦でも基本的に同じことで、相手が死守しようとする堡塁や塹壕に切り込んで白兵戦でこれを制圧することが不可能ではないにしても、自軍にも非常に大きな犠牲を払わせるから、普通はそこまで攻め込まず、相手の撤退を待ち、また撤退するように誘導するのが常道である。

木造帆船時代の海戦とは、海上を移動可能な城が多数集まって陣地を構成し、敵を撤退させれば戦闘は終了するという陣地戦だったのである。当時の砲の性能から、数十ないし数百メートルの距離での戦闘が基本だから、陸上の両陣間の距離よりも短い接近戦だが、相手が逃げればそれで終わりである。個艦同士では接舷して切り込み隊が制圧し、焼き払うという仕方で敵艦を殲滅することがまったくなかったわけではないが、艦隊としてみた場合、そのうち一部が殲滅されても、旗艦を含む艦隊の大部分は生き残るのが普通で、生き残っても逃げたほうが負けというのが海戦の基本的な姿であった。

こうした戦の形、つまり戦術を規定していたのは、戦略や国家目的ではなく、戦の物的手段の側であった。実用的な射程がたかだか数百メートルの鋳鉄製の前装（先込）の短砲身砲を備えた木造の帆船では、こうした戦いが合理的だったのであって、無理に相手を殲滅しようとするなら自分の側も大きな損害を覚悟しなければならなかった。それは戦の今一つの手段、すなわち兵士の側も同様で、強制徴募隊で暴力的に水兵を掻き集めなければ船を動かせない時代の海軍にあって、恒常的に掠奪行為による利益を保証でもしない限り(5)、水兵を切り込み隊の白兵戦になど駆り立てられなかったのである。

(2) 装甲巨艦の誕生と前時代からの連続性

こうした海戦のあり方に変化をもたらしたのも、やはり戦の手段の側の変化であった。その変化とは、①純帆船から汽帆船、さらに純汽船への変化、②装甲の導入、③木造船から鉄製・鋼製船体への変化、④鋳鉄製の短砲身砲から、鋼管焼き嵌めにより製造された長砲身施条砲への変化であった。

これらの変化は一度に実現したわけではなく、まず、各国で純帆船軍艦の汽帆船化（①）が試みられた。たとえば、幕末の日本に来航したペリーの艦隊四隻のうち二隻は汽帆船であったが(6)、この頃の汽帆船は帆走が主で、出入港時の操船を容易にし、また、無風時の航海を可能にするための補助的な動力として小型の機関を備えていた。補助的とはいえ汽走能力を備えた結果、装甲では防御できない帆装索具の脆弱性から艦船は解放され、帆走への依存性の低下した艦船は、帆装に損傷しても機関と推進器である程度の速度と運動能力を保持できるようになった。

次に、フランス海軍の木造汽帆船（三檣フリゲート）のラ・グロワール型（La Gloire：一八五八年起工、一八六〇年竣工）が舷側に装甲を施すことによって、航洋性のある軍艦として初めて、敵砲弾が万一命中しても船体と内部に損傷が及びにくい防御力を獲得した（②）。これは装甲以外は古い戦列艦時代の発想を色濃く引き継いだ軍艦であったが、これに対抗するためにイギリス海軍が急遽開発したウォーリア（Warrior：一八五九年起工、一八六一年竣工）では船体も鉄製となり、また旧型の木造戦列艦より船体がはるかに細長くなって高速化が可能となり、排水量も増加した（③）。このウォーリア以降、ヨーロッパ諸国では鉄製の装甲艦が次々と建造されるようになり、一八六〇年代には木製艦の陳腐化が急速に進行した。船体の主材料が木から金属に変わることで、火を用いた攻撃への脆弱性は極小化した。グロワールもウォーリアも三檣の汽帆船で、帆柱・桁・綱などが甲板上の空間を占めるため、後の戦艦のように甲板上に大口径砲の旋回砲塔を設置することはできず、小規模な砲を舷側に多数配備するという古い武装配置を保持しているが、装甲という新しい要素が導入されたため、砲の配置方式にも従来とは異なる特徴が生まれている。装甲面積をできる限り小さくし、また重心の上昇を防ぐために、従来の三層砲から、低乾舷の舷側に一列に砲が並ぶ配置に単純化された。ただし、砲の威力は、砲弾重量で比べるなら三ないし四倍に増強され、砲門数は三分の一程に減っているし、砲が大型化したため、旧型艦の射程外――とはいえたかだか一〇〇〇メートル程度――より砲撃することが可能になっている。古い戦列艦の、接近して敵艦のあちこちに小さな砲弾を当てて徐々に能力を奪っていく――その過程で先に不利と判断したほうが海域を退く――という発想から、非装甲の脆弱な敵艦に大きな砲弾が一発でも当たれば従来とは比較にならない大きな損害を与えるという発想に転換したのである。この砲の配置は、一九世紀末に登場する近代的な戦艦（battleship）の副砲配置にそのまま継承されることとなった。

(3) 装甲巨艦の進化方向——遠隔攻撃への転換——

ここに、装甲で敵の砲撃から自らを護り、威力の大きな砲で敵艦に大きな損傷を与えるという装甲巨艦の発想が始まる。これは、矛盾の故事が語るように文字どおり自己矛盾を孕んだ発想である。もし自国の軍艦が世界最強の砲と装甲を装備したなら、他国はその砲の攻撃から己を守る堅固な装甲と、その艦の装甲を打ち破る強力な砲を装備するであろう。実際に他国が直ちにそうした行動をとらなくても、潜在的にはその方向に進化せざるをえないから、装甲巨艦の発想は、自国軍艦の絶えざる強力化を必然とする論理を内包することになった。これは、第二次大戦後の米ソ核戦略と同様に、自己の姿を鏡に映して、そこに「敵」の姿を見いだすことによって双方の軍備拡張が進められるという、軍拡や対立の鏡像的な性格を表している。

このように本来的な矛盾を孕む方向に進化したのは、一八六〇年代以降の装甲巨艦が、それ以前の接近戦・陣地戦を行う発想から脱して、より遠くからの攻撃で敵に大打撃を与えるという遠隔攻撃の発想に転換しえたからである。遠隔攻撃は砲の巨大化により可能となり、また遠隔攻撃で有利に占位して、不利になればいち早く危地を脱するための高速化は機関技術の進化（三連成機関を経て蒸気タービンへ）や、船体と推進器の洗練によって可能となり、砲の巨大化と高速化を達成するために船体は際限なく大型化することになったのである。二〇世紀のド級期に入って顕著となる大艦巨砲主義に連続する主力艦の巨大化は、実は一八六〇年代には始まっていた。しかも、第3節で詳述するように、この海軍戦術の変化は、それを無効化する手段すなわち魚雷の開発・実用化や魚雷に対応した新艦種の登場および海軍戦術の変化とほぼ同時に、相互規定的に進行したのであった。

装甲巨艦の方向に大きく一歩を進めたのは、イギリス海軍の主任造船官を努めたJ・リードで、一八六八年に設計した砲塔艦のデヴァステイション（一八七三年竣工）は、帆装を全廃し、装甲鈑はウォーリアの二ないし三倍（一二

〜八・五インチ）にまで厚くなり、砲も飛躍的に巨大化した[7]。以後二〇年ほどの紆余曲折はあったものの、後装砲の採用、鋼と鉄の混成装甲鈑、全鋼製船体などの革新を実現したコロッサス（一八八六年竣工）を経て、ロイアル・ソヴリン（一八九二年竣工）によって前ド級戦艦の標準が確立した。ほぼ同じ頃に、フランス、ドイツ、イタリア、ロシア、オーストリア＝ハンガリー、やや遅れてアメリカ、日本の各国も前ド級艦の大量配備に乗り出し、列強海軍は建艦競争（The Naval Race）の時代に入った。

いったんは、厚さ一二インチの装甲鈑と口径（砲身内径）一二インチの主砲四門に落ち着いた前ド級戦艦は、一九〇六年のドレッドノートの出現によって、高速性を獲得しただけでなく、主砲砲門数を二〜三倍に増強した。前ド級戦艦の最大速力一四〜一八ノットから、ド級戦艦では二一〜二三ノットへ、ド級期以降に登場した巡洋戦艦という新艦種では二五〜三二ノットへと、飛躍的に高速化しているが、その目的は、いち早く重要海域に駆け付け、有利に占位し、不利になればいち早く危険水域を逃げ出すことにあり、この点では、一九世紀末〜二〇世紀初頭の戦艦は近世戦列艦以来の発想を継承しているが、殊に遠隔攻撃の時代になって高速性はとりわけ重要な意味をもつようになった。主砲の数を増やしたのは、多くの砲弾を命中させて敵艦を撃沈する確率を高めるためで、この点では、砲撃が撃沈を目指していなかった古い軍艦の発想を脱している。砲撃による敵艦隊の殲滅は、確かに、日露戦争日本海海戦（対馬沖海戦）で鮮やかに実現しはしたのだが、それはさまざまに偶然的な幸運な条件の重なりの下に実現したことであって、世界のどこでも、いつでも実現できることではなかった。だが、遠方からの砲撃で敵艦を撃沈するという、一九世紀末以来の世界の海軍の夢は、この一度の経験によりにわかに現実味を帯びて、戦艦のド級への進化を促した。

この進化の勢いは強く、まだド級艦への転換が世界海軍で完了していない一九一二年にはド級をさらに上回る高速性と格段に強力な主砲攻撃力を備えた超ド級の時代へと移行することとなった。前ド級からド級期までの主砲は一二インチ砲が標準で、長砲身化（三五口径から五〇口径まで[8]）によって威力の増強を図っていたが、超ド級期以降は大

図5－1　戦列艦／戦艦の巨大化（排水量トン）

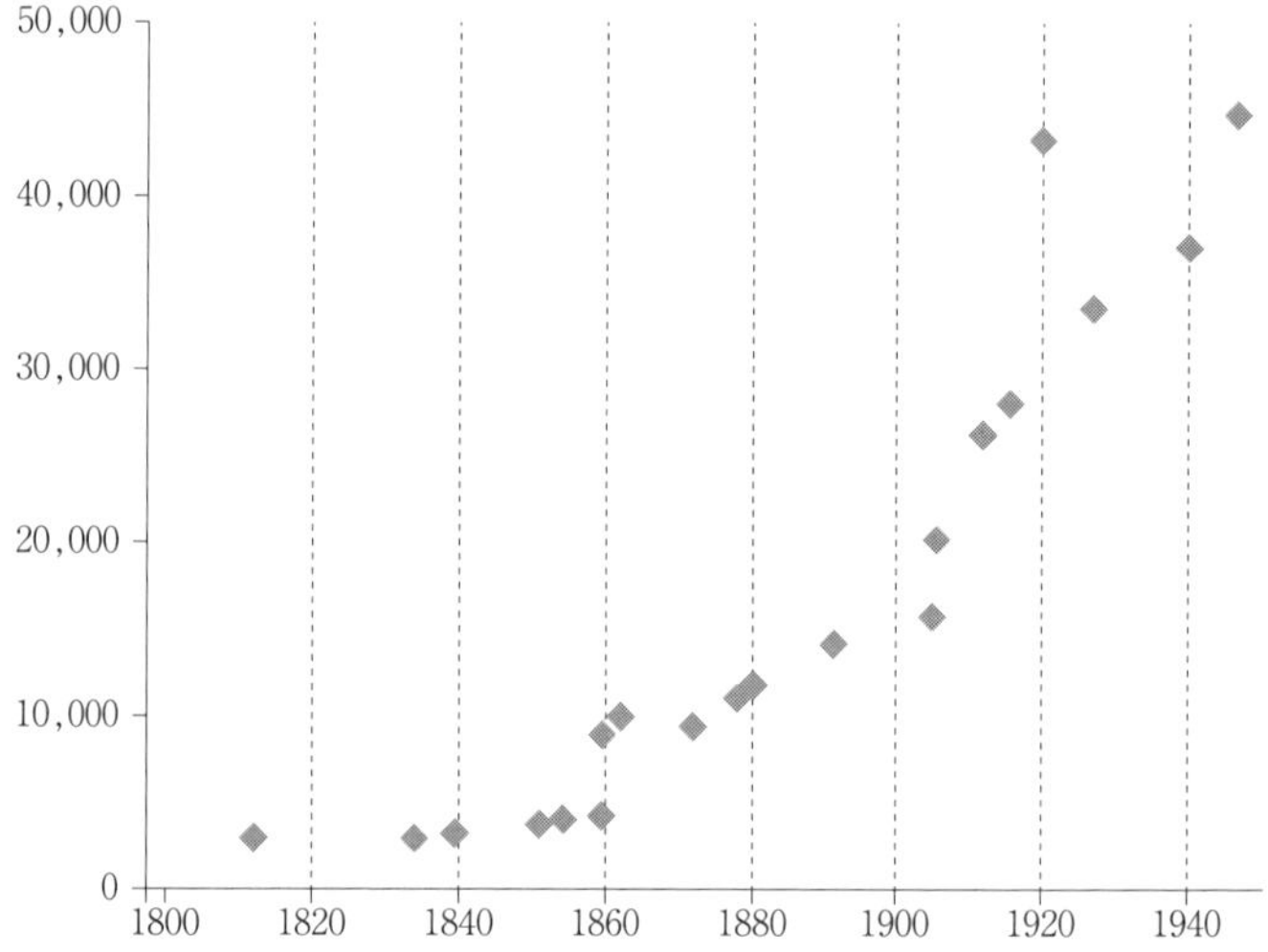

口径化し（一二インチから、一三・五インチないし一四インチを経て、一六インチないし一八インチにまで）、砲弾重量は一二インチ砲の三八五キロから、一六インチ砲では一一八〇キロ、一八インチ砲では一四七〇キロにまで重くなっている。このように長砲身化、大口径化し、また砲弾重量を大きくする方向に主砲が進化した最大の目的は、射程を伸ばして、敵の射程外から敵に砲弾を浴びせることにあった。なお、海上に浮く城としての堅い護りの要は装甲だが、装甲鈑の最大の厚さ自体は前ド級期から超ド級期を通じてほぼ一二ないし一三インチ程度を推移したが、材質の絶え間ない改良によって、重量増加を招かずに防護能力は格段に高められている。

このように、武装を強化し、速力を高めるために装甲巨艦は、大型化し、ウォーリアの排水量が九〇〇〇トン程度だったのに比べ、前ド級艦では一万五〇〇〇トン、ド級艦では一万八〇〇〇～二万トンへ、超ド級では二万五〇〇〇～四万トンへと巨大化している。図5－1に見られるとおり、近世戦列艦は汽帆船時代に入っても、本節(1)で述べた理由から、排水量三〇〇〇トンないし四〇〇〇トン程度の規模で安定していたが、ラ・グロワールとウォーリアの出現で一挙に二倍以上に大型化し、前ド級艦の出現（一八九〇年前後）で、さらに一・五倍程に大型化した。その後、ド級艦の出現（一九〇六年）以降は大型化も急激になり（いわゆる大艦巨砲主義の時代への突入)、ワシントン軍縮条約直前までのわずか二〇年ほどの期間に前ド級艦の三倍に巨大化している。

(4) 装甲巨艦の三つの弱点

こうして際限なく巨大化する装甲巨艦は一見すると、同級の敵艦の主砲弾が急所(vital part)にまともに命中しない限り、無敵のようにも思われるが、実は、そこにはさまざまな弱点があった。

第一は、巨大化に伴って費用が急騰する割には有用性はほとんど高まらないという弱点である。図5-1からもわかるように、ド級期以降の急激な巨大化は、一九二〇年代に入って明らかに鈍化している[9]。その理由は、まず、一九三〇年代中葉に海軍軍縮条約が破綻するまでの間は、条約の制限内(基準排水量三万五〇〇〇トン)に留まる必要から巨大化が制約されていたということもあるが、より本質的には、巨大化する戦艦が進化の限界に到達していたからである。この問題については後で詳しく論ずるが、それゆえに、軍縮条約破綻後も、戦艦の巨大化はほとんど進展せず、アメリカ、イギリス、フランス、イタリアの四国(すなわち日本以外のワシントン軍縮条約締結国)では、軍縮条約直前の最大艦の水準をほとんど超えていない。その水準を大きく超えた数少ない例外が、日本の大和・武蔵と、ドイツのH型およびJ型(いずれも計画のみ)であるが、それでも一九二〇年から二〇年間かけておよそ一・五倍に拡大しただけであり、巨大化の速度は明瞭に鈍化している。この第一の点については、すでに、第一次大戦後の平和主義世論と財政制約の問題として、また第一次大戦では主力艦の艦隊決戦がほとんど発生していないこと、唯一の例外のユトランド沖海戦では主力艦の遠距離砲撃の効果が非常に低かったこと、また、この海戦が大戦全体の帰趨にほとんど意味のある影響を及ぼしていないことなど、さまざまに論じられてきたので、ここではこれ以上論じない。

第二の弱点は主砲の大型化と長射程化に関わる。前ド級からド級までの主砲の標準であった一二インチ砲の有効射程はたかだか一五キロほどだったが、一六インチ、一八インチ砲では四〇キロほどにまで射程は延伸している。しかし、この長射程化は射撃管制に関する本質的な困難を招来して、第一次大戦期以降の超ド級艦の有効性を大幅に減殺させる原因となった。索敵や測距のための檣楼の高さを水面上四〇メートルほどとすると理論上の見通し距離は二〇キロ強となるが、実際の視界は霧や飛沫、波浪などに遮られるから、いかに好天に恵まれても、光学的に精密に観測可能な距離は実質的には一五キロ程度に留まらざるをえない。これを越える距離を砲撃するためには、航空機による索敵と着弾観測か、レーダーによる索敵・測距が必要となる。もし、航空機を用いるのなら、その航空機に爆弾や魚雷を搭載して敵艦近くから攻撃させるほうが命中率は遠距離砲撃よりはるかに高くなる。また、短距離砲撃では砲弾はほぼ横から敵艦に突入するが、長距離砲撃では砲弾は大きな放物線を描いてほとんど真上から目標に突入することになり、非常に微細な照準の差でも着弾は目標のはるか手前やはるか奥に分散してしまい、単に距離が伸びたこと以上に命中させるのは飛躍的に困難になる。相手を一発で撃滅する発想から巨大化の方向に進化した大砲は、しかし、その発想を突き詰めれば突き詰めるほど、単位時間内の発射弾数を減らし、しかも遠距離化することにより、滅多に当たらない、殊に敵艦の致命的な場所にはまず当たらない兵器になってしまったし、運良く命中しても装甲鈑でその威力を減殺されてしまう。巨砲と装甲との矛盾は巨艦の方向に進んでも一向に解消されなかったのである。

第三の弱点は、装甲巨艦がいかに堅固に防御しても、水線下の非装甲部分は防御し切れないという点にある。砲弾は水中に突入すると威力が大幅に減殺されるため、舷側の装甲は水線（喫水線）を中心に上下数メートルの幅で帯状に施される。水線よりはるかに上は砲弾が命中して破孔ができても、大量の浸水の危険性はないし、水線部付近の船体内を貫く防護甲板で船底部への浸水は防げるので、装甲は水線部付近に限定される。したがって、装甲巨艦のアキレス腱は水線下の非装甲部分となる。そこは、船体の構造上の強度を保つに足るだけの普通鋼板でつくられており、爆発物を至近で用いれば、強烈な衝撃波で鋼板に破孔を穿ち、また鋼板の接合部を破壊して、大量浸水・撃沈をもたらすことができるのである。

この第三の弱点そのものは古代から知られており、艦船の船首部水面下に衝角（battering ram：すなわち破城槌の海戦版）を設けて、敵艦の側面に体当たりすることで大量浸水を引き起こす戦法そのものは決して新しいことではない。実際に、砲撃には強い抵抗力を有するはずの装甲巨艦でも、水面下への攻撃には脆弱なことは装甲艦の登場直後に実戦で露呈していた。一八六六年七月二〇日のリッサ海戦において、優勢なイタリア海軍の装甲艦（殊に元旗艦の甲鉄艦イタリア国王（Re d'Italia））が劣勢のオーストリア＝ハンガリー帝国海軍の甲鉄艦フェルディナント・マックス大公（Erzherzog Ferdinand Max）の衝角攻撃を受けて沈没したことで、装甲巨艦時代に突入した直後に、この第三の弱点は実証されたのである。次節で見るように、水線下の非装甲部分を打撃するという水雷の発想が独立期のアメリカ合衆国や南北戦争期の南軍において盛んに試されはしたものの、それを実用化の方向に進めたのがオーストリア＝ハンガリー帝国においてであった理由はここに求められよう。

3　魚雷の実用化

(1)　水雷という発想とその難点

この第三の弱点を叩く兵器の発想は、水雷[10]（torpedo：シビレエイ）として一八世紀末から断続的に追求されてきた。装甲巨艦の進化方向には根本的な自己矛盾が解消されないままに含まれているとはいえ、その装甲を砲弾で撃ち破るのが容易ではない以上、装甲巨艦を攻め落とす途は砲撃以外のところに求められざるをえなかったのである。厚い鱗に覆われ、獰猛な歯をもつ巨魚も、シビレエイの電撃を下腹に受ければ無力化するという考え方は、イギリス海軍のような近世から現代を通じて世界で優勢であった海軍よりは、むしろ小国海軍・劣勢海軍を魅了して、さまざまに試みられてきた。

陸上の城郭・要塞・堡塁なら、正面から破城槌で攻撃したり、古典的な兵糧攻めや水攻めを敢行するほかにも、臼砲や迫撃砲で、敵の頭上から砲弾を降らせるという戦術がありえたし、工兵が塹壕やトンネルを掘り進んで、遮蔽された状態で敵に肉薄して爆発物を仕掛けるといった戦術も可能であったが、いずれも相手が動かないからできることで、装甲巨艦には、それがたとえ、いかに鈍足であっても通用しないし、水に浮かんでいる以上、塹壕やトンネルで接近するという方法も不可能である。

しかし、何らかの仕方で装甲巨艦に肉薄して、その水線下の非装甲部分付近で爆発物を爆発させれば、装甲艦であっても構造を破壊し、大量の浸水をもたらして、無力化・撃沈できるというのが、水雷・魚雷の基本的な発想である。この発想の根本的な難点は、その爆発物をいかにして目標まで誘導して、接近・爆発させるかという点にあった。すなわち猫に鈴を付けようとする鼠の発想と同様の難点である。

空中を砲弾が飛ぶのと、水上・水中を爆発物が移動するのとでは本質的な相違があり、それが、この難点の原因となっている。砲弾の速度は砲口を出た時点では秒速七五〇メートルほどに達しており、しかも砲弾の比重は空気に比べて七〇〇〇倍程あるから、飛翔中に空気から受ける影響は小さく、砲弾の速度は急激には低下しないし、横風などの影響も小さい。それゆえ、砲弾は撃ち放しでも、相当程度予測可能な弾道を飛んでいく(11)。これに対して水雷を水中で移動させようとすると撃ち放しでは数メートルしか前進できない。それゆえ、誰が・何が爆発物に運動エネルギーを供給し続けるかが、魚雷が実用化するために解決しなければならない一つの問題である。さらに、魚雷と海水の比重はほぼ同じだから、水中を移動する間に、海面と海中との水温差（＝比重差）や海流の影響を受けて、針路は上下左右に大きく狂わされる。それゆえ、砲弾のように予測可能な弾道を運動するわけではないから、水雷に水中で予期の針路を維持させることができなければ、命中はおぼつかない。針路を維持する機能を与えなければならないという点が、魚雷が実用化するために越えなければならない第二の問題である。

(2)　さまざまな水雷の試み――自爆テロの元祖――

これら二つの難点は当初は、人が爆発物に移動のエネルギーを与え、人が爆発物を目標まで誘導するという、完全に人的なシステムとして解決することが目指された。アメリカ独立戦争期にブッシュネル（David Bushnell, 1742-1824）が開発した甕型潜水艇は、手動のスクリューで前後および上下に移動して、敵艦（イギリス海軍の巨艦）の下腹部に水雷を付着させ、離脱後に時限装置で爆発させるという構想の兵器体系であった。同様に、アメリカ人の発明家フルトン（Robert Fulton, 1765-1815）も帆走可能な人力潜水艇[12]を開発し、敵艦への水雷攻撃を構想した。また、水上の動力付き小艇で、夜陰や海霧に紛れて敵艦に接近して、長い棒の先に装着した爆発物を前下方の水面下に繰り出して敵艦の下腹部を攻撃する棒水雷（spar torpedo）も一九世紀後半まで繰り返し試みられ、一八七〇年代までは実際に各国海軍に配備されていた[13]。いずれも、潜水状態あるいは夜陰や海霧に隠蔽された状態とはいえ、停泊中の敵艦に極めて低速で肉薄して、水雷を仕掛けて離脱するという発想は、現在の自爆テロ攻撃にも通ずる向こう見ずな戦法といえよう。遠隔攻撃の方向に進化しようとした装甲巨艦の論理への対抗手段は、肉薄攻撃の論理として発見されたのである。

しかし、こうした肉薄攻撃は、敵に発見されれば攻撃敢行の前に強力な火力で反撃されるし、運良く攻撃を全うできたとしても、自分も爆発に巻き込まれるが危険性が高い。こうした戦法の現実性は、①敵艦が停泊中か沿岸・湾内を低速航行中で、②水雷攻撃に無頓着で備えをしていない状態であるうえに、③「勇敢で英雄的な戦士」が我が身の危険をかえりみずに肉薄攻撃を敢行することにより保証される。すなわち軍事的に弱小な側の強烈なナショナリズムが必要条件である。その後、潜水艇が動力付きに変わった後も、敵艦に肉薄して爆発物を仕掛ける、あるいは至近より魚雷を発射するという戦法は、ドイツ、イタリア、日本などで第二次大戦期まで一貫して追及されており（たとえば人間魚雷回天）、自爆テロまがいの人的システムという性格は魚雷の歴史の重要な一部を構成していると考えることができるだけでなく、現在にいたるまで、堅固に防御された敵を、軍事的に劣る側が攻撃しようとする際の基本的な戦法であって、水雷の草創期から、小型潜水艇、第二次大戦末期の日本軍の諸種の特攻を経て、現在の自爆テロにいたるまで近現代の軍事の無視しえぬ一面である。こうした攻撃を敢行する兵士の士気や犠牲的精神を支えるのは、表向きには英雄的なナショナリズムや愛国心であり、その背後では、しばしば、隠微な誘導・脅迫・強制と薬物とが兵士を危地に赴かせる手段として利用され続けてきた。

(3) 魚雷の完成——先端技術兵器としての魚雷——

水面下の爆発物で巨艦を撃破する発想は、このように英雄的ナショナリズムの、また大衆操作技術の時代の産物であったが、適切な推進手段と誘導手段を備えない自爆テロまがいの兵器では、普通に用いうる兵器にはならない。こうした水雷の発想を一挙に実用化の方向に具体化したのも、やはり手段の側の変化であった。

推進と誘導の両面で水雷を魚雷へと進化させ、難点を技術的に——英雄的にではなく——突破したのは、オーストリア＝ハンガリー帝国の港湾都市フィウメ（Fiume：現在のクロアチア共和国リエカ（Rijeka）市）の二人の人物であった。オーストリア＝ハンガリー帝国海軍士官であったルピス（Giovanni Biaggio［Ivan Blaž］Luppis, 1813-1875）は、一八五九年頃より、当時、各地で用いられ始めた棒水雷をより取り扱い容易な——攻撃側がより安全に用いることのできる——兵器に改良するための努力を始めた(14)。当初は、水上の無人小艇に爆発物を装着して、ゼンマイ仕掛けや帆装で自走させ、岸辺より紐で遠隔操作して、沿岸に接近する敵艦を攻撃するシステム（「岸辺の護り（salvacoste, Kustenretter）」）を考案した。この考案は、皇帝の後押しも得て、新型水雷開発のための帝国海軍委員会の設置にまで到ったが、同委員会は、「より効率的な推進方式と制御方式が開発されえない限り、この兵器を好意的に扱うことはできない」との結論を出した。(15) 爆発物の移動手段を無人化することで、自軍兵士を肉薄攻撃の危険に曝すことなく、敵の巨艦を無力化しようとした発想そのものは、アイディア倒れの従来の水雷の試みとは一線を画する進化であったが、それを実用化する技術的な裏付けがルピスには欠けていたのである。ルピスは友人の陸軍工兵中佐デ・チョッタ（Giovanni de Ciotta）に相談を持ち掛け、その仲介で、一八六三年六月頃には、フィウメで機械工場を営んでいたイギリス人技師ホワイトヘッド(16)（Robert Whitehead, 1823-1905）と知り合った。ホワイトヘッドは水雷の無人化というルピスの発想を実用化するために、水雷を潜水状態で走らせる魚形水雷（fish torpedo）ないし自動水雷（automobile torpedo）の基本的な仕様を開発した。水上ではなく水中を移動させる方式を選択したのは、水中のほうが敵に発見されにくく（この点は、アメリカ人の有人水雷草創期の諸種の試みと同様である）、風波の影響を受けにくく、また、水中深くで敵艦の船底部付近に打撃を加えるほうが、水線部付近に打撃を与えるよりはるかに効果的と考えられたからである。

無人の魚形水雷を走らせるためにホワイトヘッドは、圧縮空気で駆動する機関を発明した。五〇気圧程度に圧縮した空気を魚雷内部の気室に閉じ込め、それをシリンダーに導いて断熱膨張させながらピストンを駆動することで、魚雷尾端のスクリューに推進力を与える仕組みであった。(17) これが、オーストリア＝ハンガリー帝国海軍委員会の要求した、推進方式上の革新に当たり、この圧縮空気技術がその後一世紀以上にわたって魚雷の動力の根幹をなした。

ホワイトヘッド社の蓄積した圧縮空気の技術は、その後、超音速空気力学の研究にも大きな役割を果たすことになる。オーストリアの哲学者兼数学者であったマッハ（Ernst Waldfried Joseph Wenzel Mach, 1838-1916）は、プラハ大学の実験物理学講座の教授であった一八七〇年代から八〇年代にかけて、超音速気流の研究を進めるが、超音速気流中の物体が衝撃波を発するさまを視覚的に確認するために写真で撮影する方法を模索した。空気中の乱れを写すシュリーレン撮影法自体はテプラー（August Joseph Ignaz Toepler, 1836–1912）によって一八六〇年代にはほぼ確立した技術であったが、安定的に超音速気流を発生させる技術が当時はどこにもなく、マッハがたどりついたのが、フィウメのホワイトヘッド社であった。同社は風洞中に圧縮空気を一挙に放出させることで、短時間だが超音速気流を発生させることを可能として、マッハはテプラーの弟子の物理学者ザルヒャー（Peter Salcher, 1848–1928）や写真家リーグラー（Sandor（Alessandro）Riegler）の協力を得て、一八八六年に衝撃波の写真撮影に成功する。以後、ドイツ語圏は超音速研究の中心となり、遷音速領域で主翼上面に衝撃波が発生するのを遅らせるための後退翼の技術も一九三〇年代にドイツで定式化された。それは、戦後、連合国に伝えられて、ジェット機時代を支える基礎技術の役割を果たしたのだが、その原点に位置したのがホワイトヘッド社によって実用化された超音速風洞だったのである[18]。

もう一方の制御方式については、ホワイトヘッドは魚雷の深度を一定に保つ深度調節器（depth regulator）を開発して、陸上・艦上より海面に向けて発射された魚雷がそのまま水中を沈降して海底に突入したり、逆に水面に浮上したり、また、敵艦の下を通り抜けたりすることのないように、予め定められた一定の深さを航走する方法を確立した[19]。これは魚雷に組み込まれた機構により、外部からの誘導なしに、魚雷自体の運動を制御する仕組み、すなわち自律制御技術を備えた運動体の最も早い実用例となり[20]、その後のミサイルや航空機、さらにロボット兵器の制御技術の原型は、一八六〇年代にホワイトヘッドによって開発されていたのである。無人の運動体の姿勢変化（つまり加速度）を検知する機構（現在ならジャイロセンサーなど）を備え、それを舵に連動させれば、一定方向への航走・飛行を可能にすることができるし、運動体の先端に設けたプロペラ等の回転数で航走・飛行距離を測定できれば、予め定めた一定の地点で爆発させることも可能である。また、加速度が正確に検知され、それを計算機で積分して速度、さらに距離を求めるなら、現在知られている慣性航法装置（Inertial Navigation System：INS）となり、自動操縦の機構と接合されることによって、ドイツのV２ロケットに始まる弾道ミサイルの自律制御技術の基盤をなすが、その原点にあるのがホワイトヘッドの深度調節器であって、魚雷の歴史は一方では英雄的なナショナリズムに支えられた自爆テロ攻撃の、他方では精緻なロボット兵器の、それぞれ源流をなしているのである。

こうして初期の魚雷の開発が完了したのは一八七〇年代前半のことであるが、当時はまだ魚雷の速度は一〇ノット未満、射程も数百メートルであって、停泊中の船舶の攻撃にしか用いられないものであった。その後、気室の空気を膨張させたのちに燃焼室で加熱する方法が付け加わって、速度・射程ともに増加して、一八八〇年代には数千メートルの距離からの攻撃も可能となった。この距離だと巨艦の自衛用に備えた速射砲や機関銃の脅威を避けながら、水雷艇などの小型艦艇で巨艦を魚雷攻撃することが可能になり、日清戦争で日本海軍は水雷艇を用いた魚雷攻撃で清国海軍の定遠を擱座させる実績も上げている。

(4)　魚雷によってもたらされた海軍の変化

帆船時代の海軍は戦列艦とそれより軽快なフリゲート、コルヴェット、スループなどによって構成されていたが、一八六〇年代に装甲艦が登場すると、かつての戦列艦の位置を、舷側砲甲鉄艦（broads de ironclad）、中央砲廓甲鉄艦（centre battery ironclad）、甲鉄衝角艦（ironclad ram）、砲塔艦（turret ship）などさまざまな短命な艦種を経て、最終的には戦艦が占めるようになり、フリゲート、コルヴェット、スループは諸種の汽船巡洋艦に取って代わられた。当初、これらの新艦種は木造帆船の旧艦種に比べて無敵と思われていたが、一八七〇年代に魚雷が実用化し、八〇年代には遠距離からの魚雷攻撃も想定されるようになると、戦艦と巡洋艦だけの艦隊では、魚雷という新兵器に攻撃・防御の両面で対応しえないため、魚雷に対応した新艦種が続々と登場することとなった。[21]

水雷艇（torpedo boat）とは魚雷攻撃に特化した小艇で、一八七〇年代中葉に登場した。攻撃に特化したとはいえ、小艇ゆえに波浪の厳しい遠洋では用いることはできないし、敵艦からの反撃にも脆弱なため、敵艦が停泊中ないし湾内を低速で航行中のところを、夜間に肉薄して攻撃するのが主たる用法であった。こうして水雷艇による魚雷攻撃が確立すると、思わぬ島陰などから敵の水雷艇に急襲されるのを防ぐために、一八九〇年代以降の艦隊には、敵水雷艇を撃攘するために速射砲や機関銃を備えた駆逐艦が随伴するようになった。駆逐艦（torpedo boat destroyer）とは、水雷艇を凌ぐ高速性の与えられた軽快な艦艇で、自らも魚雷を装備して攻撃に赴くこともできたから、攻撃と防御の両面で魚雷戦を行う水上艦は以後、漸次、駆逐艦に収斂し、水雷艇は沿岸防備用や小国海軍用など補助的な用途に限定されるようになった。駆逐艦は二〇世紀に入ると、急速に大型化・高速化して航洋性も高まり、艦隊に付随して遠洋に赴き、航行中の敵艦に魚雷攻撃を仕掛けることもできる艦首へと発展した。こうして魚雷は沿岸や湾内のみならず、遠洋を高速で移動中の敵艦をも攻撃しうる方向に進化して、一九一〇年頃までには魚雷の最大速度は三六ノット程度に、射程も一万メートル程度にまで向上したため、第一次大戦以前に魚雷は砲撃に変わりうる攻撃手段として、とりあえずは完成されたことになる。[22]

とはいえ、水雷艇や駆逐艦などの水上艦で夜陰や海霧に紛れて敵艦に接近する攻撃法には、直ちに対処法も開発された。すなわち、迫り来る水雷艇・駆逐艦を戦艦や巡洋艦の探照灯で照らし出して発見し、速射砲や機関銃で反撃すれば、魚雷攻撃を仕掛ける水雷艇・駆逐艦の側は探照灯の強力な光線で幻惑されて目標を正確に視認できなくなるため、反撃の餌食となってしまう。[23]そこで、水雷艇・駆逐艦を海中に潜ませて、敵に発見されないままに攻撃する方法が、潜水艦（submarine）として二〇世紀初頭に開発された。潜水艦が実用化されると、いかなる装甲巨艦にも駆逐艦にも有効な防御策は難しい存在となった。潜水艦は、音響的に探知する技術（ソナー）が第一次世界大戦後に実用化するまでは、海戦では無敵の兵器であったし、ソナーの実用化後もさまざまな技術革新と戦法の開発によって、水上艦にとっては大きな脅威であり続けた。むろん、戦艦や巡洋艦の側にも、魚雷攻撃に対しては、たとえ命中しても被害を局限する対処法（防雷網や二重船底など）はあったが、決して万全ではなく、次項で見るように、第一次大戦において、魚雷は巨砲をはるかにしのぐ有効な兵器となっていたし、艦種別にみるなら潜水艦こそが海軍の最大の攻撃力となっていた。

　こうして、前ド級時代から二〇世紀前半までの世界の海軍の主要艦種は二〇世紀初頭には出揃うのだが、戦艦と巡洋艦が古い時代の艦種の近代化版だとするなら、それ以外の水雷艇・駆逐艦・潜水艦はすべて魚雷に対応して登場した新艦種であることがわかる。世界の海軍の艦隊編成は、第一次大戦終了・海軍軍縮条約の締結よりもはるか以前に、魚雷という新しい手段の登場によって大きな変化を余儀なくされていたのである。魚雷とは、世界の海軍のあり方を変え、また、ロボット兵器への進化方向に道を開いたという両面の意味で、世界を変えた兵器であったということができよう。

(5)　装甲巨艦の戦術的な終焉

　こうして、魚雷の出現、実用化、性能向上の結果、二〇世紀初頭までには装甲巨艦は海上の覇者ではありえなくなっていた。その結果が、第一次世界大戦中の海戦の不毛であり、装甲巨艦が大和・武蔵のように進化の袋小路に入り込み、その後継者が登場しなかったいま一つの——装甲巨艦が本質的に抱え込んだ二つの弱点とは別の——原因だったのである。

　装甲巨艦（ド級期以降の艦種としては戦艦と巡洋戦艦）が戦術的にいかに意味を低下させていたかを見るために、第一次世界大戦での戦艦・巡洋戦艦の沈没原因を調べてみよう。ここで検討の対象とするのはヨーロッパ諸国（具体的にはイギリス、ドイツ、フランス、イタリア、ロシア、オーストリア＝ハンガリー、およびギリシャの七国）とトルコ帝国の戦艦・巡洋戦艦のうち、第一次世界大戦に現役艦として投入された二二六隻である。[24] このうち大戦中に沈没したのは三一隻で、沈没で計るなら損耗率は一三・一％となる。沈没原因別に見るなら表5－1のとおりで、過半

表5－1　第一世界大戦中の戦艦・巡洋戦艦の沈没原因（8カ国）

魚　雷	16隻
機　雷	6隻
事　故	5隻
砲　撃	4隻

出典：Conway's All the World's Fighting Ships 1860-1905, Conway's All the World's Fighting Ships 1906-1921の記載内容より算出。

を魚雷攻撃が占める[25]。これに機雷に触れて沈没した例も含めるなら、沈没原因の七割以上は、水線下を爆発物で破壊されて発生した大量浸水によるもの、すなわち装甲巨艦の第三の弱点に関わっていることがわかる。事故の五隻はいずれも弾薬庫の爆発で[26]、これを除くなら海戦で沈没した二六隻のうち八五％が水線下の弱点を敵に衝かれて沈んだことになり、砲撃は海戦での装甲巨艦の沈没に一五％しか寄与していないし、砲撃は事故ほどにも装甲巨艦の脅威になっていない。しかも、砲撃によって沈没した四隻も、詳しく見るなら、砲撃自体の被害は装甲鈑や艦内の隔壁で局限されていたが、例外なく弾薬庫に誘爆して、船体が大規模に破壊され浸水した結果、沈没していることがわかる。沈没せずに生き残った二〇五隻の中には、敵から砲撃されて命中した船も多数含まれているが、多くは装甲鈑で被害を防いでいるし、また船内に砲弾が突入した場合も弾薬庫の誘爆を引き起こさなかった（あるいは誘爆を初期に鎮火した）ために、沈没を免れているのであって、巨砲弾といえども命中したところで、それだけでは装甲巨艦には致命的な被害を与えがたいことが実証されたのである。装甲巨艦の自己矛盾では、矛の効果の低さと盾の有効性――ただし矛に対する限りでの有効性――が判明した結果となっている。

すなわち、装甲巨艦の沈没原因の分析から、①装甲巨艦が攻撃手段としては非常に効果の薄いこと、②装甲巨艦がいかに堅固に装甲されているとはいえ、装甲の及ばない水線下への攻撃には脆弱であることが判明する。言い換えるなら、第一次世界大戦において戦艦・巡洋戦艦とは敵の同級の装甲巨艦を沈める役にはほとんど立たなかったが、敵の駆逐艦・潜水艦や機雷敷設艦によって沈められる存在となっていたのである。こうした駆逐艦・潜水艦・水雷艇や機雷敷設艦に対処するのに戦艦はいかにも無用の長物であって[27]、駆逐艦かせいぜいのところ巡洋艦を投入すれば済むことであった。各国は、すでに第一次世界大戦の始まるまでに、これら戦艦の建造に莫大な資源を投入するという無駄をしていたことになる。客観的にみるなら無駄な行為を長期にわたって追求し続けたのは、戦艦は海戦の攻撃力の中核であるべきだという期待と、戦艦は海軍力（海上覇権を維持する力）の中心であるはずだという幻想が疑われることなく作用し続けたからであった。各国がこの期待と幻想に従って戦艦の建艦競争を続けている以上、その期待と幻想は鏡像的に肥大化し続け、それに綻びが生ずるには、大戦の経験をまたなければならなかったのである。

4　戦間期海軍軍縮の戦術的な前提と結果

装甲巨艦はすでに見てきたとおり、魚雷の出現によって、第一次大戦よりも前に事実上、海の覇者ではなくなっていたし、そのことは第一次世界大戦のさまざまな海戦によって余すところなく実証された。では、それにもかかわらず、戦艦・巡洋戦艦などの艦種はなぜ第一次世界大戦後も存続し、ワシントン軍縮条約では最大の争点の一つにまでなったのであろうか。

(1)　装甲巨艦の記号化

戦後も存続し、軍縮条約の争点となったからには、戦艦には、戦術的な意味を喪失したのちも、何らかの意味があったはずである。

戦艦・巡洋戦艦は、第一次世界大戦以前より、しばしば新聞や雑誌でその建造過程や進水式・竣工式・処女航海の模様が紹介され、絵はがきなどでその姿は人々に知られ、観艦式の花形であり、「国威」や「海軍力」の表現であり、愛国心を掻き立てる道具となってきた。第一次世界大戦後も、戦艦が大きな話題の的であり、注目され続けたことは変わりない。計画艦や新造艦の話題、軍縮条約による計画の中止や既成艦の廃棄処分などが報じられ、第一次大戦の海戦で沈没した戦艦については戦史家たちがさまざまに論じてきただけでなく、セント・イシュトヴァーン(28)の沈没場面は活動写真に撮影されて、戦後、広く人々に見られることとなった。

戦術的にはほとんど意味のない存在となっても、戦艦には、それ以外のさまざまな意味ないし表象が付与され続けたのである。その意味内容を逐一明らかにすることは、本章の目的ではないし、優に一冊の書物を要する作業であろう。ここでは、民衆にとって「国威」や「海軍力」などの具象化されたものとしての意味のほかに、政府内部での海軍の位置付けや陸軍との予算合戦、世界の平和世論からの厳しい批判対象となったことなど、さまざまな要素が、第一次世界大戦後の戦艦の偶像的な意味に関わっていたとしておくに留めよう。

(2) 海軍軍縮条約の客観的な効果

つまり、装甲巨艦は実際の戦で役に立つという意味を事実上失ったのちも、正負さまざまな記号としては生き残ったのである。こうした記号化の結果として、国防に重要な役割を果たすが、戦後の財政健全化と、平和を求める諸国民の声に配慮して、主力艦の新造と保有を制限するという海軍軍縮条約の物語は成立する。

戦術的にはすでに意味を失っているのだから、装甲巨艦をいくら制限されたところで、海軍の実際の戦術にとって大きな影響はない。戦術的には大きな影響を及ぼさなかったことがワシントン海軍軍縮条約の客観的な効果の一つである。海軍の役割が海上を制圧する――すなわち敵の艦隊や商船隊を自国の必要に応じて、ある海域より排除する――ことや通商破壊であるなら、それを行う海軍の機能は、戦艦を中心とした艦隊によって担われるのではなく、潜水艦、駆逐艦、巡洋艦（仮装巡洋艦を含む）の柔軟で分散的な用法によって担われる方向へと、第一次大戦期までにはすでに変わっていたし、そうした海軍の機能を果たす艦種に対抗するためにも潜水艦、駆逐艦、巡洋艦が実質的には海軍の主たる兵力となっていた（し、大戦後にはこれに航空機と空母が付け加わる）。第一次世界大戦における海軍の実際の働きはそのことを物語っている。海軍同士の海戦において最も効果を挙げたのは魚雷を運用する潜水艦や駆逐艦であったし、通商破壊にも潜水艦が極めて大きな働きをした。したがって、第一次世界大戦の海戦と海軍の役割を実際に経験したあとになると、戦艦はもはや無用の存在であるとか、潜水艦や航空機・空母が海軍の主力であるなどの議論が英米日の海軍士官たちによって公然と論じられるようになったのは、千田［二〇一二］が論じているとおりである。

しかし、装甲巨艦が無意味になったことが認識されただけなら、大艦巨砲主義という軍事的な幻想が発生する余地はない。無意味の認識とは別に、装甲巨艦に意味を求める議論を無視できないほどに発生させたことも海軍軍縮条約の客観的な、もう一つの効果であった。財政や平和世論に配慮してやむなく、本当は海軍の大切な中心であるべき戦艦を制限したのだという論調は、どの締結国にも濃淡の差はあっても、産み出された。こうした論調が一定の勢力や派閥によって大艦巨砲主義として維持されて、軍縮条約破綻後に世界の海軍は再び戦艦という偶像の建造に乗り出すことになる。

(3)　海軍軍縮条約破綻後の建造量

したがって、海軍軍縮条約が実際にいかなる客観的な効果を発揮したかは、もう一つ、条約破綻後の各国の建艦量を分析することによっても評価されなければならない。

海軍軍縮条約は一九三四年一二月に日本が破棄通告し、また翌年にはドイツが公然たる再軍備に乗り出したため、各国はその頃から戦艦建造の新しい計画を具体的に実施し始めている(29)。戦艦建造への着手（起工）をイギリス、アメリカ、日本、フ

表5-2　軍縮条約破綻後・開戦以前の戦艦起工量

（単位：隻／排水量千トン）

イギリス	7／265
アメリカ	10/419
日　本	4／249
ドイツ	6／264
フランス	3／105
イタリア	4／163

出典：Conway's All the World's Fighting Ships 1922-1946の記載内容より算出。

図５－２Ａ　軍縮条約破綻後の艦艇建造量（1935〜40年）

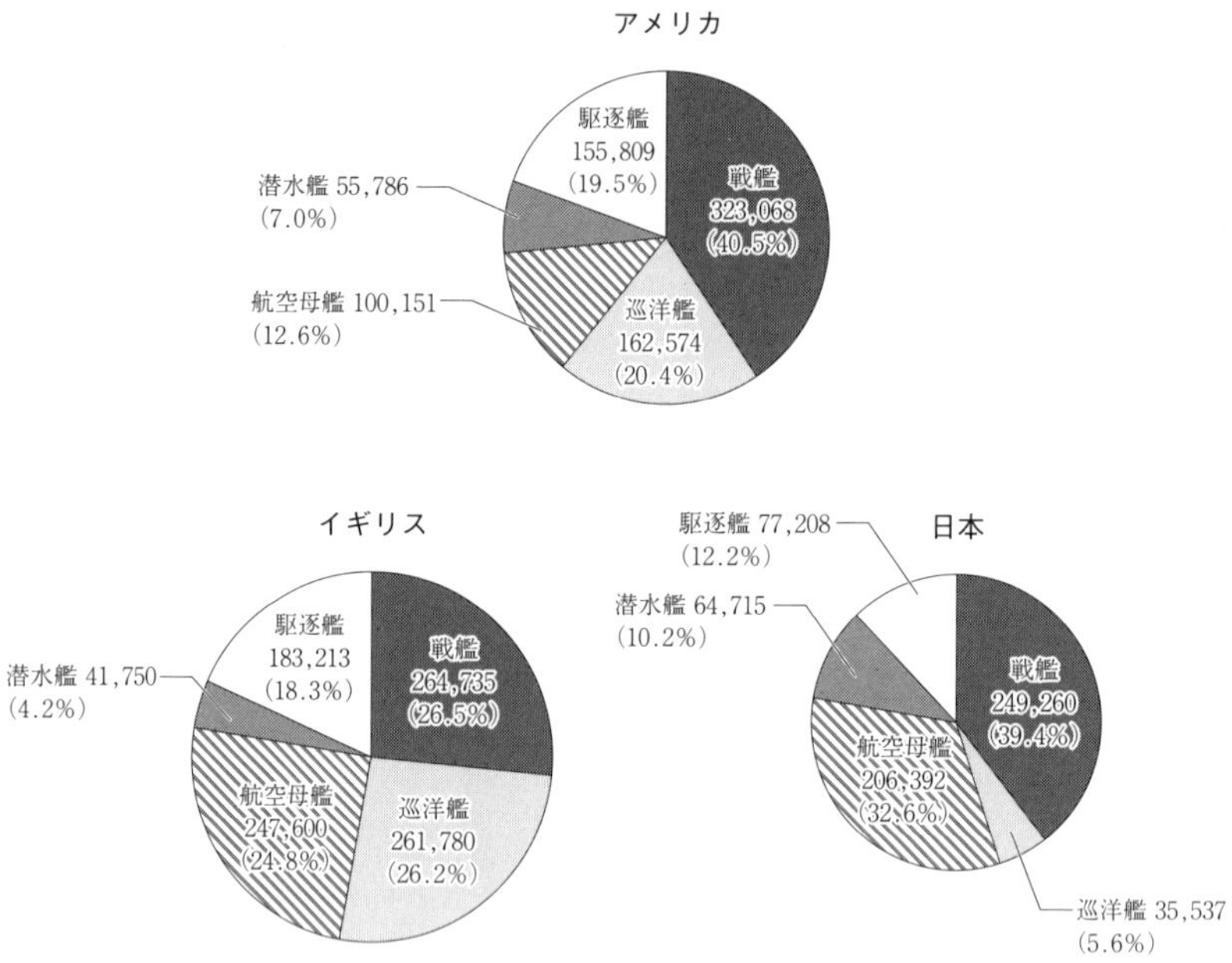

ランス、イタリア、およびドイツの六カ国についてみるなら、一九三五年以降、各国が第二次世界大戦に参戦するまでの時期に、表５－２に示されているように、これら六国は例外なく複数の戦艦を起工している。

しかし、戦時期に入ると、日仏伊独の四国は一隻の戦艦も起工していないし、イギリスも一隻のみ、アメリカは二隻起工しているが、前の時期より大幅に減らしている。つまり、戦艦の建造量は圧倒的に開戦以前に偏っていることがわかる。軍縮条約破綻後の、しかし大国間の実戦の始まっていない時期には、大艦巨砲主義という幻想は復活して、実際の建艦計画にそれなりの影響を及ぼし、各国で偶像の新造のためにそれなりの予算が割かれたのだが、実戦が始まると戦艦は、建艦計画上は見向きもされない存在へ急変しているのである。(30)

さらに、各国の建艦量の内訳を見るなら、軍縮条約がいかなる効果を及ぼしたかがより明瞭に判明する。ここでは煩雑を避けるために、英米日の

図5-2B　戦時期の艦艇建造量（1941～45年）

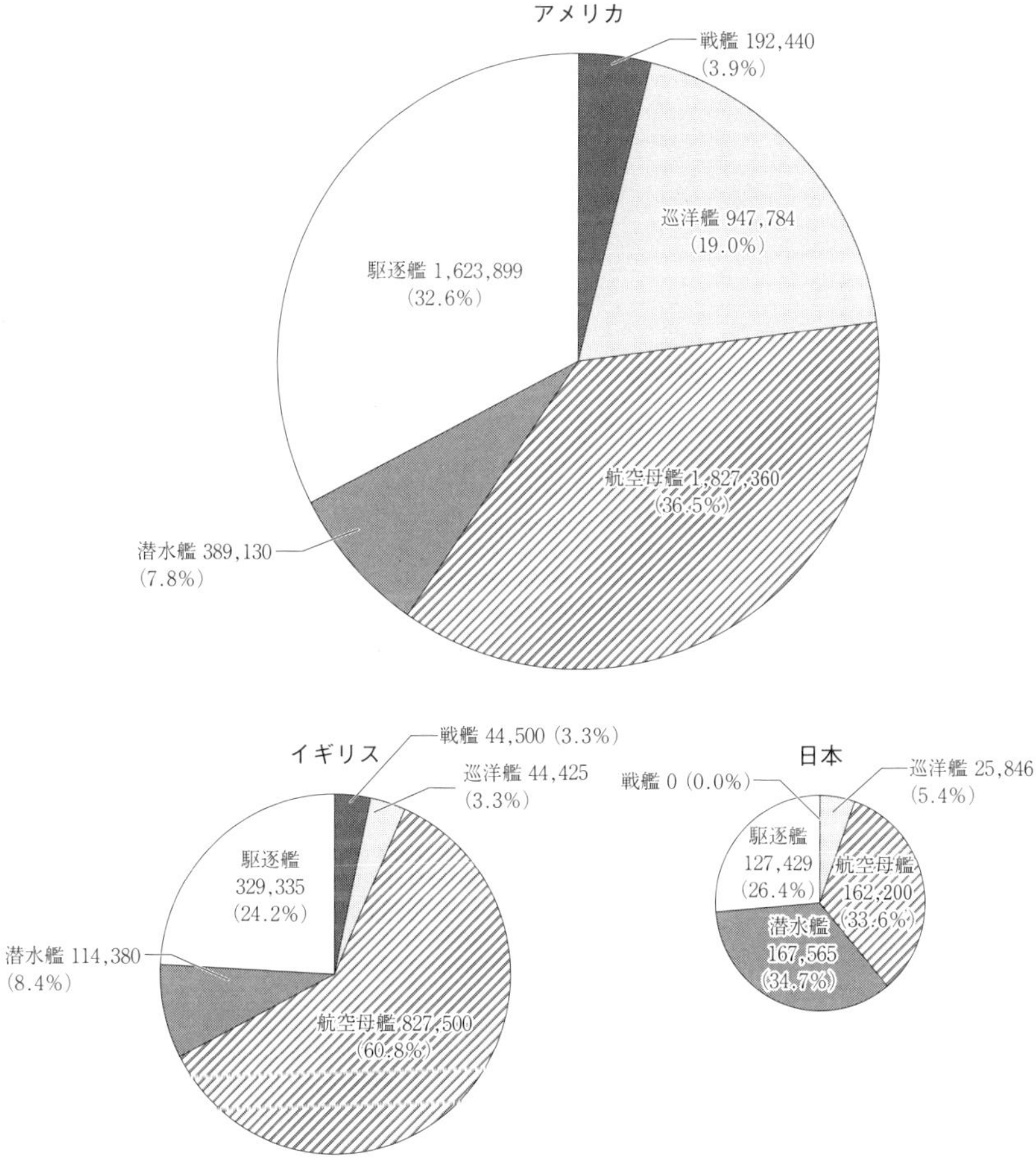

三カ国の戦艦、巡洋艦、航空母艦、潜水艦、駆逐艦の五つの艦種を対象にし、軍縮条約破綻後・開戦前の時期は一九三五～四〇年と、戦時期は一九四一～四五年と区分して分析する。[31] イギリスが軍縮破綻後に全建造量の四分の一の勢力を戦艦に注ぎ込んだのに対して、アメリカと日本は四割を戦艦が占めている。大艦巨砲主義の影響力の大きさは、戦艦の起工量の占める比率で見るなら、第一次大戦の海戦をつぶさに経験したイギリスよりも、その経験の浅い米日のほ

うが大きかったことになる。ワシントン海軍軍縮条約によって産み出された大艦巨砲主義という偶像崇拝は、イギリス（およびフランス・イタリア）よりも、アメリカと日本（およびヴェルサイユ体制の下で一方的に軍縮を強制されていたドイツ）においてより強く作用したのである。

また、一九三五～四〇年の時期についてみるなら、巡洋艦と駆逐艦という艦隊・商船隊の護衛に用いうる艦種にイギリスが四三％、アメリカが四〇％の勢力を注ぎ込んだのに対して、日本は巡洋艦・駆逐艦にはわずか一八％しか投入せず、むしろ空母と潜水艦という攻撃的な――日本海軍にとってはもっぱら敵艦隊を標的にした――艦種に四三％が投入されている。商船隊を守る護衛駆逐艦や護衛空母の建造量の少ないことも考え合わせるなら、日本は一九三五～四〇年に、戦艦も含めて敵艦隊を攻撃するための艦種に八割以上の勢力を投入しており、著しく敵艦隊攻撃に特化した建艦計画を実施し、通商破壊のための攻撃力と自国商船隊を通商破壊から守る防衛力はひどく手薄であったことがわかる。(32)

一九四一～四五年の戦時期には、三国とも空母・潜水艦・駆逐艦の比率を高めており、それら三艦種が実戦的には海軍の主力であると考えられていたことがわかる。イギリスが建造量をそれ以前の時期と比べて三六％増やし、アメリカは六倍以上に増やしているのに対して、日本は戦時期の建造量はむしろ大幅に減少しているから、空母建造量は戦前より減り、建艦量全体の過半を潜水艦と駆逐艦で占めるという非常に偏った特徴を示している。

5　おわりに

本章は、装甲巨艦の進化方向とその本来的な弱点、そこを衝く魚雷という兵器の発想とそのさまざまな試み、および魚雷の実用化の跡をみることによって、第一世界大戦までには、戦艦・巡洋戦艦などの装甲巨艦は進化の袋小路に迷い込み、戦術的には無意味な存在へと化していたことを明らかにし、ワシントン海軍軍縮条約は、そうした無意味化を前提に成立したと解釈しうることを示した。他方で、装甲巨艦は戦術的な意味の喪失が露呈した第一次世界大戦の後も、偶像的な意味としては存在し続け、大艦巨砲主義が無意味と意味の狭間に肥大化したことを示した。

それゆえ、ワシントン海軍軍縮条約とは客観的にみるなら、戦術的には無意味な存在をわざわざ条約によって削減することが、財政と世界平和への配慮を求める国内外の世論の前には意味あることであると見せる装置であったと考えることができる。この軍縮条約とヴェルサイユ条約は、軍縮破綻後に米日独の三国を大艦巨砲主義という偶像崇拝の方向に、英仏伊の三国よりも、強く誘導する効果を、言い換えるなら空母・潜水艦・駆逐艦という戦間期の海軍の主たる戦力であった艦種の建造に割く財政的・物的・人的資源をその分削る効果を発揮した。アメリカはその巨大な潜在的生産力によって、戦時期にはこうした誘導の効果を打ち消して余りあるだけの空母・潜水艦・駆逐艦を建造し、同盟国にも供与して、海戦の面で連合国を勝利に導く働きをしたが、それほどの余力のない日本にとっては、軍縮破綻期に大艦巨砲主義に誘導された効果は決して小さくなかったはずである。

本章は、ワシントン海軍軍縮条約に実際に作用した意図については何ら検証していないし、また、どの条約締結国にも潜水艦や航空機・空母を重視する用兵思想と、装甲巨艦を重視する用兵思想とが何らかの均衡を保って併存していたわけだから、軍縮条約が意図に照らしていかなる結果をもたらしたのかについて議論する余裕はないが、ワシントン条約（とヴェルサイユ条約）が軍縮破綻・再軍備期の日本（とドイツ）に、偶像をつくるために無視しえぬ資源を投入させる効果があったと考えても大過ないのではないだろうか。

注

（1）本章で戦間期の海軍軍縮という場合、一九二二年ワシントン海軍軍縮条約と一九三〇年ロンドン海軍軍縮条約という、一定期間、実効性をもった二つの軍縮条約が交渉を経て成立し、発効し、遵守され、崩壊するまでの過程を、すなわち協定による海軍軍備管理を意味する。ただし、本章は主力艦の戦術的無意味化と偶像化を論ずるので、おもにワシントン条約に注目する。一九二七年のジュネーヴ海軍軍縮会議は条約を成立させなかったものの、その論点（巡洋艦、駆逐艦、潜水艦などの制限）は一九三〇年のロンドン会議に持ち越された。なお、一九三五年の二度目のロンドン会議は、すでに日本が前年末にワシントン条約の破棄を通告していたので、軍縮としては実効性をもちえず、また、同年の英独海軍協定も――イギリス側の意図がドイツのそれ以上の軍拡への歯止めにあったのだとしても――ドイツの再軍備（＝強制された軍縮としてのヴェルサイユ体制からの離脱）を事後承認する内容であったから、ここでいう軍備管理の実効性はもたなかったと本章は理解する。

（2）カートリッジ式の弾薬とは、弾丸と、発射薬・雷管を備えた薬莢とが組合わされた弾薬（実包）を意味し、弾丸と発射薬を別々に装填するのに比べ、速射性と自動性に優れ、また、雨や湿気にも強い。

（3）戦争の手段が戦術・戦略を規定するという仮説について詳しくは、小野塚［二〇一三］第Ⅰ節を参照されたい。

（4）本章で用いる装甲巨艦という概念は、いわゆる大艦巨砲を包含する。ただし、大艦巨砲が、通常は、一九〇六年のド級艦出現以降、殊にワシントン軍縮条約の締結によって強く自覚されるようになり、第二次大戦まで続いた大艦巨砲主義という思想が具現した存在と捉えられているのに対して、本章は主力艦の武装を強化し、高速化し、それゆえに大型化するという、大艦巨砲主義に連続する進化がすでに一八六〇年代には始まっていたことに注目して、そうした進化方向の中にあるさまざまな艦種を装甲巨艦として一括することにする。

（5）この点については、薩摩真介［二〇一三］を参照されたい。

（6）ペリーの遣日艦隊の残りの二隻は純帆船で、無風時や湾内での操船には、他の二隻の汽帆船に曳航されることもあった。

（7）木造帆船の砲弾重量が一〇キロ前後、ラ・グロワールやウォーリアの主砲砲弾が五〇～一〇〇キロ程度に比べて、デヴァステイションの一二インチ砲弾は三〇〇キロ、ロイアル・ソヴリンの一三・五インチ砲弾は五七〇キロにまで巨大化した。

（8）ここで、三五口径というのは砲身の長さが口径（砲身内径）の三五倍あることを意味する。短銃などで、三八口径というのは、それとは異なり、銃身内径（あるいは薬莢の直径）が〇・三八インチであることを意味している。

（9）ここで一九二〇年を巨大化の一つの頂点とするのは、当時最大艦となったイギリス海軍巡洋戦艦フッド（一九一六年起工）

および日本海軍戦艦長門（一九一七年起工）がそれぞれ一九二〇年に竣工していること、イギリスではN3型、アメリカではサウス・ダコタ型、レクシントン型、日本では加賀型などフッドや長門を上回る巨艦の計画が一九二〇年までには具体化していることを指している。ただしそれら巨艦の建造計画は竣工以前のどこかの段階でいずれも中止されている。

（10）水雷とは、爆雷・機雷（機械水雷）・魚雷（魚形水雷）など水中で爆発させて目標に打撃を与える兵器の総称だが、その草創期（一八世紀末～一九世紀末）には現在知られているような爆雷、機雷、魚雷への分化は完全ではなかった。本章ではそのうち魚雷（自ら移動して目標に損害を与える魚形水雷：fish torpedo）への進化方向を論ずる。機雷とは移動せずに目標の方から接近してくるのを待つ水雷であり、爆雷とは潜水艦の実用化後に、水上艦から潜水艦を攻撃する主要な兵器として開発されたもので、重力に従って水中を沈降してから爆発する水雷である。

（11）それでも一五キロの長距離砲撃になると砲弾の飛翔時間は三〇秒ほど、三〇キロなら優に一分を越え、その間に敵艦は四〇〇メートル～一キロほどは移動するし、三〇秒の間に砲弾自身が空気の流れの中でさまざまな影響を受け、予想した弾道からは外れることになる。したがって、砲撃は着弾を観測しては照準を修正することで命中を期すのだが、いかにその努力を繰り返しても、また練達の砲撃士官と砲兵でも、敵艦の致命的な部分へ命中させる確率は、長距離になればなるほど、驚く程低くなり、それが装甲巨艦の第二の弱点を構成している。

（12）フルトンの有人潜水艇では敵艦に接近するまでは帆走して、接近後は帆を倒して発見されにくくしたうえで、人力で敵艦に接触して爆発物を仕掛けることが目指されていた。後のルピスの無人水雷も、同様にガラス製の目立たない帆装で接近させた後は、ゼンマイ仕掛けで敵艦に突入するという発想であった。

（13）ブッシュネル、フルトンの潜水艇による水雷攻撃や棒水雷など、魚雷前史の人的攻撃システムについては、海軍水雷史刊行会［1979］一～四頁、および Petrucci [2008] Chapter 1を参照した。

（14）Lukežic [1997].

（15）Petrucci [2008] p. 23.

（16）ホワイトヘッドは、リッサ海戦で活躍したフェルディナント・マックス大公の機関を製造し、納入していたから、オーストリア＝ハンガリー帝国海軍との関係は、魚雷の開発・実用化以前からあったし、ルピスが水線下を攻撃する兵器の開発を持ち掛けた際に関心を示したのも、装甲巨艦といえども水線下への攻撃には弱いことを熟知していたからと推測される。

(17) 圧縮空気を利用して機関を動かすのが現在まで一世紀半にわたって続く魚雷の動力の基本的な仕組みであって、その後、①気室内の圧力を高め、②気室と機関の中間に燃焼室を設けて燃料を燃やし（乾式加熱装置）、③また燃焼室に水を吹き込むなどの方法（湿式加熱装置）で、シリンダーで作動する気体の圧力と質量を増し、温度を鉄の融点以下に低減させる工夫が付け加わり、④さらに気室内の空気に酸素を混入し、最終的には純酸素を用いて燃焼させる酸素魚雷の登場で、現在知られている高速かつ長射程の魚雷が可能となった。

(18) マッハの衝撃波撮影にホワイトヘッド社が果たした役割についてはSmokvina［2004］参照。

(19) この深度調節器に加えて、一軸のスクリューのトルクで魚雷の直進性が損なわれるのを防ぐために一八七七年には同軸反転式のスクリューが採用され、また一八九〇年代には針路調節器（縦舵機）が開発されて方向安定性も確保されて、魚雷の基本的な制御機能が確立した。

(20) 一八世紀末頃に蒸気機関に備えられるようになった調速機は自律制御技術のより早い事例であるが、無人で運動する物体に自律制御技術が組み込まれたのは魚雷が最初である。

(21) 魚雷の実用化以降の艦隊編成と各艦種の役割に関する同時代的な認識については小栗［一九一〇］を参照。

(22) 魚雷の射程が伸びたとはいえ、基本的に潜望鏡などで光学的に視認できる目標を攻撃する兵器だから、巨砲のように遠隔攻撃の方向には進化しなかった。

(23) ただし、同時に多方向から多数の艦艇で魚雷攻撃すれば、そのうちの何隻かは魚雷発射位置まで到達し、発射した魚雷の何発かは命中する可能性があるから、探照灯による反撃も完璧ではなかった。

(24) アメリカと日本も戦艦・巡洋戦艦を保有して第一次大戦に参戦した国で、アメリカは第一次大戦中に各型合計三七隻を、日本は二二隻を擁していたが、前者は参戦期間が短く、後者も主たる戦場から離れていたこともあって、戦艦・巡洋戦艦が実質的な役割を果たした海戦は経験していないため、ここでの計算からは除外した。なお、日本海軍は第一次世界大戦中に戦艦河内と巡洋戦艦筑波を沈没させているが、いずれも事故（弾薬の爆発）によるもので、本文中で述べたように、砲撃による沈没例もすべて、直接的には弾薬庫の誘爆による船体の大規模浸水が沈没原因であることも考え合わせるなら、船内に大量の爆発物を抱え込んだ装甲巨艦がこうした点では意外なほど脆弱だったことがわかる。

(25) 雷撃で沈没したうち一隻（オーストリア＝ハンガリー帝国海軍のヴィリブス・ウニティス）は、誕生したばかりのユーゴスラヴィア海軍に引き渡されて、「ユーゴスラヴィア」に改名された翌日（一九一八年一一月一日）に、イタリア海軍の有人水雷攻撃で沈没しており、魚雷の実用化後も、自爆テロまがいの水雷攻撃が決して廃れたわけではないことを示している。
(26) 事故による沈没のうち二隻（いずれもイタリア海軍）は敵の破壊工作によるものとされている。
(27) 戦艦は艦隊中央に位置するから艦隊の外側から接近する敵の駆逐艦や潜水艦に対処するのが遅れるし、その主砲は発射速度（単位時間内に発射できる砲弾数）が低いため、敵の駆逐艦・機雷敷設艦や水雷艇を攻撃するには大袈裟で、鈍重で、高価すぎる兵器であったし、潜水艦に対してはまったく無力であった。
(28) セント・イシュトヴァーンはオーストリア＝ハンガリー帝国海軍の戦艦で、一九一八年六月一〇日にイタリア海軍の小艇の発射した魚雷を受けて、転覆沈没したが、その場面が活動写真に撮影された珍しい沈没例である。
(29) 艦艇の建造計画の具体化をどの時点で捉えるかは難しい問題だが、ここでは、明瞭な日付が確認でき、予算措置を伴って、計画具体化の方向に一歩踏み出す時期として起工を基準に考察することにする。したがって、ここでは、起工以前に計画が中止されたものは含まないし、逆に起工後に航空母艦に計画変更・改装されたものでも、起工時点で戦艦であったものや、起工後に中止されたものは含んでいる。
(30) 建艦計画上は見向きもされなくなったとはいえ、すでに建造され配備された戦艦は当然のことながら実戦には投入されているものの、それらがやはり攻撃力として役に立たなかったことは、第一次世界大戦と同様であったし、航空機・空母の登場によって、戦艦の脆弱性はより明瞭に露呈した。
(31) 各国の開戦時期が異なるため共通の時期区分として一九四一〜四五年を、ここでは戦時期として扱う。なお、実際の開戦・参戦時期で区切っても、仏独に関しては一九三九年九月の開戦後、イタリアについては一九四〇年六月の参戦後、日本については一九四一年一二月の参戦後は、戦艦の起工は皆無である。イギリスは開戦後の一九四一年一〇月にヴァンガード（四万四五〇〇トン）一隻を、アメリカは参戦後の一九四二年一二月にアイオワ型（四万八一一〇トン）の最後の二隻（イリノイとケンタッキー）を起工しているが、モンタナ型の五隻の計画は中止されており、大戦後半に起工した戦艦は世界中で一隻もない。
(32) 日本海軍にも、潜水艦や航空機・空母を活用しようという新しい用兵思想は存在しており、ワシントン海軍軍縮条約によって大艦巨砲主義のみに純粋に誘導されたわけではないのだが、建艦計画全体からは、戦艦・空母・潜水艦で敵艦隊を攻撃することには注力するが、敵国の商船隊を攻撃するという発想が乏しく、また自国商船隊を護衛空母や護衛駆逐艦で守るという発想も非常に弱いという、偏った特徴を発見することができる。

文献リスト

小栗孝三郎［一九一〇］『最新海軍通覧』海軍通覧発行所。

小野塚知二［二〇一三］「兵器はなぜ容易に広まったのか――武器移転規制の難しさ――」創価大学平和問題研究所『創大平和研究』第27号、六五～九一頁。

海軍水雷史刊行会［一九七九］『海軍水雷史』。

薩摩真介［二〇一三］「私掠――合法的掠奪ビジネス」金澤周作編『海のイギリス史――闘争と共生の世界史――』昭和堂。。

千田武志［二〇一二］「軍縮期の兵器生産とワシントン会議に対する海軍の主張――『有終』誌上の論説を例として――」『軍事史学』第48巻第2号。

1. medunarodna konferencija u povodu 150. obljetnice tvornice torpeda u Rijeci i ocuvanja rijecke industrijske baštine (First International Conference on the occasion of 150th anniversary of torpedo in Rijeka and preservation of industrial heritage) [2003] *Sažetci*, Rijeka.

Casali, Antonio & Cattaruzza, Marina [1990] *Sotto i mari del mondo; La Whitehead 1875-1990*, Editori Laterza, Roma.

Gray, Edwyn [1991] *The Devil's Device; Robert Whitehead and the History of the the Torpedo*, Naval Institute Press [First edition in 1975].

Petrucci, Benito [2008] *WASS 133 years of history; At the service of the world Navies: passion and advanced technologies*, Vol. I (1875-1945), Ciuffa Editore, Roma [The Official History of the Whitehead Alenia Sistemi Subacquei, a Finmeccanica Company].

Kozlicic, Mithad [1990] *Razvoj torpednog oružja na istocnoj obali Jadrana* (Autor izložbe, idejne i tehnicke postave, te kataloga), Split.

Lukežic, Irvin [1997] "Obitelj Luppis", *Sušacka Revija*, 20, pp. 75-83.

Podhorski, René Lj. [1934] "Izumi i razvitak torpeda", *Mornaricki glasnik*, 2, pp. 133-145, 3, pp. 259-267.

Silurificio Whitehead di Fiume S. A. -sede in Fiume [1936] *La Storia del Siluro 1860-1936*.

Smokvina, Miljenko [1993] "Rijecki torpedo prvi svjetski torpedo; konstrukcija i ispitivanje", *Zbornik Tehnickog Fakulteta Rijeka*, 13, pp. 273-291.

Smokvina, Miljenko [2004] *Snimiti Nevidljivo; Razvitak ultrabrze fotografije u Rieci i znanstvena suradnja Petera Sclchera i Ernsta Macha* (*Das Fotografieren des Unsichtbaren; Die Entwicklung der Ultrakurzzeitfotografie in Rijeka und die wissenschaftliche Zusammenarbeit zwischen Peter Salcher und Ernst Mach, Shooting the Invisible; Development of ultra high-speed-photography in Rijeka and scientific co-operation between peter Salcher and Ernst Mach*), Državni arhiv u Rijeci, Tehnicki Fakultet u Rijeci, Rijeka. Genova.

第6章　明治海軍形成期の建艦思想とベルタン
――軍備拡大制約下における軽量艦の開発――

飯窪秀樹

1　はじめに

ワシントン会議が開催される前より、第一次大戦後の緊縮財政時代に、平賀譲の設計による軽巡洋艦「夕張」は、「単艦ノ排水量ヲ小トシ、然モ其ノ戦闘威力ヲ大トシ其ノ隻数ヲ多クスル希望即チ経済的国防ノ目的ヲ達スル必要(1)」から計画された。また重巡洋艦「古鷹」「妙高」は、ワシントン会議の開催と同時期に設計され、これらは欧米造艦先進国の艦船設計を凌駕した優秀艦だったとされる。平賀は一般を対象とした艦船建造史の解説の中で、「それが偶々華盛頓条約となつてからの軍艦排水量の制限といふ新事実に直面して……条約に対応した技術上の方策となつた(2)」と述べている。

国家予算の制限から、軍備を抑制しようとする国際間の働きかけについて、細野軍治はその著書『軍備縮少の過去及現在(3)』において、一七世紀の築城・堡塁の制限から始め、一九世紀以降、ワシントン軍縮会議までの軍備縮小の取り組みを中心に論じる中で、「軍備制限又は縮少問題は決して新しい問題ではない。然し軍備縮少又は制限が国際平和案の枢要なる地位を得たのは極めて近年の事である」としている。

ところで平賀は条約型重巡「妙高」の設計をめぐって、用兵側の攻撃力強化要求に必ずしも迎合せず、いわゆる「不譲」の姿勢を通したため、同艦の設計案を提出して間もない一九二三年の一〇月には艦船設計の第一線から外されてしまった。その後、藤本喜久雄が実質的に造艦計画の中心となり、用兵側の要求に積極的に応え、昭和初期の艦船設計は、「条約ニヨル排水量ノ制限ノ他ニ、更ニ財政的緊縮ノタメ、建造費低下ノ目的デ船型ヲ極度ニ切リ詰メル様、強制サレ、造船家ハ船体自体ノ研究ヲ更ニ進メテ、アラユル方法ヲ講ジテ船体重量ノ軽減ヲ計リ、驚クベキ小サナ船体ニ、多大ノ兵装ヲ付与シタ」(4)といわれるように、艦の重心点が高い、復原性に欠陥のある無理な設計がなされるようになり、やがて水雷艇「友鶴」の転覆事故や、軽量化のために電気溶接を多用し艦体強度が低下したことが原因となって、船体の破断による第四艦隊事件が生じた。これまでの艦船史叙述の中では、これらの事故の原因とその後の処置をめぐって、平賀と藤本という二人の造船官の艦船建造に対する姿勢の違いが論じられ、評価の明暗が示されてきた。

本章では、一九二〇年代以降という時間的な区分から考察対象を絞るのではなく、軍備拡張の予算的、規模的な制約という現象的な側面から、一九二〇年代以降の海軍軍縮期と、明治前半期、とくに日清戦争準備段階にも予算的制約、および建造できる艦船の規模的な限界があったことが、相似した制約条件であったと見て考察を進めたい。その中で、平賀や藤本と同じような経験を、フランス海軍から招聘した技術顧問エミール・ベルタン（Louis-Emile Bertin）も経験しており、本章ではこれまで明らかにされてこなかった彼の日本での活動について焦点を当てて論じたい。平賀、藤本、ベルタンにとって、艦船建造に際して直面した制約的環境下で、新しい技術を適用しながら、最も戦闘能力の高い艦船を建造する工夫が求められたことは同じであった。本章では、造船技術者の建艦姿勢から、制約下の艦船建造が抱えた問題を炙り出したい。

一八八六（明治一九）年二月にフランス海軍よりベルタンが着任した頃は、わが国では本格的な甲鉄戦艦を建造するために十分な予算が得られない時代であり、より戦闘力のある艦船を建造するとすれば、船の構造は小船体に重装備という方策をとらざるを得なかった。一方、一九二〇年代の軍縮時代に建造した日本の艦船は、平賀譲による卓越した設計に基づく優秀艦だったとされるが、その所以は、軽量艦に大きな主砲、多数の副砲を搭載するため、いくつかの設計上の課題を克服した部分にあった。

日本海軍によるベルタン招聘やフランスへの建造発注は、あくまで先進海軍国の技術力を借りた海軍力拡張のための施策であり、帝国議会における予算の不成立を蒙りながら、極度の出費を回避しつつも、当時世界で望み得る戦闘力の高い艦船の調達を目指したものであった。ただ、このような日清戦争前までの日本の建艦に、フランスの海軍拡張が普仏戦争の敗北後、予算的に制限された時代の技術が内包されていることは、これまでの艦船史では必ずしも意識されてこなかった。フランスが一八八〇年代から九〇年代に「スファックス」「タージュ」等、同国の艦船史上注目される防護巡洋艦を建造した時代背景には、イギリスと真正面から対抗することは避けつつも、植民地拡大策に基づいて、長距離航海と通商破壊用の艦船を必要としながら、海軍予算は縮小するという矛盾した状況があった。

わが国では一八八六年から九四年の「厳島」「松島」「橋立」の三景艦建造時代は、清国甲鉄艦隊の脅威がありながら建艦予算は限られていた。この時期を肯定的に捉えようとするならば、フランスにおける現行の防護巡洋艦とほとんど同規模、同船殻構造の艦船をほぼ六年の年月を費やしながら曲がりなりにも国内で建造したことが挙げられる。

しかしながら、「橋立」の建造期間の長さやコスト高は、その後の国内での主力艦の建造を断念させる要因となったことなどから、ベルタン招聘の歴史上の意義が不鮮明になり、彼の設計により同時代に建造された艦船の特性も、従来の研究ではそれほど顧みられることがなかった。本章ではこれらの解明とともに、艦船建造において予算的、規模的に制約のある時代に焦点を置いて進めていきたい。制約に対する反作用としての新たな武器の発展、ないし開発という問題に対しての、長い時間を跨いだ考察である。

2　一般の海軍史における叙述の問題点

(1)　考察の視点

ベルタンが日本で活躍した時期の評価は、一般の艦船史文献の中では必ずしも高くない。にもかかわらず、日本政府からは五回も叙勲されており、それを鑑みて人物評のバランスをとろうとし、彼に関する解釈の歪みを生んできた。ベルタンに対する従来の評価が整合的でない原因の一つに、それらがイギリス艦船史の観点を基底に置いた二次文献を主な資料とし、直接ベルタンに関する史料を参照していないことが挙げられる。これに対して、たとえばリチャード・シムズの幕末から一八九〇年代までの日仏関係史研究では、仏文の史料を多用しているものの、ベルタンに関する部分では、Capitaine de vaisseau Togari（戸苅大佐）[5]によるベルタンに関する論文から、彼が「私は日本で一度も困難にぶつからなかった[6]」と語った部分を引用している。しかし戸苅の論文は、彼の在仏武官の任期が満了する時点のメモリアル的なものとして、ベルタンの日本に於ける活動を称えたもので、ベルタンの建艦思想を知ろうとするには不足があった。これらのことから本章では、ベルタンの設計艦や助言について、従来の憶測的な観点からの評価を離れて、ベルタン自身が書き残したものを援用しつつ検討を進めていきたい。

従来の叙述ではベルタンと日本海軍技術陣との間の巡洋艦「秋津洲」の建造をめぐる対立は知られており、ベルタンが完成させた原案（基本設計）に当時造船課長であった佐双佐仲はエドワード・リードの弟子として、また巡洋艦

「畝傍」（ベルタン招聘前にフランスへ発注）の失敗を鑑みて絶対反対、イギリス式設計を主張し、西郷従道海相の決により佐双案が採用され、ベルタンは不満を抱いて帰国した、といった説がなかば定説化している。(7)「畝傍」の回航途中の亡失という、戦闘艦としての攻撃・防御力を論ずる以前の不肖な問題と、三景艦は建造直後からボイラーの故障が多く、主砲も実戦では満足に機能しなかったことから敷衍的に、あたかも危険なベルタンないしフランス式設計に対して、佐双が合理的な考え方から対抗したかのように解釈されている。しかしこれは同時代の対立要素だけでなく、艦船史経過を概括した後時代的な見方からの解釈ではないだろうか。

『公文備考別輯』の史料に記された範囲では、「秋津洲」に対する設計の変更要請は、もともとベルタンの基本設計に盛り込まれていた「浪速」「高千穂」など、当時イギリス設計の防護巡洋艦で用いられたものと同じ形式の防護甲板を基本設計より薄くし、その代わり搭載砲を大きくするというものであった。(8)

右の点に加えて、ベルタンに関する解釈の材料として留意しなければならないのは、リードが優れた技術者として活躍した時代は木造の甲鉄艦時代であり、彼はそれまでの実績を背景とした権威者ではあるものの、退役後の彼の見解は必ずしも適切ではなかったとされるように、(9)技術的には過去の人となっていたはずであることである。(10)佐双は一八七一年から長期にわたりイギリスに留学し、その間リードの下で「扶桑」「金剛」「比叡」（鉄骨木皮艦）の建造を「実地見学」(11)、ないし実習し、また「浪速」「高千穂」建造の際には佐双を引き継いで土師外次郎と宮原二郎が監督の任に当たったが、彼らもどれほど管理者的立場であったかは明らかではない。このことから、ベルタンに対して、佐双はじめ日本海軍技術陣が持ったとされる、いわゆる不信感は、造艦技術的に対等な水準からのものであったというより、彼らの要求にベルタンが対処した過程で生じた意見の対立であったと捉えることができると考えられる。

(2) ベルタンの設計艦に対するこれまでの評価

従来の叙述における問題は、ベルタンの設計艦が日清戦争直前の海軍拡張時代において必ずしも日本海軍が満足するものではなかったという理解と、これらの艦船が日清戦時の旗艦をはじめ主要な戦闘艦であったという事実の一見矛盾した関係にある。これまで三景艦が計画された経過や艦の特質についてはさほど関心が持たれなかったが、これを従来の研究上の不備として一概に否定的に捉えることができないのは、たとえば『近世造船史』では、三景艦の船殻構造(舷側に甲鉄板を持たない水線部区画構造艦)が、海水の浸入に対しては「殆ど完全無欠」だが、「敵弾の船舷を貫き、船内に於て爆発し……其戦闘力を直接間接に減少するの点は、区画式の大欠点」とされ、「此役後、各国海軍は、装甲巡洋艦及駆逐艦に一層の重きを置く」[12]ようになり、ベルタンによる日本の艦船設計時代は検討上の盲点となることが避け難かったことは挙げられる。本章では三景艦が建造されるまでの経過をたどりなおすが、その原型であるベルタン設計の「スファックス」などフランスの中・小型巡洋艦は、高速力や航続距離を稼ぐことが第一の課題であり、船体に見合った備砲がなされた。しかし日本の場合、そういった軽量艦に大型戦艦並みの備砲をしようとしたところにフランス本国の設計思潮との根本的な差異があった。以下、三景艦建造発注を辿る部分において、これらの艦が日本がおかれた制約の反映だけではなく、フランス海軍の抱えた制約も内包していたという観点から論を進めたい。まずフランス側の事情を概略しよう。

3 予算的制約と海軍の危機

普仏戦争は、ナポレオン三世の失脚による第二帝政の終焉と、その後比較的長い年月にわたって続いた第三共和政への政治的転換点である。一八七〇年から始まる第三共和政は、アドルフ・ティエールによる共和政の樹立からオポチュルニスム（日和見主義）というように、もともと反ナポレオン、反王党派の政治的リーダーによって政治が進められた時期であり、共和派が進める政治体制の中で左派的であるか右派的であるかのポリシーの差はあるものの、レオン・ガンベッタ、ジュール・フェリーによる植民地拡大策（対独報復的感情を海外にそらす）をとりつつ、第一次大戦前までフランスの軍事費とりわけ海軍費は、共和政治下で抑制的であった(13)。

Hanotaux éd.［1927］（pp. 459-462）によれば(14)、一八七一〜一九一一年の間はフランス海軍史の叙述では "LA CRISE"（危機）とされている。引用すれば、「海軍が国家の生命にあまり関わりがなくなればそれだけ、間接的ながら政治の困った影響を被った。第二帝政は第三共和政へ、デュピュイ・ド・ロームの発明または巧妙な適用化によって改善された第一級の艦隊を残した。英国以外の他の海軍強国に優る海軍力を持ち、ひいては英国もおびやかすことができた。……この艦隊は戦争を経ていないが、活用されずにおかれたのではない。というのは、数において遙かに劣るドイツの艦隊は戦いを避けていたため、この艦隊は我々フランスの海の自由な使用を保障したのだ。

我々の敗戦のあと、フランス国民の関心は政府の関心と同じように、陸軍の再建に独占され、海軍をおざなりにした。わが海軍力の優越性はゆるぎないように見え、一八七〇年の出来事〔普仏戦争〕に照らしても〔戦闘によらない〕副次的な効用が見込まれた。海軍大臣は彼自身国民議会で、『海軍は祖国のために自ら犠牲になるべきだった（限りある軍事費を陸軍の充実に向けることを甘受すべきだった）』と宣言した。

進歩しない海軍は衰退するものだということは忘れられていた。実際、一方では競争相手国の海軍の発達は敵対する力の相対的位置を変え、他方で科学と工業の絶え間のない進歩は、それに順応しないものをたちまち陳腐にした。一八七〇年に始まる時期は、正確には海軍力の誕生の時、すなわち目覚しい発展の時」でもあり、緊縮的予算ながら艦船の構造にも技術的革新が試みられたのが、普仏戦争後のフランス海軍がおかれた環境であった。本書が続けて述べるように、舷側の装甲板の厚さに明確な答えはなく、施条砲、徹甲弾、魚雷など技術革新の進むスピードも速く、確かだったのは、艦の速力が大きいことは優位であるということぐらいであって、望ましい艦船の構成についてさまざまな試みがなされ定説が存在しない時代であった。フランスの海軍力に求められるものは小さくないが、「青年学派」などが掲げる戦略的議論の影響力より前に、共和政時代の政治闘争の悪影響を蒙り、海軍力のさらなる強化を実現するためのコンセンサスの形成と予算的裏付けがなかった。

4 ベルタンの招聘

(1) イギリス人技術者の協力による旧型装甲艦の国内建造

次に日本側の状況に視点を移したい。一八八七(明治二〇)年から九〇年の間に竣工した艦船は、ほとんどが国内の横須賀、小野浜、石川島の造船所で建造したものであるが、八七、八年に竣工した「葛城」(一八八二年一二月起工、横須賀)、「大和」(八三年二月起工、小野浜)、「武蔵」(八四年一〇月起工、横須賀)の三艦は、造船局主船課の計画による姉妹艦であり、イギリス建造の「金剛」「比叡」にならい鉄骨木皮艦であった。「大和」はイギリス人エドワード・キルビーと契約を結んで建造した速力一三ノット、一四八〇トンの国産初の装甲艦であり、同氏は同艦の建造途中没したが、[15]「葛城」「武蔵」は横須賀でもイギリス式進水に倣い、「英人技術者などにより鉄板加工を習熟しつつ」[16]建造した。しかし舷側に多数の砲門が並んだ旧式艦で、竣工時には速力、備砲ともにすでに時代遅れのものであった。

遡って日本海軍が初めて「扶桑」「金剛」「比叡」三艦(一八七五年九月起工)の建造をイギリスに発注した際、工事監督は当時海軍主船局長であったエドワード・リードであり、佐双も留学中であった。この三艦の建造後、「我海軍は、英国造船技師エルガを招聘し、造艦顧問となしたれども、当時造艦費に乏しくして、同氏滞在中〔一八八〇年一月〜翌年二月〕は、一艦の新造をも見ざりき[17]」とあるように、新技術や頼りとする技術者の獲得は必ずしも上手く行っているわけではなかった。また、この時期のイギリス本国では、旧来の装甲艦に代わる比較的安価な艦として装甲巡洋艦に先駆けたのだが、当時竣工した艦の速力は一二ノットから一四ノットに達したくらいであり[18]、経済性のメリットもなく、その後一度装甲巡洋艦の開発を放棄することになる。こういった状況下にフランス海軍からベルタンが艦政本部付、勅任官待遇で招聘され、八六年二月に日本に着任した。

(2)　ベルタンの提言――砲艦「鳥海」「赤城」の備砲――

一八八四年から九〇年までの間に建造された「愛宕」（八四年一一月起工、八九年三月竣工）、「鳥海」（八五年三月起工、八八年一二月竣工）、「摩耶」（八五年九月起工、八八年一月竣工）、「赤城」（八六年七月起工、九〇年八月竣工）の四艦の計画自体はベルタン来日前からあり主船局造船課によるとされるが[19]、「赤城」は起工がベルタン来日以降であるため彼の意見が取り入れられている[20]。日本海軍はもともと中心軸上に、前部二四センチ二五口径、後部一五センチの砲を搭載する計画だったものを、前部二一センチ四〇口径、後部一二センチ三二口径に変更しようとしていた[21]。これに対してベルタンは、「鳥海」と「赤城」の備砲について、右の変更では重量が増加するためこれを避け、軽量な一二センチ三八口径砲を四門配置することを提案している[22]。彼の意見では工事の進捗上、「鳥海」は前部は二一センチ四〇口径の砲とするも、後部に弾薬三〇発分を動かしバランスをとることで弥縫し、「赤城」の主砲に関しては彼の提案どおり一二センチ軽砲四門の配置にすべきだとしている[23]。実際に「鳥海」には船首楼に「二十一珊砲」を搭載し、ほとんど日本側の計画のままで、完成後の評価は「小艦の艦首に、か丶る巨砲を搭載するは不適当」であったとされる。一方、六一二トンという排水量の点から先行三艦と同型とされるものの「赤城」は内容が異なり、国内で建造された最初の鋼製軍艦であり[24]、備砲についてはベルタンによる軽量な砲の分散配置の提案が生かされた。この配置形式は、彼の来日前におけるフランスでの設計で評価された形式で、それが日本での提案に反映されたとみられる[25]。

なお「赤城」の仕様が固まるまでの間に、参謀本部から魚雷発射管の設置が提案されており、これが海軍次官樺山資紀宛の文書を通じてベルタンに諮問されている[26]。ベルタンの回答は船体に空間を確保できないことを理由として提案に合意していない[27]。このほか、参謀本部より主砲の発射角の再考が求められるなど[28]、ベルタンの設計に関してはやや執拗といえるほど、反対意見を持つ勢力が存在したことがうかがえる。ここから知ることができるのは、ベルタンが建造上バランスをとった構成案を出しながら、日本側（参謀本部）による火力強化の要請が強かったことに、意見対立の要素があったことである。

(3) 備砲と艦隊構成に関する意見

右記の経過を遡って、ベルタンは日本に着任した早々の一八八六年二月一一日、「一等砲艦『千五拾噸二十四サンチ砲一門』ノ意見ヲ述ベ併セテ艦隊ノ組織ヲ論ズ」と題し、彼の来日前に計画されていた佐双佐仲による砲艦建造計画に対する意見を提出していた。それによれば、「曩キニ佐双少匠司ノ計画セラレタル一等砲艦ハ同体量ノ他艦ニ比スルニ甚タ攻撃力ノ一方ニ偏重スル」として、「一門ノ巨砲ヲ単有シ防御ノ準備モ亦可及的ニ簡単」であることに「極端ニ走ルノ嫌アル」と指摘し、むしろ現存するかまたは将来出現する「機砲速発砲」に対する防御を考えるべきだとしている。当時のフランス本国の建艦思潮が表れているのは、「千噸内外ノ小艦ハ之ヲ砲艦ニ用フルヨリハ寧ロ伝令艦及ヒ下級ノ巡洋艦ニ使用シ」「此ノ諸艦ノ本分ノ資格ハ専ラ速度ノ一点ニ帰セザル可ラズ」といった部分であり、日本海軍の技術陣が志向するものと対立が予期される意見が示されていた。ただ、佐双案に示されたように、小さな船体でも巨砲を搭載したいとする意向をベルタンは汲み、同意見書では続けて、「旗艦　一隻」、「水雷艇　若干隻」

からなる主戦艦隊の編成を提案している。旗艦の計画は四〇〇〇トン以内のもので、攻撃力は露砲塔に搭載した「鋼製四十サンチ鎧板ヲ穿洞スヘキ巨砲　一門」と「小径砲　若干」により、また防御は防護甲板、区画構造、コファーダム[29]によるとしている。この旗艦には水雷母艦としての機能も想定されていた。同意見書でベルタンは当面「巡洋諸艦ノ計画ニ傾ケント欲スル」と結んでいる[30]。後の三景艦設計の萌芽はこのときに示されていたともいえ、それまでの国内建艦と比較してはるかに新式の造艦を可能にしてくれるのもまた、ベルタンでしかなかったのである。続く一八八七年から九〇年の間にベルタン設計による「厳島」「松島」がフランスへ建造発注され、同時に横須賀で「橋立」の建造が進められていく。

5　「厳島」「松島」のフランスへの発注経緯

(1)　甲鉄艦建造計画から三景艦建造への切り替え

「厳島」「松島」の建造をフランスの造船会社が受注するまでには、途中「畝傍」の亡失事件がありながら、「厳島」「松島」の二艦の建造をフランス、フォルジュ・エ・シャンティエ・ドゥ・ラ・メディテラネ（地中海鍛鉄造船会社、以下FCM社と略記[31]）が獲得している。ここではこの経緯について少し詳しくふれておこう。

日本も軍備拡張への強い要求がありながら予算的に制約があったことから、「仏国ニ於テハ他国ニ先チ製造中ナル者ハ勿論已ニ存在セル甲鉄艦ヲモ全廃セントスルノ論アル」とし、甲鉄艦以外で戦闘能力の高い艦船の調達も検討されていた。「水雷船ハ甲鉄艦ノ最モ恐懼スルモノ[32]」といった考え方は、ベルタンが来日する前の八五年二月の時点ですでに存在した。とはいえ、同年一二月になって、「壱等甲鉄艦壱隻製造方欧州ノ造船会社ニ注文致度候処仏国『フォルヂ・エー・シャンチェー』会社ハ……艦船製造ノ計画最モ当ヲ得代価モ頗ル低廉……畝傍艦ノ如キモ亦然リトス」[33]ことから予算的措置を得られるよう上申がなされたが、これは実現しなかった[34]。八六年四月のＦＣＭ社の株主総会議事録には、「代理人〔ジェーヌ〕と日本海軍の間で、仕様、価格、支払方法、引渡期限について双方承諾があり、大臣と代理人との間のサインの交換を待つだけ」のものだったのだが、「日本政府が突然甲鉄艦の建造を断念すると宣言し」[35]、「日本に造艦技術顧問として出向中のフランス海軍技師ベルタンの計画による、四〇〇〇トン二艦のアヴィソ（Avisos croiseurs）で埋め合わせたいと通知してきた」[36]と記されており、八六年二月のベルタンの日本における活動開始から、同年四月までの間に甲鉄艦計画から三景艦の建造に変更されたことを示している。四月は「畝傍」が進水した頃であった[37]。

(2) ベルタンによる四〇〇〇トン海防艦計画の提案と艦隊構想

ベルタンによる計画変更の提言には、一等甲鉄艦の建造は「日本海軍ノ利ニ非ザル」ため、この代案として後の「厳島」に近い約四〇〇〇トン海防艦一隻の計画が示されている[38]。防護構造も、防護甲板は四から五センチの厚さで、中心部において少なくとも水線下七〇センチに位置する、とある。また主砲は三二センチ砲一門で、砲身長は四二口径が予定されていた。主砲（一門）と副砲（一二門）は必ずしもＦＣＭ社製のものでなくてもよいが、水圧式の砲架は船体の一部であるため同社に注文するように勧めている。この案ではまた、同様の海防艦一隻を日本で建造することを提案し、機関と水圧式砲架はＦＣＭ社から調達することと、これに加え約八〇〇トンの快速報知艦一隻と五〇トン以下の水雷艇八隻を建造する案を示している。報知艦はＦＣＭ社に建造を委託し、水雷艇は六隻を日本で建造し、その際には同社から錬鉄鋳造技術の導入と工作機械の購入が併せて想定されていた。このすべての費用が一等甲鉄艦の建造費用より少ないというもので[39]、ベルタンの着任早々から魅力的な提案がなされたのである。三景艦が主砲に三二センチ砲を搭載したのは、八六年五月一四日、ＦＣＭ社よりジェーヌ宛通信において、クルップ社のエージェントが三二センチ四二口径、一二センチ四二口径砲をベルタンの設計艦に供給することを日本政府に働きかけているとの情報を得ている旨連絡しており[40]、実際の三景艦の主砲は三二センチ一二センチ砲とも三八口径であるが、カネーからの砲供給を守るためにも日本の志向に応え、小型の砲を搭載しようとする提案は生じなかったものと考えられる。

(3)　ＦＣＭ社の二艦受注取り込み

三景艦の建造は八六年七月、もともと「英仏両国へ壱隻宛御注文残壱隻ハ横須賀造船所ニ於テ製造」することが海軍大臣から督買部へ要請されていた[41]。第一艦「厳島」の注文契約が成立したのは翌八七年二月二日で、「畝傍」が八六年一二月にシンガポール解纜後行方不明となり、その旨日本の外務省から駐仏日本公使館に来電があった一月五日のすぐ後だった[42]。甲鉄艦建造契約以来の交渉が続いており、また日仏間には、八七年八月、結局無期延期に帰するものであったが、井上馨による条約改正交渉が継続していた時期でもある[43]。さらにこういった微妙な時期に第二艦目の建造をフランスが取り込んだのは、八七年三月中にＦＣＭ社から二艦目の受注があれば建造費を割り引く、という条件の提示があったからであり[44]、ジェーヌと督買部長伊藤雋吉との間の覚書が同月二八日に東京で交わされ[45]、その後駐仏代理公使の原敬がパリで契約書に署名し、第一回払込を行ったのが八月一〇日だった[46]。ここまで、「畝傍」の亡失にもかかわらず短期日で「松島」までの正式建造契約が成立した。

6　三景艦と「千代田」の設計

(1)　三景艦の船殻構造

次に三景艦をフランスの軽量艦建造時代のなかに位置づけよう。フランス海軍の装備に防護巡洋艦が出現したのは、「スファックス」（一八八二年起工、八七年竣工、四五六一トン）からで、同艦の船殻構造は七二年のベルタンの計画案をもとにしている。後のベルタンの論文でも、この構造の利点の説明に重点が置かれ、重い防護甲板をなるべく低い位置に置き[47]、その上部構造を緻密な水密区画構造とする同艦の防護方式がその後のフランス巡洋艦の構造的な原点であるとしている。

三景艦の防護構造を『松島仕様書』から見ると[48]、「防護甲板の上には舷側側では四メートル一〇センチ、中央では三メートル二五センチの空間があり、この空間は縦横に水密の小部屋で区画されている。……舷側に沿った内周にはココヤシの実のセルロースの詰まった完全なコファーダムを形成する小セルがある」とあり、防護甲板はすべて水線下にあり、厚さは舷側に近い部分は三センチ、中央部四センチ厚で、中央が厚く周辺が薄い構造である[49]。通常、台形型の防護甲板は舷側に近い傾斜部の厚さが生命線であるが、これとは逆の構成で、台形型と比較して全体的に薄く、水線部の区画構造やコファーダムによって防護甲板への被弾の被害を緩衝させる構造であることがわかる。原文の『仕様書』では船殻構造について述べたページがほとんどを占め、その中で区画構造の詳細を説明した部分は全体の三割弱あり、舷側装甲の代わりとなる水線部水密区画構造が「松島」など三景艦の大きな特質であったことがわかる（図6-1A・B・C）。

図6-1A 「スファックス」の喫水線部横断面図

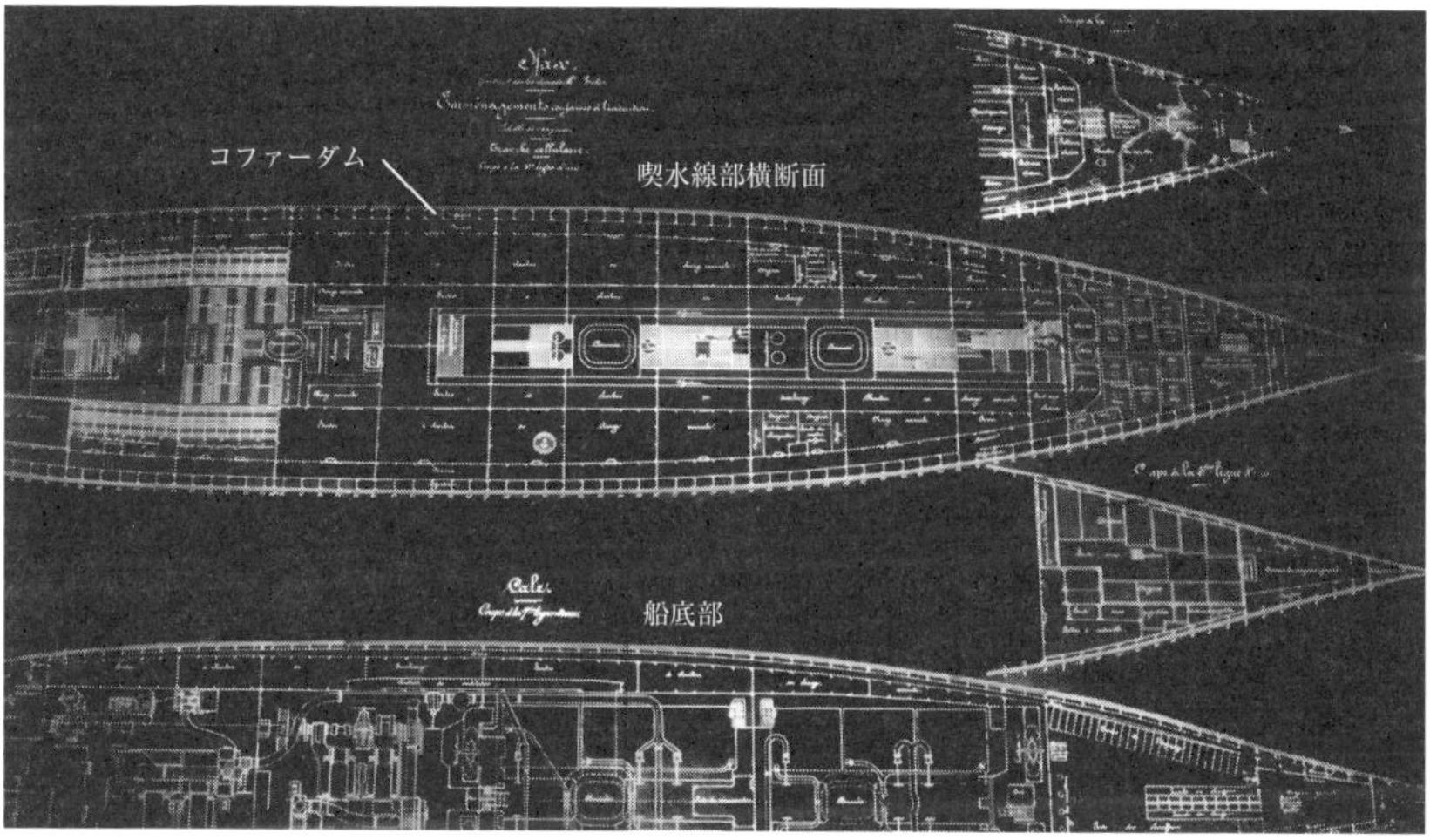

出典：フランス国防省史料館（SHD）蔵8DD1-68-8。マイクロフィルム投影より筆者撮影。
注：コファーダムは船体外壁のすぐ内側に構成されている。喫水線部横断面の格子状の線に示されるように、同艦は船体中央部まで防護甲板上部の構造が細かい区画をなしている。各区画には石炭が充填される。
図面には、「スファックス」・ベルタン氏設計により建造／船体内部状況／縮尺／水密区画部／喫水線部横断面と記されている。作図は1887年6月13日、ブレスト工廠の副技師による。

(2) 巡洋艦「千代田」の場合——ベルタンの基本設計に加わった変更——

前項までに日本海軍が予算の制約から三景艦の建造を必要とした背景を辿った。次にそれ以後の日本の建艦方針が何を求め、イギリスで建造される艦船タイプの選択に傾いたのかを考察することとしたい。亡失した「畝傍」の代艦、「千代田」（一八八八年一二月起工、九一年一月竣工）は、彼がフランスで設計した小型の高速巡洋艦「ミラン」（八二年起工、八五年竣工）をもとにしている。

ベルタンの基本設計では、[50] 防護甲板は水平部二・五センチ傾斜部八センチの台形状で、この段階では舷側水線部に装甲板を持たず、コファーダム（cofferdam packing）[51] を備え、砲は一二センチ砲一一門を搭載するうち二～三門を船首尾の中心軸上に設置することになっていた。ところがこの原案に対して参謀本部は、「種々ノ不利アル」ため両舷に配置すべきだとした。仰角がない砲を舷牆内で発砲する際の爆風の影響を懸念し、日本側は中心軸上配置を望まなかった。また帆装設備も不要とし

図6－1B　「4,500トン巡洋艦」の切断面図（中央付近）

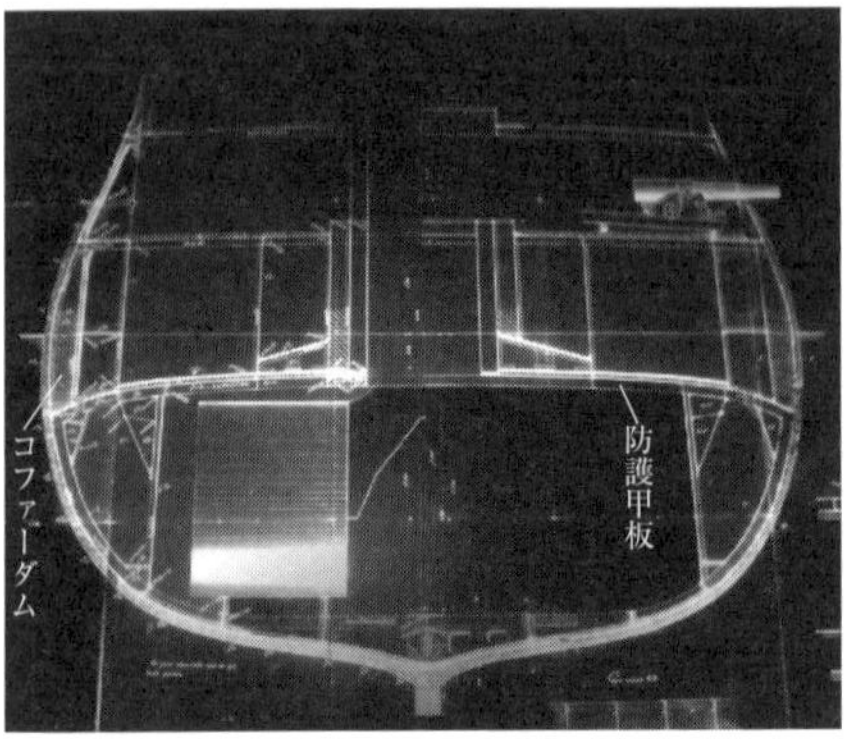

出典：SHD 蔵 8 DD 1 -68- 4 。マイクロフィルム投影より筆者撮影。
注：建造計画が開始した1881（明治14）年の作図で、ベルタンのサインが入っている。「スファックス」の艦名はまだ決まっていなかった。水線下防護甲板の上部構造は図では7つに区画されており、水線下の両舷は石炭庫で防護している。水線部の舷側両端が「コファーダム」である。

図6－1C　「橋立」中央切断面図

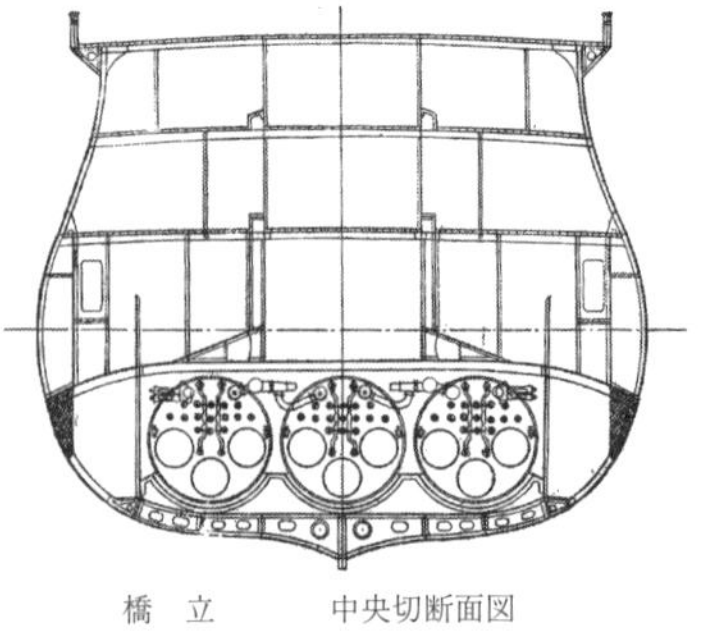

出典：永村［1957］177頁より転載。
注：「スファックス」の構造から、「橋立」も水線部の舷側両端がコファーダムにあたると類推される。左右の船殻構造は極めて類似している。

て、石炭の搭載量を三五〇～四〇〇トンに増加するよう要請している。[52]

これに対してベルタンは、「此艦ノ砲熕ハ同一門ニシテ左右両舷ニ発射シ得ル」とし、中心軸上に配置する分の維持を主張した。また帆装を不要とする意見については、すでに帆装可であることを確認してあり議論を要さないとしている。石炭搭載量は増加意見に合意せず二〇〇トンで十分であるとしている（原案では戦闘時には上檣部を外し、代わりに石炭を増載できることを示していた）[53]。また二重底構造（原文で「複底」）の要請に対しては、機関・汽缶の上端を喫水線より上に伸ばすことにつながるため二一〇〇トン級の小艦には適用できないとして同意していない。幅が狭く垂線間長が長い船体構造は旋回時に不利であるという指摘にも、同艦は左右独立のプロペラを持つため問題ないとしている。[54]右の経過を経て「千代田」の仕様は、フランスの製造会社に注文する[55]一二センチ三八口径砲一一門を船首尾楼中心軸上と両舷に設置すること、三檣を備えること、防護甲板厚、石炭搭載量などが「ベルタン氏原計画通リ」でまとまった。[56]

次に実際の建造にあたり、入札の対象は英アームストロング、テームズ鉄工所、トムソンと、仏ロワール、ジロンドの各社であったが[57]、入札実施後の一八八八年四月、トムソン社から在仏日本公使宛に、入札額から二〇〇〇ポンド減じ、これで受注できれば一〇カ月で建造するとの修正提案があった。日本海軍は入札規定に反するとして正式に受理していないが[58]、五社からの建造費見積は、桜井省三（一八七七年横須賀造船所黌舎からフランスに留学）によって、「タムソン社ノ二重底ハ歴験ニ徴シテ利益アリ」とされ、さらに「十二『サンチメートル』砲二門ハ当国ニテ大ニ貴ブ所ノ急射製式ニ変更シタキ」との提案も加えながら、発注先の検討が進み、最終的にトムソン社への発注となった[59]。さらに九月には、海軍大臣側より参謀本部宛に「四門丈ケ速射砲ト為シ」てはどうか照会がなされ[60]、これに対して「悉皆該種ヲ採用アランコト」とされるほどで、当時まだ試験段階にあった速射砲でも、「該艦ハ尤モ速カニ竣工相成ヘキ趣ニ付」「試ミニ四門丈ケ」無試験で配置することには異存ない旨回答があり、備砲の構成が修正されていった[61]。ここで留意したいのは、イギリスの技術に対しては比較的無条件に合意がなされたことである。同年一二月「千代田」は起工した。

ところが起工直後、防護方法に大きな変更が加わり、原案では傾斜部の合計厚は八センチであり、通常鋼板一センチ×二枚の上に、クローム鋼板六センチを重ねることになっていたが、クローム鋼板を廃して、舷側に一〇・五センチ厚の縦鋼板を「附着スヘキ見込」となった[62]。また、検討されていた速射砲への変更については、八九年八月、結局アームストロング社と一二センチ砲の製造発注契約が締結され、同時に第一回払込が行われた[63]。完成後の同艦の仕様は、三檣、一二センチ速射砲は結局計一〇門を、艦首尾楼に一門ずつ、両舷に四門ずつ配置した。防護甲板は傾斜部は三・八一センチと大幅に削減し、水線部に約一一センチ（4 1/2in）厚の装甲帯が付加された[64]。ベルタンの原案から種々の変更を経て「千代田」は起工より二年余り後の一八九一年一月に竣工し、主砲はすべてアームストロング社製となり、また防護方法は水線部に装甲帯を持つ区画構造艦――装甲巡洋艦の形式となった。

7 ベルタンの設計思想

(1) 区画構造へのこだわり

再びベルタンが日本で活動した時期の彼の設計思想に立ち返ろう。ベルタン『学術研究の概要』(以下『概要』と略記)は、日本からの帰国後、日清戦争において三景艦をはじめベルタンの設計した艦船が実戦に用いられ、区画構造の有効性が一応実証された直後の一八九六年に発行にされたものである。この『概要』は三節で構成され、第二節「水線部区画構造艦」におけるベルタンの叙述の中で対比的に示されているのは、仏英の区画構造への取り組みの差である。軽量艦の建造方法について、ここでは「防護巡洋艦と呼ばれる艦の建造者は、しばらくの間全く違う視点を置いていた」とし、イギリスは「喫水線下の、艦の排水量と同量であるところの防護甲板下の空間だけを堅固にすることに専念していた」[65]とする。続く叙述では、水線部の防御を細分水密区画にするか装甲板を設けることの必要性を説き、フランスは舷側に装甲板を設けない水線部区画防護方式を一八八一年に初めて「スファックス」(croiseur à flottaison cellulaire)の設計に盛り込んだが、同艦は、「防護のための方策はとりわけ安定性において完全なものだった。その後同型艦は建造されなかったのだが、『スファックス』の大型化計画は私に要請され、……その防護方法は、一八八六年の日本の海防艦『松島』『厳島』『橋立』に適用された。黄海海戦で十分な効果が証明され、一八九四年のすべての戦闘において軽量であることの戦略的優位性を見せた[66]」としている。

「スファックス」と三景艦の防護方法はその後フランスで発展を見せた区画方式からすれば、原点的なものとして位置づけられるが、フランスでは「ジュリアン・ドゥ・ラ・グラビエール[67]」において「『スファックス』と同じような防護の形に戻りつつある」[68]とするように、舷側装甲のあるなし、ないしは防護巡洋艦から装甲巡洋艦への流れが技術的進歩であるといった理解は、ベルタンの設計に限らず、一八七〇年代から九〇年代までの船殻構造に関しては必ずしも単線的に適用できないことがわかる。この『概要』において「スファックス」のような舷側に装甲がない区画構造の巡洋艦と、舷側に装甲した区画構造艦（cuirassé à flottaison cellulaire）[69]との二つを論じているが、前述したように、この間イギリスでは装甲巡洋艦の開発を中止しており、舷側装甲のあるなしは、当時の艦船構造では行きつ戻りつだったのである。[70]

ベルタンの晩年の著作『現代の艦船』（一九一四年）では、装甲巡洋艦の発展段階を防護甲板の形状の変化や舷側装甲の設置状況を図説しながら段階的に叙述しているが、本書の中では、水線部の石炭庫と防護甲板だけに依存したイギリス艦の構造上の弱点も挙げており、「イギリス海軍の『テームズ』『フォース』、マージー級、一八八八〜八九年竣工」は防護巡洋艦と呼ばれるタイプの艦で、アームストロング社で長期に成功した艦であるが、防護は防護甲板上の石炭庫による。損傷を受けた後に安定性を保つには大変ゆるい区画で、水線部に開いた穴をふさぐ手立てがなかった」[71]とし、また防護甲板上部の不完全な区画構造は損傷後に安定性を欠き、転覆の危険があることを指摘している。[72]従来の艦船史ではあまり意識されてこなかったが、イギリスの巡洋艦が比較的に防御力を犠牲にした、といった批判が、少なくともフランス海軍のベルタンによってなされていたことは、英仏の建艦思想に差異があった一つの例証として注目できる。

(2)　ベルタンの設計思想とイギリス艦の異なる路線

前出のベルタン『現代の艦船』（p. 117）では、彼が来日する直前の時期のフランスの造艦を振り返って次のように述べている。「高速力と航続力は議論の余地なきも、巡洋艦、通報艦の持つ攻撃力については激しい論争となった。

……戦おうとする誘因を削ぐために、通報艦には全く砲がないことが奨励された。それは、理屈の上では『ミラン』で実現された。艦の計画がすでに準備され、かなりの備砲を搭載することに賛成を得ていたのにもかかわらず。一八ノットの速力は他の艦の前では並外れていたので、大臣の決定は完全な非武装とした。この奇妙な方策は部分的に適用された」とある。(73) もちろんこれを書いた当時においては、彼はかつてのフランスの路線に肯定的ではなく、「商船隊を拿捕し、小規模な艦隊の艦を破壊するだけでなく、同じ規模の艦隊と交戦するときにも、そしてその戦いを上の等級の艦船との戦いに持ち込むためにも、全ての戦闘艦は小艦でも兵器を持つことを必要としている。……装甲戦列艦と戦うことを想定して特別に武装された巡洋艦の生産国、イギリス、ドイツ、日本においてこの原理が優っている」としている。艦船の構造上の技術革新がめまぐるしい時代においてフランスでも意見は錯綜し、これが日本においては、防護重視、軽武装設計の傾向のあるベルタンに対する批判的な反応にあらわれたといえよう。

前述のように、防御の方法については、日本海軍の巡洋艦は、三景艦の建造より後の時代はイギリスで用いられた台形型の防護甲板と石炭庫で防御する形式を採り、装甲巡洋艦もイギリス式の中央部重点装甲となっている。この点については英仏両国の巡洋艦の設計思想に関わる問題であるため補足的に述べれば、ベルタンの造艦技術者としての本領は、フランス本国における装甲区画層構造（tranche celluaire cuirasée）の開発において発揮されたが、日本からの帰国後最初に設計した大型の装甲巡洋艦「ジャンヌ・ダルク」（一九〇二年竣工、一万一〇〇〇トン）は、二三ノットの高速ではあったが備砲は比較的軽装備にならざるを得なかったことを彼自身が指摘している。(74)

同書では自らが設計した艦船を含めて、装甲区画層構造艦の改良の経過が詳しく記されているが、これらの言説の中で同時代的理解をしたいのは、イギリスの中央部重点装甲に対する批判として、それが木造艦時代の中央砲郭、装甲砲室のいわば名残であり、フランス艦はこれらを完全に廃止し、旋回砲塔を備え、喫水線部をすべて装甲帯で覆い、さらに層構造をなした区画形式をとることで重量の嵩む舷側の装甲面積を減少させていると述べている部分である。(75)

ベルタンの著書では中型砲による近距離での戦闘も考慮に入れており、「ドレッドノート」の単一砲搭載による遠距離斉射のような戦術そのものを革命的に変える時代の到来については明確に言及していない。このことからベルタンを日本に招聘した時代を日本の艦船史のなかに位置づけるとすれば、フランスが装甲区画層構造艦で独自の進展を辿る前の段階において[76]、その初期段階の設計が日本の艦船設計に反映した時代だったということができる。一方、イギリスにおいては一面では装甲巡洋艦の建造には出遅れたが、逆に艦の大型化に伴う中央部重点防御形式の確立に先んじたということもでき、ベルタンが帰国した後の日清戦後から日露戦争に至るまでの問、日本の海軍予算が拡大するに従い、主力艦の調達先がイギリスに絞られたことにより、日本海軍にとっては小型軽量艦を強火力化しようとすることによって生じる困難は、いわばいったん過去の問題となった。

8　おわりに

ベルタンが日本で活動した頃の設計思想の背景には、フランスが当時おかれていた次のような状況があった。「我が艦隊が消え、減じていくのに対して、ドイツ艦隊、イタリア艦隊、ロシア、アメリカ、そして日本の艦隊は拡大していった」のだが、「我々の漸進的な海の放棄は国民の根底のエネルギーの減少には全く結果しなかった」。「一八七一年から一九一四年の間、わが国の海員、海兵、アフリカ戦線の兵士、探検家、探鉱者、入植者は、皆ほとんど自身の力と天分に委ね、かつてないほどの巨大で見事な植民地帝国をつくりなおした」とされるように、海軍力の増強を国家的発展に直接結び付けない軍縮的状況があった。フランス海軍史においてこの時代にはあまりよい評価がなく、たとえば、「蒸気船になり、（木造の）装甲艦となり、防御を施した（鋼）艦となった新しい軍艦に対抗するために、彼らは全く驚くほど素朴な艦の群をつくった。まず水雷艇を持ったが、それらは昔の火船以外の何物でもなかった[77]」

と、水雷思想は全く否定されている。フランスが攻撃力の強い大艦建造推進へのコンセンサスがないまま技術的な工夫で課題に対処した時代、ベルタンは予算が限られた日本でも活動した。彼の考え方には確かに水雷思想の影響があり、日本着任の当初より意見を出しているが、フランスに発注した水雷艇五隻は、いずれもベルタンの任期が満了（一八九〇年二月）して帰国した後に進水している。[78] むしろ本章で彼の著述に記された主張や、日本海軍との意見交換を示す文書を追うなかで見いだしたのは、日本海軍が求めた巡洋艦を建造する際の相対的な重点を、攻撃力か防護力かのどちらに置くか、という考え方の差が確執の要因であったということである。

最後に、この論考への類推的な示唆となった条約型巡洋艦や小艦でありながら重量砲を搭載しようとする艦の建造についてふれよう。

時代を下ってワシントン条約前後に条約型巡洋艦を設計した平賀譲の場合も、「不譲」の姿勢を持たなければならなかった。ベルタンがかつて出会ったのと同じ、強火力化を第一義とする勢力と平賀も対峙し、ベルタン、平賀、そして藤本らに課せられた課題、設計当事者以外からの軋轢は類似的であったと見ることができないだろうか。ワシントン条約を転機として「一面成功、一面失敗の時期に入った[79]」とも言われる。失敗の側面は、「兵装改良による船体の重心上昇に対しては、水線面積を増やす効果をもつ船側バルジを装着することによって船の復原力の第一の指標である重心上メタセンターの高さ、GM値を確保することで対応してきた。そのため、喫水が浅くなり、重心の水線上高さ、OGの値が大きくなる傾向にそれほど注意が払われないまま推移した[80]」とあるように、平賀が設計の第一線を離れた後の条約型巡洋艦の設計は、用兵側の要求に押し切られた無理な設計を促す風潮を許した。それがやがて「友鶴」転覆事件や第四艦隊事件を導いた。

一九世紀後半から二〇世紀初頭にかけて英仏の技術者が迷いながら確立していった艦船構成の力点をどこに置くか、ないし船殻構造の軽量化と重装備という課題だけを見ても、それは明治海軍の技術陣も同じ経験の一部に参加していたはずのものだった。しかし、明治期はベルタンの設計のありかたに不満の原因を帰し、自らの経験として咀嚼しきれていなかったようにも思われる。その後条約型巡洋艦の建造時代においては、英仏の艦船建造を凌駕するほどに技術的に自立し、むしろ軍縮条約によって国際的に牽制されたとも言われる。しかしこの時代は、日本海軍自らの開発技術においてかつてと同じ困難に直面し、自ら克服しなければならない状況があった。他の海軍先進国に優る画期的な設計を打ち出しながらも、艦の排水量に対して過剰となる重砲搭載の要求、または船体強度を犠牲にして軽量化をはかるといった相反する条件を調整する必要が依然存在し、結局用兵側の要求に押し切られ重砲化が優先された。海軍力の拡大に対する制約は、国家予算という内在的なものと、国際条約という外部的なものが存在したが、これらは艦船建造の停滞ではなく、確かに技術の高度化を導いた。このことがひいては、わが国の国産技術のさらなる発展向上という意味においても、造艦技術者の関心を、より強力な火力を持った艦船の開発に傾倒させたのではないだろうか。

注

(1)　牧野他［一九八七］三一一頁。
(2)　平賀［一九三五］一七〇頁。
(3)　細野［一九二六］五頁。
(4)　牧野他［一九八七］八頁。
(5)　著者戸苅隆始は、一九三〇年一二月から三五年前半頃まで駐仏武官であった。パリ日仏協会の発行による本書（戸苅大佐著『ルイ・エミール・ベルタン　日本海軍創設における彼の役割』）は、一九三五年五月にフランス海軍一等技師造艦本部長による序文を収めている。
(6)　シムズ［二〇一〇年］二九一～二九二頁および Togari［1935］p. 19.
(7)　「秋津洲」の建造をめぐる対立は、福井［一九八〇］七一頁。しかし同艦の設計をめぐって激しい対立を窺わせる史料の存在はこれまでの艦船史でも示されてこなかった。また、たとえばフランシス・エルガー（後述）は、一八八〇年「造修船上顧問トシテ本年一月ヨリ無期限ヲ以テ雇入」られたが（「雇英国人エルガー氏解傭之儀伺」一八八〇年一二月九日、海軍長官より太政大臣宛『公文原書　巻七五』）、本人の希望で翌年二月に帰国しており、ベルタンが任期途中帰国したという説は、エルガーの例と混同されている可能性がある。

（8）「指令案」「訓令案」一八八九年一二月一九日、海軍大臣より造兵廠長宛、『別輯　大島　秋津洲　吉野』。

（9）CAWFS. p. 4.

（10）Bertin［1914］(pp. 59-60) によれば、ベルタン自身が言う彼と同時代のイギリスの技術者は、ナサニエル・バーナビー、ウイリアム・ホワイトであり、ただし後述するように、彼らの設計艦がシタデル（中央砲郭・中央部重点防御）構造であることを批判的に捉えている。なお、ベルタンの著書『現代の艦船――歴史と今日の問題』の版権（Copyright）は一九一四年のものだが、「新版」としての出版は一九二〇年である。新版では第六章「近年の海戦」として、日清戦争（黄海海戦）で実戦に使用された三景艦に関する記述が加えられた。

（11）造船協会［一九一一］二八九頁。

（12）造船協会［一九一一］二〇八、二一二頁。

（13）平凡社［一九五一～一九五三］第四巻、三三八頁、第六巻、七六頁、第一三巻、四八頁、第一六巻、一三六頁を参照。

（14）同書の多くの部分は編者ガブリエル・アノトー（歴史家、フェリーおよびガンベッタ内閣時代の官房長、外交官）の執筆によるが、ここでは「フランス革命中の総裁政府時代から一九一四年の第一次大戦勃発まで」を辿ったMaréchal Franchet d'Esperey（フランシェ・デスペレイ元帥）が著した部分を参照した。

（15）日本工学会［一九三一］四九～五〇頁。

（16）福井［一九八〇］二二頁。

（17）以上、引用を含め、造船協会［一九一一］二八九頁。

（18）CAWFS. pp. 63-64. 一八七〇年代はイギリスにおいても海軍予算が削られた暗黒時代といわれる（id. p. 1）。

（19）日本工学会［一九三一］四五～四七頁。

（20）あるいは設計においてベルタンの関与が大きいと考えられるのは、「ベルタン氏ノ計画ニ係ル海防艦并報知艦ノ内各壱隻宛ハ横須賀造船所ニ於テ製造セシメラルヘキ」といった記述からで、「赤城」の建造は、ボイラー製造から横須賀造船所で着手されたものの、後に小野浜造船所に移されている（「赤城艦製造方ニ付意見」一八八六年四月一四日、海軍大臣より横須賀鎮守府長官宛、『別輯　高雄　赤城　摩耶　愛宕』）。なお、横須賀製鉄所黌舎の第一期生であった山口辰弥はフランス海軍造船学校に留学した最初の人物であり、一八八五年六月に小野浜造船所に転じ、後に所長となっている（鈴木［二〇一二］一二七～一二八頁）。ベルタン設計艦の小野浜での建造は、フランス留学経験者を通しても結びけられていたことが窺える。ベルタン設計の砲艦「大島」の建造も同所による。なお小野浜造船所の建造技術に関しては、千田［二〇〇四］。

(21) 当初段階（八五年一一月）では、前部に二四センチクルップ砲の搭載を計画していた（「普第三〇九四号」一八八五年一一月一六日、主務主船局長赤松他、『別輯　高雄　赤城　摩耶　愛宕』）。

(22) 史料では、「艦体ノ中軸ニ口径十二「サンチ」長サ三十八口径ノ砲熕四門ヲ配置シ」（傍点引用者）とある（ベルタン「鳥海赤城両艦ノ砲熕ニ関スル意見」一八八六年一一月一日、『別輯　高雄　赤城　摩耶　愛宕』）。

(23) 以上、前掲、ベルタン「鳥海赤城両艦ノ砲熕ニ関スル意見」。

(24) 以上、「鳥海」の砲の開口径一二センチとの記述と引用を含め、日本工学会［一九三一］四六～四七頁。

(25) Bertin［1884］(p. 6) の記述によると、一八七二～三年に提案したコルベットは「船首尾楼の中心軸上に搭載した四門の長砲身の砲で武装し、これらは両側に発射できた」とあり、砲の配置は上層部からも支持されたと記されている。また、水線部区画構造の巡洋艦は提案当初はフランス海軍内の評議会で認められなかったが、「装甲削減の断念と、個々の砲塔への砲の分散、ならびに区画層構造の採用は、大砲の発達のもっともな結果だと私には思えた」とある。同書はベルタンの数年来の業績を要約したもので、Gauthier-Villars（フランス黄経（天文）局、エコール　ポリテクニーク印刷出版）刊による。二五頁建ての本書の中で、最も強調したいものは区画構造だとし、最初の項目に設定している。

(26) 「普二一五二ノ二」一八八七年五月二日、参謀本部長熾仁親王より海軍次官樺山資紀宛、『別輯　高雄　赤城　摩耶　愛宕』。ベルタンに対する反対意見や照会は、当時皇族を本部長とし、陸海軍の軍事計画を司っていた参謀本部から出されており、ベルタンを招聘した艦政本部ないし海軍大臣系統と異なる意見を表出し得たと考えられる。

(27) 「普二一五二ノ二赤城艦構造改正之件御照会按」一八八七年六月六日、海軍次官より参謀本部長宛、『別輯　高雄　赤城　摩耶　愛宕』。

(28)「普二五二ノ四」一八八七年七月一日、参謀本部長より海軍次官宛、『別輯　高雄　赤城　摩耶　愛宕』。

(29)被弾の緩衝と浮力保持のため、接着剤で固めたコルク他繊維ブロックを詰めた水線部舷側内周の帯構造（後述・図6－1A・B参照）。

(30)以上、ベルタン「一等砲艦『千五拾噸二十四サンチ砲一門』ノ意見ヲ述ベ併セテ艦隊ノ組織ヲ論ズ」一八八六年二月一一日、（桜井権少匠司訳）伊藤艦政局長宛、『公文雑輯　巻三』。

(31)同社は一八五六年、地中海に面したラ・セーヌに設立された。フランス帝国郵船（一八七〇年よりメサジュリ・マリティム社となる）の創設者Armand Béhicの発意で、七月王政時代（一八三〇～四八年）にすでに蒸気船と鉄船を製造していた三つの小造船所を合併した会社である。一八七四年FCM社は、ル・アーブルで陸軍向けに大砲、海軍向けに蒸気機関を製造していたMazeline工業所を買収し、この港内にグラヴィル造船所を創設した（Archives départementales de la Seine-Maritime [2005] p. 32)。FCM社はフランス郵船会社の横浜事務所に全権事務長Jehenne（ジェーヌ）を置き、日本海軍と直接連絡をとった。また、FCM社では日本陸海軍からの契約獲得が課題となっていたが（AGO [1883] p. 235, AGO [1884] p. 271)、仏国公使館付歩兵中佐寺内正毅との間の二四センチ三〇口径砲注文契約書類（一八八五年三月）には、G. Canet（カネー）はFCM社の大砲製造部門の技師長との記述がある（Marchés [1884-1885])。

(32)「艦船製造ノ義ニ付意見重テ上申」一八八五年二月二一日、主船局長より海軍卿宛、海軍省［一九七一］四五頁。

(33)「仏国造船会社へ甲鉄艦壱隻製造注文ノ件」一八八五年一一月四日、海軍卿より太政大臣宛、海軍省［一九七一］四七頁。

(34)海軍予算策定上の経過は、室山［一九八四］一三四頁。

(35)哨戒通報艇と訳され、小艦艇がイメージされるが、史料上の艦種名は後の時代と統一的でない。

(36)また、ジェーヌのミッションは単に甲鉄艦の建造注文を受けることが目的ではなく、砲製造の受注も狙いとしているとある（AGO [1886] pp. 54-55)。

(37)飯窪［二〇一一］。

(38)「厳島」は"Garde-Côtes en acier"であり、直訳すれば沿岸守備鋼鉄艦。あくまでもフランスのクラス区分によるもので、日本海軍で一九三〇年代以降老朽型艦を海防艦と呼んだのとは異なる。

(39)以上、ベルタン「一等甲鉄艦ニ代ヘテ構造ヲ嘱託スヘキ艦艇ノ科目」一八八六年三月一日、『公文雑輯　巻三』。

(40) Correspondance [1886]（横浜ジェーヌ宛通信）。
(41)「海防艦海外へ御注文相成度件」一八八六年七月一〇日、海軍大臣より督買部長宛、『別輯　厳島』。
(42) 原［一九五〇］三〇〇～三〇五頁。なお『原敬日記』「巴里日記」では、「畝傍」の建造時代から、三景艦の建造契約締結と、その後一八八九年二月中旬までの日々の記述がある。彼の書記官、臨時代理公使としての駐仏時代は、フランスでは青年学派の中心であったオーブ海相期を含み、いわゆる水雷思想といわれる小艦建造主義の台頭、フレシネプラン期（軍備よりも公共投資による経済的発展重視）のただ中にあり、日本の陸軍教練のドイツ化に至る時期であったことがわかる。
(43) イギリスとの交渉は一八八六年一二月三日以降進展なく、フランスとの間で絹輸出税廃止、フランス語を法廷用語に採用するという日本側の譲歩により交渉を継続させ、外国籍判事の採用についても一八八七年七月二九日まで駐仏公使館の事務が進んでいた（日本学術振興会［一九四二］一〇六七～一〇七六頁）。
(44)「第二海防艦ノ件ニ付訓令案」（鍛鉄及造船会社全権事務長ヨリ差出セル別紙書面第五）一八八七年三月一四日、海軍次官より督買部長宛『別輯　松島　橋立』。
(45)「『松島』契約覚書」（Marchés [1887-1888]）。
(46) 原［一九五〇］三三九～三四〇頁。
(47) Bertin [1914] pp. 83-84.
(48) FCM [1887]. 一番艦である「厳島」にもＦＣＭ社による同様の仕様書冊子があるが、ここでは「松島」の仏文冊子で検討した。「厳島」の仕様書からも両艦の構造は同じであることがわかる。
(49)「防禦甲板ハ厚サ十『ミリ』ノ鋼鉄板二枚ヨリ成リタル二重板ノ上ニ中央ニ於テ厚サ二十『ミリメートル』舷側ニ於テ十『ミリメートル』ノ鋼鉄板一枚鋲釘シテ以テ之ヲ構成ス」とある（厳島艦長「軍艦厳島製造明細書」『別輯　厳島』）。
(50)「畝傍艦ノ代艦御製造方ノ件」一八八七年九月二日、主務艦政局長、『別輯　千代田』。なお、艦名は mille ans（ミラン：千年）とも書ける。
(51) 桜井省三が作成した英仏入札各社による見積額の比較表に記された仕様項目による（「畝傍艦代巡洋艦製造ノ件」一八八八年七月一六日付属、『別輯　千代田』）。
(52) 日本側希望は「普四四七四ノ三」一八八七年九月一四日、参謀本部長より海軍大臣宛、『別輯　千代田』。

(53) 前掲「畝傍艦ノ代艦御製造方ノ件」付属のベルタン原案に記載。

(54) 以上、引用を含めて、ベルタン「二千百噸巡洋艦ノ計画ニ対シ参謀本部ヨリ提出セル異議ノ弁駁」一八八七年九月二一日（「普四四七四ノ四」一八八七年九月三〇日、海軍大臣より参謀本部長宛付属、『別輯　千代田』）。
なお Bertin [1884]（Complément p. 2）によれば、「ミラン」はイギリスの「アイリス」「マーキュリー」が強制通風で一七ノットに甘んじていた頃、これらよりも二ノット優速であったこと、最大の機関出力は自然通風で得られること、「ミラン」の実際の着工は「スファックス」同様に何年か待たされた、と記している。

(55) 「畝傍艦代巡洋艦エ搭載スベキ十二拇砲注文之件」一八八七年一一月一一日、海軍大臣より督買部長宛、『別輯　千代田』。

(56) 「普五一〇三　案」一八八七年一〇月一二日、海軍大臣より督買部長代理宛、『別輯　千代田』。

(57) 前掲「畝傍艦代巡洋艦製造ノ件」。なお当初計画の主砲数は一一門だが、ほとんどの見積案が一〇門としていた。また、アームストロング社以外はコファーダムの工費を見積りに提示していない。

(58) 「甲号訳」一八八八年四月一三日、トムソン社より在ロンドン日本公使宛、および「乙号訳」一八八八年四月二〇日、日本公使館スチュアート・レーンよりトムソン社宛（「親展送第三九一号」一八八八年五月三〇日、外務省記録局次長より海軍大臣秘書官宛付属、『別輯　千代田』）。

(59) 「乙号（〔艦政局長宛〕桜井少技監ヨリ在英公使ヲ経由シタル電報）」「丙号訳（東京伊藤少将よりロンドン日本公使館桜井少技監宛）」（前掲「畝傍艦代巡洋艦製造ノ件」付属）。および「電信案」一八八八年八月二六日、海軍大臣より在英河瀬公使宛、『別輯　千代田』）。

(60) 「畝傍艦代巡洋艦ニ可備付砲種之件　按」一八八八年九月二五日、海軍大臣より参謀本部長宛、『別輯　千代田』。

(61) 「普五八九〇ノ二」一八八八年一〇月二四日、海軍参謀本部より海軍大臣宛、『別輯　千代田』。

(62) 水線部を細分区画構造とし、舷側に装甲帯を備えた（さらにコファーダムを持つ）構造は、後述するようにその後のフランスの装甲巡洋艦で見られた構造であるが、「海第四九号　案」（一八八八年一二月一八日、海軍大臣より参謀本部長宛、『別輯　千代田』）では海軍大臣から参謀本部に意見の照会がなされており、同案の出所がトムソン社、ベルタンのいずれかの提案であるかは確定できない。補足すれば、一八八〇年代末頃から九〇年代末頃まで、イギリスの大型巡洋艦は装甲帯を持たなかった（青木［一九九六］一七七頁）。

(63) 一八八九年八月一七日付の在英国日本公使館用箋（文書名なし、在英臨時代理公使より海軍大臣宛）には、「条約書ハ山内〔万寿治〕大尉ヨリ呈出之筈」とある、条約書はないが、関連する文書にも購入門数の記載はない（「送第二二〇号」一八八九年八月一六日、外務省電信課長より海軍省秘書官宛付属、『別輯　千代田』）。
(64) CAWFS. p. 223.
(65) Bertin [1896] p. 14.
(66) Ibid., p. 13.
(67) 一八九七年起工、五五九五トン。ベルタン設計による細分区画層を持つ防護巡洋艦。
(68) Bertin [1896] p. 13.
(69) Ibid., p. 14.
(70) フランスの防護巡洋艦と装甲巡洋艦は「建造時期がほぼ重複し、船体、機関に共通する部分が多い」とされ（阿部［一九九八］一四二頁）、ベルタンも「一八七〇年から一九〇〇年の艦船史はとりわけ混乱しており、艦船の主要な変遷を明らかにすることしか望めない」と述べている（Bertin [1914] p. 62）。
(71) Bertin [1914] p. 168.
(72) Ibid., p. 64.
(73) またこれ以前にも、Bertin [1884]（Complément p. 1）によれば、「攻撃力の弱い艦、巡洋艦、偵察艦などは、言うなれば速力が全てである」と記している。
(74) Bertin [1914] p. 117.
(75) 以上、Bertin [1914] pp. 59-60. ただしこの頁の議論では、イギリスの「インフレキシブル」（一八八一年竣工、一万一〇〇〇トン、バーナビー設計）、「ロイヤル・サブリン」（一八九一年竣工、一万四〇〇〇トン、ホワイト設計）と、フランス初の装甲巡洋艦「デュピュイ・ド・ローム」（九二年竣工、六七〇〇トン、ド・ビュッシー設計）との比較。「デュピュイ・ド・ローム」の防御が革新的であっても、外航型の艦船ではなかったことは言及されている。
(76) Bertin [1914] p. 82.
(77) 以上引用、Farrere [1934] pp. 353-354. この海軍史では、軽武装で高速力だけを求めた巡洋艦を建造した第一次大戦前までの時代を強く批判している。

(78) 海軍省編［一九七〇］三六～三七頁。
(79) 福井［一九五六］二一頁。
(80) 日本造船学会［一九九七］八三頁。

《文献リスト》

青木栄一［一九九六］「技術面から見たイギリス巡洋艦の発達」『世界の艦船一一月号増刊　イギリス巡洋艦史』海人社。

阿部安雄［一九九八］「フランス巡洋艦の船体と機関」『世界の艦船一二月号増刊　フランス巡洋艦史』海人社。

飯窪秀樹［二〇一一］「防護巡洋艦「畝傍」の建造――区画構造を中心に――」『軍事史学』（第四六巻第四号）錦正社。

海軍省編［一九七〇］『海軍軍備沿革　附録』巌南堂書店。

海軍省編［一九七二］『海軍制度沿革　巻八第十五編』（明治百年史叢書）原書房。

リチャード・シムズ著／矢田部厚彦訳［二〇一〇］『幕末・明治日仏関係史：一八五四～一八九五年（Minerva 日本史ライブラリー23）』ミネルヴァ書房、（Sims, Richard [1998] *French policy towards the Bakufu and Meiji Japan 1854-95* (*Meiji Japan series; 3*), Richmond, Surrey）。

鈴木淳［二〇一二］「山口辰弥（技術を担った人々11）」横須賀市『新横須賀市史　別編　軍事』。

造船協会編［一九一一］『日本近世造船史』（明治時代）弘道館。

千田武志［二〇〇四］「官営軍需工場の技術移転に果たした外国人経営企業の役割――神戸鉄工所、小野浜造船所を例として――」『政治経済史学』（第四五八号）日本政治経済史学研究所。

永村清［一九五七］『造艦回想』出版協同社。

日本学術振興会編［一九四二］『大日本外交文書　條約改正関係　第二巻』日本国際協会。

日本工学会・啓明会編［一九三一］『明治工業史　造船篇』（改版）工学会明治工業史発行所（日本工学会と略記）。

日本造船学会編［一九九七］『日本造船技術百年史』日本造船学会。

原敬著、原奎一郎編［一九五〇］『原敬日記1　青年時代篇』乾元社。

平賀譲［一九三五］「帝国海軍造艦の変遷」『日本精神講座　第十巻』新潮社。

福井静夫［一九五六］『日本の軍艦　わが造艦技術の発達と艦艇の変遷』出版協同社。

福井静夫［一九八〇］『海軍艦艇史　２巡洋艦』ベストセラーズ。

平凡社編［一九五一〜一九五三］『世界歴史事典』第四、六、一三、一六巻。

細野軍治［一九二六］『軍備縮少の過去及現在』社団法人国際連盟協会。

牧野茂・福井静夫［一九八七］『海軍造船技術概要　上』今日の話題社。

室山義正［一九八四］『近代日本の軍事と財政　海軍拡張をめぐる政策形成過程』東京大学出版会。

『公文原書　巻七五　本省公文　明治一三年一二月二四日〜明治一三年一二月二八日』。

『公文雑輯　巻三　職官三　明治二〇年』。

『公文備考別輯　完　新艦製造部　大島　秋津洲　吉野　明治二十一〜二十七』（『別輯』と略記）。

『公文備考別輯　完　新艦製造部　厳島　明治一九〜二五』。

『公文備考別輯　完　新艦製造部　高雄　赤城　摩耶　愛宕　明治一六〜二二』。

『公文備考別輯　完　新艦製造部　千代田　明治二〇〜二四』。

『公文備考別輯　完　新艦製造部　松島　橋立　明治二〇〜二七』。

Archives départementales de la Seine-Maritime [2005] *La construction navale et sa mémoire, archives et patrimoine*, Rouen.

AGO [1883] *Procès-verbal de la Séance, Assemblée Générale Ordinaire du 10 mai 1883*（定期株主総会議事録）（ANMT. 1995 058 2149）.

AGO [1884] *Procès-verbal de la Séance, Assemblée Générale Ordinaire du 30 avril 1884*（定期株主総会議事録）（ANMT. 1995 058 2149）.

AGO [1886] *Procès-verbal de la Séance, Assemblée Générale Ordinaire du 27 avril 1886*（定期株主総会議事録）（ANMT. 1995 058 2150）.

Bertin, Louis-Émile [1884] *Nouvelle Notice sur les travaux de M. L.-É. Bertin*（『業績概要』）, Paris.

Bertin, Louis-Émile [1896] *Notice sur les travaux scientifiques de M. L.-É. Bertin*（『学術研究の概要』）, Paris.

Bertin, Louis-Émile［1914］*La Marine moderne, ancienne histoire et questions neuves. Nouvelle édition très augmentée*（『現代の艦船——歴史と今日の問題』）, Paris（出版年は一九二〇年）。

Capitaine de vaisseau Togari［1935］*Louis-Emile Bertin: son rôle dans la création de la marine japonaise*, Paris.

Chesneau, R., Kolesnik, Eugene M. eds.［1979］*Conway's All the World's Fighting Ships: 1860–1905*, London（CAWFSと略記）。

Correspondance［1886］le 14 mai 1886（ANMT. 1995 058 0102),（Archives nationales du monde du travail（ANMT）：フランス国立公文書館労働資料館蔵）。

Farrere, Claude［1934］*Histoire de la marine française*, Paris.

Hanotaux, Gabriel éd.［1927］*Histoire militaire et navale. Deuxième volume: Histoire de la nation française; 8*, Paris.

Marchés［1884-1885］*Marché de 1885: nº 4, Marché pour la fourniture d'un Canon de 24c/m de 30 calibres en fonte fretté et tubé, monté sur affût de côte système des Forges et Chantiers*,（ANMT. 1995 058 2225）.

Marchés［1887-1888］*Note pour la commande d'un second Garde Côtes à la Compagnie des Forges et Chantier de la Seyne*,（ANMT. 1995 058 2227）.

SHD 8DD1-68-8: «*Sfax. Construit sur les plans de M. Bertin. Emménagements, conformes à l'exécution.*» *Signé Courville, sous-ingénieur, Brest, le 13 juin 1887*,（Centre d'archives du ministère de la défense, le service historique de la défense（SHD）：フランス国防省史料館蔵）。

SHD 8DD1-68-4: «*Croiseur de 4500t.*» *Le Sfax. Signé Bertin, ingénieur, Brest, les 19 novembre et 3 décembre 1881. Approuvé par Gougeard, ministre de la Marine, Paris, le 14 janvier 1882.*

Société anonyme des Forges et Chantiers de la Méditerranée（FCM）［1887］*SPÉCIFICATIONS: "MATSUSHIMA" Garde-Côtes en acier, à hélices*, Paris.

第7章　戦間期イギリスにおける光学ガラス・機器製造業者の再編

山下雄司

1　はじめに

イギリスの民間兵器製造業者は、一九世紀末から第一次世界大戦までの間、積極的に海外輸出を行い、世界の兵器市場において艦艇輸出を中心として独占的地位にあった[1]。だが、このようなイギリスの優位は、大戦を経て、かつての兵器輸入国が国産化を進め、輸出国に転化したことや、主要国間の数度の軍縮条約や兵器輸出規制によって後退を余儀なくされた。また、一九一九年以後、イギリスの軍事費は一〇年間原則（Ten Year Rule）によって制約され[2]、国内軍需の増大も見込めなくなった[3]。

以上の状況下における民間の兵器製造業者の動向について、パッカードは、「歴史家は、戦間期における軍備縮小が民間兵器産業に及ぼした否定的な影響を、長年、過大に評価しており、また『軍縮』を同質の概念として論じがちであった」と、従来の兵器産業像への再考の必要性を述べている[4]。たとえば、陸海空軍からの受注を有利に進めるために、製造業者が自社の状況悪化を過度に強調し交渉を進めたしたたかさが明らかにされている。(5) たしかに、軍縮による制約条件や活動の実態は、産業や個々の製造業者によって異なるだろう。

では、軍用光学機器の製造によって成長したイギリス光学産業は、戦間期にどのように変化したのであろうか。本章は、戦間期の光学産業の再編を軍産関係に注目して明らかにすることを目的としている。なお、戦間期の光学産業の特質を読み解くためには、同産業の変化の契機となった大戦への対応をまず明らかにする必要がある。しかしながら、紙幅の制約があるため、本章では製造業者の組織化、科学の産業への利用、教育機関での光学への取り組みから考察を始める。(6)

2 イギリス光学産業における第一次世界大戦の意義

(1) 軍需省による光学産業の統制

第一次世界大戦前、イギリス光学産業はドイツに大きく遅れており、少数の製造業者が国際競争力を保持していただけであった。好例はバー&ストラウド社（以下、B&S社と略記）(7) による光学機器輸出であり、同社の活動はイギリスの兵器輸出とおおむね同調していたものの、本国の軍事・外交関係と連動する場合もあれば、相対的に独立して展開することもあり、規制もなく、いわば放任の状態にあった。

大戦が勃発し、軍需省（Ministry of Munitions）が創設されると、光学ガラスと機器生産の促進のため、チェシャー（技術顧問）とエスルモントを代表とする「光学兵器およびガラス製品局」（Optical Munitions and Glassware Department：一九一五年五月、以下、ＯＭＧＤと略記）が設置され、製造業者を監督・指導することとなった。

その結果、製造が可能となった光学ガラスの種類は戦前の一一種類から、大戦終結時には七四種類にまで増加し、生産量は大戦直前の九〇倍に増加した[8]。光学ガラス製造業者の数も、戦前はチャンス・ブラザーズ社（Chance Brothers）のみであったが、ダービー・クラウンガラス製作所（Derby Crown Glass Company Co., Ltd.）、Ｂ＆Ｓ社が新たに加わった。一方、光学機器製造業者は、Ｂ＆Ｓ社が素材から機器までの一貫製造を可能とする総合光学企業に成長し、他の機器製造業者も生産能力を拡充した。

(2)　製造業者の組織化と研究機関の創設

イギリスにおける先端技術の研究開発と科学の産業への本格的な利用は、第一次世界大戦に始まり、軍事技術に特化していたと指摘されるように[9]、イギリスの光学技術も、製造業者の自助努力に限らず[10]、軍需省や研究者による指導、製造業者の組織化、各種研究機関との連繋によって向上した[11]。

具体的には、製造業者の零細性に起因する研究・開発能力の不足、高等教育機関と光学産業の連携の不在といった問題が解消されねばならなかった。そのためには、まず、製造業者らが研究成果を自由に享受できる特許プールを設け、その受け皿となる共同研究開発機関が必要であった。

改革の第一歩は、国立物理学研究所（National Physical Laboratory：以下、ＮＰＬと略記[12]）と、科学産業研究局（Department for Scientific Industrial Research：以下、ＤＳＩＲと略記[13]）を拠点とし、英国科学機器研究協会（British Scientific Instrument Research Association：以下、ＢＳＩＲＡと略記）の設立によって製造業者を組織化し、産学・軍産の連繋を促進させることであった。

では、ＢＳＩＲＡは製造業者の技術レベルの底上げや業界の意見集約に貢献したのであろうか。ひとまず、同協会の設立に先立って一九一六年四月に設立された英国光学機器製造業者協会（British Optical Instrument Makers Association：以下、ＢＯＩＭＡと略記）の動向を見てみよう。同協会は、国内の有力な光学機器製造業者を中心に構成され、光学産業の商工業利害の組織化、推進、保護を目的とし、軍需省と各光学機器製造業者の連絡機関として機能し、さらに技術教育、徒弟制、労使関係など製造業者が直面していた問題への対応、改善に従事した。

同協会への加入条件は、機器製造に三年以上従事していること、イギリス国籍を持つ者が保有する企業であること（もしくは株式の七五％以上をイギリス人が保有すること）、加盟に際して協会員の三分の二以上の賛成を得ること、入会金一〇ポンドと年額五ポンドの会費を支払うことが求められていた[14]。

ＢＯＩＭＡ設立の前年一九一五年七月、ＤＳＩＲが、研究・開発の促進とその成果の諸産業への有効利用を目的に設立された。同局は下部組織である各種研究機関を通じて、個々の産業の振興を目指し活動を開始した。ドイツと比べ、イギリスは組織的な研究開発が立ち遅れており、二〇世紀初頭のＮＰＬの創設を端緒に、大戦中、各組織の形成と連携がようやく本格化したのである[15]。

ＤＳＩＲは発足と同時にＮＰＬを管轄下におき、同研究所で取り組まれていたプロジェクトを引き継いだ[16]。ＮＰＬは大戦前からすでに光学ガラス・機器の性能・精度の認定や標準化に取り組み、第三者機関として製造業者に利用されており、同機関の認定証が機器精度を保証し、軍への納入検査合格率の改善や製品イメージの向上に貢献していた。ＮＰＬの光学部門は、大戦中、光学部品の設計や特性の計測（屈折率、収差、プリズム頂角、透過性、反射率）をはじめ、望遠鏡、双眼鏡、六分儀、経緯儀、カメラ用レンズとシャッターなどの試験や測定を請け負い、品質の維持・向上を支えた[17]。

ところで、ＢＯＩＭＡ加盟製造業者らはＤＳＩＲの活動の本格化に伴い、同局の管轄下におかれる認定研究協会にＢＯＩＭＡが移行され、補助金が交付されると考えていた。しかし、両者の交渉は容易に進まなかった。

光学機器製造業者側（ＢＯＩＭＡ）は、ＤＳＩＲの下部組織になるか、従来どおり協会を維持するか、どちらの場合においても運営費を課税対象としないこと、政府諸機関による協会への干渉を強化しないよう要求した。一方、DSIR側は補助金の使用状況を審査することを当然の権利と考え、陸海軍などの代表者を交えた会議を定期的に開催することを要請していた。

結局、BOIMAは認定研究協会に格上げされず、製造業者の対象を広げ、一九一八年夏に英国科学機器研究協会(British Scientific Instrument Research Association：以下、BSIRAと略記)が設立された。とはいえ、BSIRAの光学関連の主要会員は、ベック社(R. & J. Beck Ltd.)、ケンブリッジ科学機器製造会社(Cambridge Scientific Instrument Co., Ltd.)、ハワード・グラブ社(Howard Grubb & Sons)、アダム・ヒルガー社(Adam Hilger Ltd.)、テイラー・テイラー＆ホブスン社(Taylor, Taylor, & Hobson Co.)、ワッツ社(E. F. Watts & Son)、ワトソン社(W. Watson & Sons Ltd.)など軍需省の監督下にあった主要製造業者であり、BOIMAと重複していた。

しかし、協会結成まもなく大戦は終結し、イギリス陸海軍による発注は減少し、一九一〇年代初頭までに早くも六社が退会してしまった。このような悪条件に見舞われながらも、同協会会長であるハーバート・ジャクソン以下、研究員六名を中心に、二一年に研究を本格化し、ガラス研磨剤の改良が製造業者らに高く評価され、研究開発機関としての役割をようやく果たし始めた。

ただし、BSIRAは、DSIRの認定研究協会ではあったが、補助金が安定して交付される保証はなかった。また、同協会は、加盟者数の減少によって運営資金の確保に苦慮していた。そこで、BSIRAは加盟者の拠出金の増額を条件としてDSIRに補助金の交付期間を延長させ、脱会者のさらなる増加を食い止めようとした。その後、一時的な落ち込みはあったものの、電気機器とX線装置製造業者の一一社が新たに加盟し、一九二五年には合計二九社にまで会員数は増加した。

BSIRAのもう一つの悩みは、B&S社が同協会への参加を頑なに拒んでいたことであった。バー教授は、同社が「多数の特許を取得しており、そのうちのいくつかは海軍省に認可された〝秘密特許〟にあたり、……現在も新機器の開発に従事し、海軍省と航空隊に対し納入している」ことを踏まえ、以下のような主張をしている。

「委員会はさまざまな提案や開発が生み出す利点を明確にすべきです。何よりも私〔バー教授〕が危惧することは、われわれの活動の全てが結果として委員会の利益になってしまうことです。すでにわが社は別格の地位〔傍点部原文ママ〕にあることを告知する必要があります[18]。また、「〔他社が〕わが社に発明品の開示を求めに来た場合、たとえわが社の発明が保護されていなくても、いかなる文書の開示もまた説明も拒否します。わが社の発明を利用することが困難であるとおわかりになったでしょうか。わが社が関係している、または今後関係するであろう技術について全て同様に対応します[19]」と述べ、ＤＳＩＲや協会と距離を置くことを明言していた。

協会は業界を主導する製造業者が非会員である状況を避けたかったであろうし、また会費納入が可能な製造業者を確保したかったであろう[20]。その後も、Ｂ＆Ｓ社に対して協会への参加が要請されたが、創業者であるバー教授と取締役ハロルド・ジャクソンが相次いで亡くなり、早期に参加を説得することはできなかった。なお、Ｂ＆Ｓ社がＢＳＩＲＡに正式に加盟するのは一九三三年のことであった[21]。

(3) 光学技術教育の取り組み

①製造現場の保守性

光学ガラス・機器の性能や生産量の向上には、高等教育機関での光学科目の導入や研究所の設立を通じて高度かつ専門知識を持つ人材を養成すること、そして知識や技能を有する熟練労働力の創出が必要であった。大戦前、イギリスではこれらを欠いており、したがって大戦時には人材育成が喫緊の課題となった。

先導的な地位にあったＢ＆Ｓ社は、大戦前から高等教育を受けた者を採用しており、一九二〇年時点で、開発に参加するスタッフのうち三人が博士号を、二〇名が大学のエンジニアリングと自然科学の科目にて優秀な成績を修めており、また職工には勤務とともに夜間学校に通うサンドイッチシステムを推奨していた。(22) 経験と勘に基づく古い体質とは一線を隔し、科学の産業への利用においてB&S社は他の国内機器製造者に先んじていたが、このような例は稀であった。

そもそもイギリスの光学産業では、徒弟制度が上手く機能していなかった。製品需要も少量で旧態然とした環境の下では、人材需要は安定せず、また、製造業者は専門知識を持った人材を養成する方法も能力もなかった。このように安定した雇用が得られない光学産業は、男性労働者にとって魅力的な職種ではなかったため、製造現場に男性を新たに投入することは難しいと考えた軍需省は、労働希釈の一環として女性労働力の投入を打開策として選んだ。当然ながら、このような軍需省の企図に対しても、製造業者は反発した。彼らは男女問わず不熟練労働力を熟練工の下で教育することで、現場が混乱し、生産能力が停滞すると主張したのである。また、保守的な製造業者らが、軍需省の新たな取り組みを阻害することもあった。軍需省は、部品の共通化や標準規格を通じて大量生産を目指す試みを提案したが、製造業者の多くは従来のやり方を踏襲しようと頑なな態度を崩さなかったのである。(23)

②光学兵器訓練学校の創設

軍需省は、レンズやプリズムに関する作業に限定し、女性向けの訓練学校の設置を決定した。大蔵省は、この計画に必要な設備に対して三五〇〇ポンドを、指導料と賃金分として一年当たり二五〇〇ポンドを交付することを認可した。(24)

訓練所に選ばれたのは、クラーケンウェルのノーサンプトン・ポリテクニーク（Northampton Polytechnic Institute：以下、NPIと略記）であった。同校は、おりしも技術光学部門を充実させつつあり、指導陣を擁していた。軍需省はNPI内で作業場や教室を確保し、六〇人分の宿泊施設を備えた光学兵器訓練学校（The Optical Munitions Training School）を急造し、一九一六年五月、一〇人の訓練を開始した。

軍需省は、まずこの一〇人を中心的な指導者として育成し、彼女たちを中心にさらなる訓練生を養成しようと考えた。なお、訓練生は高等教育を受けた者が良いとされ、学士号を持ち光学知識を有する四人が選定された。だが、人材は容易に確保できず、選考基準はすぐに緩和された。その後、訓練生は、販売員、主婦、事務員など、あらゆる経歴から選ばれることとなった(25)。

訓練学校は、光学部品を効率的かつ合理的に製造するため、近代的な作業工程での訓練を重視し、最新設備を導入した。訓練生の賃金は、当初、週当たり一〇シリングが支払われ、能力（取得単位数）によって一五シリングまで幅があり、熟練工はさらに増額が可能であった。ただし、製造業者らはこの訓練計画を快く思っていなかった。開校から九カ月近くが経過すると、訓練学校の地位は一変した。光学部品の各種作業に対する女性の適性が認められ、製造業者は訓練生を雇用し始めたのである。そして、この訓練計画を継続させるために、製造業者らは訓練生に週当たり一〇シリングを支払うことに同意した。しかし、訓練生はこの賃金額に不満を抱き、中退する者が出始めたため、一八歳以下の工員には週当たり一五シリング、一八歳以上には週当たり二五シリングの支給額が決定し、一九一七年一〇月から実施された(26)。

初年度は、全応募者の二〇％である一九〇名が入学し、主に製造現場での指導者としての教育を受けた（同校の二年半という短い活動期間内で、合計二八〇名が訓練学校に入学した）。だが、訓練学校の当初の方針であった指導者層の育成は、早々に頓挫した。修了生は指導者として雇用されず、一般工員として工場での作業に従事した。たとえば、ハワード・グラブ社、B&S社、アームストロング社などは一部の工程で修了生を採用し、ドロンド社、ヒューズ社、ワトソン社は、修了生のみで工場が運営された。一方で、ロス社、アダム・ヒルガー社、ペリスコープ・プリズム社、ネグレッティ・ザンブラ社（Negretti & Zambra）は、現場の職長が女性労働力の導入に反対し、修了生を用いなかった(27)。

修了生が一般工員として雇用された主たる理由は、製造業者が自らの工場で育成した労働者を現場の指導者にすることを望んだためであり、修了生が指導者層に就いたのは、訓練学校の職長に六人が、OMGDの検査官に三人が従事した例だけであった。

訓練学校の指導内容は二つに区分され、Aコースは選別された訓練生を対象に一〇週の訓練期間で指導者層養成を目指したが、先述のように製造業者が指導者レベルの修了生を求める機会はなく、結果として全訓練生が一〇週間で特定の工程での熟練を目指すBコースに従事した(28)。なお、作業は、粗削り、面取り、研磨、芯取り、縁取り、バルサム接着工程であった。

育成が軌道に乗ると、訓練期間が長すぎるため製造業者から改善を求められた（養成には平均一六週間かかった）。製造業者らは、訓練生に短期間で特定の工程を習熟させるべきであり、また指導内容が学術分野に偏り、現場での作業が不十分であると指摘した。訓練学校の理想と製造業者の求める現実との間にはずれが生じていたのである。

講義では、レンズの曲線と短径の計測方法、小ガラスブロックの取り扱い方法を教授していたが、すべての種類のレンズとプリズムに対象を広げ、実際に二インチ望遠鏡の大型部品取り付け作業を訓練に盛り込んだ。さらに、訓練学校は、現場で求められる作業の種類を分割し、訓練内容をより実践的なものへ改定した。しかし、訓練が好結果であったことは、思わぬ結果を招くこととなった。製造業者らは自ら女性工員を養成し始め、訓練学校の修了生を雇用する機会は徐々に減少したのである(29)。

一九一七年一二月、訓練学校には四三名が在籍し（卒業後の配属先が見つからなかった者は五名のみであった）、その後、減少に転じ、一八年九月には二三名にまで落ち込んだ。これに伴い、訓練生一人当たりの卒業までのコストは四〇ポンドに上昇し、訓練学校の存続が危ぶまれた。だが、緊急を要する望遠鏡需要に応じるため、軍需省は望遠鏡一〇〇〇個分の光学部品を四カ月で完成させるよう訓練学校に指示し、作業場は再構築された。しかし、大戦終結によってこの計画は頓挫し、一九一九年一月、光学兵器訓練学校は閉鎖された[30]。

③高等教育における光学教育

大戦勃発に伴い、ロンドン大学ハーバート・ジャクソン教授を中心とした諮問委員会の指示により、一〇月には化学学会（Institute of Chemistry）が大戦前に国内で製造できなかった光学ガラスに関する研究を開始した。その六カ月後、一〇種類のガラスの作出方法が新たに解明されたが、光学ガラス不足の抜本的解決には至らなかった。諮問委員会はあらためてイギリス科学学会（British Science Guild）に光学ガラス供給に関する調査を依頼したが、その報告はドイツ製品の輸入が途絶すれば輸入代替が進むだろうというあまりにも楽観的な内容であった。

一方、一九一五～一八年にかけて、教育省、ロンドン大学・インペリアル・カレッジ、NPI、ロンドン州議会が中心となり、光学産業の求める人材養成を目的とする改革が進められた。具体的には上記の大学にて、研究開発部門と光学系専門学科を新たに設置する計画が練られたが、予算の確保、講師の選定、研究所の設置、カリキュラムの作成などを終え、本格的始動を前に大戦は終結した。

その後、インペリアル・カレッジの技術光学科は、大戦直後より学生数と予算の減少に直面し、早々に独立学科としての存続が危ぶまれた。光学科は改革のために産業界に助言を求め、その一人として選ばれたB&S社のジェイムス・フレンチは、大学にて光学専門家を養成する案よりも、むしろ大学にて一般的な科学教育を受けた人材を企業が採用し、実際の作業を通じて彼らに訓練を施すほうが有効であると主張している。

結局、インペリアル・カレッジでは、一九二二年四月に技術光学科が独立学科から物理学科の大学院向けの専門分野として吸収されてしまった。以後、インペリアル・カレッジの同学科は光学諸企業のための人材養成よりも学術的な光学研究を主たる活動とし、設立当初の目標から離れていった。

一方、ＮＰＩでは昼夜開講で労働者に技術教育を行うという戦時計画を、先述した訓練学校とは別に大戦後も継続させていた[31]。しかし、訓練学校と同様、製造業者らが求めた人材と講義内容にはずれが生じていた。そして、二〇年代に入ると、人材需要すら減少した。このように高等教育で光学技術を教育する初の試みは開始早々から暗礁に乗り上げてしまったのである[32]。

3　戦間期の開始と光学産業の変化

(1)　契約破棄による混乱

軍需省は、「動員解除と再建委員会（Committee on Demobilisation and Reconstruction）」を設置し、大戦終結の産業への動揺を最小限に食い止める対策を大戦中から議論していた。一九一八年九月一五日、戦時生産から平時への移行に関する会議の席上、ＯＭＧＤは人員の削減案に対して効果的な発言をすることができなかった。ＯＭＧＤは契約破棄による光学産業への影響を最小限に食い止めたいものの、同産業の雇用者総数は　万人程度であり、他の基幹産業と比べれば規模が小さいため過小評価されることを危惧していた。

軍需省は戦後処理に関して二つの案を想定していた。第一案は、製造業者との契約量を改定し、徐々に生産規模を縮小する計画であった。そして、この縮小期間中に、戦時生産に従事していた労働力を民間に向けることを企図していた。第二案は、速やかに軍需品生産を停止させる計画であった。労働市場に混乱が生じても民間の消費財生産の急拡大によって雇用状況は戦前レベルへと急速に復帰するという楽観的予測が背景にあった。結局、軍需省は、不要不急ではない軍需品生産が継続されることを望ましくないと考え、戦時中の契約をいったん破棄する案を選択した[33]。

もちろん、民間の光学製造業者にはこのような軍需省の方針が事前に知らされるはずはなかった。かつて製造業者らが危惧した不安は、現実の問題となった[34]。製造業者は拡張した生産能力、増加した労働力への対応を突如として迫られることになった。その後、一一月末に、光学兵器整理委員会（Optical Munitions Liquidation Committee）が設置され、以後契約の破棄ないし継続の判断や、経営状態の調査にあたった。

(2) 産業保護法の狙いと効果

一九一九年以後、イギリスは一〇年間原則によって軍事費を削減し、さらにワシントン軍縮会議によって艦艇保有量と建造量に制約を課され、機器製造業者の新規受注は装備改変を除き縮小されることが予想された。さらに、製造業者が危惧した事態は、双眼鏡などの余剰機器が低価格で民間市場に流入することであり、とりわけ低賃金とマルク安で競争力を増したドイツ製品の輸入が再開されることであった。

光学産業のみならず、戦時に必要不可欠ながらも供給能力が低かった産業（戦前、ドイツをはじめとする海外からの輸入に依存していた産業）や大戦中に政府の保護や援助が必要であった化学物質、染料、薬品、電流計、測定器、無線電信用真空管、針、タングステンはキーインダストリーと呼ばれ、供給をいかに円滑に進めるのかその対応について大戦中から議論が進められていた。

キーインダストリーを巡る議論は、一九二一年の産業保護法[35]（Safeguarding of Industries Act）に帰結する。同法では、光学ガラスや機器をはじめとする政府が指定した分野の国内製造業者を保護するため、輸入品に対して三三・

三％の従価税を課した[36]。同法の狙いは海外製品、とりわけダンピングされたドイツ製品のイギリス国内への流入を食い止めることにあり、五年後に、同法の効果は以下のように委員会で報告されている。

「セーフガード関税は決して〔光学産業の〕発展を阻害することはなかった。……だが、現在の課税はさまざまな点で疑問があり、委員会としては現状の三三・三％から五〇％への引き上げと、光学機器を構成する全ての部品を課税対象とすることを推奨する[37]」。

税率の引き上げが提案された背景にはどのような事情があったのであろうか。産業保護法（二一年）では部品は課税対象にはならなかったので、部品を輸入しイギリス国内で組み立て課税から逃れる製造業者が続出したのである。このような問題に対応すべく、産業保護法改訂（二六年八月）では、新たに機器の構成部品すべてが課税対象となり、税率は五〇％に引き上げられ、同法の施行期間も一〇年間（一九三六年まで）延長された。

さらに、光学産業に従事する労働者に関して、熟練工数が戦前レベルの約六割にまで減少しており、その傾向が現在も継続していると指摘された。報告では、その一因として自動機器の導入を挙げたが、熟練工数の減少が新たな職工養成を停滞させ、有事の際に生産能力の拡張が遅延する恐れがあると警告した[38]。

先に挙げたキーインダストリーの対象品目から明らかなように、同法はイギリス産業全体を保護する意図はなく、戦争遂行に不可欠な産業・品目を対象とした限定的な施策であった。光学産業の特質は、平時と戦時そして軍民間の不均等な需要にあった。では、この需要をいかに維持・増大させるのかという問題は、個別企業の自助努力に委ねられた。政府は、産業保護法によって輸入品に高関税を課すことで産業を保護するという発想に留まっており、育成策を欠いていた[39]。

(3) 輸出規制・市場競争・技術革新

大戦後、従来放任されていた兵器の輸出環境は一変した。たとえば、一九二〇年代早々に、イギリス海軍省は技術漏洩防止を理由にB&S社による先端機器の輸出に対して独自に規制を設けた。対象品目は潜望鏡をはじめとする先端機器であり光学機器全体からすれば一部ではあるものの、従来の輸出放任という姿勢は転換した。さらに、二一年には武器輸出禁止令（Arms Export Prohibition Order）によって輸出規制の対象が拡大した。これにより、射撃管制機器、射撃照準器具とそれらの構成部品の輸出には監督省庁のライセンスが必要となった(40)。機器製造業者らは、大戦前のように僅少かつ不安定な国内需要を海外輸出で補填することが難しくなった。

一方で、民間市場はどうだったのか。国内市場では二〇年代初頭よりドイツ製品が流入し始め、ドイツ製双眼鏡や顕微鏡に国産品は圧迫されつつあった(41)。海外市場においてもドイツ製品は輸出攻勢を強めており、さらに新たな供給者の増加で競争は激化した。かつてイギリスやドイツ製機器・ガラスを輸入していた国は、大戦中の輸入途絶の経験から、光学産業の自立を模索した。たとえば、日本やアメリカは同盟国向けの光学機器生産を担い生産能力を拡充させ、大戦後、輸出を開始したのである(42)。

とりわけ、ドイツ製品の競争力は、低価格のみならず、消費者の抱いていた「ドイツ製品=高品質」という商品イメージによって強められていた(43)。このような事態に対して、一九二四年、BOIMA会長ワトスン・ベーカーは次のように述べている。

「わが協会のみならず……、NPLが〔イギリス製品の高品質を〕証明しても……〔そのような情報は〕一般国民には全く知られていない。この事実を知るために国民の十分な関心が〔イギリス製品の〕購入に費やされていない。……〔そのために〕〝プロパガンダ〟〔できる機会を〕嬉しく思っている(44)」。

また、一九二五年、BOIMA会長となったトワイマン（アダム・ヒルガー社業務執行取締役、兼光学設計主任）は、イギリス光学産業の状況について次のように述べている。

「光学機器取引を取り巻く困難な状況は、他の産業よりもはるかに深刻である。過去五年間にわたり損失を蒙り、また一〇年間配当を出せなかった製造業者もいた。そして、重要な製造業者一〇社のうち三社が解散してしまった。……第一次世界大戦前、ドイツはあらゆる国の光学機器製造業者よりも秀でていた。そして今日もその状況に変わりはない。だが、わが国の小規模な光学産業は、真に科学的であり、重要かつ新たな発展を遂げつつあり、大戦前よりも良い状況にある」[45]。

トワイマンの強調する科学的な発展とはどのようなものであったのか。トワイマンは、他国製品よりも優秀な対物レンズ、精密なフォーカシング、広い視野を誇る双眼鏡、世界最大の天体望遠鏡（口径四一インチ）などを挙げている。またNPLとの連携によってBSIRAが光の透過性に関する研究で多大なる貢献をしていると称賛し、次のように締めくくる。

「光学産業での研究開発は活発である。いかに財務的に疲弊した状況にあっても、この産業はいまだ健全である」[46]。

トワイマンの強気の発言に、製造業者の業績悪化が顕在化かつ継続していたことがうかがえるが、イギリスの光学技術は研究機関と協会との連携によって確実に進歩しつつあった。

海軍省科学研究局局長のスミス[47]（Smith, F. E.）は、同じ頃、消費者のイギリス製品への誤ったイメージを正そうと試み、タイムズ紙に寄稿している。

「大陸の製造業者の巧みな宣伝によって、〔イギリス国内〕で大量に販売されている彼らの製品よりも国産光学ガラスや機器が劣っていると一般的に信じられている。だが、この認識は事実ではなく偏見に基づく誤解であると指摘したい。研究所では厳密な精度で比較試験が行われ、厳しい条件の下で試用されており、イギリス製光学

表７－１　欧州における機器市場占有率の英独比較

	1929年	1930年	1931年
ドイツ	891,700（66.5%）	951,800 （68%）	932,200（69%）
イギリス	83,200 （6%）	76,700（5.5%）	67,600 （5%）

出典：TNA, BT/59/15より筆者作成。
注：対象はノルウェー、スウェーデン、デンマーク、フィンランド、オランダ、ベルギーの６カ国である。

機器は全く劣っていない。……光学機器〔双眼鏡、顕微鏡、カメラ用レンズ〕を購入する消費者の多くは、……将来、海外製品を購入する際に躊躇するだろう。イギリスの光学産業は、現在、機器の品質において世界をリードしている。この優位は利益を度外視した費用を投じた研究の成果である。この優位を維持するために、われわれはイギリス製機器の販売を維持せねばならない、さもなくば、大量〔の需要〕かつ収益性の高い海外市場〔を有する他国の製造業者が〕、品質の改良にさらなる資金を投じてしまい、わが国は他国の後塵を拝さざるを得ない。……〔現在も〕ＢＳＩＲＡのハーバート・ジャクソンは、イギリス製品のさらなる改良と品質の向上のため製造業者を支援しているのだ[48]」。

数度の宣伝もむなしく状況は好転しなかったようだ。さらに、一九三一年においても、イギリス製品について次のようにタイムズ紙で述べられている。

「イギリス光学産業は過去五年においてさらなる進歩を遂げている。ＢＯＩＭＡによれば、……レンズの透過性はさらに向上し、……一九二八年までにイギリスの製造業者は製造可能な光学ガラスの種類を増加させ、……大型のレンズ円盤を生産できるようになった。……だが、帝国市場の大部分はアメリカ〔企業〕の掌中に落ちてしまった[49]」。

このように意見広告によるプロパガンダをもってしても民間市場の拡大は容易ではなかった。ＢＯＩＭＡは、イギリス製品の販売促進のため、一九三三年にヨーロッパ市場を調査したが、彼らが目の当たりにしたのは、ドイツ製品の市場占有率の圧倒的な高さであった（表７－１を参照）。

4　光学ガラス製造業者の再編

(1)　ガラス生産の新たな動向

戦前、ドイツ・フランス・ベルギーに依存していたガラス製品の輸入代替が大戦中に進められた。たとえば、理化学実験用のガラスチューブ、耐熱ガラス、電球用バルブの生産能力は飛躍的に拡充された。熟練労働力不足は省力型機械の導入を促し、生産の機械化が加速した。このような近代化によって、職人の手作業に依拠する伝統的な製造方法による小生産者は解体を余儀なくされ、製造業者間の合併や新規参入によって、ガラス製造業の規模、構造、組織は変化した。(50)

しかし、大戦直後よりドイツやアメリカなどの安価な製品が流入し、溶解用燃料の低コスト化に失敗し、価格競争に敗れた製造業者の多くが閉鎖された。製造業者の淘汰の一方で、新たな動きも見られた。航空機やとりわけ自動車の普及によって特殊ガラス需要が増大したのである。車輌用板ガラスには歪みがないことと強度が求められ、衝撃による破損を防ぐ安全ガラス（合わせガラス）が研究、開発された。ピルキントン社（Pilkington Brothers）は圧延成型技術の改良に成功し、戦前より住宅用窓ガラスを主力製品としていたが、二〇年代に車輌用板ガラス生産によって成長を遂げた。(51)

(2)　チャンス・ブラザーズ社による光学ガラス生産

チャンス社は大戦後も光学ガラス生産の中心的存在であった。だが、一回の溶融当たりの販売可能量が少ない光学ガラス生産では収益をあげることができず、大戦直後から年一〇〇〇ポンド前後の損失を計上し、二〇年代には毎年四~五〇〇ポンドの損失を計上していた。伝統ある光学ガラス製造業者としての自負も少なからずあっただろうが、チャンス社が不採算部門であった光学ガラス部門を継続しようとした理由には、大戦中に同社が軍需省と結んだ協定が影響を及ぼしたと考えられる。協定の中心的な部分を以下に示そう。

「……チャンス社は必要とされるさまざまな素材を備蓄するよう最大限その能力を発揮すること。チャンス社は平時において同工場を私的に利用する権利を有するが、政府に指定された備蓄量を常に維持し、政府による三カ月前の予告で生産量を最小にするよう取り組むこと。……チャンス社は政府が助成した工場で生産した素材の販売額から五%を政府に支払わねばならない。企業が以上の義務を果たす限り、政府は以下を保証する。政府諸部門が購入する機器には独占的にイギリス製光学ガラスを使用する。しかし、これは、政府諸部門によるガラス購入を特定の製造業者に限定することを意図するものではない。イギリス製光学ガラスの使用を明記するのみである[52]」。

協定の「政府に指定されたガラス備蓄量を常に維持する」という一文が、同社に損失を強いながらも光学ガラスを生産を継続させた要因であろう（協定は一〇年間有効とされた）。

(3) パーソンズ光学ガラス社の誕生

第一次世界大戦中、光学ガラス生産量の増加とリスク分散のため、軍需省、チャンス社、ハーバート・ジャクソンらの技術指導によってダービー・クラウンガラス製作所が設立され、一九一六年以後、生産を軌道に乗せた[53]。しかし、同社は大戦後まもなく経営不振に陥り、パーソンズに一九二一年に買収され、パーソンズ光学ガラス社（Parsons Optical Glass Company）と改称された[54]。

光学ガラス分野に新規参入したパーソンズとは、蒸気タービンの研究・開発で名声を博したパーソンズの子息であった。彼は、ロス社の経営権を獲得し、さらにハワード・グラブ望遠鏡製作所（Howard Grubb's Telescopes Works）や先述したダービー・クラウンガラス製作所を立て続けに買収した。いずれも軍需減少によって経営難に陥っていた製造業者であった。業界の縮小期に収益性の低い光学ガラスや機器製造業者を精力的に買収するパーソンズの一見不可解な行動の背景には、パーソンズ自身の天文学に対する知的好奇心や探究心が強く作用したと考えられる。

　パーソンズは自ら設計した天体用大型望遠鏡を製造するため、各地の製造業者に部品製造から組立・調整を委託するよりも、自らの手で一貫生産を可能にしようとした。彼は、買収したハワード・グラブ製作所をセント・アルバンズからニューカスルに移転させ、さらに望遠鏡用レンズに用いる大ガラスブロック製造に挑戦するためにダービー・クラウンガラス製作所を買収した(55)。

　パーソンズの下での研究は功を奏し、同社は大型望遠鏡用レンズの改良のみならず(56)、従来の坩堝よりもガラス生産量を増加させることに成功した。通常、溶融したガラスから製品として利用できる良質なガラスブロックは、幸運に恵まれない限り一坩堝当たり高くても五〇％が上限であったが、パーソンズの下では、好条件の際には六〇％にまで高められた。チャンス社の平均が約二〇〜三〇％であったことと比較すれば、パーソンズの成果は高く評価できるものであった。

　同社製品の販売先も増加し、一九二七〜二九年頃には、クック社（T. Cooke & Sons Ltd.）、ロス社、ダルメイヤー社、テイラー・テイラー&ホブスン社、レイ社（Wray Optical Works）のカメラ用レンズとして、さらに国内の主要製造業者約三〇社に対して光学ガラスを供給し、海外ではドイツのライツ社（E. Leitz）を含むアメリカ、日本、フランスの八社にも市場を拡大した。パーソンズ社によれば、ガラスの種類によってはツァイスのイェナ製と同等かそれ以上の均質性・透過性を達成したとも記されている(57)。

図7-1　パーソンズ社の光学ガラス生産に伴う損失額推移（1921～29年）

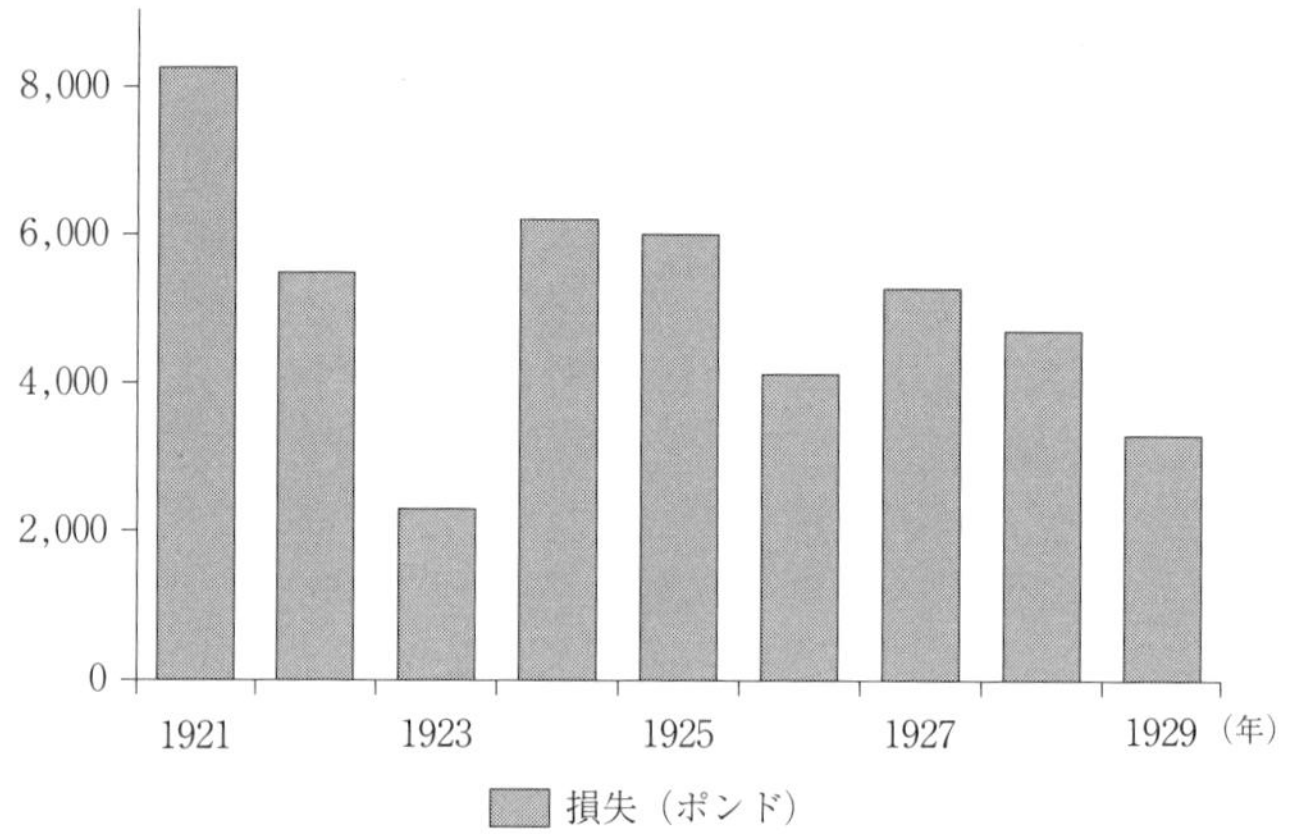

出典：TNA, T161/546/109166より筆者作成。

だが、このような活動が、生産コストの削減と価格競争力の保持を実現していたのかは判然としない。なぜなら、パーソンズ個人の趣味が高じて運営された諸製作所の業績は芳しくなく、私財四万ポンドを投じながらも光学ガラス生産では二〇年代を通じて損失を重ねていたからである（図7-1を参照）。同社全体の損失額は、一九二一～二九年で約三万三〇〇〇ポンドにまで膨らんだ。当該時期のパーソンズ社の経営状況は、次のように報告されている。

「生産方法のさらなる改良によって、ダービー工場は近い将来自立するだろう。とはいえ、政府が戦中にダービーと結んだ協定の精神を遵守し、キーインダストリー保護が一層強化されてはじめてイギリス国内での高品質な光学ガラス生産が継続可能となる。この二点を考慮しない限り、ダービーの現在の基盤は維持されないだろう。光学ガラス製造業の財務状況は、少なくとも数年以内に魅力的な事業として好転するとは考えられない。しかし、現状の発展を放棄することは技能を有する熟練スタッフを四散させ、回復の可能性を排除するだけでなく、海外のキーインダストリーに敗北する結果となるだろう」(58)。

この報告書を記した会計士プライスは、産業保護法が一九三六年まで継続されている点を好意的に評価している。すなわち、同法の

図7－2　パーソンズ社による光学ガラス販売量推移（1918～29年）

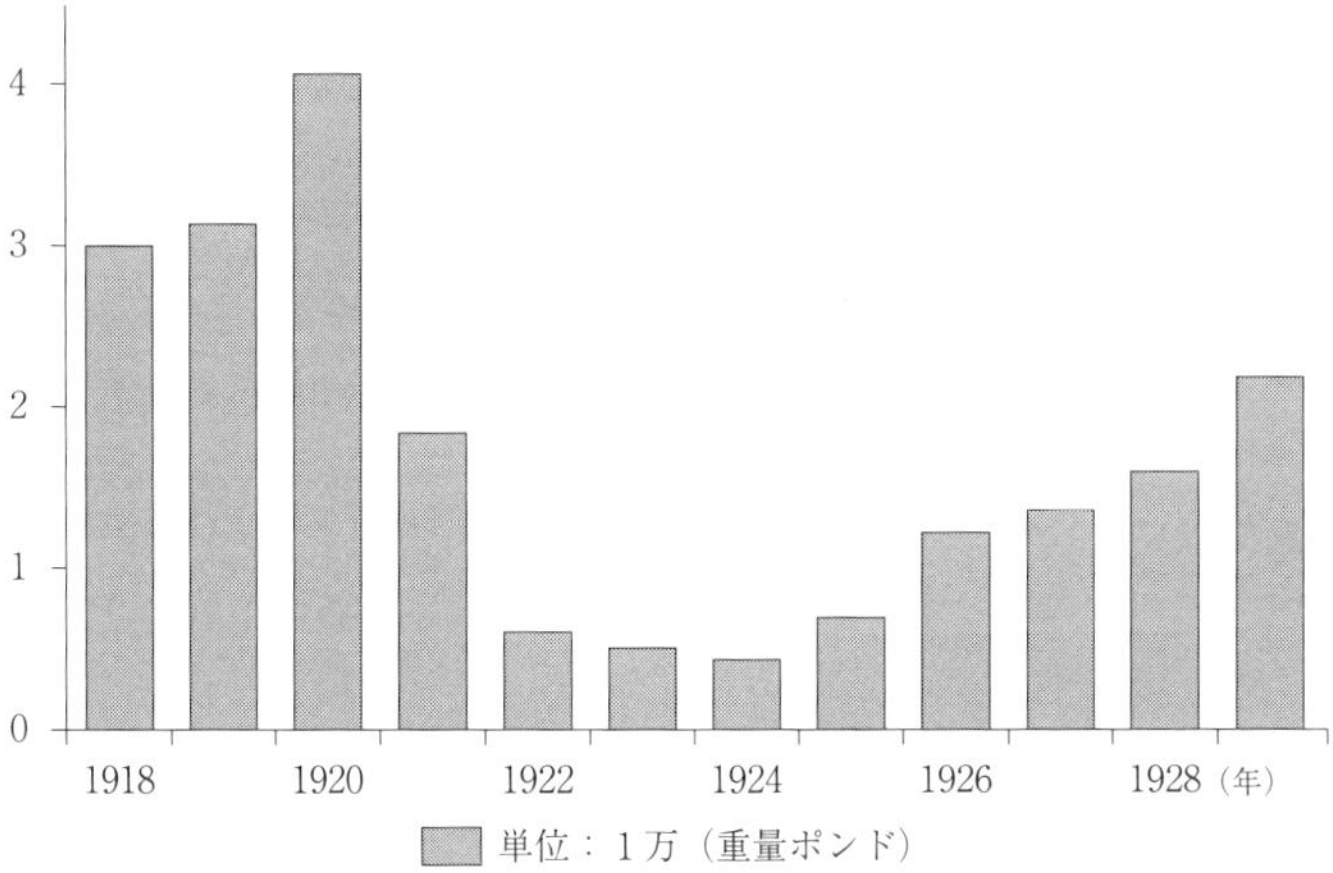

出典：TNA, T161/546/109166より筆者作成。

下では安価なドイツ製品がイギリス国内市場にてパーソンズ製品を完全に駆逐することがないため、パーソンズ社が莫大な利益を生み出すことはできなくても、現状の研究を維持し、新種ガラスの開発や生産方法の改善を進める余地が残されていると考えたのであった[59]。

　パーソンズ社の損失額は、一九二五年以降、光学ガラス販売量の増加に伴ってわずかながらも減少していった（図7－1・2を参照）。同社の損失が継続した理由は、人件費の削減が難しいこと、平時における光学ガラスの備蓄要請が影響していたと考えられる。後者は大戦中に軍需省とダービー社間の協定がパーソンズ社に引き継がれたことによるものであった。かつて協定の条文には、軍需省が備蓄を要請することで「企業に損失を押し付けるのではない、ガラス生産から妥当な利益を得る権利を認める[60]」と明言されていたものの、利益を得るには損失を補うに足る恒常的かつ大量のガラス受注が必要であった。

　最後にB&S社の状況はどうだったのか。同社は大戦中に光学ガラスの内製に成功した[61]。大戦後も引き続き自社製機器に必要な光学ガラスを開発・生産したが、同社が他の機器製造業者に光学ガラスを供給することはなかった。

　一九三〇年頃における三社のガラス溶融設備についてまとめると、

まず、チャンス社は炉一、坩堝二を利用し、三五回の溶融で一年当たり一万重量ポンドを、パーソンズ社は炉・坩堝ともに一つずつで、五〇回の溶融にて一年当たり一万六〇〇〇重量ポンドを、B&S社は二つの炉（一基はチャンスやパーソンズと同規模、もう一基は半分の大きさ）で一年当たり四〇〇〇重量ポンドを生産していた。いずれもフル稼働の数値ではないだろうが、炉と坩堝の規模と数からすると技術改良の影響であろう、パーソンズの生産効率の高さが目立っていよう。

(4) 帝国防衛委員会による光学ガラス生産に関する調査報告

帝国防衛委員会（Committee of Imperial Defence：以下、CIDと略記）では、各種軍備供給の実態を調査しており、一九三三年には帝国防衛委員会の下部に設立された主要資材調達士官委員会（Principal Supply Officers Committee：以下、PSOCと略記）が、光学ガラスに関する報告書をまとめている。

これに先立ち、海軍省は光学ガラス生産の危機的状況を懸念しており、一九三一年に陸海空軍で利用されている光学ガラスに関して独自に調査を進めていた。この調査をもとに、「現状ならびに将来必要とされる光学ガラスの質・量をいかにして国内生産で確保するか」というテーマで、スミス（先述）を中心とした小委員会が発足した。彼は「光学ガラス生産は非常に深刻な状況にあり、近い将来この産業は崩壊する兆しがあり、我々は一九一四年のあの悲惨な状況に戻ることになる」と端的に危機的状況を述べ、「委員会は光学ガラス生産の維持と研究開発の継続を確保する必要がある」と提案し、小委員会ならびに帝国防衛委員会において承認された（三二年一一月）[62]。

光学ガラス生産の特異な状況は、CIDの報告書に記載された以下の一文に示されていよう。

「わが国の光学ガラス生産は際立って珍しい状況にある。一つは民間の一個人による贅沢な趣味であり、もう一社は採算が取れず……、〔にもかかわらず〕事業継続を諦めそうにない。……防衛にもっとも重要な装備〔光学機器」の一つは、パーソンズとチャンス社の慈善心と愛国心に委ねられている」[63]。

(5) パーソンズ社の撤退とチャンス社への集中

図７－３　光学ガラス生産者の変遷（1915〜35年）

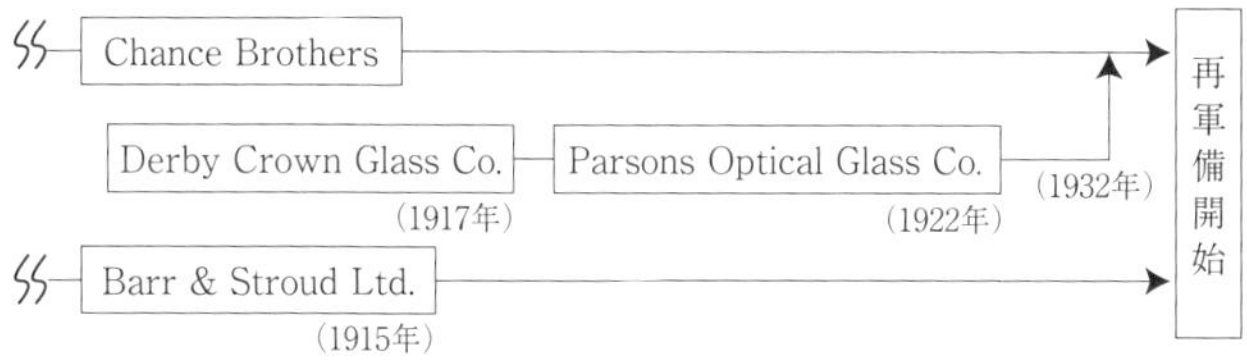

出典：筆者作成。
注：チャンスは19世紀末より、ダービーは1917年に、Ｂ＆Ｓは1915年に（自社製品向けのみ）光学ガラス生産を開始した。

委員会は、パーソンズの事業が個人の趣味としては大規模であり、またパーソンズ自身が高齢であることから、光学ガラス研究・生産の継続が危ぶまれるとの懸念を抱いていた。そして、この危惧は早くも一九二一年のパーソンズの逝去によって到来した（先述した海軍省による独自調査へとつながる）。

パーソンズの遺言執行者二名とチャンス社、海軍省の代表を交えてパーソンズ社の継承について話し合われた末、ダービーガラス工場の設備と備蓄されていた光学ガラスおよび販売権のチャンス社への譲渡が一九三二年に決定された（図７－３を参照）。

その後、ＣＩＤでの議論を経て、光学ガラス委員会（Optical Glass Committee）の下で、陸海空軍とＮＰＬの代表者そして外部の専門家を交えてチャンス社の光学ガラス研究開発部門の拡張が決定した。この計画には、有事の際に必要とされる一年間分のガラスを備蓄すること、指定された期限内に生産能力を拡張することが可能な坩堝と原材料を常備することが盛り込まれた[64]。

さらに、光学ガラス委員会は、合理的な生産方法の導入と品質の改善を目指し、溶融されたガラスの撹拌技術の改良、耐久性の向上、耐火材の改善、アニーリングによるガラスの均質性の向上に関する基礎研究を計画し、同社に指示した。これ以後、チャンス社の研究・開発部門は強化され、生産量も増加していった。

一九三二年以後、光学ガラス生産への政府の介入が強化された一方で、チャンス社はすでにグラスファイバー、耐熱ガラス、防音ガラス、絶縁ガラス、強化プラスティックなど各種新製品開発に成功し、民間市場を開拓しつつあった。しかし、多様なガラス生産設備を一社で維持することは難しかった。このような状況を鑑みて、取締役ウォルター・チャンスは製品の整理・集中を企図し、ピルキントン社に株式を売却することを申し出た（一九三六年）[65]。ピルキントン社はチャンス社の申し出を受け入れるとともに、同社の新技術を活かしてグラスファイバー社（Glass Fiber Ltd., 1938）を設立し、以後、チャンス社は光学ガラスの開発と生産に特化することとなった[66]。

以上、光学ガラス分野では、紆余曲折の末、チャンス社による独占的な光学ガラス生産体制が強化され、再軍備そして第二次世界大戦を迎えることとなった[67]。

5　光学機器製造業者の再編

(1)　大戦直後の混乱と軍備縮小への対応

大戦直後、機器製造業者らは受注した契約を軍需省や海軍省から一方的に破棄された場合どのような状況に陥るのか、以下のように報告している。

たとえば、ベック社[68]は、契約破棄により一三〇〇名を突然解雇することになるため、生産を徐々に縮小する契約を改めて結ぶよう一九一八年一一月一三日にＯＭＧＤに要求した。また、ベック社とともに陸軍用機器を受注していたロス社は、政府への機器供給が停止されると三カ月以内に七〇〇名以上の労働者が職を失うであろうと同年一一月一九日にOMGDに通知している。アダム・ヒルガー社は、契約破棄によって光学ガラス加工部門に三〇名の余剰が生じ、大戦中にガラス加工に従事した全従業員を解雇せざるを得ないと報告した。さらに深刻な状況にあったのは、ワッツ社であった。同社は一八年末時点で一万ポンドに上る受注を抱えていたが、軍需に依存しており、契約破棄によって経営の存続が危ぶまれた。

そして、軍需省・海軍省から契約破棄が通告され、製造業者らの撤退や廃業が始まった。

ネグレッティ・ザンブラ社は、海軍の機器需要に合わせて、一九世紀末より望遠鏡、経緯儀、水準器、照準器、気象計などを開発・製造してきた。だが、大戦後の需要減少期に多様な光学機器の製造能力を維持できないと判断し、一般産業や航空機用の精密機器の開発・製造に集中することを決定し、光学分野からの撤退を早々に決断した[69]。

ハワード・グラブ社は、大戦の開始まで潜水艦用潜望鏡の開発・製造に従事するイギリス唯一の製造業者であった。大戦中、イギリス海軍省は海上輸送の安全を確保できないことを理由に、同社の生産基盤をダブリン近郊のラスマインズからイギリス本島ハートフォードシャーのセント・アルバンズへと移転するように指示した。だが、移転作業は遅々として進まず、大戦終結時においても移転先工場は完全に稼働していなかった。ハワード・グラブ社は潜水艦建造に従事していたヴィッカーズ社と密接な関係を有していた反面、海軍省とのコネクションは弱かった。したがって、海軍省がB&S社に潜望鏡開発・製造への新規参入を誘導すると、同社の後退は決定的となった。なお、同分野へは、生産数の増加のためであろう、ケルヴィン・ボトムリー&ベアド社（Kelvin Bottomley & Baird）も大戦中に新規参入した。

海軍省が、経験と技術力、そして世界的な名声を得ていたB&S社に新型潜望鏡の開発を期待したのは当然の結果であった。このような悪条件が重なるなか、ハワード・グラブ社は、大型天体望遠鏡分野での業績回復を期したものの、それも果たせず、一九二五年に清算された（先述のようにパーソンズが同社の天体望遠鏡工場を取得した）[70]。

(2) クック社を巡る吸収・合併の顚末

ヨークのクック社[71]の場合は、さらに複雑な状況を経験した（図7-4を参照）。同社は、大戦前からヴィッカーズ社が設計した計器や光学機器の開発・製造に従事し、軍用光学機器分野ではB&S社とともに著名であった[72]。

ヴィッカーズ社は、クック社の開発を担当していたポレン[73]による射撃管制機器の開発・製造能力の獲得を企図し、一九一五年にクック社の株式の七〇%を取得した[74]。クック社は軍用機器の開発・製造に特化しており、大戦後、民間市場で新たな活路を見いだすことは難しかった。このような状況を鑑みて、ヴィッカーズ社は、同分野の機器製造業者であったケントのトラウトン&シムズ社（Troughton & Simms Ltd.）とクック社を合併させることで経営の安定を図ろうとした。

一九二二年、ヴィッカーズ社の仲介によって両社は、クック・トラウトン&シムズ社（Cooke, Troughton & Simms Ltd.）を設立した。しかし、機器需要の減少による業績不振から、二四年に自発的に清算し、資産一切をヴィッカーズ社に譲渡し、圧搾機部門を除いた形で新たに同名の会社が設立された[75]。

以上のヴィッカーズ社主導による再編のなかで、思わぬ余波を蒙ったのがアダム・ヒルガー社であった。同社はドイツ系移民のアダムとオットー・ヒルガーらによって一八七五年に設立された光学部品製造業者であり、クック社やB&S社などの機器製造業者にプリズムをはじめとする光学部品を供給していた。大戦中、同社はB&S社向けの測距儀用プリズムの製造をはじめ（同社の業務の半分以上を占めていた）、すでに旧式であった陸軍用マリンディン小型測距儀製造にも従事していた。

B&S社は同社の古くからの納入先であったが、同社製光学部品の精度のばらつきや納期の遅延によってB&S社は機器の性能や納期を定められぬことに悩まされていたため、大戦前から光学部品の切削・研磨・調整の作業場を備え、

図7－4　クック・トラウトン＆シムズ社の変遷（1890～1930年代まで）

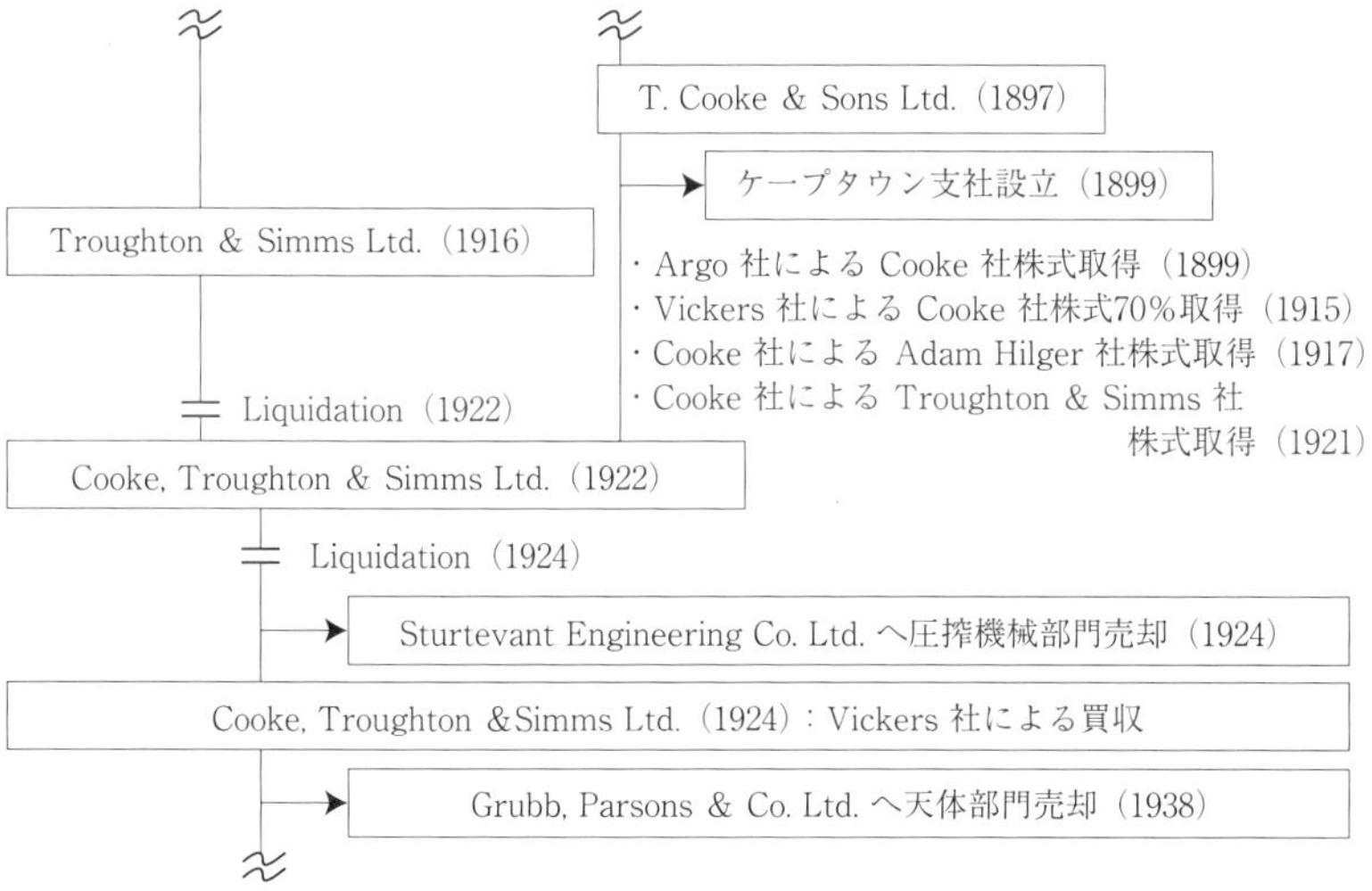

出典：McConnell［1992］より筆者作成。

大戦中に光学ガラス工場を建設し、光学部品内製化を進め、機器の一貫生産を目指していた[76]。戦時需要で一時的にアダム・ヒルガー社の光学部品の受注量は増えたが、B&S社からの受注は、将来、確実に減少すると取締役トワイマンは予想したのであろう。彼は、自社の製品展開の狭さに起因する不安定な経営状況を回避すべく、工業・化学者向けの分光器の開発・製造によって新たな市場への参入を企図していたが、販売額の減少は避けられそうになかった[77]。

したがって、クック社から合併案を打診されると、トワイマンら取締役らは同案を受け入れ、アダム・ヒルガー社の全株式の六〇％（六〇〇〇株）をクック社に譲渡した（一九一六年）。

しかし、トワイマンのアダム・ヒルガー社の身売りの選択は吉と出なかった。一九二〇年代に入ると、上述のようにクック社の業績は悪化し、合併・清算されてしまったからである。彼はヴィッカーズ社がクック社の所有する関連会社の管理を主導することには同意できないと主張し、一九二六年頃（一七年から三〇年の説もあり）に自社の株式を買い戻すこととなった[78]。

以上、主要な光学機器製造業者が吸収・合併を進めた一方で、B&S社は異例であった。開業以来、常に他社や協会との距離を保ち続けた。B&S社は、大戦中にフランス製光学ガラス輸入の見返りとして測距儀輸出を担う重要な位置にあり、またイギリス海軍の新型機器や秘密特許を開発する独自性を背景として、大英帝国唯一の一貫生産可能な製造業者として成長した。

B&S社は他の製造業者と異なり、需要が低迷した一九二〇年代初頭においても日本やスペインを中心に海外から受注があったが[79]、輸出規制の対象となり二〇年代半ばに輸出は伸び悩んだ。同社は収益性の低い民間市場の開拓にも取り組んだが成功にはほどとおく、一九二四年にイギリス海軍との間に協定を結び、以後、イギリス海軍の光学・精密機器研究開発部門のごとき役割に徹し生き残りを模索した[80]。そして、二〇年代末以後、新たに開発した航空機用計器、爆撃照準器、潜望鏡、測距儀などの受注を獲得し、再軍備を迎えた。

6　おわりに

イギリスの光学産業は、第一次世界大戦によって成長したが、それは軍需省・海軍省による大量の機器需要への対応であり、とりわけ女性労働力の導入は一過性の出来事に過ぎなかった。大戦直後より製造業者が直面した、武器輸出規制、過剰生産設備の処理、熟練労働力の保護・育成、市場の確保・拡大といった問題への対応は、製造業者の自助努力に委ねられた。以上から、イギリスの光学産業にとって戦間期とは、統制と放任の交錯した時代であり、「平時に戻ることは、戦争よりも大きな試練であった」と言える[81]。

戦間期、製造業者は業績不振や個々の利害関係や戦略によって淘汰され、研究・開発と生産能力の集中が進んだ[82]。だが、その過程はイギリス政府によって練られた包括的かつ綿密な計画によるものではなかった。

一方、大戦に端を発した製造業者の組織化と各種研究機関との連携（科学の産業への利用）は、戦間期においても継続され、軍縮という制約の下で光学技術の研究・開発が進展したことは画期的な出来事であった。

以上、軍縮の下で光学産業における軍需の重要性が一層強化されたことからもわかるように、イギリス光学産業の活動は、製造業者らの主体的な問題解決能力よりも軍産関係によって大きく規定されるものであったと結論できよう。

では、イギリスの製造業者はなぜ国内外の民間市場を獲得できなかったのだろうか。消費者のドイツ製品選好という要因のみならず、製品戦略、価格競争力、生産の合理化など多様な視点から個々の製造業者の事例を解明することが必要であろう。今後の課題である。

注

（1）武器移転の経済史的視点について、小野塚知二「武器移転の経済史」（奈倉・横井・小野塚［二〇〇三］所収）、奈倉文二「武器移転と国際経済史」（奈倉・横井編［二〇〇五］所収）を参照。

（2）Peden [1979] p. 3, pp. 6-9; Ferris [1987]; Johnson [1960]. イギリス政府は大戦直後、今後一〇年間、大英帝国はいかなる大規模戦争にも参戦せず、以上を目的とするための海外派兵の軍備を保有しないという「一〇年間原則」を決定した。以後、軍事費は制限され、同原則は一九二八年に無期限に延長されたが、イギリスの軍備の遅れや国際情勢を踏まえ、三二年に放棄された。

（3）McNeil [1982] Chapter 8：マクニール［二〇〇二］第八章を参照。

（4）Packard [2009] p. 274.

（5）Ibid. pp. 273-275. では、なぜ製造業者は軍需に依存せざるを得なかったのかについて再考する必要があろう。たとえばB&S社は熟練労働力の確保のために作業を安定して確保することを最優先した。取締役ハロルド・ジャクソンは海軍省との協定に関する話し合いの席上、次のように述べている。「いついかなる環境においてもわが社に発注を行うことは不可能であると承知している……［だが］、わが社はこの文言を加えることが絶対に必要であると考えている。……海軍省はB&S

社に発注せねばならない、また損失を補償せねばならない〔傍点部原文ママ〕」（Jackson, H. D. to the Director of Navy Contracts, 7th December 1922, University of Glasgow Archives（以下、UGAと略記）UGD 295/19/6/4）。

（6）軍需省の監督の下での生産能力の拡充については、山下［二〇〇九］を参照。

（7）当該時期のB&S社の状況については、山下［二〇〇五］を参照。なお、同社に関する最新の研究は、Sambrook [2005]：do. [2013] を参照。サムブルックは、B&S社の発展とその限界を示し、イギリス光学産業の発展が軍需というプル要因に制約されていたことを解明した。他の機器製造業者については、史料の制約により先行研究は少なく、ケンブリッジ科学機器製造会社については、Gattermole and Wolfe [1987]、クック社については、McConnell [1992]、光学産業と政府との関係については、Williams [1988]・do. [1993]・do. [1994] が有益である。

（8）The National Archives at Kew（以下、TNAと略記）MUN 5/390/1930/1. 七五種類との記載もある（TNA, ADM 116/3458, "An English Optical Glass Factory," *The Pottery Gazette and Glass Trade Review*, 1st March, 1921, p. 3）。

（9）Edgerton [1996] p. 37.

（10）Chance [1947] を参照。

（11）Cardwell [1972]：カードウェル［一九八九］を参照。

（12）NPLはドイツの帝国物理学・技術研究所（Physikalisch Technische Reichsanstalt：一八八七年創設）を参考に、標準の規定や諸科学機器を試験する機関としてロンドン近郊テディントンに設立された。当初より運営資金は不足し、「国立研究所というよりも教育財団と言ったほうが良いぐらい」であった（Cardwell [1957] pp. 139-138：カードウェル［一九八九］二二三～二二四頁）。とはいえ、NPLは科学と産業と政府を連携する初の国立試験研究機関であった（古川［二〇〇〇］一八七頁）。NPLの概略については、Pyatt [1983] を、初期の活動の詳細については英国議会資料や *The Times* を参照。

（13）Macleod and Andrews [1970] を参照。

（14）Williams [1994] pp. 85-86：ウィリアムズ［一九九八］一一七～一一八頁。

（15）ほかには、民間のアイディアを利用するために設立されたBIR（Board of Inventions Research）がある。BIRは、対潜水艦用機器ソナー（イギリスではアスディック［ASDIC］と呼ばれた）開発に貢献した（Macleod and Andrews [1971]；Hackmann [1984]）。

（16） Cardwell［1957］p. 177：カードウェル［一九八九］二七二頁。
（17） Pyatt［1983］p. 90.
（18） Barr, A. to A. Balfour, J., 14th July 1915, UGA, UGD 295/16/1/8.
（19） Barr, A. to Beilby, G. T., 14th July 1915, UGA, UGD 295/16/1/8.
（20） Williams［1994］pp. 81-89, pp. 123-139, pp. 154-163：ウィリアムズ［一九九八］一一三～一二三、一六六～一八六、二〇六～二一七頁。
（21） Ibid., pp. 169-179：ウィリアムズ［一九九八］二二四～二三五頁。
（22） Jackson, H. D. to the Secretary of the Admiralty, 6th December 1918, UGA, UGD 295/16/6/4.
（23） TNA, BT 101/801; DSIR 36/3963.
（24） *The History of Ministry of Munitions*, Vol. XI, pp. 108-110.
（25） Ibid., p. 109.
（26） Ibid., p. 111.
（27） この賃金基準は、軍需省の管轄下にあったほかの訓練学校にも適用された（Ibid., p. 110）。
（28） Ibid., pp. 108-110.
（29） Ibid., pp. 110-111.
（30） シェフィールド大学（Sheffield University）はガラス技術学校を創設し、約五〇名が入学し、八割前後が職を得た。また同校は製造業者に対する指導も行った（Ibid., p. 113）。また、軍需省による新たな試みを評価する研究として Wrigley［1982］を参照。
（31） Williams［1994］pp. 89-100, pp. 136-139：ウィリアムズ［一九九八］一二三～一三六、一八一～一八六頁。
（32） オーストラリア軍需品供給研究所（Munitions Supply Laboratories）に所属するエッセルマン（Esserman）は、在英中、両校で学んだ後、オーストラリアに戻り、光学機器の修理に携わり、のちに同研究所長として光学機器国産化の中心的役割を担った（Mellor［1958］p. 247）。両校から帝国内や他国への技術移転例について、今後の調査が必要である。
（33） Sambrook［2005］pp. 216-218.

（34）製造業者らは原材料の優先供給を条件に軍需省の監督下に入った（拙稿［二〇〇九］を参照）。
（35）Committee on Industry and Trade, Factors in Industrial and Commerce Efficiency, 1927, pp. 435-437.
（36）Ibid.
（37）Ibid., pp. 404-405.
（38）Ibid., p. 437.
（39）Macleod and Macleod［1970］p. 170.
（40）Packard［2009］pp. 284-285；横井・小野塚編［二〇一三］一四一頁。
（41）"German Dumping: Attempt to Kill British Optical Industry", *The Times*, 14th Octber, 1920, p. 7.
（42）日本光学は大戦中に機器が不足した連合国（英、米、豪、露、中）向けに望遠鏡、双眼鏡を供給し、大戦後には米、豪、北欧諸国、シャムに双眼鏡を輸出した（七五年史編纂委員会［一九九三］二〇、二七頁）。B＆S社は、一九一八年七月時点でアメリカから大量の測距儀を受注していたが、大戦終結とともに破棄された。にもかかわらず、アメリカ政府が二〇〇〇万ドルに及ぶ機器をアメリカ国内のボシュ・ロム社に発注し（一九二一年）、さらに同社がカナダ向けに測距儀を製造・販売しつつあることに不満を抱いていた（Jackson, H. D. to Barr, A., 15th March 1921, UGA, UGD 295/4/326）。ただし、アメリカ市場はすでにツァイス社の掌中にあり、二一年四月にボシュ・ロム社とツァイス社は、市場分割、価格協定を含む軍・民間市場での秘密協定を結んでいた。ツァイス社はボシュ・ロム社に設計・技術を提供し、ボシュ・ロム社は販売の際にロイヤリティとして七％をツァイス社に支払わねばならなかった。ロイヤリティは年々軽減され、同協定は二五年間有効とされた（Berge［1944］pp. 144-147）。
（43）戦間期においてもイギリスではドイツ製光学ガラスが好まれていた（"Precision Optical Equipment: A Vigorous Industry", *The Times*, 1st January, 1947, p. 23）。
（44）"British Optical Instrument V. German", *The Times*, 10th September, 1924, p. 10.
（45）"British Optical Industry: Points of Superiority and Progress", *The Times*, 24th July, 1925, p. 16.
（46）Ibid., p. 16.
（47）Director of Department of Scientific Research, Admiralty.

(48) "Optical Glass: Supremacy of British Products", *The Times*, 19th October, 1925, p. 13.
(49) "British Optical Instruments: Superiority Maintained", *The Times*, 22nd January 1931, p. 11.
(50) Brown [1979] pp. 198-200.
(51) Barker [1960] pp. 211-213.
(52) TNA, MUN 5/209/1901/1.
(53) ダービー・クラウンガラス製作所は、バーンズリーのウッド社（Wood Brothers Glass Co., Ltd.）の子会社であった。同製作所については、"An English Optical Glass Factory", *The Pottery Gazette and Glass Trade Review*, 1st March, 1921, TNA, ADM 116/3458や、Chance [1947] p. 800を参照。
(54) Report by Instructor Captain T. C. Baker, R. N., on the Position of Optical Glass Manufacture in Great Britain, p. 5, TNA, T 161/546/109166.
(55) Williams [1994] pp. 110-112；ウィリアムズ［一九九八］一四九～一五二頁。
(56) Chance [1947] p. 800.
(57) Price, Water House & Co. to The President of the Board of Trade, 10th April, 1930, p. 2, TNA, T 161/546/109166.
(58) Ibid., p. 2.
(59) 同様の指摘は、Williams [1994] pp. 156-157；ウィリアムズ［一九九八］二二〇～二二一頁。
(60) Secretary of State for War, the Admiralty, and the Minister of Munitions with Wood Brothers Glass Company Limited and The Derby Crown Glass Company, Limited, Agreement for the Manufacture and Supply of Optical Glass, TNA, T 161/546/109166.
(61) Barr's Note, UGA, UGD 295/26/2/43.
(62) Committee of Imperial Defence, Principle Supply Officers Committee, 9th Annual Report (1st August, 1931-31th July, 1932), p. 11, Churchill Archives Centre, WEIR/18/3.
(63) Ibid., p. 6.
(64) Ibid., p. 6; Chance [1947] p. 800.

(65) Barker [1960] p. 211.

(66) チャンス社の経営権はピルキントン社に完全に移管され（一九五五年）、Chance Pilkington Optical Works（一九五七年）として再編された。

(67) CIDはPSOCなどの報告を元に、一九三二年三月以後、一〇年間原則の放棄へと方針転換する（Peden [1979] pp. 6-9）。

(68) 同社はダイヤルサイトや塹壕用ペリスコープを受注していた。陸軍用機器を大量に受注していた製造業者は、契約破棄が経営存続に大きく影響を及ぼした。

(69) Read [1985] p. 8.

(70) Sambrook [2005] pp. 244-248.

(71) クック社については、Taylor and Wilson [1944]：McConnell [1992] を参照。

(72) Scott [1962] p. 132.

(73) ポレンの開発した機器についてはSumida [1979] を参照。

(74) Cooke, Troughton & Simms Ltd., Cambridge University Library, VA 771. 各種機器を開発していたポレンはアルゴ社（Argo Co.）の取締役であると同時に、クック社の株式も保有していた。ヴィッカーズ社による吸収・合併の概観は、安部［一九八九］を参照。

(75) Ibid.

(76) Jackson, H. D. to Taylor, W., 3rd June 1903, UGA, UGD 295/26/1/25.

(77) McConnell [1992] pp. 77-78. ヴィッカーズ社がアダム・ヒルガー社の支配権を握ることを早期より意図していたとの指摘があるものの、それを示す史料は見つかっていない。

(78) Williams [1994] pp. 110-111：ウィリアムズ［一九九八］一四八〜一四九頁。

(79) 一九二一年三月、B&S社はイギリス海軍省から新計画向けの測距儀や収束指示器の見積・照会を得ていた。さらに、フィンランドから砲兵用測距儀、ベルギーから双眼鏡に関する発注照会があった。取締役ジャクソンはベルギーからの受注を「最重要課題」として捉え、「我々はこれらの受注を確実に得るべく最善を尽くさなければならない。ベルギー政府はフランス製双眼鏡を好んでおらず、ドイツ製品を購入する気は毛頭ない。したがって我々はこの商機を確保せねばならない」と記している（Jackson, H. D. to Barr, A., 29th March 1921, UGA, UGD 295/4/326）。

（80）イギリス海軍はB&S社の開発・設計部門を維持できる発注をし、他方B&S社は輸出規制を遵守し、他国からの発注内容をイギリス海軍に開示することが盛り込まれていた。

（81）横井・小野塚編［二〇一二］一〇頁。Sambrook［2013］p. 210.

（82）複数の製造業者に部品生産を委託する光学産業や航空機産業は一九二〇年代に縮小したが、戦車の開発・生産は、ヴィッカーズ・アームストロング社と王立工廠を中心に進められ、海外輸出によって技術レベルを維持・発展させ再軍備を迎えた（Coombs［2013］）。

文献リスト

〈和文〉

安部悦生［一九八九］「イギリス持株会社と管理――二〇世紀初頭から第二次大戦まで――」『経営論集』第三七巻第二号。

ウィリアムズ、M著、永平幸雄・川合葉子・小林正人他訳［一九九八］『科学機器製造業者から精密機器メーカーへ――一八七〇～一九三九年における英仏両国の機器産業史――』大阪経済法科大学出版部。

カードウェル、D・S・L著、宮下晋吉・和田武編訳［一九八九］『科学の社会史――イギリスにおける科学の組織化――』昭和堂。

奈倉文二・横井勝彦・小野塚知二［二〇〇三］『日英兵器産業とジーメンス事件――武器移転の国際経済史――』日本経済評論社。

奈倉文二・横井勝彦編著［二〇〇五］『日英兵器産業史――武器移転の経済史的研究――』日本経済評論社。

七五年史編纂委員会［一九九三］『光とミクロと共に――ニコン七五年史――』株式会社ニコン。

古川安［二〇〇〇］『科学の社会史――ルネサンスから二〇世紀まで――』南窓社。

マクニール、W著、高橋均訳［二〇〇二］『戦争の世界史――技術と軍隊と社会――』刀水書房。

山下雄司［二〇〇五］「イギリス光学機器製造業の発展と再編――バー&ストラウド社の事例：一八八八～一九三五年――」（奈倉・横井編著［二〇〇五］所収）。

山下雄司［二〇〇九］「イギリス光学産業の市場構造に関する史的考察——第一次世界大戦と戦間期を対象として——」『明大商學論叢』、第九一巻第二号。

横井勝彦・小野塚知二編著［二〇一二］『軍拡と武器移転の世界史——兵器はなぜ容易に広まったのか——』日本経済評論社。

Barker, T. C. [1960] *Pilkington Brothers and the Glass Industry*, London.

Berge, W. [1944] *Cartels: Challenge to a Free World*, Washington.

Brown, C. M. [1979] "Twentieth Century Growth and Regional Change in the British Glass Industry", *Geography*, 64: 3.

Cardwell, D. S. L. [1957] *The Organisation of Science in England*, London.

Chance, H. [1947] "The Centenary of Optical Glass Manufacture in England", *Chemistry and Industry*, 27th December.

Chance, J. F. [1919] *A History of the Firm of Chance Brothers & Co. Glass and Alkali Manufactures*, London.

Coombs, B. [2013] *British Tank Production and the War Economy, 1934–1945*, London.

Edgerton, D. [1996] *Science, Technology and the British Industrial 'Decline' 1870–1970*, Cambridge.

Ferris, J. [1987] "Treasury Control, the Ten Year Rule and British Service Policies, 1919–1924", *Historical Journal*, 30: 4.

Gattermole, M. J. G. and Wolfe, A. F. [1987] *Horace Darwin's Shop: A History of The Cambridge Scientific Instrument Company 1878 to 1968*, Bristol.

Hackmann, W. [1984] *Seek & Strike*, Science Museum.

Johnson, F. A. [1960] *Defence by Committee*, London.

McConnell, A. [1992] *Instrument Makers to the World: A History of Cooke, Troughton & Simms*, York.

Macleod, R. and K. Andrews [1971] "Scientific Advice in the War at Sea 1915–1917: the Board of Innovation and Research", *Journal of Contemporary History*, 6: 2.

Macleod, R. and K. Macleod [1970] "The Origins of the DSIR: Reflections on Ideas and Men, 1915–1916", *Public Administration*, 48.

Macleod, R. and K. Macleod [1975] "War and Economic Development: Government and the Optical Industry in Britain, 1914–1918", in Winter, J. M. ed., *War and Economic Development*, London.

McNeil, W. H. and D. Winfield [1982] *The Pursuit of Power: Technology, Armed Force, and Society since A. D. 1000*, New York.

Mellor, D. P. [1958] "Optical Munitions", in *Australia in the War of 1939–1945: The Role of Science and Industry*, Series 4: Civil, 5.

Packard, E. F. [2009] *Whitehall, Industrial Mobilisation and the Private Manufacture of Armaments: British State-Industry Relations, 1918–1936*, Ph. D. Paper (The London School of Economics and Political Science, Department of International History).

Peden, G. C. [1979] *British Rearmament and the Treasury 1932–1939*, Edinburgh.

Pyatt, E. [1983] *The National Physical Laboratory~A History*, Bristol.

Read, W. J. [1985] "History of the firm Negretti & Zambra", *Bulletin of the Scientific Instrument Society*, 5.

Sambrook, S. C. [2005] *The Optical Munitions Industry in Great Britain 1888 to 1923*, Ph. D. Paper (University of Glasgow, Department of Economic and Social History).

Sambrook, S. C. [2013] *The Optical Munitions Industry in Great Britain, 1888–1923*, London.

Scott, J. D. [1962] *Vickers, A History*, London.

Sumida, J. T. [1989] *In Defence of Naval Supremacy: Finance, Technology and British Naval Policy, 1889–1914*, Boston.

Taylor, E. W. and J. S. Wilson [1944] *At the Sign of Orrery: The Origin of the Firm Cooke, Troughton & Simms Ltd.*, York.

The History of Ministry of Munitions, Vol. XI, Supply of Munitions, Pt. III, Optical Munitions and Glassware, Labour Conditions.

Williams, M. [1988] "Technical Innovation: Examples from the Scientific Instrument Industry" in Liebenau, J. ed., *The Challenge of New Technology: Innovation in British Business since 1850*, Aldershot.

Williams, M. [1993] "Training for Specialists: the Precision Instruments Industry in Britain and France, 1890–1925", in Fox, R. and A. Guagnini eds., *Technology and Industrial Performance in Europe, 1850–1939*, Cambridge.

Williams, M. [1994] *The Precision Makers: A History of the Instruments Industry in Britain and France, 1870–1939*, London.

Wrigley, C. [1982] "The Ministry of Munitions: An Innovatory Department", in Burk, K. ed., *War and the State: The Transfor-*

mation of British Government, 1914-1919, London.

第8章　軍縮期における欧米航空機産業と武器移転

横井勝彦

1　はじめに

一九世紀末以降第一次世界大戦までの時代は、イギリスでは「新海軍主義の時代（Era of New Navalism）」と呼ばれ、この時代に帝国防衛と海軍力に対する国民の不安はかつてない程の高まりを見せた(1)。その結果、イギリス海軍は二国標準主義(2)（two-power standard）の原則の下で急膨張を遂げ、軍艦の大規模建造を一手に担う総合的兵器製造企業もこの時代に出揃った。アームストロング社やヴィッカーズ社に代表されるそうした民間の独占的な巨大兵器企業は、一方ではイギリス海軍との緊密な関係を構築しつつも、他方では日本を含めた新興海軍諸国からの軍艦建造の注文にも応じ続けた(3)。この時代のイギリスは世界最大規模の海軍を擁すると同時に、世界最大の軍艦輸出国でもあった。軍拡と武器移転は同時に進行していたのである。

第一次世界大戦以降も帝国防衛と国際政治において、イギリス海軍の果たす役割は絶大であって、大艦巨砲主義のもとで海軍軍備の拡充が引き続き追求されたが、本章ではこの時代の新たな特徴として、次の二点に注目する。第一に、第一次大戦における航空戦の経験や航空軍事技術の進歩を背景として、将来戦における航空機の役割と重要性に世界の注目が集まり始めたという事実である。(4) 第二に注目すべき点は、戦後の欧米航空機産業は各国の財政逼迫と軍需の消滅によって大幅な縮小を余儀なくされたが、そうした状況もワシントン海軍軍縮条約（一九二二年）によって一変したという事実である。

周知のとおり、第一次大戦後、日本は世界でも英米に次ぐ第三の海軍国へと成長した。これを脅威に感じた英米両国は、財政的負担の増大を招く海軍軍拡競争を回避するとともに、日本海軍の強大化を抑制することに共通の利益を見いだし、ワシントン海軍軍縮条約において英米日の主力艦比率を5対5対3と定めた。しかし、そこでは主力艦以外の補助艦艇ならびに将来の主力兵器となりうる可能性を秘めた航空機に対する規制はなにもなかった。ワシントン海軍軍縮の会期中、航空委員会が飛行機の戦時使用を統制する原則を制定しようと試みたものの不発に終わり、それ以降もジュネーブ軍縮会議（一九三二〜三四年）に至るまで、度々議論が重ねられたが、結局、なんらの成果も得られないままに終わっている。(5) ワシントン海軍軍縮以降に欧米各国や日本で航空戦力の強化（「軍縮下の軍拡」）が急速に進展したのは、以上のような事情と密接に関連していた。

イギリス政府もワシントン軍縮会議の直後の一九二三年には、帝国防衛における航空戦力の戦略的重要性を踏まえ、生産基盤としての航空機産業の保護を目的として、特定企業へ軍用機製造契約の優先的配分を開始していた。しかし、イギリス航空機産業は、政府の保護下にあったにもかかわらず、また逆に他国のように政府の輸出信用保証を得られなかったにもかかわらず、航空機の海外輸出にも積極的であった。第一次大戦直後には、航空機分野において「軍縮下の軍拡」と武器移転が同時に進行していたのである。

本章は「軍縮下の軍拡」の実態解明をテーマにしているが、その際にはイギリスのみならずアメリカ、ドイツ、日本の動向をも視野に入れて、一九二〇年代の軍縮下で展開された武器移転に注目し、軍縮下において一九三〇年代後半の再軍備の条件がどのように準備されていったのかを明らかにしていく。

2　第一次世界大戦以降の帝国防衛体制

(1)　イギリス空軍増強案

第一次世界大戦以前には、英独建艦競争の下で高まった帝国防衛と通商保護への危機感を背景として、ロンドン商業会議所や海軍同盟が海軍大臣チャーチルに対してさかんにイギリス海軍の増強を訴えていたが[6]、終戦直後には今度はチャーチル自らが航空大臣として、帝国防衛における空軍力（Air Force）増強の緊急性を訴えていた。そこで、まずは一九二〇年代初頭に提示されたイギリス空軍増強案の根拠について確認しておこう[7]。

イギリスにとって憂慮すべきは次の三点、①日米の海軍大国が大規模な建艦計画に着手していること、②現状の帝国防衛体制を維持する以上、駐屯軍の削減は不可能なこと、そして③ヨーロッパ各国空軍の脅威への対応を怠れば、帝国周辺のみならずイギリス本国の安全保障さえもが危ぶまれること、以上の三点である。このような状況のもとで、厳しい財政事情に配慮しつつ帝国防衛体制を建て直すためには、空軍の増強が不可欠である。陸海軍はすでに空軍に依存しており、将来戦では陸海空三軍の連携が不可欠となる。のみならず、空軍は陸海軍の補完戦力としてではなく、安価な代替戦力となりうる可能性も有している。

イギリス空軍は、現実にはその戦力の大部分を海外植民地に駐留する航空部隊の強化に割いてきており、シンガポール、香港、インド、オーストラリア、さらには今後創設が望まれるニュージーランド、カナダ、南アフリカをも含めて、自治領航空防衛軍（Dominion Air Defence Forces）を重要な構成部分としていた。(8) 防空領域は広大で帝国全域に及ぶ。だが、第一次世界大戦前とは異なり、空軍には、その機動力と世界的なネットワークによって、イギリスの帝国防衛をより強固なものにする可能性が秘められていた。(9) この点について、当時、イギリス政府は次のように指摘している。(10)「わが国自治領の全域に専用空港を開設するとともに、民間航空路をも開設することで空軍戦力の可動性は大いに高められ、航路の組織化によって帝国全域が強固に結ばれることとなる。航空爆弾と魚雷の威力は周知のとおりであり、今後五年間に多くの国で空軍戦力は大幅に増強されるであろう。そうした状況下でも、イギリス空軍には世界に広がる帝国領土（red parts）の全域を大きく移動することが可能となる」。

とはいえ、第一次大戦後のイギリス空軍の戦力は、帝国防衛の負担分を考慮しても、決して十分とは言えなかった。航空省（Air Ministry）の資料によれば、一九三〇年時点でイギリス空軍の主力機の総数は七八〇機、うち本国配備は四七六機であったが、それと比較して諸外国の航空戦力の本国配備は、アメリカ九五〇機、フランス一三〇〇機、イタリア一〇〇〇機、ロシア六〇〇機、日本四〇〇機であった。(11) イギリスにとって、これは間違いなく憂慮すべき事態であった。

これはイギリス航空省の対応が後手に回っていたためではない。同省は、ワシントン軍縮の直後より、防空体制と空軍戦力に焦点を絞り、イギリス空軍の拡充に関して調査検討を行ってきていた。(12) 一九二三年三月には、首相ボールドウィンの指示により、帝国防衛委員会の下に「本国と帝国の防衛問題に関する調査検討小委員会」が設置された。テーマは「イギリス本国および帝国防衛に必要な空軍の水準」についてである。この小委員会の最終報告は一九三〇年まで遅れるが、ここでは、それに先立って航空大臣チャーチルが内閣に対して空軍拡充問題に関する覚書（イギリス空軍増強案）を提示している事実に注目しておきたい。「イギリス空軍の本国防衛用航空機は、フランスの三分の一以下である。こうした状況下では、たとえ政府の厳しい経費削減政策の下にあっても、イギリス空軍の拡充が不可欠である」。一九二五年の覚書にはこのようにあった。

以上のとおり、欧米各国における航空戦力拡張の動きは、第一次大戦以降早々に始まっていた。そしてそれに対するイギリスの危機感も確実に高まりつつあったが、それをさらに加速化させたのがワシントン海軍軍縮であった。

(2)「軍縮下の軍拡」とエアー・インテリジェンス

ワシントン軍縮会議においては、航空機の数、性質および用法に関して、航空委員会が報告書の提出を委嘱されたが、同委員会は各国空軍の勢力を制限することは到底不可能であり、飛行機の数および性質に関しても、その非軍用および商用飛行機と軍用飛行機とを明確に区別し、それに何らかの制限を加えることはできないと報告している(13)。その背後で進んでいたイギリスのバルフォアを代表とする技術顧問団の議論も各国空軍への規制については打つ手なしとの結論に到達している。

既述のとおり、フランス空軍の戦力はイギリスをはるかに凌駕していたが、そのフランスの航空機に規制を加えようとするならば、フランスはドイツにも同様の規制の適用を主張して、いかなる制限にも合意を拒否するであろう。結局のところバルフォアの技術顧問団は、イギリスもフランス空軍の潜在的脅威に対応しうる強力な空軍を創設すること以外にないという結論に帰着した。しかし、バルフォアがワシントン軍縮会議でこのような考えを公にすることは許されない。アメリカでも同様に、沿岸部の航空機配備を積極的に検討しており、いかなる規制にも賛成しないであろう。

帝国防衛委員会の事務局長モーリス・ハンキーは、首相ロイド・ジョージに「現状では航空戦力（air armament）の規制は不可能である」と告げており、この結論がワシントン軍縮会議の航空委員会にも伝わって、結局、航空戦力の規制問題では何の合意にも達しなかった。「各国海軍の建艦競争をようやく規制しつつあるその時に、新たに空軍での軍備競争に突入しようとしているとは、なんと嘆かわしいことか」[14]。ハンキーの以上の指摘は、本章が問題としている「軍縮下の軍拡」の始まりを予言するものである。

ちなみに、第一次世界大戦後の国際連盟における全般的な軍縮交渉は、次の三つの時期にわたって行われた。第1期（一九二〇～二五年）常設軍事諮問委員会、第2期（一九二五～三二年）軍縮会議準備委員会、第3期（一九三二～三四年）ジュネーブ軍縮会議である。戦闘機の全廃、民間航空の国際管理、空爆の禁止、これらはジュネーブ軍縮会議では議論はされたが、成果は何も得られなかった。主力戦闘機の数量削減や制限に関してすら、ジュネーブでもまったく検討されなかった。軍縮会議そのものは一九三三年一〇月にドイツが軍縮会議と国際連盟を脱退したことで決定的な打撃を被り、その後は正式閉会もないままに休会状態へと至っている。

戦間期における軍縮交渉がことごとく不調に終わる中で、イギリスでは海外の軍備増強に関する情報の収集体制が、とりわけドイツの再軍備を警戒して、一九二八年頃から整備され始めている[15]。その後、一九三〇年には帝国防衛委員会の常設委員会として海外産業情報調査委員会が正式に発足し、一九三三年三月一三日には同委員会が「海外兵器産業に関する調査報告」を提出していた[16]。しかし、こうした海外兵器産業全般にわたる情報収集に先行して、各国の航空戦力に関しては、ワシントン軍縮の直後より詳細な報告（Air Intelligence Report）が提出されていた。同報告では、各国の航空戦力の構成、民間航空、研究・開発体制、航空機産業などに関する情報が要約されており、それらはイギリスが空軍戦略を展開するうえでの重要情報であった[17]。

本章でも次節では、主にアメリカ（一九二四年）、ドイツ（一九二六年）、日本（一九二三年）に関するAir Intelligence Report、なかでもとくに各国の航空機産業に関する報告に注目して、再軍備期に先行して展開された「軍縮下の軍拡」と武器移転の実態を明らかにしていくが、ここではそれに先立って、「軍縮下の軍拡」がイギリス航空機産業ではどのように進展していたのかを確認しておきたい。

(3) 軍縮下のイギリス航空機産業と武器移転

①空軍予算

第一次大戦以降一九二〇年代のイギリス財政は緊縮基調で推移しているが、陸海空三軍の国防費については、次のような変化が認められた。表8‐1が示しているように、第二次大戦前夜まで海軍費が陸空両軍の軍事費を一貫して上回っていたが、一九三七／三八年に空軍費が陸軍費を上回り、一九三八／三九年には遂に空軍費が海軍費をも凌駕していた。しかも、この間、イギリスでは空軍費のみが再軍備の始まる一九三五／三六年以前より一貫して漸増を続けていた。(18)

第一次大戦以前にはイギリス海軍の増強を強力に支持していたロンドン商業会議所やかつてのイギリス海軍同盟の空軍版であるイギリス帝国空軍同盟（Air League of the British Empire：一九二〇年設立）などは、空軍予算の推移と帝国防衛におけるイギリス空軍の比重について特段の関心を払いつつ、フランスの航空戦力との著しい格差（最前線機の英仏比三七一機対一二六〇機）に危機感を募らせていた。一九二〇年代初頭段階で空軍における一国標準（one-power standard）を達成するためには、毎年三五〇〇万ポンドが必要であり、その結果、総防衛予算は一億四五〇〇万ポンドを確保する必要がある。上記の圧力団体は以上のような明確な主張を展開するに至っている。(19)

表8－1　イギリス陸海空軍の軍事費（1924/25～1939/40）

（単位：1,000ポンド）

	空軍	陸軍	海軍
1924/25	14,310	44,765	55,625
1925/26	15,470	44,250	59,657
1926/27	15,530	43,600	57,600
1927/28	15,150	44,150	58,140
1928/29	16,050	40,500	56,920
1929/30	16,750	40,500	55,750
1930/31	17,800	40,150	52,574
1931/32	17,700	38,520	51,060
1932/33	17,100	35,880	50,010
1933/34	16,780	37,592	53,500
1934/35	17,630	39,660	56,580
1935/36	27,496	44,647	64,806
1936/37	50,134	54,846	81,092
1937/38	82,290	77,877	101,950
1938/39	133,800	121,361	127,295
1939/40	294,834	242,438	181,771

出典：Peden［2007］p. 151.

実際に一九二二年頃から、イギリス空軍は増強に向かい、とりわけ一九二三年には空軍費の大幅増加が議会で決議されている。ロンドン商業会議所やイギリス帝国空軍同盟などもその決定を高く評価しつつ、今後のイギリス空軍戦力に関する帝国防衛委員会での討議も、一国標準の国防原則（当面の対象はフランス空軍）に基づいて行われることを強く要請している。[20]

②航空機産業

かくして一九二〇年代後半にイギリス航空機産業は生産量、雇用、輸出額のいずれの点でも倍増を遂げていたが[21]、それには以上のような空軍費の拡大が背景にあったのである。加えて、さらにここで注目すべきは、一九二四年頃までにイギリス政府が戦略的見地から航空機産業の保護と民間航空の振興を重点政策として位置づけていた事実である。前者に関して言えば、航空省によって、民間航空機産業の特定企業一六社に対して軍用機製造契約が優先的に配分されていったことがあげられる[22]。この点は、後にみるアメリカとは大きく違っていた。

イギリスの場合、一九二一年に導入されていた輸出信用保証制度は一貫して軍需品を適用対象外としていたために、軍用機の海外輸出は不利であったが、それに加え、イギリスは他国に先駆けて武器輸出禁止令（Arms Export Prohibition Order：一九二一年、三一年改訂）を制定して、自国の武器輸出の統制を図っていた。そのためにイタリア、フランス、ドイツとの兵器企業との海外競争において、イギリスの兵器企業は決定的に不利な立場に置かれていた[23]。この点は、イギリスの武器輸出政策の特徴に関連する問題なので、以下に補足説明をしておこう。

イギリスでも第一次大戦以前には武器輸出ライセンス制そのものがなかった。第一次大戦の勃発と同時に、武器輸出の全面禁止が宣言されるが、翌年には戦時貿易局が創設されて、戦略的な武器輸出を対象としたライセンス発行が開始された。そして、戦後に全面禁輸が解除されても商務院輸出入ライセンス局を新たな窓口としてライセンス制だけが残った。その後、一九二一年には特定武器の輸出が恒久的な平時統制の対象として明確化され、武器輸出禁止令によってライセンス制そのものの整備も進んだのである。すなわち、特別ライセンスを必要とする特定武器とそれ以外の一般ライセンス（open general license）に属する武器とが明確に峻別されたのであり、一九三一年の改訂法では、特定武器と自由輸出品の両方の対象が一九二一年の禁止法よりも拡大された。

一九三一年の武器輸出禁止令が対象とした航空機とエンジンに関しても、戦闘用装備の施されていない航空機に限っては上記の特定武器の範疇から除外されており、輸出に際して必要なライセンスも期間を限定せずに自由輸出を認める一般ライセンスで良かった。しかし、戦闘機は規制の対象であった。イギリス航空機産業の戦闘機の輸出は、ライセンス制によってハンディを背負わされることとなった。

しかし、その背後でイギリス政府は①陸海空三軍がその国家的重要性を認める兵器製造業者に限定して、政府の外交方針と国際条約に反しない限りで、武器輸出禁止令で列挙されているすべての特定武器の輸出に関しても一般ライセンス（自由輸出）を認める。②上記の認定企業（approved firms）は、兵器製造企業一〇～一二社、航空機製造企業一六社の範囲に限定して、陸海空三軍が選定リストを作成する。このような提案がなされ、実際にイギリス国防五カ年計画が閣議決定される前年の一九三三年にはイギリスの国防を担う特定兵器製造企業の選定が極秘裡に進められたのである。(24)

しかも、さらに注目すべき点は、このような例外的な措置が施行される以前に、具体的には、航空機産業に関しては、既述のとおり、すでに一九二四年頃よりイギリス政府が戦略的見地から重点的な保護政策を展開していた事実である。

表8-2は上記の認定企業一六社（＊印）を含むイギリスの航空機製造企業二三社での機体・エンジン部品の製造に対して、イギリス航空省から支払われた額を一九二三年から一九三〇年にかけて示しているが、その毎年の支払い

表８－２　イギリス航空省契約に基づく航空機製造企業への支払い額

（単位：1,000ポンド）

会　社　名	1923	1924	1925	1926	1927	1928	1929	1930
1．アームストロング・ホイットワース＊	77	92	121	195	330	413	419	467
2．アームストロング・シドレイ	183	254	300	263	601	357	427	408
3．ベアドモア	55	57	77	35	21	76	23	4
4．ブラックバーン＊	208	321	299	250	145	194	226	281
5．ボウルトン＆ポール＊	65	70	33	33	34	92	124	60
6．ブリストル＊	350	545	504	389	385	581	705	1,019
7．デ・ハビランド＊	45	100	106	91	43	10	38	91
8．フェアリ＊	457	690	880	545	497	706	775	915
9．ジレット・スティーブン	4	9	37	93	190	96	24	3
10．グロスター＊	90	309	232	314	197	166	108	80
11．ハンドレイ・ペイジ＊	71	64	152	167	188	172	155	205
12．ホウカー＊	190	217	336	408	216	86	123	372
13．ネピア	714	827	636	427	631	676	858	595
14．パーナル＊	45	41	40	97	43	32	22	23
15．リカード	12	20	16	19	16	25	23	25
16．アヴロ＊	240	281	345	279	261	131	99	172
17．ロールス・ロイス	188	422	433	231	403	299	248	459
18．サンダース＊	37	49	32	86	30	24	20	20
19．ショート＊	39	73	105	109	56	51	53	109
20．スーパーマリン＊	129	97	167	308	308	260	332	248
21．サンビーム	5	0	10	10	1	4	0	0
22．ヴィッカーズ＊	283	689	493	493	420	416	522	395
23．ウエストランド＊	115	114	142	166	64	227	513	536
総　計	3,602	5,341	5,598	5,008	5,080	5,094	5,837	6,487

出典：TNA, AIR 2/1322 Aircraft Supply Committee Report 1931-1934.
注：機体とエンジンの両方を含む。また、研究開発費も含む。

総額は一貫して毎年の空軍予算の三割以上を占めていた（表８－１参照）。しかも、後述のとおり軍用機生産の民間企業依存度の圧倒的高さを反映して、この割合は陸海軍費に占める当該比率を大きく上回っていた。

なお、表８－２に示した二三社中の認定企業一六社（＊印）とは、武器輸出禁止令が一九三一年に改訂された後も、国家戦略的重要性が認められる兵器製造企業として、戦闘機の輸出に関しても一般ライセンス（自由輸出）の適用が例外的に認められた企業である。航空機生産基盤確保の観点から、イギリスの武器禁輸政策の圏外に置かれたいわゆる国策企業であって、このような優遇措置が、イギリス空軍の増強が予算的にも保証されはじめた時期、つまりイギリス帝国防衛政策のなかで空軍戦力の拡充方針が確定された時期に始まっていた点を強調しておきたい。

③航空機の海外輸出

イギリスにおける兵器生産の民間産業依存率は、一九三〇年の時点で軍艦の建造が六二％、砲・小火器・弾薬・爆薬等の生産が五七％、これに対して、航空機の機体・エンジン・部品の製造は九七％と突出していた[25]。したがって、前述の軍用機製造契約の優先的配分はきわめて大きな意味を持っていたのである。だが、イギリス航空機産業にとっての市場はイギリス空軍だけではなかった。イギリス航空機産業は、一九二〇年代末から一九三〇年代中葉にかけて、世界最大の軍用機輸出を記録しており、一九三四年の時点での輸出総額は民間機も含めると総生産額の二七％にも達していた[26]。

輸出動向を網羅的に示す資料は残念ながら確認できていないので、ここでは前掲表８－２に掲載されている企業の海外活動について、いくつかの例を紹介しておこう。

これまでの研究ではほとんど注目されてこなかったが、軍用機を中心とした航空機の輸出は、次のような方策によって促進された。すなわち、航空使節団の海外派遣、輸出信用保証制度の援用、航空技術指導員の養成と航空学校の現地開校、製造権（ライセンス）供与と現地製造工場の開設、以上が航空機の輸出促進に、つまり武器移転の拡大に大きく貢献したのである。価格と品質の優位性のみによって決定されたのではない。

ドイツがヴェルサイユ条約（一九二〇年一月一〇日施行）によって武装解除を義務づけられていた関係で、日本陸軍は陸軍航空隊の創設をフランスに依存し、一九一九年にはフォール大佐（Colonel J. F. Faure）率いる政府公認の航空使節団が来日している（在日期間：同年一月～翌年四月、総勢六五名）[27]。続いて一九二一年、日本海軍の要請を受けて海軍航空隊を創設するためにセンピル大佐（Sir W. F. Forbes-Sempill）を団長とする非公式のイギリス航空使節団（予備役総勢三〇名）が来日しており、この使節団による一六カ月（同年五月〜翌年一一月）に及んだ講習は、日本海軍航空の躍進の基点となったのみならず、日本航空機産業の育成にも大きく貢献した。

第一次大戦後に大量の余剰機を抱えるイギリス航空機産業にとっても、日本海軍による総計一一〇機にも及ぶイギリス各社の航空機の買い取りは大きな意味を持った。だが、センピル航空使節団が来日した頃の日本では、すでに外国製航空機の機体（イギリスのアヴロ社、ソッピーズ社、ショート社、ドイツのロールバッハ社等）やエンジン（フランスのイスパノスイザ社、ローレン社、後にはイギリスのブリストル社、アームストロング・シドレイ社等）の製造権の購入（ライセンス生産）が盛んに行われるようになっており(28)、使節団の来日は、その後のイギリスからの輸出拡大には直結しなかった。

センピル航空使節団によって大量に持ち込まれた練習機アヴロは、日本海軍によって正式練習機として国産化が決定され、その直後には製造技術を習得すべく海軍の技術者がアヴロ社に派遣されている。そのアヴロ社（表8-2の16）は一九二〇年代にスペイン海軍に独自の技術使節団を派遣しているが、スペインではイギリスの主力企業ヴィッカーズ社（表8-2の22）が雷撃機ヴィルデビーストを現地製造し、一九二〇年代に急速に台頭しつつあったアームストロング・ホイットワース社（表8-2の1）もルーマニアに航空機を売却していた。さらに一九三〇年代初頭には、フェアリ社（表8-2の8）がベルギーに現地工場を設立して軍用機の製造を開始するとともに、アルゼンチン、ブラジル、ペルー、ロシアにも広く航空機の輸出を展開しているが、ここで最も注目すべきはやはりベルギーでの現地生産であろう。

ヴィッカーズ社やフェアリ社の海外現地生産、さらにはデ・ハビランド社（表2-7）によるオーストラリアとカナダでの工場設立なども、武器輸出禁止令の下での統制をまったく回避する形で、軍用機の生産拠点の海外への拡散

（武器移転）をもたらすものであるが、しかし、これらは決して特殊なケースではなかった。ヴェルサイユ条約によって国内兵器生産拠点の没収・解体を強いられたドイツでも、後述のとおり、軍用機を含めた航空機の海外現地製造はきわめて大規模に展開されていた（後掲表８－７も参照）。

さて、その他の航空機輸出促進策として、ここではとくに、製造権の買取りによる現地生産（ライセンス生産）と航空学校に注目しておきたい。ライセンス生産に関しては、一九二〇年代にホウカー社（表８－２の12）がデンマークとスウェーデンの両国政府にライセンス生産を認可し、ハンドレイ・ペイジ社（表８－２の11）も自社の旅客機のライセンス生産をベルギーの会社に認可していた。航空学校の開校に関しても一九二〇年代初頭より動きがみられた。たとえば、ブラックバーン社（表８－２の４）はギリシャにおいて政府直営の航空機工場を監督しているが、それに先立って早くも一九二〇年代中葉には航空学校の設立を提唱していた[29]。これまであまり注目されてこなかったが、この航空学校の海外展開こそは、航空機輸出の前提条件としてきわめて大きな意味を持っていた[30]。のちに見るように、主な航空機輸出国はほとんど例外なく海外での航空学校の開校に力を注いでいたのである。

イギリス航空機産業による武器移転は、以上の諸形態で展開されたのであり、それ自体がイギリス航空機産業の海外市場拡大に直結しない場合もあったが、ともあれそれは確実に航空軍事技術の海外移転（武器移転）による航空機生産拠点の拡散（「軍縮下の軍拡」）を惹起した。

以上の点を踏まえて、ここでさらに一九二〇～三〇年代の中国市場について論及しておきたい。第一次大戦以降、ヨーロッパと極東との武器取引は、たんに量的に拡大しただけではなかった。ヨーロッパ諸国（とくに、ロシア、ドイツ、チェコスロヴァキア、フランス、イタリア）から中国への武器輸出は、一九二一～二九年の武器輸出禁止協定にもかかわらず非合法に進められていたが[31]、航空機に関してはもともと禁止協定の対象外であった。一九二九年時点の中国市場における航空機および部品の販売総額は二三万九〇八三ポンド、その国別内訳は香港が一万五三〇一ポンド（六％）、イギリスが一万五三八五ポンド（六％）、ドイツが七万八五四八ポンド（三三％）、フランスが二万七七〇一ポンド（一一％）、日本が三四五五ポンド（一％）、そしてアメリカが九万四八五八ポンド（四〇％）であった[32]。中国においては米独航空機産業が熾烈な競争を展開していたのである。香港からの販売分を含めてもイギリスの地位はきわめて低い。

では、一九二〇年代末から一九三〇年代中葉の中国において、米独両航空機産業の競争優位は、どのようにして実現されていたのか。次節ではこの点に注目してみたい。

3 「軍縮下の軍拡」と米独航空軍事技術の海外移転

(1) アメリカ航空機産業の戦後不況からの脱出

一九二〇年代中葉になってもアメリカ航空機産業は戦後不況から脱しきれず、依然として厳しい経営状況にあった。一九二〇年代後半にはイギリス航空機産業が生産量・雇用・輸出額のいずれも好転しつつあったのとは対照的であった。航空機に対する内外市場の停滞と大量の戦時余剰航空機の抱え込みが大きな原因であったが[33]、さらに加えて、ここではイギリス航空機産業との国内条件の違い、アメリカ航空機産業の不利な事情について、二点指摘しておきたい。

一点目は、イギリスの場合、航空機の機体・エンジン・部品の製造は九五％以上を民間企業に依存していたが、アメリカでは事情が違った。たとえば、アメリカ海軍航空隊の場合、フィラデルフィアの海軍航空機工場への依存度が高く、一九二一／二二年度予算では水上飛行機と航空機で五二機が海軍航空機工場で製造されたのに対して、民間の航空機産業は三七機を生産していたに過ぎなかった。翌一九二二／二三年度でも約五〇機の新規航空機がフィラデルフィアで生産された。

二点目は、イギリスでは既述のとおり、一九二四年頃に航空省が国防上重要と判断した民間航空機会社に対して、軍用機製造契約を優先的に配分して航空機産業の保護に努めていたが、アメリカではその種の戦略的な措置はまったくなかった[34]。つまり、ワシントン軍縮条約締結直後のアメリカ航空機産業はなおも戦後不況の渦中にあって、政府からの直接支援はなんら期待できなかったのである。

にもかかわらず、一九二九年時点の中国航空機市場では、販売総額二三万九〇八三ポンドの中でアメリカ航空機産業は九万四八五八ポンド（四〇％）という最も高い割合を占めているが、これは一体どのようにして実現されたのであろうか。一九二〇年代のアメリカ航空機産業にとって、中国市場はきわめて遠い存在であって、アメリカから中国への航空機輸出が増加し始めるのは上海事変（一九三二年）以降と言われている。国際関係の緊張を背景として、一九三三年以降一九三七年にかけてアメリカの航空機産業の海外輸出は四倍にも増加を遂げ、アメリカは機体・エンジン・部品等の国内総生産のほぼ三分の一を海外に輸出する世界最大の航空機輸出国へと変身している。主な輸出先は、アルゼンチン、中国、オランダ、ロシア、日本、トルコ、メキシコなど多岐に及んだ[35]。

しかし、ここで注目したいのは、こうした一九三〇年代におけるアメリカ航空機産業の世界展開そのものではなく、それに先行するワシントン条約直後の段階において、海外市場への進出、航空軍事技術の海外移転（「軍縮下の軍拡」と武器移転）の条件がどのようにして形成されていったのかという点である。

一九二〇年代中葉の軍縮下におけるアメリカの航空機製造企業は、イギリスと同様に軍需への依存体質が強く、その主要企業（表８‐３参照）もイギリス（表８‐２参照）とほぼ同数であったが、ここでのテーマは英米の産業比較ではない。ここで注目したいのは、アメリカ航空機産業がイギリスのような条件（空軍の高い民間依存度と政府による発注支援）がない中で、海外ネットワークを独自に開拓していったという事実である。

表8－3　アメリカの航空機メーカー（1925年）

〈重航空機部門〉	
1．アトランティック航空機会社（フォッカーの傘下）	陸軍向け鋼鉄製機体、郵便飛行機、旅客機
2．ボーイング航空機会社	陸海軍向け戦闘機、飛行艇、練習機
3．チャンス・ヴォート社	偵察用飛行機、海軍専属の契約企業
4．コロンビア航空機会社	民間機、郵便飛行機向け高揚力翼
5．コンソリデーテッド航空機会社	陸軍向け練習機
6．コックス・クレミン社	小型水上飛行機、郵便飛行機、実験用航空機
7．カーティス航空機・エンジン会社	陸海軍向け戦闘機、郵便飛行機、実験用航空機、航空機エンジン
8．ダグラス航空機会社	陸軍向け航空機
9．エリアス・ブラザース社	実験用陸軍爆撃機、郵便飛行機
10．グレン，L. マーティン	海軍向け航空機、郵便飛行機
11．ハフ・ダランド社	工業用散布訓練機、陸軍向け実験爆撃機
12．リンカーン・スタンダード社	民間機
13．ローニング航空エンジニアリング会社	陸海軍向け水陸両用飛行機
14．パッカード自動車会社	陸海軍向け航空機エンジン
15．レミントン・ブルネリ社	民間機
16．シコルスキー航空エンジニアリング会社	民間機および陸軍向け実験輸送機
17．スタウト金属航空機会社（ヘンリー・フォードの傘下）	商業用航空機
18．スワロー航空機会社	民間機
19．ライト航空技術社	実験用航空機エンジン
〈軽航空機部門〉	
20．エアーシップ社	陸軍向け小型軟式飛行船、海軍向け気体電池
21．コネティカット航空機会社	活動停止状態
22．グッドイヤー・ツェッペリン社	陸軍向け小型軟式飛行船、大型半鋼体飛行船、気球など

出典：TNA, AIR10/1325 Air Intelligence Report No. 11, Notes on Aviation in U. S. A., 1925, Table F 2.

(2) アメリカによる海外ネットワークの形成

ここで言う海外ネットワークとは、具体的には①海外における航空学校の創設、②航空使節団・指導教官の海外派遣、③海外視察団・訓練生の受入れ、以上を介して形成された人的・技術的ネットワークである。それらが一九二〇年代中葉までに大規模に展開していたことは、表8－4からある程度確認できよう。表8－4は、アメリカ航空機産業の海外輸出が、第一次大戦中のイギリスとの関係を別とすれば、南米やカナダを中心として広く世界的規模で展開されていたことを示しているが、それに加えて、ここではとくにアルゼンチンとチリにカーチス・ライト社の指導の下で航空学校が開設されている点、ブラジル、ペルーのような比較的大規模な市場には早くも一九二〇年代前半にアメリカの航空使節団が派遣されている点、以上の二点に注目したい。じつは、同様のことが一九三〇年代前半の中国でもカーチス・ライト社によって展開されていた。前掲表8－3から明らかなように、カーチス・ライト社は、当時のアメリカを代表する総合的な航空機製造企業であって、ラテンアメリカのみならず中国への進出でも先駆的な役割を果たしている。

表8－4で対象としている一九二〇年代では、アメリカ航空機産業にとって中国市場そのものが、まだきわめて小規模であった。ところが、一九三〇年代後半には、中国はアルゼンチンに次いで、第2位の大規模市場にまで拡大しており[36]、すでに一九二〇年代末にはアメリカは中国航空機市場全体の四〇％を押さえるまでになっていた。この中国市場でのアメリカ航空機産業の躍進には、内外通商局（BFDC: Bureau of Foreign and Domestic Commerce）の海外マーケティング活動が大きく貢献していたと言われているが[37]、それ以前より中国における航空技術指導者の大多数がアメリカで訓練を受けていたことにも大きく影響されていた[38]。

さらに、一九三〇年代にアメリカから中国への戦闘機輸出が急増したのは、上海事変を契機として中国空軍の近代化が本格化したからだと言われているが[39]、それだけでは、なぜアメリカの輸出が伸びたのかの説明にはなっていない。そこで、以下ではこうした問題を明らかにするために、①カーチス・ライト社による中国現地工場の開設、②中国へのアメリカ航空使節団の派遣、以上の二点について論及しておきたい。

①カーチス・ライト社による中国現地工場の開設

一九三四年にカーチス・ライト社と提携関係にあるインターコンチネント・コーポレーション社が中国に進出し、現ミャンマー領ロイウィンにおいて国民党向けに五年契約で航空機の製造工場を建設している[40]。日中間の戦争を背景

表8－4　アメリカによる海外航空機市場拡大の取り組み（1925年）

国　名	輸出品目	対象期間	輸出総額	備　考
アルゼンチン	航空機・エンジン・部品	1916～24年	219,373ドル	1．海軍航空隊に対するアメリカの影響力絶大 2．1925年、カーチス社代理人が飛行機販売、航空学校を開設 3．同年、アメリカでの研修目的で航空士官2名が訪米
オーストラリア	航空機・エンジン	1916～23年	37,520ドル	
ボリビア	航空機・エンジン	1916～23年	25,180ドル	
ブラジル	航空機・エンジン・部品	1916～24年	581,069ドル	1．海軍航空隊に対するアメリカの影響力絶大 2．1923年にブラジルに25名の海軍航空使節団を派遣
カナダ	航空機・エンジン・部品	1916～24年	809,382ドル	
チリ	航空機・エンジン	1916～24年	20,880ドル	・1924年、カーチス社代理人が小規模な航空学校を開設
中国	航空機・エンジン・部品	1916～24年	42,410ドル	
コロンビア	航空機・エンジン	1916～23年	25,100ドル	
キューバ	航空機・エンジン・部品	1916～24年	59,920ドル	1．1924年、アメリカに航空視察団を派遣 2．同年、士官6名を訓練のためブルークフィールドに派遣
オランダ領東インド	航空機・エンジン	1916～23年	172,000ドル	
フランス	航空機・エンジン・部品	1916～24年	73,150ドル	
ドイツ	エンジン	1924年	11,000ドル	・1925年、航空機製造工場および飛行場に調査視察団が訪米
ホンジュラス	航空機・エンジン・部品	1916～24年	17,650ドル	
香港	航空機・エンジン	1916～23年	11,800ドル	
イタリア	エンジン・部品	1924年	22,716ドル	
日本	航空機・エンジン・部品	1916～24年	145,111ドル	
メキシコ	航空機・エンジン・部品	1916～24年	380,205ドル	
オランダ	航空機・エンジン・部品	1916～24年	203,093ドル	・1925年、飛行訓練指導のためにアメリカ人教官を派遣
ニカラグア	航空機・エンジン・部品	1916～24年	26,530ドル	
ノルウェー	航空機・エンジン・部品	1916～24年	51,000ドル	
ペルー	航空機・エンジン	1916～24年	361,028ドル	1．海軍航空隊に対するアメリカの影響力絶大 2．1923年、海軍航空隊再編のためアメリカ航空使節団派遣
フィリッピン諸島	航空機・エンジン（民間）	1916～23年	157,579ドル	
ロシア	エンジン・部品	1924年	8,600ドル	
サルバドール	航空機・エンジン・部品	1916～24年	11,902ドル	
シャム	—	—	—	・1924年、アメリカ陸軍航空隊で訓練を受けるため士官2名が訪米

スペイン	航空機・エンジン	1916～23年	37,980ドル	・1925年、同様の目的で士官4名が訪米
スウェーデン	航空機・エンジン	1916～23年	44,239ドル	
イギリス	航空機・エンジン・部品	1916～24年	2,252,623ドル	・戦時中にアメリカ製航空機エンジンLibertyを大量に購入
ウルグアイ	航空機・エンジン	1916～23年	5,000ドル	

出典：TNA, AIR10/1325 Air Intelligence Report No. 11, Notes on Aviation in U. S. A., 1925, Table F 1より作成。

として、一九三〇年代の極東では軍用機の市場が急速に拡大しつつあったのである。同工場は、航空機エンジンはすべて海外からの輸入に依存していたものの、機体の製造では質量ともに大きな成果を上げており、中国人職工を二二〇名雇用するまでに及んでいた。そこでは当初より八名のアメリカ人航空技師が雇用され、それとは別に工場の監督を任されていた中国人は、すでに一九一五年にアメリカでカーチス・ライト社が運営する航空技術学校に学び、その後もマサチューセッツ工科大学に在籍した経歴を有していた。

ちなみに、インターコンチネント・コーポレーション社の創業者の一人でアメリカ人のポウレイ（W. D. Pawley）は、その後、香港啓徳空港に隣接した地点での航空機製造工場の建設計画をイギリス側に持ちかけ、一九三六年七月には香港法令に基づいてインターコンチネント・コーポレーション（中国）社を設立し、工場建設に向けての実地調査を開始している。総工費は約一〇万ポンド、年間三〇〇機の単発小型機を製造し、現地人二五〇〇人に雇用を提供することが見込まれていた(41)。

②アメリカ航空使節団の中国派遣

中国国民政府は、はやくも一九二九年四月時点で、中国空軍創設に向けてイギリスに支援を打診していた。イギリス航空省でも自国の航空機産業の中国進出を支援し、米独両国の航空機産業に打ち勝つためにも、中国への航空使節団の派遣が真剣に検討された。かつてのセンピル航空使節団による日本海軍航空隊の創設は、日本の航空機産業がほぼ自立化の段階にあったために、イギリスからの輸出拡大にはそれほど繋らなかったが、中国では事情が違った。輸出拡大への期待も大きかったが、一方では危機意識も確実に存在していた。事実、イギリスの航空機産業と航空省が米独との競争に対して直ちに対応措置を講じなければ、中国の航空機市場は失われてしまうであろうという意見が優勢であった。[42] しかし、実際にはイギリス本国政府が再軍備体制に移行した関係もあって、中国への航空使節団の派遣は実現しなかった。[43] 中国に航空使節団を送ったのは、イギリスではなくアメリカであった。

カーチス・ライト社の中国進出の前年一九三三年に、アメリカ政府の非公式の支援を受けて、航空使節団（アメリカ陸海軍予備役一五名、内訳はパイロット一〇名、技術者三名、医師一名、速記者一名）が訪中しており、三年契約（一九三二～一九三五年）で飛行訓練学校（漢口［武漢］中央航空学校）開設のために中国人の指導にあたった。この飛行学校は、中国でのアメリカ製航空機の販売に大きく貢献した。中国の飛行訓練学校の教官の大半がアメリカで教育を受けていた関係で、自ずとアメリカの航空機が選好されたであるが[44]、それ以外にも次のような事情があった。すなわち、南京航空局の管轄が杭州と漢口の二地区に分割され、杭州郊外の筧橋に続いて漢口にも既述の通り飛行訓練学校が開設されたので、中国航空行政の大半がいまやアメリカの統制下に直接入ることとなった。[45] かくして、南京周辺における中国航空でのアメリカの影響力は、急速に強まりつつあったのである。

(3)　ヴェルサイユ条約下のドイツ航空機産業

①イギリスによるドイツ航空機産業分析

既述のとおり、一九二〇年代末の中国市場において、ドイツ航空機産業はアメリカに次ぐ高い競争力を誇っていた。中国ではドイツ航空機製造業者の一大グループが、カルロヴィッツ社（Carlowits & Co）の管轄の下で、単一の販売組織に統合されていたと指摘されているが[46]、そもそもヴェルサイユ条約によって軍用機の生産を禁止されていたドイツは、どのようにしてイギリスをも凌駕する国際競争力を実現したのか。この点を解明するために、まずは次の点を確認しておきたい。

一九三三年のヒトラー政権の誕生と一九三五年のドイツ再軍備宣言・ヴェルサイユ条約破棄、それらと相前後して、イギリス政府は閣内資料として「海外兵器産業に関する調査報告」を作成しているが、そのなかでドイツの兵器産業、とりわけ航空機産業に関して次の四点を指摘している。

一点目は、ヒトラー政権下の軍拡について。一九二七年以来、ドイツは、その隠蔽に最大の努力を払いつつ、着実に産業動員計画を作成してきている。ヒトラー政権の誕生以来、多くの計画が実行に移され、兵器産業は大規模な拡大を遂げてきていた(47)。

二点目は、航空機産業について。ヒトラー政権の誕生以来、ドイツ航空機産業の生産力は年率五〇％の割合で急上昇してきている。各種民間機の開発が積極的に進められているが、それらは戦時には容易に高性能の戦闘機や偵察機や爆撃機に転用可能である(48)。

三点目は、ヴェルサイユ条約の軍用機製造禁止条項について。ヴェルサイユ条約は一時的にドイツにおける航空機の生産を全面禁止とした。一九二二年には民間航空機の製造は、一定の「制限条項」の下で許されることとなったが、この「制限条項」は一九二六年に廃棄されている。しかし、軍用機の製造を禁止するヴェルサイユ条約の規程は依然として効力を有していた(49)。

四点目は、ドイツ兵器生産基盤の海外展開と航空機輸出について。ドイツの兵器企業は、とくにスウェーデン、オランダ、スイス、スペインなど、特定の諸外国の製造業者と協定を結んでいる。そこでは技術情報が絶えず相互に交換されてきており、半製品や兵器部品が海外提携先での組み立てのためにドイツ国内で生産されている。特定企業には航空機販売促進のために補助金が交付されており、一九二九～一九三〇年の間に生産された航空機の約四〇～四五％が海外に輸出されていた。

ヴェルサイユ条約の航空条項によってドイツは陸海軍に航空隊を併置すること並びに飛行船を保有することを禁じられたが、非軍用飛行機の保持は許されていた。そのため、軍用機と非軍用機とをいかにして区別するかという問題が生じ、一九二二年四月一四日のロンドン協定（対独通告）によって、飛行機の形状、重量、速力、馬力、装甲、輸送力、燃料積載量、航空材料製造工場の申告、飛行機および飛行家の登録並びに付属品および部品の分量に関する9箇条の制限を設定して、民間航空事業の監視を容易なものとした。しかし、この制限は十分には遵守されず、商用航空機の発達、飛行学校の設置、さらには後述のオランダその他諸外国での軍用機の製造を通して、ドイツはいぜんとして相当の空軍動員力を保有していたのである(50)。

②航空機生産基盤の海外展開（＝武器移転）

ヴェルサイユ条約の下で、ドイツの航空機製造企業三五社と航空機用エンジン製造業者二〇社の大半は、閉鎖に追い込まれた(51)。一九二三年でも約三〇の航空機製造工場が登録されてはいたが、その内で稼働が認められたのは、ユンカース、ドルニエ、ディートリッヒおよびマルクのような大規模工場だけに留まっていた（表8－5参照）。しかし、ドイツの航空機生産基盤は、決してそれだけではなかった。

第一次大戦時には航空機やそのエンジンを生産していた工場の大半が民需生産（たとえば、農機具、自動車、自転車、家具など）に転換していたが、それらはごく短期間で航空機資材の生産に復帰することが可能であった（表8－6参照(52)）。

しかもドイツは、海外にも多くの工場を設立していた。海外に分散した生産拠点において、国内では製造が許されていない軍用機の生産が大規模に進められていたのである。一九二〇年代中葉の時点で、ドイツの工場はデンマーク、イタリア、ロシア、スウェーデン、スイスなどヨーロッパ各地に広がっていた（表8－7参照(53)）。一九三五年にヒト

表8－5　ドイツの民間航空機製造工場（1925年）

工場名	生産品目	労働者数
1．アルバトロス工場	航空機	400人（うち50人だけが航空機生産に従事）
2．B. M. W.	エンジン	約450人が航空機エンジン、1,000人がオートバイ、モーターボートのエンジンを生産
3．カスパー工場	航空機	1923年で35～50人、しかし不況でその後20～30人に減少
4．ディートリッヒ航空機工場	航空機、自社のロシア工場に部品供給	若年層中心に30人
5．ドイツ・アエロロイド	航空機、部品修理	200人、うち若干名が設計技師
6．ドルニエ工場	航空機	400人、ほか設計士が16人、1925年時点では季節的不況で雇用数は半減
7．フォッケ・ウルフ	航空機	小規模ながら拡大が見込める。同社の航空機は設計の優秀性を誇る
8．アイクホッフ・ゲップ	プロペラ	不明
9．ハウ・プロペラ製作会社	金属製プロペラ	20名
10. S. ハイネ	プロペラ	不明
11. エルンスト・ハインケル	航空機	55名
12. ユンカース航空機工場	航空機、エンジン、各種部品工具	1,000～1,500人が航空機とエンジンの製造を担当、設計士は15人
13. 航空機製造協会	全金属製航空機	70人（うち若干名がヨット製造に充当）、設計士は2名
14. ロールバッハ金属航空機製作所	コペンハーゲン支社に部品供給	300人
15. フランク・ロシュケ	プロペラ	不明
16. ジーメンス・ウント・ハルスケ	エンジン	135人、技師17人
17. マルク製鋼所	航空機、エンジン、全部品	約150人（1925年11月では航空機とエンジンの担当は僅かに6人）、設計士5～6人
18. エルンスト・ウデット航空機製作所	航空機	20～30人、設計士は1名

出典：TNA, AIR10/1324 Air Intelligence Report No. 10, January, 1926. Notes on German Aviation, Table 6a.

表８－６　ドイツ国内における航空機製造に転換可能な工場一覧（1925年）

会社名	工場での製造品目	労働者数	戦時の航空機資材生産能力（月産）
ベンツ・ライン自動車エンジン株式会社	自動車エンジン	4,800人（うち800人が職員）	航空機エンジン200台
ダイムラーエンジン会社	自動車車体、経飛行機	1,000人	航空機40機、ただし作業の熟達で170機まで可能
ダイムラーエンジン会社（メルセデス）	自動車エンジン、車両	3,000人（設計士・職員500人を含む）	航空機エンジン400～800台
マイバッハエンジン製造会社	自動車車体・エンジン一式	700～800人	航空機エンジン約60台
ルンプラー製作所	農業用機械	1924年11月に７人まで削減	航空機12機
ツェッペリン製作所	工場操業停止	—	飛行船４～６機、航空機50機
ドイツ製作所	家具修理、鉄道車両	500人	ドイツ政府が管轄
マン	—	14,000人	航空機エンジンの生産が可能
シムソン	小火器および自動車	1,750人	—
車両製作所	モーターおよび内燃エンジン	2,230人	—
ライン金属製品・機械工場	銃および銃架	—	航空機銃全般
クルップ	銃および銃架	—	航空機銃全般
フェニックス株式会社	銃および銃架	—	航空機銃全般
ゴールドシュミット株式会社	銃および銃架	—	航空機銃全般
プリアムス自動車製作所	内燃エンジン	—	—
デューレン金属製作所	ジュラルミン	—	ドイツ唯一のジュラルミン工場、最大生産量100トン以上
アルバトロス製作所	ボートおよび家具製造	190人、設計士１～２人	航空機20機（第一次大戦下の実績）
ツェッペリン飛行船製造所	子会社のための金属加工	100～150人、設計士・職員70人	飛行船２機（第一次大戦下の実績）

出典：TNA AIR10/1324 Air Intelligence Report No. 10, January, 1926. Notes on German Aviation, Table 6b.

表8－7　海外に分散したドイツ企業の工場で生産された航空機（1925年）

海外生産拠点	戦闘機／非戦闘軍用機／民間機	機種	エンジン
デンマーク	S. S. 戦闘機	カスパー C. J. 14	ヒスパノスイザ
デンマーク	S. S. 戦闘機（単葉飛行艇）	ロールバッハ R. O. Ⅲ	ロールスーロイス・イーグル Ⅸ
デンマーク	S. S. 戦闘機（単葉飛行艇）	ロールバッハ R. O. Ⅳ	ネピア・ライオン
イタリア	爆撃機／民間航空機（飛行艇）	ドルニエ・ワール	ロールスーロイス・イーグル Ⅸ
イタリア	民間航空機（旅客用飛行艇）	ドルニエ・リベレ	ジーメンス
イタリア	民間航空機（旅客用飛行艇）	ドルニエ・ドルフィン Ⅲ	ロールスーロイス・イーグル
ロシア	偵察機（単葉機）	ユンカース J. 20	B. M. W.
ロシア	偵察機（単葉機）	ユンカース J. 21	B. M. W.
ロシア	S. S. 戦闘機	ユンカース J. 22	—
スウェーデン	旅客機（単葉機）	ユンカース G. 231.	ユンカー L. 2.
スウェーデン	旅客機（単葉機）	ハインケル H. D. 17	ネピア Lion
スウェーデン	偵察機（単葉水上挺）	ハインケル S. T.	シドレイ・プーマ
スウェーデン	偵察機（単葉水上挺）	S. Ⅱ	ロールスーロイス・イーグル Ⅸ
スイス	民間航空機（単葉機）	ドルニエ・コメット Ⅲ	ロールスーロイス・イーグル
スイス	S. S. 戦闘機（ライトエンジン装備）	ドルニエ・ファルケ	B. M. W.

出典：TNA AIR10/1324 Air Intelligence Report No. 10, January, 1926. Notes on German Aviation, Table 7a.
注：以上の一部はヴェルサイユ条約（1922年4月の9箇条、本書294頁参照）に違反している。

ラーが再軍備を宣言する一〇年も前に、ドイツ航空機産業の生産基盤は広く海外に拡散していたのである。そこで、以下ではその国別事情をAir Intelligence Reportに依拠して紹介する。[54]

a．デンマーク

(i)ロールバッハ：コペンハーゲンのアマー島に設立されたデンマーク＝ロールバッハ金属航空機会社（ラファ工場）は、ドイツ系オランダ企業として全面ジュラルミン製の大型単葉飛行艇の生産を行っている。部品はドイツで製造された後にデンマークに運ばれ、そこで機体が組み立てられ、エンジンが設置される。一九二五年には一二機の飛行艇が日本向けに建造中（うち六機はすでに輸送済み）で、同年九月には別の一機がイギリスに届けられた。

(ii)カスパー：トラフェミュンデにあるカスパー製作所の子会社、ダンスク（デンマーク）航空機会社は、一九二四年一〇月にコペンハーゲンに創設された。その目的は、エルンスト・フォン・レーゼルが設計した飛行機の製造であり、早くも翌年には三機種の軍用機が建造中であった。

b．イタリア

(i)ドルニエ：イタリア機械製造会社は、ドイツ企業ドルニエの一支店として、ピサ近郊のマリーナ・ディ・ピサに設立された。資本金の三分の二はドイツ人が所有し、総勢二七〇人の社員全員がドイツ人であった。同社の工場は水上飛行機の生産だけに特化していた。設計とモデル検査がフリードリヒシャーフェン近くのマンツェルにあるドルニエ工場で行われた後に、設計図はマリーナ・ディ・ピサに送られ、そこでドイツでは禁止されている各種航空機の製造作業が行われていた。なお、この工場の実際の生産量はまだ僅かで、一九二四年でも二四機に留まっていたが、その直後にはスペインが六機、チリが九機、ロシアが四機、イタリアが二機の飛行艇を、そして日本がファルケ戦闘機六機の注文を出していた。

c．ロシア

(i)ユンカース：一九二三年初頭に、モスクワ近郊のフィリにユンカース工場が設立され、一九二四年末までに軍用タイプの飛行機が約一五〇機製造された。工場は大規模で、設備も整っており、そこはデッサウのユンカース工場のラインをモデルとしていた。飛行機の生産は月産八機であったが、実際の生産能力はそれよりもはるかに高い。しばらくの間、工場が閉鎖されていた関係で、専門技術者はわずか数名が残るだけの状態であったが、ユンカース社とソビエト当局との間での交渉の結果、ユンカース社にはロシアにおいて製造独占権が確保されることが期待できた。

d．スウェーデン

(i)ハインケル：ヴァルネミュンデのエルンスト・ハインケル航空機会社は、ストックホルムにあるスウェーデンのアエロ社と協定を締結した。かくしてスウェーデンで製造されたすべての軍用タイプのハインケル設計機は連合国による軍備制限の監視を回避することができた。スウェーデンのアエロ社は、この協定の下で単葉水上機二機と複座地上偵察複葉機一機を製造している。部品はヴァルネミュンデで製造され、機体の組み立てとエンジンの設置はストックホルムで行われた。

(ii)ユンカース：マルメ近郊リンハイムのスウェーデン航空機会社は、主要株主はスウェーデン人であるにもかかわらず、ユンカース社の支配下にある。工場が開設されたのは一九二五年二月で、そこではユンカースの三発の大型輸送機G23とユンカース製エンジンが、デッサウから運ばれてくる部品をもとに組み立てられていた。工場の労働者は四〇〇人で、そのうち八人がドイツ人の専門技師であった。この工場では拡張がすでに始まっており、機体の完成はリンハイムで行われることになる。

e．スイス

ドルニエ：同社がロマンショーンに所有する工場は小規模ではあったが、それは同社のイタリア工場と同様の目的で建設されたものであった。すなわち、ドイツ国内では製造が禁止されている航空機の製造が目的であった。イタリア工場はもっぱら水上飛行機の生産を担当していたが、いずれにせよ必要な設備はまだ十分に揃っていない。

(4)「軍縮下の軍拡」と日独間の武器移転

ワシントン軍縮により、日本海軍は既成艦の戦艦を五隻、巡洋艦を三隻、海防艦を七隻、未成艦を六隻、巡洋戦艦を八隻、航空母艦を二隻廃棄した。航空機については、一九二一年の七飛行隊が三一年に一七飛行隊、また同時期に航空機搭載艦は一艦から一五艦に、艦載機は二〇機から八四機に増加している。軍縮期の日本海軍は、主力艦は改装に留め主要海軍国に先駆けて大型の巡洋艦・潜水艦・駆逐艦などの補助艦と航空機の生産に傾注するなど、兵器の革新を遂行したと言われている(55)。

ワシントン軍縮会議（一九二一～二二年）に主席全権として出席して主力艦の対米英六割比率を主張するアメリカ案を受諾した海軍大臣加藤友三郎は、すでにこの頃、大艦巨砲主義の戦略思想から脱却して、海軍航空力の重要さを認識していた(56)。

そこで日本海軍航空の発達史を本章のテーマに即して概観すると、①草創時代（欧米機輸入時代　一九〇九～一六年：横須賀航空隊創設頃まで）、②基礎確立準備時代（欧米海軍機の模倣時代　一九一六～一九二一年：ワシントン軍縮会議頃まで）、③基礎確立時代（技術基礎の確立期　一九二一～一九三〇年：ワシントン軍縮条約成立頃からロンドン軍縮会議頃まで）、以上の三期に区分することができる。[57]このうち①草創時代には、機体、動力その他部品を欧米先進国から輸入して操縦、整備、取り扱いの修得に専念しており、ようやく一九一六年に横須賀工廠ではじめて海軍設計の水上偵察機が試作されるに至っている。続く②基礎確立準備時代には、海軍軍備大拡張とともに航空軍備の建設がはじまる。陸軍の招聘したフランス政府公認のフォール使節団と海軍の招聘したイギリスのセンピル非公式使節団は、日本への欧米航空術の導入に大きく貢献したが、とりわけ後者は海軍航空技術発展の原動力となった。[58]そして、③基礎確立時代は、海軍軍備縮小と財政緊縮の時期ではあったが、航空に関しては第一次大戦以降の列国における飛躍的進歩に促されて、一九二七年に海軍航空本部が創設され、航空発展のための基礎が確立されるに至った。その後、上海事変（一九三二年）において日本海軍航空史上はじめて日本海軍の航空部隊が実戦に投じられ、これ以降、アメリカから中国への戦闘機輸出が急増していく。

さて、日本においても一九二〇年代前半までには民間の航空機産業で大きな発展があった。イギリスの Air Intelligence Report が指摘しているように、この段階の日本の航空機産業の弱点は、航空資材の海外依存にあるのではなく、技術開発の進展で全面的に海外に依存している点にあったが、[59]それでもこの「基礎確立時代」には、その後の日本航空機産業をリードする次のような企業が誕生していた。中島飛行機工場（一九一七年、中島飛行機株式会社の前身）、川崎造船所飛行機部（一九一九年）、三菱内燃機株式会社（一九二〇年、三菱重工業の前身）、川西機械製作所（一九二〇年、川西航空機の前進）、愛知時計電機株式会社（一九二〇年）、日立航空機（一九二〇年）、九州飛行機（一九二二年）、立川飛行機[60]（一九二五年）などである（ただし、大正年間における海軍機の生産会社は中島・三菱・愛知の三社のみ）。

これらの企業は外国企業との技術提携、技術者の海外派遣、外国人講師の招聘等を頻繁に行って海外の航空機製造技術の吸収に努めた。第一次大戦以降、センピル航空使節団を招聘した一九二一年頃までは、日本の陸海軍も企業もイギリスに最も多く期待をかけてきたが、同年ワシントン会議において日英同盟の廃棄が決定されるとドイツとの提携に向かっている(61)。日本陸海軍はともに新金属材料ジュラルミンを使用するドイツの航空機製造技術に強い関心を示し、ドイツ側もヴェルサイユ条約によって一九二六年まで軍用機の研究・設計を禁止された中で、前述のとおり生産拠点を海外に移転させつつ、多くの企業が日本を対象に航空機輸出とライセンス供与を展開して、技術水準の維持に努めた(62)。

一例を示せば、一九二三年に川崎造船所飛行機部がドルニエ社との間でライセンス供与協定を締結するとともに同社の技師を招聘した。愛知時計も一九二四年にハインケル社に社員を派遣したのに続いて二六年には同社から技師を招聘して、連携の緊密化を図った。さらに一九二五年には三菱がロールバッハ博士と同社の技師を招聘するとともに、合弁企業三菱ロールバッハ飛行機株式会社を設立して、ライセンス生産のもとでロールバッハ飛行艇の設計製作に着手している(63)。以上のドイツ航空機産業を代表する三社、ドルニエ、ハインケル、ロールバッハはいずれもヴェルサイユ条約の下で生産拠点をデンマーク、イタリア、ロシアなど海外に移し、航空機の国外生産と対日輸出、さらにはライセンス供与によって、軍縮下における武器移転を展開していたのである。

一九二〇年代のドイツ航空機産業の生産量は比較的わずかであったが、輸出部門は確保されていた。なかでもドルニエ・ワール飛行艇やユンカースＦ－13輸送機は、多くの国に大量に輸出された。Ｆ－13は初の金属製輸送専用機で、製造された三五一機のうち、ドイツ国内で使用されたのはわずかに九四機で、残りはすべて海外三一カ国に輸出された。一九三三年以前に製造されたユンカースＷ－33輸送機の総計七〇機についても、そのうちドイツ国内で使用されたのは一八機だけで、残りはすべて海外一四カ国に輸出された。ドルニエ社、ユンカース社、ロールバッハ社の高性能の航空機が海外市場（日本も含め）を見いだすことは容易であったが、最大の輸出先は、アメリカと同様、現地生産も視野に入れて、戦乱の中国市場へとシフトしていく(64)。

4　おわりに――「軍縮下の軍拡」と極東武器市場――

一九一九年にはイギリス、アメリカ、ポルトガル、スペイン、ロシア、ブラジル、フランス、日本、オランダ、デンマーク、ベルギー、イタリアといった主要な武器生産国によって、今後一〇年間にわたり中国への武器・弾薬の輸出を規制する禁輸協定が取り決められた。英米両国政府はそれを率先して支持し、中国への航空機輸出にも監視の目を光らせていった(65)。にもかかわらず、この協定の実効性は乏しく、結局、一九二九年には完全に廃止されている(66)。

なかでもドイツは、ヴェルサイユ条約によって禁止されていたにもかかわらず、長年にわたって武器貿易を展開してきていた(67)。ドイツ企業は極東市場に大きな関心を持ち、航空機を除けば、中国に対してアメリカよりも大量の武器を輸出していた(68)。その事実は表8‐8からも明らかである。そして、ドイツの武器輸出市場であった日本もまた、禁輸協定があったにもかかわらず、中国の軍閥闘争では張作霖（1875～1928）に対して大規模な軍事的支援を与えていた。日本政府は満州への武器・弾薬が外部から搬入されるのを警戒しつつ、その一方では張作霖に対して大倉商会のような民間企業を介して軍需品の提供を行っていた(69)。

この時代、中国武器市場に参入した国は表8‐8の七カ国以外にも多数あった(70)。最後に、その事情について「軍縮下の軍拡」という視点から概括し、本章の結びとしたい。強調したい点は、以下の二点である。

第一に、ワシントン海軍軍縮を契機として各国の国防兵器体系において空軍戦力の占める比重が急速に上昇したが、特に英米独日の軍用機調達は自国の民間航空機産業に大きく依存していた。しかし、軍縮期における各国航空機産業の発展は、自国の軍需だけでは支えられず、輸出信用保証や航空使節団の派遣、さらには現地での航空学校の開設やライセンス生産などを展開して、広い範囲で輸出市場の開拓を目指した。ワシントン軍縮条約にそれを止めることはできなかったのであり、本章ではその具体的な諸側面に注目することで「軍縮下の軍拡」と航空機分野における武器移転の実態解明を試みた。

第二に強調したい点は、「軍縮下の軍拡」はワシントン海軍軍縮を契機とした空軍戦力の拡大によって惹起されただけではなかったという事実である。軍縮期には第一次大戦前と比較して、武器輸入国と武器生産国がいずれも大きく増大しているが[71]、それは一九二〇年代の軍縮や武器取引規制の圧力に対応して、具体的には国際連盟主導のジュネーブ武器取引規制会議（一九二五年）やジュネーブ海軍軍縮会議（一九二七年）などを背景に、新興諸国が国家主権と国家安全保障の条件として、武器の輸入による軍備整備と兵器の国産化を追求した結果にほかならない[72]。表8－4に示したように軍縮期のアメリカ航空機産業の輸出先はきわめて多岐に及んでいたが、それらの一部は武器移転を通じて兵器生産国への転身していったのである。極東兵器市場のおける兵器生産国間の競争激化もそうした背景によっていた[73]。

表8－8　中国への各国武器輸出額の推移

（単位：1万海関両　1932年以降海関金単位）

	1928	1929	1930	1931	1932	1933
ベルギー	1.6	62.9	228.4	145.6	208.7	358.8
イギリス	3.4	4.5	57	158.1	93.2	145.1
フランス	1.9	5.2	1.1	66.1	213.7	413.8
ドイツ	320.8	120.3	400.8	340.2	164.0	356.1
ノルウェー	486.8	22.7	47.3	29.5	12.2	12.2
日本	39.3	97.6	584.1	209.9	19.3	2.7
アメリカ合衆国	4.9	19.3	111.2	82.4	33.8	20.8

出典：League of Nations :Statistical Year-Book of the Trade in Arms and Ammunitions, Geneava, 1934, p. 219より作成。

注

（1）Hamilton [1986] pp. 18-19.

（2）イギリスは、海軍国防法（Naval Defence Act, 1898）の下で、世界の第二位国と第三位国の海軍力の合計戦力（主力艦数）の保持を海軍政策の原則とした。

（3）野塚［二〇〇三］四一～五七頁；横井［一九九七］一四六～一四七頁参照。

（4）航空部隊を陸海軍と対等の存在として初めて独立させたのはイギリスで、一九一八年にイギリス空軍省とイギリス空軍が創設されている。その後、イタリア空軍が一九二五年、フランス空軍が一九三四年、そしてドイツではヴェルサイユ条約を一方的に破棄して一九三五年に空軍が創設されている。これに対して、アメリカと日本では海軍が強力な航空部隊を有し、第二次世界大戦まで独立空軍を持たなかった（郷田［一九七八］二五〜二六頁）。

（5）Omissi [1999] pp. 178-179.

（6）Guildhall Library, London Chamber of Commerce, MS. 16, 700, Defence（Naval & Military defence standing committee）, Minutes of meeting, 23 April 1913, p. 77；横井［二〇〇四］一〇三〜一〇八頁。

（7）TNA, AIR 9/15 The Part of the Air Force of the Future in Imperial Defence 1921.

（8）トータルとしてのイギリス空軍の任務は、次の点に及んだ。①侵略からのイギリス沿岸部防衛、②重砲設置に代わる沿岸防衛警備、③メソポタミヤやインドの辺境地帯のような危険地帯での秩序維持、④戦時に特定地域で想定される攻撃からの商船海運の保護、⑤偵察、火災の監視、陸海軍の戦闘並びに補給路への関与、⑥外部からの侵略に対する前線地帯での帝国防衛、以上である。イギリス空軍（Royal Air Force：一九一八年創設）の指揮下に入る英帝国内の空軍としては、インド空軍（一九三三年創設）、オーストラリア空軍（一九二一年創設）、カナダ空軍（一九二四年創設）、南アフリカ空軍（一九二五年創設）、ニュージーランド空軍（一九一四年創設）、アイルランド自由国航空隊（一九二二年創設）があった。cf. *Jane's All the Worlds Aircraft 1928: The World's Aeronautical Progress.*

（9）第一次世界大戦以前における自治領海軍の創設と編成に関しては、横井［二〇〇四］一〇三〜一〇七頁を参照。

（10）TNA, AIR 8/81 Memorandum on Air Power and Imperial Defence: Mobility of Air Forces in relation to the Defence of the Empire 1926.

（11）TNA, AIR 8/110 Air Staff Memorandum No. 47. Air Power and Imperial Defence 1930.

（12）TNA, AIR 20/32 Review of Air Defence Policy 1923-1935.

（13）三枝［一九七五］二七二頁。

（14）Kitching [1999] pp. 56-57, 66.

（15）TNA, CAB 48/1 Committee of Imperial Defence. The Need for an Organization to Study Industrial Intelligence（Including

Industrial Mobilization) in Foreign Countries, 9th August, 1928.

(16) TNA, CAB 4/22 Committee of Imperial Defence, Position of Foreign Armaments Industries, Report by Sub-Committee on Industrial Intelligence in Foreign Countries, 13th March, 1933.

(17) TNA AIR 2/302 Question of appointment of an Air Attache to Tokyo (1923-1938): Enclosure 1. Instructions for the Guidance of Air Attaches.

(18) Peden [2007] pp. 151-152.

(19) 'Britain's Air Power', *Chamber of Commerce Journal: Official Organ of the London Chamber of Commerce*, March 23, 1923.

(20) 'Britain's Air Power', Ibid., June 8, 1923.

(21) Edgerton [1991] pp. 23-24.

(22) Fearon [1969] pp. 476-495; Fearon [1974] pp. 236-251; Fearon, [1978] p. 81.

(23) 横井［二〇〇三］一三四～一三七頁。

(24) TNA, CAB 60/26 CID. PSOC., Sub-Committee on System of Licensing Exports of Arms and Ammunitions. Report, June 23, 1933, p. 10.

(25) Royal Commission of Inquiry into the Private Manufacture of and Trading in Arms, Production Statistics. Note by Secretary, 29 Mar., 1935.

(26) Ritchi [1997] pp. 9-19; Edgerton [2006] pp. 42-44; Peden [2007] pp. 137-138.

(27) 村岡［二〇〇一］参照。

(28) 横井［二〇〇五］三八八～三九三頁。

(29) TNA FO 286/951 British Naval Mission to Greece and proposed Greek Aviation School, 1926.

(30) Edgerton [1991] p. 27.

(31) TNA FO 228/3114: Arms and Ammunition to Tsingtao from Germany, 1926.

(32) TNA, AVIA 2/1866 COLONIAL AND FOREIGN: Aviation in China: proposals for promoting the interests of the British

Aircraft Industry, 1929–1931.

(33) TNA, AIR 10/1325 Air Intelligence Report No. 11 Notes on Aviation in U. S. A., 1925, p. 138. ちなみに一九一八年時点でのアメリカ航空機産業の生産能力はイギリスの二分の一以下であったと言われていた。cf. TNA, FO 115/3698 Survey of US aircraft industry, 1939: U. S. A. The Aircraft Industry.

(34) TNA, AIR 5/244 Detailed Information re U. S. A. Aircraft Industry, 1924.

(35) 横井［二〇一〇］五二～五六頁；西川［二〇〇八］三七～四〇頁参照。

(36) TNA, FO 115/3698 Survey of US aircraft industry, 1939: U. S. A. The Aircraft Industry, 9. 12, Annex II.

(37) Meulen [1991] pp. 109–111.

(38) TNA, AVIA 2/1866 COLONIAL AND FOREIGN: Aviation in China: proposals for promoting the interests of the British Aircraft Industry, 1929–1931.

(39) Eltscher and Young [1998] pp. 67–68.

(40) Pattillo [1998] p. 81; Khanolkar [1969] p. 353.

(41) TNA, CO 129/571/15 The Intercontinent Corporation (China) Ltd., Gloucester Hotel, Hong Kong, 22nd October, 1937.

(42) TNA, AVIA 2/1866 British Air Mission to China, 1929.

(43) TNA, FO 371/22111 Proposed Air Mission to China, 1938.

(44) TNA, AVIA 2/1866 COLONIAL AND FOREIGN: Aviation in China: proposals for promoting the interests of the British Aircraft Industry, 1929–1931.

(45) TNA, AIR 40/1366 China: Hankow Central Aviation School 1932 Dec. -1940 Aug. ；四ツ橋［一九三九］一一一頁。

(46) Ibid.

(47) TNA, CAB 4/22 Committee of Imperial Defence: German Industrial Measures for Rearmament and for Aircraft Production, 1934, p. 1.

(48) Ibid., p. 2.

(49) Ibid., p. 4.

（50）　三枝［一九七五］一八二頁、一八八～一八九頁；cf. TNA AIR 5/391 Rules for discrimination between civil and military aircraft in Germany, 1924–1925.
（51）　Whaley［1984］pp. 11, 24.
（52）　TNA, AIR 10/1324 Air Intelligence Report, No. 10. January, 1926: Notes on German Aviation, p. 28.
（53）　Ibid., p. 7.
（54）　Ibid., pp. 29–31.
（55）　千田［二〇一三］六七、七二頁。
（56）　伊藤・野村［一九八一］二二二頁。
（57）　日本海軍航空史編纂委員会編［一九六九ａ］三～一四頁。
（58）　日本海軍航空史編纂委員会編［一九六九ｂ］三八三～三八四、三八九～三九〇頁。
（59）　TNA, AIR 10/1326 Air Intelligence Report, No. 12: Notes on Aviation in Japan, 1923; TNA, AIR 10/1326 Notes on Aviation in Japan, 1925, Part E Research and Technical Development, Part F The Aircraft Industry, pp. 49–52. cf. TNA AIR 40/2214 Japanese Aircraft Industry: activity and production, 1924–1944.
（60）　『昭和産業史』第１巻（東洋経済新報社、一九五〇年）六〇五～六〇六頁；TNA, AIR 4/2214 Japanese Aircraft Industry 1924–1944.
（61）　岡村［一九五三］三〇頁。
（62）　カスパリ［一九九五］三八頁；工藤［一九九二］二五～二六頁；工藤・田嶋［二〇〇八］九五頁；工藤［二〇一一］三一～三三頁参照。
（63）　岡村［一九五三］三四、七六、七九頁；工藤［一九九二］二五～二六頁。
（64）　Vajda & Dancey［1998］p. 254.
（65）　Pugach［1978］pp. 360–361, 366-367.
（66）　Atwater［1941］pp. 132–134. cf. Thorne［1970］.
（67）　TNA, CAB 21/371 An Embargo on the Export of Arms to the Far East, 1933.

（68）田嶋［二〇一三］二二五～二三二頁。

（69）TNA, FO 262/1604 Arms Traffic (British Embassy, Tokyo, 29 Dec. 1924), To Chamberlain from F. G. Piggott.

（70）表8－8の七カ国以外には、ロシア、チェコ、スロバキア、デンマーク、イタリア、その他中欧諸国が上げられる。cf. TNA, FO 28/3114 Arms and Ammunitions to Tsingtao from Germany, 1926.

（71）Krause [1992] pp. 63, 76.

（72）Stone [2000] pp. 213-227.

（73）TNA, CAB 21/371 Arms Traffic in the Far East, 1933.

文献リスト

伊藤隆・野村実編［一九八一］『海軍大将小林斎造覚書』山川出版社。

岡村純［一九五三］『航空技術の全貌　上』日本出版協同株式会社。

小野塚知二［二〇〇三］「イギリス民間企業の艦艇輸出と日本――1880～1910年代」（奈倉文二・横井勝彦・小野塚『日英兵器産業とジーメンス事件――武器移転の国際経済史――』日本経済評論社）。

カスパリ・シグルン［一九九五］「陸・海軍航空史と独日技術交流」『軍事史学』第31巻第4号。

工藤章［一九九二］『日独企業関係史』有斐閣。

工藤章・田嶋信雄［二〇〇八］『日独関係史1890－1945――①総説　東アジアにおける邂逅』東京大学出版会。

工藤章［二〇一一］『日独経済関係史序説』桜井書店。

郷田充［一九七八］『航空戦力』上、原書房。

三枝茂智［一九七五］『国際軍備縮小問題』〈明治百年史叢書〉原書房。

田嶋信雄［二〇一三］『ナチス・ドイツと中国国民政府　一九三三―一九三七』東京大学出版会。

千田武志［二〇一二］「軍縮期の兵器生産とワシントン会議に対する海軍の主張――『有終』誌上の論説を例として――」『軍事史学』第48巻第2号。

西川純子［二〇〇八］『アメリカ航空宇宙産業――歴史と現在――』日本経済評論社。

日本海軍航空史編纂委員会編［一九六九ａ］『日本海軍航空史　⑴用兵篇』時事通信社。
日本海軍航空史編纂委員会編［一九六九ｂ］『日本海軍航空史　⑶制度・技術篇』時事通信社。
村岡正明［二〇〇一］「フォール大佐と井上幾太郎」『航空と文化』春季号。
横井勝彦［一九九七］『大英帝国の〈死の商人〉』講談社。
横井勝彦［二〇〇四］「イギリス海軍と帝国防衛体制の変遷」（秋田茂編『パクス・ブリタニカとイギリス帝国』ミネルヴァ書房）。
横井勝彦［二〇〇三］「戦間期の武器輸出と日英関係」（奈倉文二・横井・小野塚知二『日英兵器産業とジーメンス事件――武器移転の国際経済史――』日本経済評論社）。
横井勝彦［二〇〇五］「戦間期イギリス航空機産業と武器移転――センピル航空使節団の日本招聘を中心に――」（奈倉文二・横井編著『日英兵器産業史――武器移転の経済史的研究――』日本経済評論社）。
横井勝彦［二〇一〇］「アジア航空機産業における国際技術移転史の研究」『明治大学社会科学研究所紀要』第49巻第1号
四ツ橋實［一九三九］「支那航空事情の現状――黎明期より今日までの発達史」『科学主義工業』第３巻第２号。
Atwater, E. [1941] *American Regulation of Arms Exports*, Washington.
Edgerton, D [1991] *England and the Aeroplane: An Essay on a Militant and Technological Nation*, London.
Edgerton, D. [2006] *Warfare State: Britain, 1920–1970*, Cambridge.
Eltscher, L. R. and E. M. Young [1998] *Curtiss-Wright: Greatness and Decline*, New York.
Fearon, P. [1969] "Formative years of the British aircraft industry", *Business History Review*, Vol. 43, No. 4.
Fearon, P. [1974] "The British Airframe Industry and the State, 1918–35", *Economic History* Review, 2nd Ser., Vol. 27, No. 2.
Fearon, P. [1978] "The Vicissitudes of a British Aircraft Company: Handley Page Ltd. between the Wars", *Business History*, Vol. 20, No. 7.
Hamilton, W. H. [1986] *The Nation and the Navy: Method and Organization of British Navalist Propaganda, 1889–1914*, London.
Khanolkar, G. D. [1969] *Walchand Hirachand: Man, His Times and Achievements*, Bombay.
Kitching, C. J. [1999] *Britain and the Problem of International Disarmament 1919–1934*, London.
Krause, K. [1992] *Arms and the State: Patterns of Military Production and Trade*, New York.

Meulen, Jacob V. [1991] *The Politics of Aircraft: Building an American Military Industry*, Kansas.

Omissi, D. E. [1999] *Air Power and Colonial Control: The Royal Air Force, 1919–1939*, Manchester.

Pattillo, D. M. [1998] *Pushing the Envelop: The American Aircraft Industry*, Michigan.

Peden, G. C. [2007] *Arms, Economics and British Strategy: From Dreadnoughts to Hydrogen Bombs*, Cambridge.

Pugach, N. H. [1978] "Anglo-American Aircraft Competition and the China Arms Embargo", *Diplomatic History*, Vol. 2, No. 4.

Ritchi, S. [1997] *Industry and Air Power: The Expansion of British Aircraft Production 1935–1941*, London.

Stone, David D. [2000] "Imperialism and Sovereignty: The League of Nation's Drive to Control the Global Arms Trade", *Journal of Contemporary History*, Vol. 35, No. 2.

Thorne, Ch. [1970] "The Quest for Arms Embargoes: Failure in 1933", *Journal of Contemporary History*, Vol. 5, No. 4.

Vajda, F. A. & P. Dancey [1998] *German Aircraft Industry and Production, 1933–1945*, Shrewsbury.

Whaley, B. [1984] *Covert German Rearmament, 1919–1939: Deception and Misperception*, Maryland.

第Ⅲ部　日本における陸海軍軍縮の経済史

序

奈倉 文二

第一次大戦期における世界的な軍備拡張のもとで日本も大軍拡を行い兵器関連産業の急速な発展を見たが、大戦後の軍縮期には再編成を余儀なくされる。

従来、第一次大戦後の軍縮（ワシントン海軍軍縮、山梨・宇垣陸軍軍縮）についての検討は、当然のことながら軍事史・外交史・国際関係史中心に行われてきており、多くの成果を生んでいるが、他面、軍拡・軍縮を検討する際に本来不可欠な兵器関連産業に関する経済史的検討は極めて不十分であった。そこで本書第Ⅲ部では、第一次大戦期の兵器関連産業の発展に関する検討を踏まえつつ、大戦後の陸海軍軍縮との関連で兵器産業・兵器生産のあり方・再編成等がどのようなものであったかを可能な限り明らかにしたい[1]。

より少し詳しく記すと、第一次大戦期における軍事費急増・兵器関連産業の急拡大と大戦後「軍縮」への対応いかんが問題となるが、とくに米国の強大国化のもとでワシントン軍縮条約への日本の対応は受動的にのみ捉えるべきか否か。海軍大拡張（八八艦隊計画）とワシントン軍縮下の「軍拡」の内実、陸軍軍縮（山梨・宇垣軍縮）下の兵器「近代化」、こうした陸海軍軍縮をめぐる問題状況を摘出しつつ兵器関連産業・兵器生産の動向を明らかにすること、これらが以下三論文の課題である。

第9章（千田武志）では、ワシントン軍縮が日本海軍の艦艇・兵器生産に与えた影響を概観したうえで、軍縮が兵器製造所にもたらした変化について、とりわけ中核的存在であった呉海軍工廠に焦点をあてて解明する。

第10章（奈倉文二）では、海軍兵器関連産業の発展のあり方を前提として、「軍縮補償」の具体的内容、「軍縮」下の民間兵器産業の対応などを財閥系企業を中心に明らかにする。

第11章（鈴木淳）では、陸軍の兵器需給を概観したうえで、軍縮（「山梨軍縮」・「宇垣軍縮」）下にどのように兵器生産を展開したのか、とくに銃砲生産の実状を再検討することにより、軍工廠と民間企業の役割分担などを明らかにする。

以下各章の叙述の力点は各章の課題と執筆者の視点・関心により異なるが、国際比較（とくに米英との比較）の視点が重要であることを意識し、留意点として次の三点を予め記しておく。

第一に、日本の「非総力戦」体験と「国家総力戦」認識・思想の立ち遅れ。

第一次世界大戦のインパクトは英国等欧州諸国（"The Great War"）と米・日では大きく異なる。英国は文字どおり「国家総力戦」を体験し、大戦直後も軍拡が持続するが、その財政負担は過大となり、軍拡の制約要因となる。米国は第一次大戦期には主戦場から離れて繁栄し、兵器産業も飛躍的に拡大して世界最強の軍事大国となる。しかし、大軍拡による財政負担はやはり過大となる（英国とともにワシントン軍縮会議を提起する一要因）。

日本は第一次大戦を当初「欧州大戦」と呼んだように、「大戦」に「便乗」して発展し（「大戦景気」と「大陸進出」）、世界的な軍拡に対応するも、「国家総力戦」認識は希薄であった。日本にとって第一次大戦は「非総力戦」体験だったのである。もちろん、陸海軍による総力戦研究は早くから行われ、陸海軍ごとに調査委員会が設置され（一九一五年臨時軍事調査委員会、臨時海軍軍事調査会設置）、「総力戦」認識は一部に生まれていたものの、総力戦思想の陸海軍全体への定着は遅れる。こうしたことは一九二〇年代軍縮期のみならず三〇年代への展望をも考慮するとき、重要な意味を持つことになる。

第二に、兵器産業の製造能力・技術力について。

兵器関連産業の急拡大と「軍縮」への対応いかんを検討する際に兵器関連産業の製造能力・技術力の程度がどのようなものであったのかを明らかにすることは重要である（とくに米英との対抗上）。

第一次大戦後には大英帝国の偉容は衰えつつあり、以後の長い「衰退」に入りつつあった（「英国病」の始まり）。兵器産業の製造能力・技術力についても、米国はおろか、敗戦国ドイツにすら劣る状況も生まれていた。それに対して米国は、全体として兵器産業の製造能力・技術力は世界第一となる。日本は第一次大戦期の発展を経て大海軍国となり、「軍縮下の軍拡」のもとでも兵器産業の製造能力・技術力は強化されるが、しかしながら、米国に対しては、生産能力は（基礎素材も含めて）大きく劣る。

第三に、陸海軍と民間兵器関連産業（独占）との関係について。

民間兵器関連産業（独占）の動向・兵器生産の状況いかんを明らかにするうえで、陸海軍との関連いかんは重要な意味を持つ。

英国は第一次大戦前は基本的には政府は民間兵器産業独占に対する不干渉政策を採っていた（武器輸出も「放任」）。大戦後は政府の関与は大戦前に比して強まるが、不振に陥った兵器産業独占に対しても自らの再建策に委ねている[3]。米国は民間産業独占の強大な力が形成されていたが、軍（ないし国防総省）との関係について第二次大戦後のような「軍産複合体」[4]と捉えるのは適当ではない。

日本は第一次大戦期（大戦直後も含む）に民間兵器産業が飛躍的に発展しつつも、軍縮による大打撃を受けて海軍（政府）に「軍縮補償」を求める。民間兵器会社の力は米国に比して極めて劣るのみならず、政府の救済政策に依存するという体質が形成される（詳しくは後述）。「軍縮下の軍拡」に際しても、政府・陸海軍は民間会社に優先的発注するなど、製造能力の維持・拡大を図る。こうした事態は「軍産（学）複合体」の形成とは捉え難い[5]。

注

（1）以下第Ⅲ部三論文のもとになったものは、二〇一一年度政治経済学・経済史学会秋季学術大会パネル・ディスカッションにおける共同報告（奈倉文二・千田武志・鈴木淳）「第一次大戦後の日本陸海軍軍縮と兵器関連産業・兵器生産」（同年一〇月二二日立命館大学びわこ・くさつキャンパス）であるが、本書執筆に際しては、その後明らかになった諸事実をも踏まえて、各自それぞれ大幅に補正（加筆・削減）・再編している。

（2）山室信一［二〇一一］（とくに一五五頁以下）。

（3）二大兵器会社ヴィッカーズ社によるアームストロング社の合併（一九二八年）の際もイングランド銀行による斡旋に止まる（奈倉文二・横井勝彦編著［二〇〇五］第7章［安部悦生執筆］）。

（4）「軍産複合体」（Military-industrial complex）は、言うまでもなく、第二次大戦後アメリカの兵器産業（独占）と軍（ないし国防総省）との関係で両者の癒着・相互依存を意味する用語として使用され始めたものだが、注意すべきことは前者が強大となって軍（ないし政府）の動向をも左右する事態として警告されたことである（米アイゼンハワー大統領退任演説）。兵器産業と陸海軍（ないしその所管省）との緊密な関係自体は、多くの国々でいわば「歴史とともに古い」事象であるので、単に両者の癒着・依存関係を「軍産複合体」として議論するのは生産的な議論ではない。

McNeill, W. H. [1982] は、一八八四～一九一四年の英国でも'Military-industrial complex'が出現したと説くが［chap. 8］、その内容はアームストロング社やヴィッカーズ社などの大兵器会社と海軍との関連（とくに人的関連）などを指しており、第二次大戦後アメリカと同様の「軍産複合体」と呼ぶのは誇張的表現であることは免れない。

重要なことは、歴史的発展過程で兵器産業（軍需産業）がどのように肥大化したのか（「独占」と言えるかどうかは当該国の状況による）、その過程で陸海軍（ないしその所管省）はどのように関与したのか、また、そのことにより、後者の政策はどのように左右されるのか、などを明らかにすることと思われる。

（5）筆者は、民間における海軍兵器関連産業の動向と政府・海軍との関連いかんが極めて重要な意味を持つことを強調しつつも、「軍産複合体」概念は使用しない。戦前日本における兵器産業の発展は陸海軍工廠中心に進められたこと、民間兵器関連産業も軍主導のもとに積極的に育成・助成される対象であったことなどを想起するとき、「軍産複合体」概念を使用することは誤った事象として認識されかねない。

近年の関連研究として畑野勇［二〇〇五］がある。日本海軍の主要な艦艇設計等に大きな役割を果たした平賀譲の残した詳細な文書史料を精力的に検討した著書であり、平賀が海軍艦艇技術史上果たした役割や海軍技術研究所長・東京大学教授（のち総長）として「学」の面でも大きな貢献をしたこと、それゆえ日本の「軍産学複合体」形成を平賀を中心として論じたことの意義は大きい。しかしながら、筆者は、前記のような視点から、少なくとも一九二〇年代までの陸海軍と兵器関連産業との関連を「軍産（学）複合体」として把握するのは「産」（とくに民間兵器産業）の役割の過大評価となるので、そのような考え方を採用しない。

参考文献

奈倉文二・横井勝彦編著［二〇〇五］『日英兵器産業史――武器移転の経済史的研究――』日本経済評論社。

畑野勇［二〇〇五］『近代日本の軍産学複合体』創文社。

山室信一［二〇一一］『複合戦争と総力戦の断層――日本にとっての第一次世界大戦――』人文書院。

McNeill W. H. [1982] *The Pursuit of Power; technology armed force and society since A D. 1000*, Chicago（マクニール著／高橋均訳『戦争の世界史――技術と軍隊と社会――』刀水書房二〇〇二年）。

第9章　ワシントン軍縮が日本海軍の兵器生産におよぼした影響

――呉海軍工廠を中心として――

千田　武志

1　はじめに

本稿の課題は、ワシントン軍縮が日本海軍の兵器生産におよぼした影響を、兵器製造所、とりわけそのなかで中核的存在であった呉海軍工廠に焦点をあてて解明することである。その際、すでに発表した『有終』誌上の論説を通じてワシントン会議に対する海軍の主張を分析した研究(1)を前提として論を展開する。後述するように日本海軍は、ワシントン軍縮期に最も効果的に軍備の改革を実現したが、こうした早急な対応は、すでに一定の方向性があってこそ可能となったと思われるからである。

ここで『有終』に掲載された論説の分析によって得られたワシントン会議に対する海軍の主張について、行論上において必要な点に限定して示すことにする。まず軍縮の必要性については、国力、財政力からみて必然であり、対米七割にこだわるべきではなく地勢的に六割でも防禦できると考えている論者が多い。将来に有効な兵器、軍備については、主力艦が有効か否かは論議が分かれるが、これからは潜水艦や航空機（とくに航空機と魚雷の組み合わせ）の導入を急ぐべきであるという点は一致している。また軍縮期の目標として国家総動員にたえられる国力の充実、とくに民間工業の発展が重要視され、その一環として民間の兵器製造所への発注が求められる。

このように海軍は軍縮を受け入れ、その間に第一次世界大戦において登場した新兵器の導入を中心とする軍備の改革を実施するとともに、国家総動員にたえ得る国力の充実を果たそうとしたのであり、記述に際してはそれがどのような結果をもたらしたのかという点を、以下の項目に沿って検証する。まずワシントン軍縮が海軍の兵器生産、次に兵器製造所に与えた影響について、軍拡期と軍縮期の民間造船所と海軍工作庁を、比較・関連づけながら分析する。さらに最大の海軍工作庁の呉工廠に焦点を絞り、軍縮期に建造された艦艇と特質、生産方法の改善、それを可能にする組織や労働環境の改革の実態を明らかにし、そのうえで兵器製造所全体における呉工廠の役割に言及する。

2　軍縮が日本海軍の兵器生産に与えた影響

ワシントン軍縮により日本海軍の兵器生産はどのように変化したのか、『有終』誌上に掲載された海軍の主張を念頭におきながら概観する。その際、軍拡期と軍縮期の兵器製造所別の艦艇建造実績を比較することによって論をすすめる。

まず表9－1により軍拡期（一九一二～二一年）に建造（竣工）された艦艇をみると、戦艦が八隻・二三万二九二〇基準排水トン（以下、煩雑さをさけるためトンとのみ記述）、巡洋戦艦が四隻・一一万トン、巡洋艦が一〇隻・四万九三五〇トン、駆逐艦が五七隻・五万四四〇三トン、潜水艦が二一隻・一万四三一二トンなど、計一一四隻・五七万四四四六トンとなっている。これに対して軍縮期（一九二二～三一年）に建造（竣工）した艦艇数と排水量は、表

表9－1　軍拡期（1912～21年）に建造（竣工）した艦艇の建造所別実績

（単位：隻・基準排水トン）

	戦艦		巡洋戦艦		巡洋艦		海防艦		砲艦		敷設艦		駆逐艦		潜水艦		特務艦		計	
	隻数	排水量	隻数	排水量	隻数	排水量	隻数	排水量	隻数	排水量	隻数	排水量	隻数	排水量	隻数	排水量	隻数	排水量	隻数	排水量
横須賀工廠	3	85,200	1	27,500	1	3,500							5	4,500			1	9,767	11	130,467
呉工廠	3	85,200									1	2,000	7	6,489	10	6,200	2	7,270	23	107,159
佐世保工廠					4	19,450	1	1,230	1	785			5	4,005	2	1,480			13	26,950
舞鶴工廠													14	15,085					14	15,085
計	6	170,400	1	27,500	5	22,950	1	1,230	1	785	1	2,000	31	30,079	12	7,680	3	17,037	61	279,661
三菱長崎造船所	1	31,260	1	27,500	3	15,950							8	9,282					13	83,992
三菱神戸造船所															5	4,500	2	17,500	7	22,000
川崎造船所	1	31,260	1	27,500	2	10,450							9	7,657	3	1,682	4	48,900	20	127,449
浦賀船渠会社													3	2,365					3	2,365
横浜船渠会社																	1	15,400	1	15,400
石川島造船所													2	1,700					2	1,700
大阪鉄工所													1	665					1	665
藤永田造船所													2	1,700					2	1,700
計	2	62,520	2	55,000	5	26,400	0	0	0	0	0	0	25	23,369	8	6,182	7	81,800	49	255,271
ヴィッカーズ社			1	27,500															1	27,500
ヤーロー社													1	955					1	955
シュナイダー社															1	450			1	450
ダンカン社																	1	10,609	1	10,609
計			1	27,500	0	0	0	0	0	0	0	0	1	955	1	450	1	10,609	4	39,514
合　計	8	232,920	4	110,000	10	49,350	1	1,230	1	785	1	2,000	57	54,403	21	14,312	11	109,446	114	574,446

出典：海軍大臣官房［1921］21～43頁、海軍大臣官房［1934］253～256頁。ただし特務艦（運送艦1隻）「野間」については、起工年月日と建造所は、福井静夫［1994］3頁によった。

注：本表には、当該年度に建造（竣工）した艦艇のみを掲載した。当該年以前に建造し、当該年に艦種を変更したり、改名したものは含まない。

（竣工）した艦艇の建造所別実績

（単位：隻・基準排水トン）

一等駆逐艦		二等駆逐艦		一等潜水艦		二等潜水艦		掃海艇		特務艦		計	
隻数	排水量	隻数	排水量	隻数	排水量	隻数	排水量	隻数	排水量	隻数	排水量	隻数	排水量
				2	3,300	5	3,710			1	14,050	10	57,960
				7	11,050	2	1,480			1	14,050	12	63,480
7	10,700			3	4,950	2	1,500	1	615			16	30,995
12	16,885											12	16,885
19	27,585	0	0	12	19,300	9	6,690	1	615	2	28,100	50	169,320
2	2,540											9	47,425
				2	3,300	13	12,582					16	16,190
		2	1,640	8	12,480	7	4,727			2	29,870	24	83,282
8	12,015	4	3,180									16	32,700
1	1,700									1	14,050	4	16,925
								2	1,230			3	1,400
8	12,015	3	2,410									12	14,595
												1	7,470
5	7,300	4	3,180									10	11,825
								1	615			2	923
								2	1,230	2	28,100	5	29,780
24	35,570	13	10,410	10	15,780	20	17,309	5	3,075	5	72,020	102	262,515
												1	308
												1	308
										1	17,000	1	17,000
0	0	0	0	0	0	0	0	0	0	1	17,000	3	17,616
43	63,155	13	10,410	22	35,080	29	23,999	6	3,690	8	117,120	155	449,451

し編入したり改名したものは含まない。

9-2のように巡洋艦が一八隻・一一万七八九五トン、航空母艦が三隻・六万一二七〇トン、駆逐艦が五六隻・七万三五六五トン（うち一等は四三隻・六万三一五五トン）、潜水艦が五一隻・五万九〇七九トン（うち一等は二二隻・三万五〇八〇トン）、特務艦が八隻・一一万七一二〇トンなど計一五五隻・四四万九四五一トンとなる。

両時期を比較すると、軍拡期に対し軍縮期には隻数が一・三六倍に増加したのに対し、排水量が〇・七八に減少している。軍拡期に戦艦と巡洋戦艦一二隻・三

表9－2　軍縮期（1922～31年）に建造

	巡洋艦		航空母艦		潜水母艦		敷設艦（艇）		砲　艦	
	隻数	排水量	隻数	排水量	隻数	排水量	隻数	排水量	隻数	排水量
横須賀工廠	1	10,000	1	26,900						
呉工廠	1	10,000	1	26,900						
佐世保工廠	3	13,230								
舞鶴工廠										
計	5	33,230	2	53,800	0	0	0	0	0	0
三菱長崎造船所	5	34,565			2	10,320				
三菱神戸造船所									1	308
川崎造船所	5	34,565								
浦賀船渠会社	3	15,535					1	1,970		
横浜船渠会社							(1)	(450)	1	725
三井造船部玉工場									1	170
藤永田造船所									1	170
浅野造船所			1	7,470						
石川島造船所							1	1,345		
播磨造船工場									1	308
大阪鉄工所							(1)	(450)		
計	13	84,665	1	7,470	2	10,320	4	4,215	5	1,681
揚子機器有限公司									1	308
上海東華造船会社									1	308
ニューヨークシップビルディング会社										
計	0	0	0	0	0	0	0	0	2	616
合　計	18	117,895	3	61,270	2	10,320	4	4,215	7	2,297

出典：海軍大臣官房［1934］229～272頁。
注：1）（　）は、敷設艇である。なお合計する際は、煩雑さをさけるため、区別をしなかった。
　　2）本表には、当該年度に建造（竣工）した艦艇のみを掲載した。当該年以前に建造し、当該年に艦種を変更
　　3）2社で建造したものは、0.5ずつ配分した。

四万二九二〇トンを建造したのに対し、軍縮期にはそれらを中止し、航空母艦を新たに建造し、巡洋艦、駆逐艦を大型化し潜水艦と特務艦を隻数・トン数とも増加したことによる。まさに軍縮期に海軍は、艦種とトン数の大幅な変革を実施したのであった。

　ここで軍縮が海軍大国にもたらした変化を確認するため、一九三〇年一月一日の日本とアメリカの艦艇保有状況を対比する（計画や建造中は含まない）。まず主力艦を対象とすると、日本の一〇隻・二九万二四〇〇トンに対しアメリカは一

八隻・五二万五八五二トンで、隻数、排水量とも日本はアメリカの〇・五六となる。また航空母艦においては、二隻・五万三八〇〇トン対三隻・七万八七〇〇トンで隻数〇・六七、排水量〇・六八（日本のみにある補助航空母艦一隻・七四七〇トンを加えると、一と〇・七八）、八インチ砲搭載巡洋艦（艦齢二〇年以内）は、八隻・六万八四〇〇トン対一隻・一万トンで隻数八、排水量六・八四、八インチ砲以下の巡洋艦（艦齢二〇年以内）の場合は、二一隻・九万八四一五トン対一〇隻・七万五〇〇〇トンで隻数二・一と排水量一・四〇、駆逐艦（艦齢一六年以内）は、一〇三隻・一〇万八九七五トン対二六〇隻・二六万七一一四トンで隻数〇・四〇、排水量〇・四一、潜水艦（艦齢一三年以内）については、六四隻・六万六六二七トン対一〇九隻・八万二〇六七トンで隻数〇・五九、排水量〇・八一となっている。(2)

これをみると日本がワシントン条約の主力艦の割当排水量〇・六を下回るのは、主力艦と駆逐艦だけであり、巡洋艦、とくに八インチ砲搭載巡洋艦は日本がはるかに上回り、航空母艦（補助航空母艦を含む）は排水量で約〇・八に達している。「補助艦競争が実績上から見て、ワシントン条約に依る主力艦の制限の比率（手持割合）に不満を抱ける国々の方から先に且強く始められ」たと述べられているなかで、(3)日本は主力艦の艦歴が比較的若いこともあり新艦の建造を延期し、条約の特例を活用し巡洋戦艦「赤城」と戦艦「加賀」を航空母艦に転用するとともに、（さらに条約の範囲内の補助航空母艦も一隻建造）、条約型巡洋艦といわれる一万トン以内で主力艦にも対抗可能な八インチ砲を搭載した一等巡洋艦、これまで保有されていない攻撃力に期待の持てる一等潜水艦などの整備を優先したのであった。こうした状況に危機感をいだいたアメリカは、一九二〇年代末になると、航空母艦、大型の巡洋艦や潜水艦を中心とする補助艦の建造に力を注ぐようになり、新たな軍備競争になった。

これまでワシントン軍縮期の兵器の変化のうち、中心となる艦艇について対象としてきた。そのため『有終』誌上で論争となった航空機については、航空母艦について取り上げただけであり、ここで知り得る点を補足すると、一九二一年の七飛行隊が三一年に一七飛行隊、(4)また同時期に艦載機は、二〇機から八四機に増加している。(5)後述するように予算も急増していることを勘案すると、海軍はこの期間に、今後の発展が最も期待されながら遅れている航空機関連事業の早期拡充を目指していたといえよう。

兵器生産を支える経費は、次のように変化した。まず艦艇建造費をみると、一九一九年度の一億八二三六万円が二一年度に二億七五五五万円に急増したが、軍縮期の二四年度には八七七〇万円に急減し、三一年度には五一三六万円とピーク時の一九％となった。(6)また兵器製造費をみると、二〇年度に六〇八一万円と最高額を記録したのち、二四年度に二四二二万円と最低となったが、二八年度に三五四二万円と増加傾向を示すなど、艦艇建造費ほどの減少はみられない。(7)兵器別では、この間に三七五二万円から一六〇三万円に砲熕が激減したのに対し、水雷と電気の減少は少ない。そうしたなかで航空機は、二一年度の九七万円が翌二二年度に二四九万円と急増、その後もほぼ同じ水準を維持するなど、軍縮下において、唯一、増加する。(8)なお艦艇の修繕費については、二一年度の二五二六万円が三〇年度に一一七一万円に減少するものの、建造費のように大幅なものではなかった。(9)最後に海軍省の予算をみると、一九二一年度に五億二一二万円（一般歳出に占める比率三二％）を記録したが、二二年に三億九七四一万円（二七％）と急減、二五年度には、二億二七三七万円（一四％）と、ピーク時の四五％へと半分以下となった。これ以降も多少の増減はみられるが、三一年度まで二億円台をこえることはなく、一般歳出比も一四から一五％台であった。(10)

すでに述べたように軍縮期に建造した艦艇の排水量は、軍拡期に比較して〇・七八に減少したが、予算は半分以下に激減している。こうしたなかで海軍は、主力艦の建造とそこに搭載する大型砲熕兵器の製造を中止して、航空母艦と、大型の巡洋艦、駆逐艦、潜水艦を中心とする補助艦、航空機、水雷など、第一次世界大戦において将来有望視された兵器の増産を実現した。換言すると、半分以下の経費で戦力を高めることに成功したのであった。なおこれはあくまでも軍拡期と軍縮期の一〇年間に製造された兵器とその費用を比較した一定の結論であり、もし八八艦隊計画を含めた数値と軍縮期の実績を比較したならば、軍縮の影響はさらに大きいものとなるだろう。

3　軍縮が兵器製造所にもたらした変化

ワシントン軍縮が海軍の兵器生産に与えた影響を概観したのに続き、軍縮が兵器製造所にもたらした変化について考察する。まず軍拡期の建造艦艇を建造所別にみると、表9－1のように一一四隻・五七万四四四六トンのうち、海軍工廠は六一隻・二七万九六六一トン、民間造船所は四九隻・二五万五二七一トン、海外は四隻・三万九五一四トンとなっており、三者の比率は、隻数が五四、四三、三％、排水量が四九、四四、七％と民間が海軍に近づいたものの、未だ海軍が上回っている。ところが軍縮期になると、表9－2のように一五五隻・四四万九四五一トンのうち、海軍は五〇隻・一六万九三二〇トン、民間が一〇二隻・二六万二五一五トン、海外は三隻・一万七六一六トン、三者の比率は、隻数が三二、六六、二％、排水量が三八、五八、四％と、隻数、排水量とも民間が上回るようになる。

試みに日露戦争以前の一九〇四年までに保有した艦艇の三者の比率をみると、保有艦艇ということで日清戦争による捕獲艦艇が含まれていること、建造所や排水量の不明な艦艇もあるなど不確定要素もみられるが、おおよそ海外建造の艦艇が隻数で五四、排水量で八三％、国内建造艦艇の官民の割合は官である海軍工廠が隻数で九〇、排水量で九五％を占めていた[11]。このように日露戦争以前の民間造船所への発注は非常に少ないのであるが、日清戦争後の一八九八年四月二八日には、「海軍ノ造船造機ノ工事ヲ委託スルニ足ルヘキ私立造船所ヲ調査」するなど、その萌芽がみられる[12]。そして一二月二六日、呉海軍造船廠において組立予定のドイツ製の水雷艇「第三五号」と「第三六号」を、「外国船ヲ我軍港ニ入ラシムルハ少シク故障之義アル」という理由で川崎造船所において、佐世保海軍造船廠で組立予定の「第三七号」、「第三八号」と「白鷹」を三菱造船所で組み立てることを決定している[13]。

これ以降の民間の兵器製造所について川崎造船所を例にとると、「千鳥」、「第六〇号」および「第六一号」と三隻の水雷艇の組立てが行われている。そして同造船所は一九〇一年六月、水雷艇建造に関しては主管技師を四回欧米に派遣し調査をしていること、すでに五隻の組立注文を受け海軍派出員の「御精密ナル監督ノ御蔭ヲ以テ意外ノ好結果来シ」たことなどを列挙して、「水雷艇建造方ノ義ニ付御願」を提出した。[14] これに対して海軍は、同造船所はヨーロッパの会社と比較しても劣ることのない実績があること、そして、「私立造船所ヲシテ水雷艇等ノ製造ニ経験ヲ与ヘ熟練セシムルハ造船事業ノ奨励ニモ相成且他日有事ノ日ニ於テ大ニ我海軍ノ利益トモ可相成ニ付」という理由をあげ、「此際二、三ノ水雷艇ヲ製造セシメラレ可然ト存候」と結論づけている。[15]

日露戦争という有事を迎えた海軍は、「戦時となれば民間企業の協力なしには任務を遂行し得ない」という考えのもと、民間造船所の利用を拡大した。[16] こうして日露戦争時に民間造船所は一定の役割を担ったのであるが、種々の点で不備が発生、その教訓を踏まえ、「我カ海軍ニ於テハ、努メテ彼等ヲ指導誘掖」することにした。[17] その結果、第一次世界大戦を挟む軍拡期には、民間造船所が半分近い艦艇の建造を担うようになり、その後海軍からの発注が海軍工廠をこえ、民間造船所の経営を支える役割を果たすようになったのであった。

こうしたなかで軍縮が現実のものとなったとき、聯合工業調査会の寺野精一（工学博士）は、軍縮を国防計画のもとになる国力充実のための一〇年間と位置付け、国防上において民間造船所の維持が必要不可欠であるとし、「予て計画して居られる補助艦艇の建造年度を繰上げて、主力艦の建造を中止した結果、仕事の無くなつた工場に其の仕事を与へる」ことを求めた。[18] すでに示したように軍拡期から軍縮期にかけて民間造船所は、隻数を四三から六六％へ、排水量を四四から五八％へと高めただけでなく、全体として排水量が減少したなかで、一五万五二七一トンから二六万二五一五トンと絶対値においてもわずかではあるが増加させている。

これまで一般的に、「軍備拡充に基づく民間造船能力の利用は、一時的には造船業の衰微を阻止しえたが、軍縮協定の成立によって、造船業界はふたたび悲境におちいり、とくに軍艦の建造に備えて設備の拡張等に巨資を投じた造船所は、……資本的にも、能力的にも、また人員的にも大きな負担」となったと述べられてきた[19]。確かに当時の造船所は巨大な設備を抱えており、そのなかには艦艇建造用に投資したものもあったが、それに対して海軍は、将来の軍備拡張を考慮しながら十分な補償を実施している（軍縮補償に関しては第10章3を参照）。さらに問題なのは、前述のように、一〇年間を単位とし軍拡期と軍縮期を設定し両者を比較すると、すでに述べたように民間造船所は軍拡期より軍縮期のほうが、隻数、排水量ともより多くの艦艇を建造していることが考慮されていないことである。

一方、軍縮期に民間造船所は海軍工廠を上回る艦艇を建造したことは認めつつ、「一九二〇年には八万二一一三排水トンあった〔民間の〕艦艇建造量は一九二四年には一九七〇排水トンになり、それ以後増大したものの、ワシントン軍縮成立以前とは比較すべくもなかった」という見解もみられる[20]。事実に即した主張であり説得性に富むようにも思えるが、やはり軍拡期のもっとも建造量の多い年と軍縮期のそれが一番少ない年を比較して一定の期間の傾向を求めるという手法は、一隻当たりの排水量が大きく、建造期間も複数年にわたることも少なくない造船業の場合、不適当といえよう。

試みに一九一七年から二一年と、一九二二年から二六年までの五年間の海軍工廠と民間造船所の艦艇建造実績を比較すると、民間は、軍拡期の隻数では五四対四五と劣るが、排水量は四七に対し五三と優位に立ち、そして軍縮期になると、隻数（二九対六九）、排水量（二八対七二）とも大きく上回るようになる[21]。しかも軍縮期といえども、軍拡期を少し上回る排水量が確保されている。

すでに述べたように海軍は日露戦争前後から、戦時期には海軍工廠のみでは任務を遂行できないという考えのもと民間造船所を育成し、そうした一貫した姿勢により第一次世界大戦とその後の軍拡期に民間への発注を増加させ、ピーク時の五年間には民間の建造量が海軍工廠を凌駕するという結果がもたらされたのであった。軍縮を一時的な現象と捉える海軍は、来るべき軍拡、さらに戦時総力戦を想定し民間造船所を維持しなければならなかったのであり、それが海軍工廠を大きく上回る民間への発注をもたらしたといえよう。

ふたたび表9‐1と表9‐2を比較すると、軍縮期に民間造船所は建造実績だけでなく、受注工場も軍拡期の八から一一カ所に増加させている。こうしたなかで実績のある八造船所のうち戦艦、巡洋戦艦を建造していた川崎造船所は、一二万七四四九トンから八万三二八二トン、三菱長崎造船所は八万三九九二トンから四万七四二五トンに減少、三菱神戸造船所も減少しているが、ほかは浦賀船渠会社が二三六五トンから二万九七八〇トン、石川島造船所が一七〇〇トンから一万一八二五トン、大阪鉄工所が六六五トンから二万二七〇〇トン、藤永田造船所が一七〇〇トンから一万四五九五トン、横浜船渠会社が一万五四〇〇トンから一万六九二五トンへと、多い少ないの差はあるもののすべて実績を伸ばした。これに対して軍縮期にのみ受注した三造船所は、一万トン以下に留まっている。

こうした点を考えると、軍縮期に海軍は艦艇建造可能な造船所をふやすため、主力艦の建造を中止したこともあるが大手二大民間造船所への発注を減らし軍拡期に経験を積んだ中堅造船所への発注量を増加させ、新たに発注先をふやすという方法を採用したことがわかる。とはいえ大型の航空母艦は呉工廠と横須賀工廠、最新鋭の一万トン級の一等巡洋艦は前記二大工廠で起工したのち二大民間造船所で建造、大型潜水艦は呉工廠で建造したのち川崎造船所が受注、駆逐艦などの艦艇も海軍工廠が先行するなど、民間造船所より二大工廠を中心とする海軍工廠、また民間造船所のなかでは二大造船所の優位性が維持されている。軍拡期から軍縮期にかけて、海軍は一号艦といわれる最初の艦艇の建造に携わり、民間は量産化を担うという体制が推進されたといえよう。

同じような関係は、呉工廠と兵器鉄鋼会社の日本製鋼所との間でもみられる。試みに「金剛」と同型艦への積載砲である一四インチ砲の製造を取り上げると、海軍は一九一〇年一一月一四日に呉工廠に八門発注しているが、翌一一年三月にはこのうち四門を日本製鋼所に振り替えて発注することを決定、結局、「海軍発注の一四インチ砲八七門中、呉工廠への発注は二五門に対して日本製鋼所への発注は四七門」となった。[22] このように早期に日本製鋼所は量産化を実現したのであるが、その時期の重要な技術的課題や最新の兵器の製造は呉工廠が担い、こうした技術の移転を受けるため頻繁に日本製鋼所から呉工廠への出張が繰り返された。その一例として一九二一年前半の出張報告をみると、三月に「呉海軍工廠砲材ニ関スル意見」、六月に「呉海軍工廠見学報告　其一、呉海軍工廠及日本製鋼所備付牽引試験機ノ比較調査」（其二、三、四省略）が提出されている。[23]

これ以降、民間の兵器製造所については他の論文に譲り（主に第10章を参照）、海軍工廠を中心とする海軍工作庁の記述に専念する。

まず海軍工作庁における艦艇の船体、機関、兵器の修理費についてみると、軍拡期の一九一九年度が一〇七一万円、二〇年度が一八七二万円、二一年度が二五二六万円、軍縮期の二二年度が二三九九万円、二三年度が一八三二万円、二四年度が一七二八万円、二五年度が一〇二一万円、二六年度が一一五九万円、二七年度が一二一九万円、二八年度が一三二六万円、二九年度が一三一九万円、三〇年度が一一七一万円となっている。[24] 軍拡期から軍縮期にかけての二〇年度から二四年度の支出の増加が顕著であり、その他の年度は一〇〇〇万円から一三〇〇万円台になっている。試みに四工廠に限定して二一年度と三〇年度の修理費の比較をすると、横須賀工廠が六七〇万円から三八〇万円、呉工廠が一〇一五万円から三七四万円、佐世保工廠が五三二万円から二九五万円、舞鶴工廠が二二四万円から三〇万円となっている。[25] 鎮守府に所属する艦艇を中心とする軍港への入港艦艇の保全を基本としているためか艦艇の建造ほど差異は認められないが、それでも呉の二一年度の突出ぶりが際立っている。こうした点を総合すると、二〇年度から二四年度ころまで難度の高い修繕や主力艦の改造が行われ、呉がその中心的役割を果たしたことがうかがわれる。なお三軍港が一定の修理費を維持しているのに対し、舞鶴の場合は要港部に縮小され極端に修理費を減少させている。

次に軍縮期の一九二七年度の海軍工作庁別の兵器製造費をみると、表9-3のようになっている。これを軍拡期の

表9－3　海軍工作庁別の兵器製造費（1927年度）

（単位：円）

	砲熕	水雷	電気	航海	航空	その他	計
横須賀工廠	923,083	1,796,490	2,473,960	4,417	756,371	126,479	6,080,799
呉工廠	9,480,104	4,636,109	2,211,612	29,225	99,395	166,676	16,623,120
広工廠	—	—	—	—	1,333,841	—	1,333,841
佐世保工廠	627,823	810,987	688,195	—	469,128	2,783	2,598,915
舞鶴工作部	274,006	1,303,396	318,052	15,592	15,896	—	1,926,941
技術研究所	296,639	7,773	504,322	—	152,064	—	960,798
計	11,601,654	8,554,754	6,196,141	49,234	2,826,695	295,937	29,524,415

出典：海軍大臣官房『昭和二年度海軍省年報』（1933年）24～25頁。
注：円未満を四捨五入した。そのため、一部に計が一致しないものがある。

二〇年度と比較すると、総額が六〇八一万円から二九五二万円（四九％）へと半分以下に減少している。その主な理由は、最大の砲熕費が三七五二万円から一一六〇万円（三一％）へと激減、そうしたなかで水雷は一二〇六万円から八五五万円（七一％）に減少しただけに留まり、二〇年度は項目を設けるほどでなかった電気が六二〇万円、航空が二八三万円と急増していることは注目すべきことといえよう(26)。海軍工作庁のなかでは、呉工廠が主力艦の建造中止に伴い大口径砲への需要が減少したことなどにより三七〇二万円から一六六二万円（四五％）へ減少、工作庁における比率も六一から五六％へとやや比率を低下させるものの、圧倒的な地位を保持している。また横須賀は、砲熕は減少したが、電気、水雷を増加させ七一六万円から六〇八万円へとわずかな減少に留まり、水雷の多い舞鶴も下げ幅が少ない。こうしたなかで航空兵器の発達を反映して、広工廠のみは一五〇〇円から一三三万円へと飛躍的な増加をしている。なお二三年四月一日、海軍造兵廠が廃止となり海軍技術研究所が設立されたが、これも研究活動を重要視する軍縮期の特徴といえよう。

さらに表9－4により、一九二五年一二月三一日の一二海軍工作庁の職工と原動機の台数・馬力数をみると、四万七二一六名、三八七四台・二〇万二三〇〇実馬力と記録されている。これに対し二一年度には、同じく一二工作庁で七万一三五九名、二七〇七台・一五万三一〇二馬力（ただし佐世保工廠の造機部は数字が得られない）であり、わずか四年間で職工は六六％に減少しているが、

の状況（1925年12月31日）

馬公工作部	鎮海工作部	海軍火薬廠	海軍技研	海軍艦政本部	海軍燃料廠	計
11	17	129	26	—	131	3,874
357	803	2,618	2,239	—	3,964	202,300
2	2	4	3	—	2	63
140	200	600	300	—	200	43,809
5	6	58	109	81	78	1,230
303	210	786	451	394	658	46,645
—	—	29	10	—	7	571

原動機数は一・四三、馬力は一・三二倍に増加、省力化と機械化の伸展がうかがわれる[27]。試みに二五年の主な工作庁の原動機実馬力をみると、呉工廠が九万九四三一実馬力（全体の四九％）で、四万七九〇六実馬力（二四％）の横須賀工廠以下を大きく引き離しているが、呉は大型機械の多い製鋼部門、造兵部門を擁しているためと思われる。

ここで主な五工作庁に限定して一九二一年と二五年の職工を比較すると、横須賀工廠は一万七五四三名から一万二四三名、呉工廠は二万九五七〇名から二万五四四名、佐世保は一万九五一名から七八六九名、広は一三九〇名から一九八五名、舞鶴は六六八二名から三五四三名へと広を除いて大幅な減少を示す。また五工作庁間の割合をみると、横須賀は二六から二三％へ、呉は四五から四六％へ、佐世保は一七から一八％へ、広は二から五％へ、舞鶴は一〇から八％へと変化しており、横須賀・舞鶴の比率の低下と、呉・佐世保の微増、広の増加みられる。横須賀は呉以下に建造艦艇の排水量が低下したこと、舞鶴は鎮守府から要港部に組織が変化し全般的に縮小を余儀なくされたのに対し、広は航空機など最新兵器の製造所、呉は最新艦艇や兵器の製造や技術的課題に対応するための各種実験部の創設、佐世保は艦艇の修理が確保されていることによるものと思われる。

これまでワシントン軍縮が兵器製造所に与える影響について、種々の点から分析した。その結果、軍拡期の後半からみられた艦艇の建造量において民

表9－4　軍縮期の海軍工作庁

		横須賀工廠	呉工廠	佐世保工廠	広工廠	舞鶴工作部	大湊工作部
原動機	台　数	961	1,598	333	264	396	8
	実馬力	47,906	99,431	19,571	10,230	15,030	151
電　力	発電機台数	13	17	8	3	9	—
	キロワット実馬力	2,619	20,340	10,250	4,500	4,660	—
職　員		223	337	154	94	77	8
職　工	男	10,158	20,396	7,700	1,974	3,431	184
	女	85	148	169	11	112	—

出典：海軍大臣官房『大正十四年度海軍省年報』（1930年）の「第五 海軍所属工場」による。
注：原動機は、蒸気機関、電動機、その他の原動機の合計である。

間造船所のほうが海軍工作庁を上回るという現象が確立したこと、とはいえ最新技術を必要とする艦艇や一号艦の大部分は海軍で建造していること、海軍、民間とも上位二者は艦艇建造量の比率を低下させるもののほかの製造所を圧倒していること、海軍の上位二者のなかで呉工廠が建造隻数、排水量とも横須賀工廠を上回ったことなどが判明した。また海軍を対象に艦艇の修理、兵器の製造について検証してきたが、艦艇の修理に関しては建造費ほど大幅な減少はみられず主力艦の改造や難度の高い修理の多い呉の比重が高まったこと、兵器の製造については軍縮期に砲熕が減少するなかで航空機や電気兵器の重要性が増したことなどが明らかになった。さらに軍縮期に職工数が減少したなかで原動力数、馬力数が上昇したこと、多くの工作庁で職工数が減少するが、広だけは増加し、佐世保と呉は比較的減少率が低いが、舞鶴と横須賀のそれが高いことが検証された。

4　呉海軍工廠の生産の状況

これまで述べてきたように軍縮期には、兵器の多様化、予算の縮小、艦艇建造量において民間造船所が海軍工廠を上回るなど（この点については軍拡期の後期から）、大きな変化がみられた。しかしながら技術的には、海軍が民間を指導する関係、それぞれ上位二者の優位性は保持された。そうしたな

表9－5　軍縮期に呉工廠が建造した主要艦艇

（単位：基準排水トン、ノット）

種　別	艦　名	排水量	速力	起工日	進水日	竣工日
一等巡洋艦	那　智	10,000	33.0	1924.11.26	1927. 6 .15	1928.11.26
一等巡洋艦	愛　宕	9,850	33.0	1927. 4 .28	1930. 6 .16	1932. 3 .30
航空母艦	赤　城	26,900	28.5	1920.12. 6	1925. 4 .22	1927. 3 .25
敷設艦	八重山	1,135	20.0	1930. 8 . 2	1931.10.15	1932. 8 .31
二等潜水艦	呂号第19潜水艦	740	17.0	1920. 9 . 9	1920.12.28	1922. 3 .15
二等潜水艦	呂号第16潜水艦	740	17.0	1920.11.18	1921. 4 .22	1922. 4 .29
一等潜水艦	伊号第51潜水艦	1,400	17.0	1921. 4 . 6	1921.11.29	1924. 6 .20
一等潜水艦	伊号第52潜水艦	1,400	19.0	1922. 2 .14	1922. 6 .12	1925. 5 .20
一等潜水艦	伊号第53潜水艦	1,650	19.0	1924. 4 . 1	1925. 8 . 5	1927. 3 .30
一等潜水艦	伊号第55潜水艦	1,650	19.0	1924. 4 . 1	1925. 9 . 2	1927. 9 . 5
一等潜水艦	伊号第56潜水艦	1,650	19.0	1926.11. 3	1928. 3 .23	1929. 3 .31
一等潜水艦	伊号第57潜水艦	1,650	19.0	1927. 7 . 8	1928.10. 1	1929.12.24
一等潜水艦	伊号第64潜水艦	1,650	19.0	1928. 3 .28	1929.10. 5	1930. 8 .30
一等潜水艦	伊号第65潜水艦	1,638	19.0	1929.12.19	1931. 6 . 2	1932.12. 1
一等潜水艦	伊号第68潜水艦	1,400	20.0	1931. 6 .18	1933. 6 .26	1934. 7 .31
特務艦	早　鞆	14,050	12.0	1922. 3 .14	1922.12. 4	1924. 5 .18

出典：海軍大臣官房［1934］229～269頁などによる。

かで呉海軍工廠は、造船部門に加え随一の造兵部門を有する日本一の兵器製造所という日露戦争後に確立した位置付けを、艦艇の建造量において横須賀海軍工廠をこえるなどさらに強固なものにした。この日本一の兵器製造所の軍縮期の実情はどのようなものであったのか、まず生産過程に焦点をあて、そこに起きた変化とその背景を中心に考察する。

軍縮期に呉工廠において建造した艦艇は、表9－5に示したように一等巡洋艦二隻、航空母艦、敷設艦、特務艦一隻ずつ、潜水艦一一隻となっている（生産状況を分析するため軍縮期に竣工したものに限定しなかった）。そのなかで「那智」と「愛宕」は、軍縮条約で決められた範囲内で最高の性能を有する一等巡洋艦、「赤城」は最初の本格的な航空母艦、「伊号第五一」は最初の大型潜水艦、「八重山」は全電気溶接艦と、いずれも軍縮期の課題に挑戦しその役割を果たした艦として高い評価を得ている(28)。試みに条約の制限を受ける最初の一等巡洋艦四隻のうちの一隻である「那智」を取り上げ、同艦の意義と呉工廠の果たした役割を考察する。

軍縮期の艦艇はこれまでと同じように性能の向上はもちろん、これまで以上に経費の削減、そして軽量化が求められことになるが、「那智」の建造においては、こうした困難な条件を満たす努力が重ねられ、条約内の最大の排水トンである一万トン、主砲の最大口径八インチ内で、主力艦なみの砲撃力と強靭な防禦力、速力三三ノットという小型巡洋艦に劣らぬスピードが要求されたのであった。このため材料や部品の標準化、計量管理、時間管理など多くの問題の解決が必要とされたが、「こうした新たな取り組みは、海軍の中でリーダーシップを握る呉工廠が最初に手がけることが暗黙の了解になっていた」と述べられている(29)。呉工廠は造船部門のみではなく、随一の造兵・製鋼部門を備えた、その時期の課題の研究に取り組む海軍工廠として、やや遅れて建造する民間造船所だけでなく、ほぼ同時に着工した横須賀工廠に対しても指導的役割を保持していたのであった。

ワシントン会議の結果を受けて日本海軍は、主力艦の建造ばかりでなく改装工事を積極的に実施した。とくに条約によって制限された主力艦の改装を優先的に遂行したが、その際、廃艦となった未成艦の戦艦「土佐」を使用した実艦実験の成果（主砲仰角の引き上げ、水平防禦と水中防禦の強化）が採用された。呉工廠においても新技術を取り入れ性能の向上を目指して、戦艦「扶桑」、巡洋戦艦「霧島」と「比叡」をはじめ多くの艦艇を改装し、そしてこれまでどおり修理も行った。試みに造船ドックを除く呉工廠の三ドックの稼働状況を比較すると、一九一九年の八二九日が二三年に一〇〇一日と最高となり、三〇年も八六〇日と高水準を維持しており、軍縮期に艦艇の建造実績が減少しているなかで、改修が増加したことがわかる(30)。

次に軍縮期に重要視された経費を対象とするが、残念ながら呉工廠の艦艇、兵器の製造費は求められないので一九一九年と三一年の艦艇修理費を比較すると、二一三万円から三七五万円へと一・八倍に、総トン数が二三万〇七八三トンから三三万四六九二トンへと一・五倍に増加している。また最終年の三一年に三七五万円の費用が投じられているが、そのうち船体修理費が一一二万円、機関修理費が五六万円、兵器修理費が二〇七万円と、兵器修理費が高い比率を占めている(31)。すでに述べたように全体の艦艇等の兵器製造費が大幅に減少するなかで、呉工廠においては修理費

表9-6　呉工廠の工事費

（単位：円・%）

年度	材料費（A）	工費（B）	計	(B)／(A)
1919	54,219,496	17,324,830	71,544,326	32.1
1920	50,154,609	25,834,817	75,989,425	51.5
1921	43,309,427	23,723,308	67,032,735	54.8
1922	31,221,977	19,723,643	50,945,620	63.2
1923	13,445,579	17,235,595	30,681,174	128.2
1924	16,821,717	16,799,694	33,621,411	99.9
1925	16,415,421	16,708,065	33,123,486	101.8
1926	15,429,307	17,300,850	32,730,157	112.1
1927	16,537,378	17,700,240	34,237,618	107.0
1928	18,602,310	18,975,715	37,477,997	101.5
1929	17,638,816	18,742,370	36,381,186	106.3
1930	13,571,232	17,397,045	30,968,277	128.2
1931	11,340,134	13,562,608	24,902,742	119.6

出典：呉海軍工廠［1940］。
注：1）工費は、職工、職夫の本給および加給を加えたものである。
2）円未満および小数点2位未満を四捨五入した。
3）1919年の工費と計の一部にみえにくい数値があり、同年の数値は必ずしも正確とはいえない。
4）1928年の計は一致しないが、誤りの箇所が特定できないのでそのままにしている。

が増加していたのであった。

次に生産活動に大きな影響をおよぼす設備費について、土木費を含む建築費と機械器具費に分けて検証すると、建築費は一九二〇年度から増加し二一年度と二二年度に四〇〇万円をこえるほどになるが、その後は紆余曲折があるものの急激に減少する。一方の機械器具費は一九年度の五二八五万円が二二年度に七〇二四万円、三一年度に九一〇一万円へと急増している[32]。軍縮期になり新工場の建設は少なくなったものの、新機械などの導入は増加していたものと思われる。

設備費とともに生産費の重要部分を形成する材料費と工費（賃金）からなる工事費は、表9-6のように推移している。これをみると、一九一九年に七一五四万円を記録した工事費は、二〇年度に増加したもののその後は下がり続け、三一年度に二四九〇万円と当初の三五%にまで減少している。この間、材料費が二一%に激減したのに対し、工費は七八%に留まり、その結果、材料費の三二%であった工費は一二〇%となり、両者の関係が逆転することになる。軍縮期には著しく材料費が減少するが、職工数が急減したにもかかわらず工費が微減に留まったことによる。

呉工廠においては、とくに軍縮期の兵器製造に求められる軽量化、高速化、性能と能率向上をもたらす溶接、ブロック建造（この点については一九三四年に起工した水上機母艦「千歳」の建造中の写真で確認できるが[33]、その研究は軍縮期には行われていたものと思われる）、科学的管理法の導入などが行われた。このうち軍縮期の生産全体に大きな影響を与えた科学的管理法について伍堂卓雄は、「英国ヴヰツカース会社にて建造した当時の代表的新式巡洋戦艦金剛の砲塔工事製造監督の任に当つた経験に基き、呉の砲塔工場管理法を科学的に改革せんと企てたが、先づ人的能率の改善を急務と認め、其の手初めとして年齢満期に到達せる老年職工の淘汰を断行せんとした」と述べており[34]、伍堂が帰国し呉工廠砲熕部員となった一九一四年ないしその直後に開始したと思われる。しかし他方で、「八八艦隊ノ計画ヲ実施スル為ニハ海軍工廠ノ製造力ハ不足デアツテ、民間ノ造船所、機械工場等ヲモ利用」することを目的に採用したという記述もあり[35]、本格的な研究は砲熕部長に就任した一九一九年六月以降と考えられる。

科学的管理法が軍拡期に導入されたことは、「海軍の八八艦隊の造艦計画で多量製産の必要に依り安価に合理的の製造をせんが為め挟範工場の新設並に計画に努力せられ現在の第七工場の設備を完全に成された」と記されていることからも確認できる[36]。一方、「老年職工の淘汰」については、後述するように大筋で遂行されたのであるが、挟範工場を建設するなど呉工廠における科学的管理法の実質的推進者であった倉橋審一郎第二工場主任は、それを一律に適用することに反対であり、伍堂砲熕部長を説得して人物、技量に優れた老齢職工を自らの工場に引き取るなど機微にかなった人事を行い部下の信頼を得ている。こうしたうえで人的能率向上策の「第一着手として職工の請負工事なるものを創設せられ成績の如何に依り職工の給料を増減（規定の給料は別）する制度を定められました処何れも勇躍して各自の業務に精励し爾来工事の能率はとみに増進し非常の効果を納め」たという[37]。

こうして呉工廠砲熕部では、民間の兵器製造所を利用するためリミットゲージ（計測用の治具）が導入され、規格統一、標準化を目指すことになり、一九二一年五月には民間の兵器製造会社の技師を集めて挟範工作法講習会を開き、各工場間の部品の互換性が定着した。しかしながら生産の拡大を目的に軍拡期に開始された科学的管理法は、軍縮期に入ると緊縮財政に対応する必要にせまられコストダウン対策が最優先されることになる。なお二四年に伍堂が呉工廠長に就任したことによって、科学的管理法は工廠全体に適用された(38)。

とはいえ科学的管理法が普及したのは、砲熕部をはじめとする機械工作が中心となる水雷部、造機部などであり、機械化しにくい部門では敬遠されがちであった。とくに船殻工場や艤装工場を抱える造船部は、規格化、標準化、機械化しにくい労働集約的作業が多く、必要性は認めても実行できずにいた。こうしたなかで軍縮が断行されることになり、軍縮下の最初の一等巡洋艦四隻が計画され、条約の範囲内で最強の攻撃力、防禦力を有する艦を安価に建造するという困難な課題に直面し、それを解決することが呉工廠に求められたのであった。一九二七年一二月一日に艦政本部第四部計画主任から呉工廠造船部長に就任した玉沢煥は、「那智」の建造と併行して、性能に優れた艦艇を安価で短期間に完成することを目指し、若手造船官を集めた研究会を組織した。彼らは「那智」に課せられた厳しい重量制限に対応するため重量計測、工数計算に取り組み、工事費を低下させるために、「外部から購入する材料や部品、装置機器に対する標準化、共通化、規格化」などに取り組み、やがて生産管理へとすすむことになったのであった(39)。科学的管理法は、廠内における材料費の低下にみたような無駄の排除や節約、リミットゲージシステムによる標準化と能率向上に留まらず、他の海軍工廠や民間兵器製造所において同一の兵器を製造できるようにするための技術移転の橋渡しの役割も担ったのであった。

5　呉海軍工廠の組織と労働環境の変化

次に軍拡期から軍縮期に発生した、労働面と組織面の変化について考察する。このうち前者の中心となる職工数は、一九二〇年に三万五〇二三名と最高を記録した通常職工数が二一年に三万一七二八名に減少したのち、最初のワシントン軍縮に伴う整理が行われた二二年に二万四〇〇五名に大幅に減少、その後も漸減し二六年以降は二万名以下となり、ロンドン軍縮のあった三一年には通常職工一万五四九六名、職夫八二六名、計一万六三二二名と、最盛時の半数以下になった(40)。一方、後者は、一九二三年四月一日に総務部、医務部、砲熕実験部、魚雷実験部、電気実験部が新設され、二六年四月一日には水雷部の中央発電所と電気機械および電気仕上工場などの電気関係の工場が分離独立して電気部、二九年四月八日に潜水艦部が設立された。このように職工が半数以下となるなかでの新組織の設立は、たとえば二一年三月から三一年三月に砲熕部の職工が九二四七名から四二〇九名に、製鋼部の職工が七四九三名から二八二八名に激減したように(41)、中止された主力艦の建造に関する部門を大幅に縮小し、そのなかの優秀な少数の職工を新兵器の研究・開発、試作、製造部門に転換し、軍縮期と将来の課題に対応しようとしたものといえよう。

表9-7　呉工廠の解雇者の内訳と割合

（単位：人・%）

年度	解雇者					年度末在籍者に対する割合
	通常	軍縮整理	事業縮小整理	行政整理	計	
1920	6,704				6,704	19.1
1921	6,611				6,611	20.8
1922	4,778	4,218			8,996	37.5
1923	2,509	864			3,373	15.2
1924	1,545		1,519		3,064	—
1925	974			259	1,233	6.1
1926	928				928	4.7
1927	764				764	3.9
1928	835				835	4.3
1929	828				828	4.2
1930	672				672	3.5
1931	361	3,723			4,084	26.4
計	27,509	8,805	1,519	259	38,092	

出典：呉海軍工廠［1940］。
注：小数点2位未満を四捨五入した。通常解雇者には、転出、死亡を含む。なお1924年度の割合は、疑問が多いのでのぞいた。

注目すべき点は、表9-7にみるように一九二〇年度から三一年度の間に、三万八〇九二名と大量の解雇者が発生しているが、しかもそのうちの二万七五〇九名、七二%が通常解雇者で占められ、それが二〇年度の六七〇四名、二一年度の六六一一名をはじめ二〇年代初期に集中していることである。こうした現象は、拡張期に併存していた大量の雇用者と通常解雇者が、二二年の軍縮整理を境に減少したことを示している。

一九二二年一〇月一〇日に発表されたワシントン軍縮に

表9－8　ワシントン軍縮（1921年10月）に伴う呉工廠の職工整理

（単位：人）

	整理前在籍職工			整理職工						
				男工				女工	合計（B）	（B）/（A）×100
	男性	女性	計（A）	55歳以上	55歳以下	計				
検査官部	810	34	844	15	5	20	(9)	17	46	6
砲熕部	7,279	488	7,767	61	64	125	(106)	435	666	9
水雷部	4,779	220	4,999	23	17	40	(23)	186	249	5
製鋼部	5,181	118	5,299	81	2,459	2,540		118	2,658	50
造船部	4,940	176	5,116	55	28	83	(44)	140	267	5
造機部	3,668	71	3,739	16	13	29	(27)	62	118	3
会計部	999	132	1,131	24	9	33	(14)	97	144	13
火薬試験所	218	10	228	1	3	4	(1)	5	10	4
兵器庫	258	53	311	2	3	5	(3)	50	58	19
職工教習所	16	0	16				(1)	0	1	6
造兵職工講習所	2	0	2				(1)	0	1	50
計	28,150	1,402	29,452	278	2,601	2,879	(229)	1,110	4,218	14

出典：「大正十一年十月二十日呉海軍工廠職工整理に関する失業者保護施設報告」（広島県社会事業聯合会［1922］70頁）。

注：1）明らかな誤りは、訂正したが、誤りを特定できないものは、そのままにしている。

2）解雇日は1922年10月20日となっていたが、（　）内は10日遅れて10月30日に解雇された人数である。

伴う第一回解雇者は、横須賀工廠が一七〇名、呉工廠が四〇三七名、佐世保工廠が一一〇名、舞鶴工廠が九〇名、海軍造兵廠が一〇〇〇名、その他二三〇名、合計五六三七名と、呉工廠が圧倒的に多く（三分の二は四〇歳以上）、海軍造兵廠がそれに次ぎ、両工作庁でほとんどを占めている。[42] このうち呉工廠においては、表9－8のように一〇月二〇日の退廠式に三九八九名、一〇月三〇日に二二九名の解雇が実施されたが、四二一八名のうち二六五八名（六三％）が製鋼部によって占められ、同部の職工は半減した。また砲熕部が六六六名（一六％）と続くが、これについては海軍造兵廠において大量解雇が実施されたことによりこれですんだと考えるべきであろう。また女性職工の七九％、製鋼部以外の主要な部では五五歳以上の職工がそれ以下の年齢の解雇者率を上回っている。

すでに述べたように砲熕部では、一九一四年ころから定年の延長を原則的に禁止するなど、若年者を中心に能率向上を目指した人事管理が考えられており、それが軍拡期に実施されたか否か確認できないが、軍縮整理時には高齢者、女性、技能未熟者、勤務態度の問題視される職工を一気に大量に解雇することによってその目的を実現したものと思われる。また経済不況に軍縮が重なるなかで、軍拡期に多くみられた多量の通常解雇者は減少し、一般的不況に加え後述するように労働条件の改善もあり、多年の目標としてきた職工の定着率と技術の向上を実現することができたのであった。

職工数が大幅に減少するなかで彼らの賃金は、不景気の物価下落時にもかかわらず一九一九年に九〇銭であった平均賃銭（日給）は、翌二〇年に一円七四銭に急騰しその後も漸増を続け三一年に二円四銭、同時期の平均月収は五三円七一銭から七一円一一銭、そして七三円八四銭になっている[43]。この変化は一九年を起点とすると、平均賃銭は二・三倍、平均月収は一・四倍になるが、二〇年を起点とすると一・一七倍と一・〇四倍に留まるなど起点年によって大きく異なる。とはいえそこからは、軍拡期に「職工成金[44]」と報道されるほど急騰した賃金が、軍縮下の予算の削減、不景気による物価下落にもかかわらず漸増したこと、比較的若くて低賃金層の多い日給職工により有利になるように賃金体系を改革したことを示している。なおこうした改革は、伍堂が二一年二月、「職工給与標準制定の要」を作成、生活保証賃金体系を構想したことが影響していると述べられている[45]。

このほかにも海軍工作庁の職工には、海軍共済組合などにより各種手当が提供されることになっていた。このうち中心となる同組合による給付は、一九二二年に作成された資料によると、呉工廠の職工は退職年金、廃疾年金、遺族扶助金、死亡・傷病・特症・療養・脱退・勤続の各救済金、葬祭金の一〇種類であった[46]。また同会は、呉工廠の職工とその家族の治療をする海軍共済組合呉病院[47]、当時、呉市内に四カ所、周辺に二カ所の購買所、工廠内に二カ所の購買所と三カ所の酒保を有し、一一七品目にわたる生活必需品を市価よりも一割から二割五分安く、給与からの引き落としで提供する呉海軍共済組合購買所[48]、収容慰安施設の廠友館、貸付部（低利資金および住宅建築資金の貸付）などを経営している。

表9－9　呉工廠製鋼部の主要指標

（単位：人・トン・円）

	1921年度	1922年度	1923年度	1924年度	1925年度	1926年度	1927年度
職工数	6,790	2,413	2,404	3,115	3,051	2,983	2,925
熔鋼高	81,075	30,611	26,058	18,045	16,103	19,759	24,095
鍛錬高	18,977	11,236	8,105	6,646	5,691	7,411	9,528
甲鈑製造高	11,110	2,039	3,304	4,689	6,449	3,738	4,084
工　費	5,789,196	3,521,537	2,043,255	2,377,804	2,788,040	2,821,314	2,829,582
材料費	18,894,589	6,484,182	4,490,900	4,600,817	4,974,606	5,881,471	6,874,018

出典：呉海軍工廠製鋼部［1927（推定）］（山田太郎他編［1996］82～90頁）。

さらに職工教習所（一九一八年設立）、造兵職工講習所（一九二〇年設立）、技手養成所（一九二八年に横須賀工廠から移転）が軍拡期から軍縮期にかけて整備され、呉工廠は職工教育においても中核的存在となった。給料の支給を受けて、半日は工場で半日は職工教習所で学びながら技術を身につけ、さらに努力することによって技手養成所などへの入学も可能になり、職工から技手へ、少数ではあるが技師への途が開かれるとあって、成績が良くても上級学校へ進学できない呉市の少年の多くが呉工廠を目指すようになり、軍縮期には教習所の競争率が一〇倍近くになることもめずらしくなかった(49)。

これまで述べてきたことを総合的に把握するために、表9－9を使用しながら軍縮期に最も縮小をよぎなくされた製鋼部の状況を検証する。まず一九二一年度と二七年度の生産高をみると、「主力艦建造中止ノ結果トシテ軍需工業中最モ深ク其影響ヲ受ケタルハ製鋼部」と述べられているように(50)、鍛錬は一万八九七七トンから九五二八トン（五〇・二％）へ半減、主力艦建造に多く用いられる甲鈑製造高にいたっては一万一一一〇トンから四〇八四トン（三六・八％）へと激減した。この間、職工数が六七九〇名から二九二五名（四三・一％）へ減少したのに対し、工費（人件費）は五七九万円から二八三万円（四八・九％）に留まっており、明らかに職工整理が実施されるなかで賃金の上昇などの待遇改善がなされたことがわかる。一方、材料費は一八八九万円から六八七万円（三六・四％）に大幅に低下しており、徹底した節約、合理化がなされている。こうしたなかで二四年度に職工数、工費、材料費などが増加したのは、二四年一一月二一日より、「鋳造関係業務ヲ統一シテ各部ノ鋳造工場ヲ製鋼部ニテ管理スルコトトナリ……合計七九一名ヲ転傭」したことに起因するが、これを契機に呉工廠内の鋳造工場の統廃合が推進された(51)。なおこの間、徹甲弾や甲鉄材料の改良研究を行うとともに、来るべき拡張期に備え主力艦建造に必要な設備、技術の維持に注意が払われている。

これまで述べてきたように軍縮期に呉工廠においても艦艇、兵器の製造が減少したが、主力艦等の改修、大型の巡洋艦、潜水艦や航空母艦など、条約を受け入れながら最大の威力を発揮する、それだけに課題の多い艦艇と兵器を低予算で建造するとともに、他の兵器製造所にその技術を移転した。こうした兵器生産における成果は、軍拡期から軍縮期にかけての新技術や科学的管理法の研究、導入、組織の改編、新設備と機械の導入、材料費の削減、軍縮整理の過程で職工の若年化、技量向上、賃金や待遇改善を実施したことによってもたらされたものであった。なお軍縮下にあっても、将来の主力艦の建造に備えて最低限の設備と人員が確保されている。

6　おわりに

これまで『有終』誌上の論説において提起された問題を前提として、ワシントン軍縮が日本海軍の兵器生産に与えた影響について、呉海軍工廠を中心に分析してきた。その結果、軍縮期に日本海軍は、予算が縮小するなかで主力艦の建造を中止し大型の巡洋艦や潜水艦などの補助艦、航空母艦、航空機を生産するなど兵器の種類の転換を実現したことが明らかになった。また海軍工作庁と民間造船所の間では、艦艇建造実績において民間が海軍を凌駕し受注企業数も増加したが、一号艦は海軍が建造しその技術を民間に移転するという関係は維持された。一方、海軍内では、総合力にまさる呉工廠が艦艇建造実績においても横須賀工廠を上回るようになった。こうしたなかで呉工廠は、条約内で最大の威力を発揮できる一等巡洋艦や潜水艦、航空母艦などを低予算で建造するとともに、そのノウハウをほかの兵器製造所に移転する役割を果たしたが、それは新技術の開発、科学的管理法の研究や導入、課題解決のための組織の改編、職工の能力を発揮させるための待遇改善を実施したことにより可能となったのであった。こうした点を総合すると、軍縮期の兵器生産現場において、最も必要で困難視される問題に呉工廠が取り組み、呉工廠を含む海軍工作庁がそのノウハウを採用した一号艦を建造し、その技術の移転を受けて民間が技量に従って同型艦を量産する体制が確立したといえよう。

ここで考えなければならないのは、こうした変化の多くは第一次大戦の影響を受けて軍拡期の後期に開始ないし顕著となり、将来さらに必要とされるものとして、軍縮期に確立をみたことである。たとえば科学的管理法は、軍備拡張計画を遂行するために必要なものとして呉工廠の造兵部門で開始されたが、条約内において最強の艦艇を縮小された予算内で完成するために造船部門にも導入され、世界に先駆けて軍縮期に適合した艦艇を建造することに貢献した。しかしそこには軍縮期ということで軽量化、費用節約が重要視されたため、科学的管理法が本来有していた量産化とそれに伴う生産費の低下という特長は限定されたものに留まった。今後の戦争は総力戦であり、そのためには民間造船所の協力が不可欠という意見を採用して海軍工作庁を上回る発注をしても、限られた建造量を増加した企業で分け合う状況では量産化は無理だったといえよう。さらに問題となるのは、海軍工作庁も民間の兵器会社も、将来の総力戦に備えて、軍縮期には余分な設備と人員を抱えていることである。とくに呉と横須賀の二大工廠と三菱と川崎の二大民間造船所、兵器鉄鋼会社の日本製鋼所は、戦艦、航空母艦、大型戦艦や搭載兵器の製造可能な設備・人員を維持しており、それに伴う経済的な負担、技術の伝承などの不安を抱えていたのである。

注

(1) 千田［二〇一二］五九～七四頁。
(2) 安富［一九三二］「一九三〇—一一主要海軍国艦艇勢力比較表」。
(3) 同前、一五九頁。
(4) 『旧日本海軍に関する研究　四分の四（予算　航空軍備）』（防衛研究所戦史研究センター所蔵）一〇頁。
(5) 同前、一一頁。
(6) 『海軍省年報』各年度。
(7) 『極秘　大正九年度海軍省年報』（一九二八年）一七頁、『極秘　大正十三年度海軍省年報』（一九三四年）一四頁、『昭和三年度海軍省年報』（一九三三年）二四頁。
(8) 『極秘　大正十年度海軍省年報』（一九二八年）三三二頁および『極秘　大正十一年度海軍省年報』（一九二八年）一八頁。
(9) 『大正十年度海軍省年報』（一九二九年）九一頁および『昭和五年度海軍省年報』（一九三四年）一七頁。
(10) 海軍歴史保存会［一九九五］一一九～一二〇頁。
(11) 海軍大臣官房［一九二一］附録第二、八～四四頁に掲載されている一九〇四年までに海軍が保有した全艦艇を対象に調査したが、なかには未掲載、トン数の不明、建造所の錯誤などがあり、確定するまでには至らなかった。
(12) 西郷従道海軍大臣より井上良馨呉鎮守府司令長官あて「訓令」一八九八年四月二八日（「明治三十一年公文備考　巻一八　艦船五止」防衛研究所戦史研究センター所蔵）。
(13) 「水雷艇製造所変更ノ件（仮題）」一八九八年一二月二六日（「公文備考別輯　新艦製造書類　水雷艇二止」防衛研究所戦史研究センター所蔵）。なおこの報告には、発信者、受信者、題名が見当たらない。
(14) 松下幸次郎川崎造船所社長より柴山矢八呉鎮守府司令長官あて「水雷艇建造方ノ義ニ付御願」一九〇一年六月（「明治卅四年公文備考　巻十五　艦船八」防衛研究所戦史研究センター所蔵）。
(15) 「水雷艇製造ヲ私立造船所へ命スルノ件（起案）」一九〇一年七月二六日（同前）。
(16) 千田［二〇〇九］六二頁。
(17) 海軍軍令部『極秘　明治三十七八年海戦史　第五部巻十三』（防衛研究所戦史研究センター所蔵）一〇一頁。

(18) 寺野［一九二二］一三頁。詳細は、千田［二〇一二］六二～六三頁。
(19) 金子編［一九六四］二一三頁。
(20) 安井［一九七八］六七頁。
(21) 具体的数値については、軍拡期は、海軍大臣官房［一九二一］附録第二、三一～四四頁および海軍大臣官房［一九三四］二五四～二五六頁。また軍縮期に関しては、海軍大臣官房［一九三四］二二九～二六九頁を参照。
(22) 奈倉［二〇一三］二八二頁。
(23) いずれも『研究報告』（日本製鋼所室蘭製作所所蔵）に収録。
(24) 『海軍省年報』各年度。
(25) 同前。
(26) 一九二〇年度については、『極秘　大正九年度海軍省年報』（一九二八年）一七頁。
(27) 前掲『大正十年度海軍省年報』。
(28) 呉工廠において建造された艦艇については、主に呉市史編纂委員会［一九八八］二二〇～二三七頁による。
(29) 前間［一九九七］一〇六頁。
(30) 呉海軍工廠［一九四〇］。
(31) 同前。
(32) 同前。
(33) 呉造船所社内報編集局［一九六八］三〇～三一頁。
(34) 佐久間惣治郎編［一九三一］の伍堂卓雄の序言。なおヴィッカーズ社に影響を受けた初期の功績として、「イギリスの『ヴィッカーズ社』で兵器生産の作業工程を習得した斎藤明親技師が一九一五（大正四）年に呉工廠の砲身製造工程の改善を実施し、能率増進に大きな成果をあげている」（本山［二〇〇七］四〇～四一頁）と報告されている。
(35) 愛知県能率研究会［一九二四］二頁。
(36) 飯田（倉橋の部下で一九三一年当時は技手）［一九三一］三〇頁。
(37) 池田（元呉海軍工廠砲熕部第二工場職工監督）［一九三一］二八頁。

(38) 呉工廠における科学的管理法の導入については、高橋［一九九四］二〇五～二六一頁を参照。
(39) 前間［一九九七］一一〇頁。
(40) 呉海軍工廠［一九四〇］。
(41) 一九二一年三月については前掲『極秘　大正九年度海軍省年報』一六二、二一一頁、また三一年三月の数値は、『極秘　昭和五年度海軍省年報』（一九三四年）四六九、四八七頁。
(42) 「呉海軍工廠職工解雇と社会機関の活動」（広島県社会事業聯合会［一九二三］三一頁。
(43) 呉海軍工廠［一九四〇］。
(44) 『芸備日日新聞』一九一八年九月二三日。
(45) 孫田［一九七〇］九五頁。
(46) 呉海軍工廠［一九二二］（呉市寄託沢原家文書）。
(47) 海軍共済組合病院については千田［二〇〇四］三四～八七頁参照。
(48) 呉市史編纂委員会［一九八七］三三〇頁。
(49) 呉市史編纂委員会［二〇〇二］二九〇～二九二頁。
(50) 呉工廠製鋼部［一九二七（推定）］（山田太郎他編［一九九六］八三頁）。
(51) 同前、八六頁。

参考文献

千田武志［二〇一二］「軍縮期の兵器生産とワシントン会議に対する海軍の主張——『有終』誌上の論説を例として——」『軍事史学』第四八巻第二号、二〇一二年九月。

安富正造［一九三二］『近世軍縮史観』国際聯盟協会。

海軍歴史保存会［一九九五］『日本海軍史』第七巻、第一法規出版。

海軍大臣官房［一九二一］『海軍軍備沿革　完』。

千田武志［二〇〇九］「呉海軍工廠の発展と役割」二〇〇八年度（第四十二回軍事史学会年次大会特別企画（二）共通論題「日

露戦争期の海軍工廠の実態と役割」第二報告『軍事史学』第四四巻第四号。

寺野精一［一九二二］「海軍制限と本邦工業――一九二二年二月十八日講演――」『有終』第一〇四号。

金子栄一編［一九六四］『現代日本産業発達史　9造船』現代日本産業発達史研究会。

安井国男［一九七八］「第一次大戦後における重化学工業の展開」山崎隆三編『両大戦間期の日本資本主義』上、大月書店。

海軍大臣官房［一九三四］『極秘　海軍軍備沿革続篇』巻二。

奈倉文二［二〇一三］『日本軍事関連産業史――海軍と英国兵器会社』日本経済評論社。

前間孝則［一九九七］『戦艦大和誕生　上――西島技術大佐の大仕事』講談社。

呉海軍工廠［一九四〇］『極秘　廠勢一覧解説』。

呉造船所社内報編集局［一九六八］『船をつくって八十年』呉造船所。

佐久間惣治郎編［一九三一］『噫理想之造兵官』。

本山聡毅［二〇〇七］『戦時体制下の語られざる技術者たち――野中季雄と星子勇』鳥影社。

愛知県能率研究会［一九二四］『呉海軍工廠長伍堂造兵少将講述　能率増進講演録』。

飯田正人［一九三一］「追憶」佐久間惣治郎編『噫理想之造兵官』。

池田覚右衛門［一九三一］「温情に溢れた倉橋大佐」佐久間惣治郎編『噫理想之造兵官』。

高橋衛［一九九四］『「科学的管理法」と日本企業――導入過程の軌跡』御茶の水書房。

広島県社会事業聯合会［一九二二a］『社会事業雑誌』第一巻第一号。

広島県社会事業聯合会［一九二二b］『社会事業雑誌』第一巻第二号。

孫田良平［一九七〇］『年功賃金の歩みと未来――賃金体系の一〇〇年史』産業労働調査所。

呉海軍工廠［一九二二］『呉海軍工廠概況』。

呉市史編纂委員会［一九八七］『呉市史』第五巻、呉市役所。

呉市史編纂委員会［二〇〇二］『呉市制一〇〇周年記念版　呉の歴史』呉市役所。

呉市史編纂委員会［一九八八］『呉市史』第六巻、呉市役所。

千田武志［二〇〇四］「呉市と共済病院の一〇〇年」二〇〇四呉共済病院創立一〇〇周年記念事業企画委員会『呉共済病院一〇〇

○年史』呉共済病院。
呉海軍工廠製鋼部［一九二七（推定）］『極秘　呉海軍工廠製鋼部沿革誌』（山田太郎他編［一九九六］『呉海軍工廠製鋼部史料集成』所収）。

福井静夫［一九九四］『日本海軍全艦艇史』［資料編（作成―中川務）］Ｋ・Ｋ・ベストセラーズ。

第10章　海軍拡張・軍縮と関連産業
――財閥系兵器関連企業を中心に――

奈倉 文二

1　はじめに

われわれは、第一次世界大戦後の日本陸海軍軍縮（ワシントン海軍軍縮、山梨・宇垣陸軍軍縮）に関する経済史的検討がこれまでの軍縮研究において極めて不十分であったとの認識のもとに、(1) 当該軍縮に関する経済史的検討を共同研究として深めることを企図している。そこで、第一次大戦期の兵器関連産業の発展に関する検討を踏まえつつ、大戦後の陸海軍軍縮との関連で兵器関連産業・兵器生産のあり方・再編成等がどのようなものであったかを明らかにすること、そのことにより、大戦後の軍縮（「軍縮下の軍拡」をも含む）に関する研究を豊富化することを目指している。そのうち筆者は、民間における海軍兵器関連産業の第一次大戦期における発展に関する検討を踏まえたうえで、ワシントン海軍軍縮との関連で民間兵器関連産業・兵器生産の再編成がどのように行われたのか、とりわけ財閥系兵器関連企業がどのように再編されたのかを明らかにしたい。

2　第一次大戦期・大戦直後の海軍拡張

第一次大戦期には、「大艦巨砲主義」[2]に基づく世界的な建艦競争の激化のもとで、日本海軍も大拡張政策を実施し、さらに大戦が終結しても建艦競争は継続した。

第一次大戦勃発時から終結時のド級・超ド級主力艦（戦艦・巡洋戦艦）保有隻数の変化を示すと、英二九（ド級一六・超ド級一三）→四四（ド級一四・超ド級三〇）、独一七（ド級一七・超ド級〇）→二五（ド級二三・超ド級二）、仏三（ド級三・超ド級〇）→七（ド級四・超ド級三）、米一〇（ド級八・超ド級二）→一六（ド級八・超ド級八）、日三（ド級二・超ド級一）→一〇（ド級二・超ド級八）となる[3]。依然英国の主力艦保有数は多いものの、超ド級艦の米・日の増加が注目される。大戦中の主力艦による艦隊決戦は英独による一回（一九一六年五月末のユトランド［ジャトランド］海戦：The Battle of Jutland）のみだったが、大戦後も米・英・日は一層の巨大戦艦（「ポストユトランド型戦艦」[4]）を建造した。日本は巡洋戦艦「金剛」以降「巨砲先進国」となっていたが、さらに「ポストユトランド型戦艦」一号艦「長門」を建造し（呉工廠で一九一七年八月起工、二〇年一一月完成）、完成時点で世界初の一六インチ砲を搭載した最強の戦艦を所有した。そして、米国に対抗する形で、二〇年には土佐型戦艦二隻（「土佐」「加賀」）、初の四万トン級赤城型巡洋戦艦二隻（「赤城」「天城」）、計四隻を起工した。二一年に入っても巨大戦艦の建造競争は継続し、英国も建艦競争に復帰したのをはじめ、米国はサウスダコタ型戦艦一隻、レキシントン型巡洋戦艦二隻を起工した。日本は、赤城型巡洋戦艦二隻（「愛宕」「高雄」）を起工し、さらに新たに紀伊型戦艦四隻起工準備に入っていた[5]。

この間、日本海軍は、懸案の「八八艦隊計画」を実行に移しており、「八四艦隊案」（一九一七年）、「八六艦隊案」（一八年）を経て、「八八艦隊案」（二〇年）が議会を通過した[6]。日本はすでに日露戦後の海軍拡張を経て第一次大戦期には「軍器独立」（兵器国産化）を基本的に達成しただけでなく、大戦終了時には米英に次ぐ大海軍国となったのである（超ド級建艦能力のみならず、一四インチ砲、一六インチ砲等の巨砲製造能力を備える）。

言うまでもなく、第一次世界大戦は文字どおり「大戦」（"The Great War"）であったが、ヨーロッパが主戦場として戦われた戦争であり（「欧州大戦」）、むしろ日本は大戦勃発を「天佑」（井上馨）と捉えたほどである。すなわち、日本は「日英同盟の誼」のもとに参戦して対外軍事発動を行い（ドイツ領南洋諸島および中国青島占領）、英海軍の要請を受けて地中海にも艦艇を派遣したが(7)、途中から参戦した米国とともに戦地から遠く離れて大戦期には経済的繁栄を誇っただけでなく、外交的には中国に対して（欧米列強「後退」の間隙をつき）「対華二一カ条要求」を突きつけて「大陸進出」の途を推進した。

注意すべきことは、第一次大戦が欧州諸国にとって「国家総力戦」として戦われたのに対して、日本にとっては「非総力戦」体験だったことである(8)。つまり、日本軍の主たる戦場が欧州から遠く離れていたこともあって、「国家総力戦」認識・思想の定着は遅れる(9)。法整備的には軍需工業動員法が一九一八年に急遽制定されたものの(10)、資源局設置は一九二七年のことであり、総力戦構想の全面開花は一九三〇年代に持ち越される(11)。

しかも、重要なことは、日本の場合、「総力戦適応体制」上の問題を抱えており(12)、とりわけ基礎素材産業等の生産力上の弱点を抱えていた。大戦末期の超ド級戦艦建造能力をもつ四造船所（呉・横須賀両工廠および三菱長崎、神戸川崎造船所）は目一杯の受注を抱えていたが、受注艦船の納期どおりの建造は不可能という状態であった。それは艦船材料不足、とくに鉄鋼材の不足によるものであった(13)。

第一次大戦期・大戦直後の海軍拡張にとって、海軍工廠拡張や官営八幡製鉄所の大拡張（第三期拡張）のみならず、さらに、民間兵器関連産業の発展が不可欠であった。海軍省が八八艦隊案成立前後二回（一九二〇年三月・九月）にわたり民間関連会社一一社を招致し、各会社別に工事注文予定表を交付して設備新増設を「勧告」したのは、このような事情に基づくものであった。[14]

3　ワシントン軍縮と「軍縮補償」

八八艦隊案遂行は、国家財政上は極めて過大な負担となっていた（一九二一年度海軍費は国家予算の三二％に）。日本政府・海軍は、国際世論の圧力を受けつつ、ワシントン軍縮会議（二一年一一月〜二二年二月）に積極的に対応した。とくに、ワシントン会議首席全権の加藤友三郎海軍大臣自身、八八艦隊計画立案・遂行の中心人物でありながら、その実現は結局は日本の財政破綻をもたらすと認識するに至っていた。加藤は、大戦後の英米協調路線の原敬内閣（ワシントン会議開催直後の原敬暗殺により高橋是清内閣）の海軍大臣として軍縮条約受諾方針を遵守・実行したのであり、その過程で大きな主導力を発揮したことは周知のとおりである。[15]結局、八八艦隊案破棄をも含むワシントン海軍軍縮条約調印（二二年二月）は、日本にとって対米軍備比率が極端に悪化しない時点で、しかも財政破綻を来す以前に軍縮に応ずることができたものと言える。[16]

財界・資本家団体も大勢としては海軍軍縮を望んでいた。[17]しかしながら、八八艦隊案中止は、言うまでもなく、海軍兵器関連産業にとっては大打撃となる。すなわち、八八艦隊案中止に伴い、海軍省は関係各社に「内示注文予定工事」（二〇年九月、前述）の取消を通知したが（二二年二月）、関係各社はこれに対して政府に強く補償を要求した。

詳細な経過は省略するが、[18]政府も同年五月より対応したものの、関東大震災による書類喪失や度重なる内閣交代などにより、政府案決定は大幅に遅延し、軍縮補償法（海軍軍備制限ニ関スル条約ノ実施ニ伴フ損害ノ補償ニ関スル法律）の成立は一九二六年三月となる（三月二五日可決・成立、四月五日公布・施行）。

成立した軍縮補償法（全文五条）の概略は、以下のとおり。

①海軍軍備補充計画遂行のために政府の勧告に基づいて軍艦・兵器またはその材料の製造に必要な施設をなした会社が海軍軍縮条約の実施により損害を蒙ったことに対して、補償金を交付することができる（第一条）。
②補償金総額は二〇〇〇万円以内とする（第二条）。
③補償金は、補償審査会の議を経て決定し、額面金額により五分利付国債証券をもって交付する（第三条）。
④政府は、交付に必要な額を限度として、国債証券を発行し得る（第四条）。
⑤政府は、補償目的の設備の無償譲渡等の条件を附すことができる（第五条）。

政府による軍縮補償法案の提案理由は、次のとおりである。

政府当局が八八艦隊案策定に際し民間造船業者等を招致して発注予定を内示し、必要な準備をなすように「勧告」、各会社はその「勧告」を受けて巨額の資本を投下して設備等の準備をしたが、海軍軍縮条約の締結により八八艦隊案中止を余儀なくされ、莫大な損失を蒙った。以上の経緯に基づき政府がその補償を行う（前記①の法案目的条項に反映）。

こうした提案理由は、一九二四年六月案から二六年三月政府案に至るまでほぼ一貫しており、③④の内容・方法も一貫している。

しかしながら、補償対象会社数・金額は法案成立過程で変化している（二四年六月案の一一社二〇七五万円以内から二六年三月案一三社二二〇〇万円以内、さらに議会で減額修正され②の二〇〇〇万円以内に）。また、⑤は主として日本製鋼所に対する補償方式を考慮して追加的に条文化されたことを予め注意しておきたい。

軍縮補償金の対象会社[19]・金額についての政府案は、算出方法も含めて、やや細かくなるが、表10－1に示すとおりである（アミ掛け部分が一九二四年六月案）。

表中の補償事項（「特設設備ノ補償」「解傭職工救済」）と算出方法は、一九二四年六月案も二六年三月案も同じで

表10-1　海軍軍縮に伴う損害補償額調べ（1926年3月）

（単位：千円）

会社名	特設設備ノ補償			解傭職工救済		合計	補償金額
	決定額	算出基礎［注文取消額（*印）×0.025］	特設設備未償却額	決定額	算出基礎（人員×150）		
川崎造船所	2,429	*97,140	9,599	525	3,500	2,954	2,939
三菱造船所	2,429	*97,140	13,605	560	3,732	2,988	2,974
浦賀船渠	281	*11,249	2,288	267	1,780	548	545
石川島造船所	70	*2,790	1,270	120	800	190	189
横浜船渠	170	*6,790	7,031	286	1,908	456	454
藤永田造船所	70	*2,790	1,648	198	1,320	268	266
浅野造船所	358	*14,300	778	285	1,900	643	639
日本製鋼所	7,770[1] 1,993	*79,726	14,052	364	2,428	10,128	10,077
住友伸銅所	246	*9,840	5,636	258	1,721	504	502
大阪製鎖所	46	*1,840	224	6	39	52	52
大倉鉱業	2,007[2]		2,867	14	90	2,020	2,010
（小計）	17,867		58,999	2,883		20,750	20,647
神戸製鋼所	393	*15,712	2,431	36	237	428	426
帝国火薬	912[3]		2,502	19	125	931	926
合　計	19,172		63,932	2,937		22,109	21,999

出典：「海軍軍備制限ニ関スル条約ノ実施ニ伴フ損害ノ補償ニ関スル件」（1926年3月4日付、大蔵大臣・浜口雄幸および海軍大臣・財部彪より総理大臣若槻礼次郎宛）付属資料（国立公文書館所蔵『公文類聚』第50編、大正15・昭和元年、巻17［2A-12　類1573］）。
「小計」欄より上の金額（アミ掛け部分）は、1924年6月の「損害補償額調書」に同じ（国立公文書館所蔵『公文別録』2A-1　別240）。

原注：1）「大口径砲関係ノ設備ハ海軍ニ於テ之カ全価ヲ補償シ現物ノ引渡ヲ受クルコトトセリ」。
2）「純銑鉄製造特設設備」（2,867,137円）の7割。
3）「利用不能ノ建物及機械（此ノ価格ハ1,824,652円）ニ就キ其ノ寿命年数ヲ十ケ年残骸価格ヲ一割トシ既往注文年数四ケ年ハ会社自ニ償却ヲ要スルモノトシテ」計算。

注：原史料の千円未満を四捨五入した数値を表記したため、合計欄の千の値が一致しない場合がある。

ある。

「特設設備ノ補償」のうち「特設設備未償却額」は、「海軍ノ勧告ニ因リ各会社ノ準備シタル特設設備」で勧告取消のために全く不用もしくはほとんど利用の価値がなくなった固定資本の価格であり、各会社が要求した補償額の最も中心的なものである[20]。しかし、政府側は、これを「特設設備ノ補償」の直接の算出基礎とはせず、次の算出方法を採用した。すなわち、日本製鋼所の一部、大倉鉱業、帝国火薬の三件を除き、「特設設備ノ補償」の算出基礎を各社の「注文取消額」の一〇〇〇分の二五とする[21]。

日本製鋼所の一部の「特設設備ノ補償」については、特別の方法が考慮されている。つまり、「大口径砲関係ノ設備」は、以後全く不用となるとの理由で、海軍がほぼ全額を補償して「現物ノ引渡ヲ受クル」という方法である（表10－1原注1)参照)。一九二六年成立の軍縮補償法第五条は、主としてこの場合を想定した条文として付加されたものだが、すでに二四年時点の海軍省案でこの方法が考慮されていた。

大倉鉱業と帝国火薬の場合は、八八艦隊案成立以前の設備でありながら[22]、海軍の勧告に基づいて準備した設備が全く不用になるという点では前記日本製鋼所の一部の設備と同じと判断し、それらの「特設設備」の価格のうちから各会社が償却すべき分（二割・四割）と「残骸価格」（一割）をそれぞれ差引き算出されている（表10－1原注2)3)参照）[23]。

議会における議論の詳細は略すが、以下の諸点が論点となった。法律上の義務がないのに補償すべき理由、法案提出までに長期間かかった理由、八八艦隊案成立以前の「特設設備」も含める理由、補償事項は「物」（特設設備）のみか、「人」（解傭職工）も含めるか、算出方法・根拠に対する疑問、等である。

結局、衆議院において、各社補償金額は特設設備の損害額を基準とすべきとの付帯条件がつけられ、法案第二条の補償金総額が二〇〇〇万円以内に減額修正された（貴族院は衆議院修正原案を可決）。

実際の各社の補償金額は、法律施行後、「補償審査会」の議を経て決定されたが、その結果は表10－2に示すとおりである。

本表の「補償請求額」は、前表の「特設設備未償却額」にほぼ同じである（大倉鉱業のみ若干増額）。これは、補償事項を特設設備に対する物的補償のみに限定したことによる（前表の「解傭職工救済」の項目消滅）。補償額の査定方法は、詳細は定かではないが、議会での付帯決議に基づき、各社に対する取消工事の種類および将来注文予定工事の有無を考慮のうえ、特設設備の実状に照らして査定したものである。

表10-2　軍縮補償・各社別補償額

（単位：千円、割合％）

会社名	補償 請求額	補償 査定額	査定 歩率（％）	実際 補償額	［備考］注文予定工事
川崎造船所	9,599	2,386	25	2,370	主力艦
三菱造船所	13,605	2,414	18	2,396	主力艦
浦賀船渠	2,288 1)	453	20	450	巡洋艦および駆逐艦
石川島造船所	1,270	166	13	165	敷設艦および工作艦
横浜船渠	7,031	402	6	399	駆逐艦
藤永田造船所	1,648	191	12	189	駆逐艦
浅野造船所	778	503	65	500	航空母艦
日本製鋼所	14,052	7,770 2) 2,052	70	7,770 2) 2,037	主砲、副砲、水圧喞筒、魚雷気室、発射管等
住友伸銅所	5,636	400	7	398	気缶、復水器管板、タービン翼ほか
大阪製鎖所	224	52	23	51	主力艦用錨、錨鎖、付属品等
大倉鉱業	2,940	2,001	68	2,001	低燐銑鉄
神戸製鋼所	2,431	349	14	347	軸類、発射管、空気圧搾ポンプ等
帝国火薬	2,502	927	37	926	無煙火薬
合　計	64,005	20,067	31	20,000	

出典：大蔵省編纂［1956］849～850頁、日本製鋼所［1968］331頁。
注：原史料の千円未満を四捨五入した数値を表記したため、合計欄の千の値が一致しない場合がある。
1）日本製鋼所［1968］によると2,286（千円）であるが、表10-1に基づき訂正。
2）「無償譲渡設備」に対するもの。

この方法で算出された各社の「補償査定額」は、前表の「特設設備ノ補償」の「決定額」とは少し異なる（三菱・川崎両造船所、大倉鉱業、神戸製鋼所の四社が若干減額、残り九社は金額の幅は異なるがいずれも増額）。なお、「補償査定額」合計は二〇〇〇万円を若干越えるため、各社「実際補償額」は「補償査定額」から微調整されているものが多い。

この軍縮補償については「露骨な資本救済」との指摘が早くからなされているが[24]、補償金が交付された会社にとってどのような意味を持ったのかは、今まで十分考察されてこなかった。そこで、次に各社別補償額の内容にやや立ち入って検討しておこう。

まず、同表の「実際補償額」は各社「補償請求額」をかなり下回り、「査定部率」の平均は三一％である。各社別の補償額について注意すべき諸点は以下のとおりである。

①主力艦建造二社（三菱・川崎）が当然のことながら多額の補償額を得ている。

もっとも、「査定歩率」は一八％、二五％と平均三一%よりかなり低い。しかしながら、これについては、元々の両社の請求額が過大であったと思われるだけでなく[25]、軍縮補償金額が決定される頃にはすでに両造船所に対する補助艦艇が発注されており（三菱に「加古」「青葉」、川崎に「古鷹」「衣笠」）、これら補助艦艇発注が「軍縮補償」の意味をも併せ持つことを考慮する必要がある[26]。

②最大の補償額は日本製鋼所である（「査定歩率」も最高の七〇%）。これは日本製鋼所に対して特別な補償方式をとったことに基づく。すなわち、同社の大口径砲関係設備は軍縮補償金の受領と引き換えに政府（海軍省）に「無償譲渡」するというものである（当該設備は形式上政府所有とするが、工場内に存置）。つまり、一方で、日本製鋼所は高額な軍縮補償金を得るとともに、他方、海軍は日本製鋼所の大口径砲関係設備の温存をはかったのである（事実、同設備は後に再び日本製鋼所において使用され、稼働する[27]）。

同所の大口径砲等関係設備の「価額概要」は、表10－3に示すとおりである。表に見られるように、大口径砲等関係設備（少額の広島工場分を含む）の「補償額」は同「原価」の全額に近い（九五%！）。

表10－3　日本製鋼所・大口径砲等関係設備（価額概要）

（単位：千円、千円未満四捨五入）

		原価	補償額
室蘭工場	建物関係	2,116	2,056
	機械器具関係	5,914	5,565
	小　計	8,030	7,621
広島工場	機械器具関係	154	149
合　計		8,184	7,770

出典：海軍艦政本部総務部第二課『軍縮ニ依ル損害補償ノ条件トシテ株式会社日本製鋼所ヨリ無償譲渡物件ニ関スル書類綴』（日本製鋼所本社所蔵）。

原注：「原価ハ帳簿価格ニシテ償却セルモノナリ」。

③大倉鉱業（低燐銑鉄）と帝国火薬（無煙火薬）の場合は、前述のように八八艦隊案成立以前の設備に対する補償であった点が他の一一社と異なるものであり、「軍縮補償」本来の趣旨からは外れている。しかし、政府による軍縮補償法案提出時の説明によれば、「海軍軍備補充計画」を八八艦隊案より広義に解して、政府の「勧告」に基づき設備等の準備を行った会社を含めたという[28]。

しかも大倉鉱業への補償金額は多額であり、「査定歩率」六八%も日本製鋼所に次ぐ高い数値である。大倉鉱業の場合、第一次大戦勃発に伴う低燐銑鉄（主としてスウェーデン木炭吹き低燐銑鉄）輸入途絶という事態のもとで、海軍の強い要請を受けて急遽山陽製鉄所（広島県大竹）を設立して「純銑鉄」（燐分・硫黄分ともに極小）製造を試みた。[29] 大倉は、この「純銑鉄」製造諸設備（「満州」本渓湖選鉱工場および団鉱工場も含む）建設に要した固定資本総額約二九四万円に対して、二〇〇万円余の「軍縮補償金」を受領したのである。大倉鉱業は、この「軍縮補償金」受領により経営的打撃を免れたのみならず、[30] 本渓湖諸設備が残存したので、その後の本渓湖コークス吹き低燐銑鉄製造の足がかりも得ることになる。[31] このことは政府・海軍が低燐銑鉄の「勢力圏内確保」を強く望んだことの表れであろう。

④浅野造船所に対する補償金額の「査定歩率」六五％も高いことに注意しておこう。同所に対する補償対象は、「備考」に示されているように、航空母艦である。同所は新興の造船所であるが（浅野総一郎により一九一六年設立、当初資本金三七五万円）、第一次大戦期の船舶価格急騰下に独自な営業方針の下に急成長を遂げている。[32] 海軍は、そうした同所に航空母艦「鳳翔」の船殻のみの建造を委ね（一九二〇年一二月起工、二一年一一月進水、以後の艤装工程は横須賀海軍工廠が担当[33]）、軍艦建造の積極的助成をはかった。同所は、「鳳翔」引き渡し後、さらに一隻の航空母艦建造を行う予定であったところ、軍縮条約調印に伴い、既設設備不用・熟練職工の解雇を余儀なくされる。[34]「軍縮補償」の同所に対する「査定部率」の高さは、海軍の航空母艦建造方針に迅速に応じて増設した諸設備の多くが「不用」になったと「査定」されたものと推察される。

4 「軍縮下の軍拡」

ワシントン海軍軍縮条約調印は、米英日等の微妙なバランスの上に成立したがゆえに、条約成立直後から新たな「軍拡」が開始される。条約では制限されなかった補助艦艇建造競争、とりわけ大型巡洋艦建造競争が、ワシントン会議から三年も経たないうちに主要海軍五カ国により行われるが（とくに日米英三つ巴の建艦競争）、その先陣を切ったのはほかならぬ日本海軍であった(35)。

もちろん、ワシントン軍縮により日本も過大な財政負担は免れることになり、海軍費は一九二二年度に著しく減少した。海軍軍縮による主力艦の廃棄、製造中止に伴う軍艦建造費（艦艇製造費）の減少が主たる要因である。しかし、八八艦隊計画中止に伴う「不用額」が他の艦に流用されている（とくに大型巡洋艦と駆逐艦に(36)）。すなわち、予算化された艦艇の金額を減らしてまで予算化されていない新計画の艦艇にも流用したのであり、補助艦艇を中心とする新たな軍拡が開始されたことを反映している(37)。

帝国国防方針の第二次改訂も行われた（一九二三年）。そこでは米国が第一の仮想敵国（日本陸海軍全体の）とされ、海軍については「漸減邀撃《ようげき》」作戦構想が具体化された。以後、日本海軍は、「漸減邀撃」作戦に基づき大型巡洋艦（一等巡洋艦、重巡洋艦）と潜水艦（索敵と「漸減」を担当）の開発に力を注ぐことになる(38)。

実際、一九二二年以降、巡洋艦・駆逐艦・潜水艦の建造ペースは衰えていない(39)。

なお、補助艦艇建造競争の過程で、海軍は工廠よりも民間造船所へ優先発注していること（関連兵器機器類も同様）に注意しておきたい。海軍は深刻な不況下に民間会社の兵器関連設備の温存をはかったものと思われる（この点第9章をも参照のこと）。とくに注目されるのは、加古級重巡洋艦建造を川崎造船所（「古鷹」「衣笠」）、三菱長崎造船所（「加古」「青葉」）に発注していることであり、これは前述のように、主力艦廃棄に伴う民間造船所に対する損害補償をも兼ねた一石二鳥の政策でもあった。

また、巡洋艦の魚雷作戦が重視された。とくに魚雷発射管の数と大きさ（炸薬の量多く破壊力大）などである(40)。このことと関連して、新兵器関連製造の動向にも予め注意しておきたい。魚雷（呉工廠と三菱長崎兵器製作所）、航空機（三菱航空機、川崎造船所）などである。

5　財閥系兵器関連企業の動向

以上のような第一次大戦期の海軍軍拡期（大戦直後期を含む）および大戦後の「軍縮」期（「軍縮」下の「軍拡」をも含む）において、民間兵器関連企業はどのように対応したのであろうか。以下、まず軍艦建造について別個に示したうえで、財閥別に三菱・三井・住友・大倉について検討しておこう。

(1)　軍艦建造中心の川崎造船所――三菱造船と対比して――

第一次大戦期（および大戦直後期）の海軍大拡張期には、海軍工廠とともに民間の大造船所が艦艇建造を積極的に担ったことは言うまでもない。その中心が三菱・川崎両造船所であり、八八艦隊計画においても海軍は三菱・川崎両造船所の大艦建造能力に期待した。それゆえに「軍縮補償」においても両造船所が多額な補償金を得たが、それだけでなく、軍縮下の補助艦艇建造競争の過程では、海軍は民間造船所への優先発注をはかり（前述、第9章をも参照）、両造船所の温存をはかった。

そこで、まずは既存研究の成果を利用しつつ、川崎造船所の特徴を三菱造船（長崎造船所中心だが神戸造船所も含む）との対比で示しておく。

三菱・川崎両造船所ともに第一次大戦期には飛躍的に発展するが、川崎造船所の商船分野での急速な発展の特徴は、いわゆる「ストック・ボート」（見込船）の建造にあり（同社はさらに自ら海運業に進出して川崎汽船を設立）、そのことが大戦後の海運不振の影響をまともに受けて経営危機をもたらす要因となったことは周知のとおりである(41)。

しかしながら、川崎造船所は、第一次大戦期の深刻な鋼材不足に直面して鉄鋼材自給を計画し、兵庫工場拡充のみならず新規に葺合工場を建設して艦船用鋼材製造目的の一大製鋼所を完成させたことは注目される[42]。その間、同所は二次にわたる「日米船鉄交換」に積極的に参加することにより造船用鋼材の調達をはかっている[43]。

川崎造船所は、三菱長崎造船所と並んで、日本海軍の主力艦建造を担う民間人造船所の代表格であり、大戦直後においては未だ八八艦隊計画関連の厖大な海軍需要に支えられており、造船用鋼鈑製造を主目的とした葺合工場は、戦後恐慌下においても「頓ニ殷賑ヲ来シ」、一九二二年頃までは「艦船用軟鋼鈑及高張力鋼鈑ヲ多量製作」した[44]。つまり、川崎造船所は、商船建造不振下に軍需依存への傾斜を強めたのである。

川崎造船所は、軍縮条約調印に伴い、戦艦（竣工目前の「加賀」）および工事途上の巡洋戦艦一隻の建造中止等の打撃を受け、以後艦艇建造量も激減するが、同所は条約による制限を免れた補助艦艇を多量に受注し得たため[45]、当面の経営危機を凌ぐことができた。

つまり、川崎造船所は、商船建造分野では惨憺たる状態に陥りつつも、艦艇建造量においては三菱造船に匹敵ないしは上回る程であった。すなわち、両社の艦艇建造内容を比較検討した研究によれば[46]、一九一九年から二六年の建造艦艇量は、三菱造船が三七隻、約一一万六〇〇〇トンであったのに対して、川崎造船所は三五隻、一六万五〇〇〇トンであった。しかしながら、川崎造船所の排水トン量の優位性は、質的には優位性を示すものではなかった。艦艇建造の内訳に立ち入ってみると、戦艦は両社同じだが（いずれも一隻、三万九九〇〇トン）、三菱造船の場合は、巡洋艦、駆逐艦、潜水艦の比率が高いのに対して、川崎造船所の場合は、特務艦の比率が相当大きかったのであり、その特務艦はトン数（排水量）では大きかったものの、建艦工事という点から見ると、作業額でも利益額でもさほど大きな割合を占めてはいなかった。それゆえに、建艦量の面で川崎造船所が上回っていたとはいえ、そのことが同所の軍艦建造面での経営成績の優位性を示すものとは言えなかったのである[47]。

また、「軍縮」以降の「過剰生産能力」に対する対応として採った方策も、三菱造船と川崎造船所とでは対照的であった。

三菱の海軍拡張関連への投資については詳しくは後述するが（とくに長崎兵器製作所、長崎製鋼所等）、「軍縮」後には全体的には不採算部門を切り捨てていることが特徴的である（製鋼部門閉鎖、電機工場を三菱電機に譲渡）。ただし、長崎兵器製作所は温存しており、むしろ三菱造船の作業収入の一割強を担うまでに成長している(48)。

それに対して、川崎造船所は、商船建造部門不振のもとで海軍艦艇建造への依存を強めていただけに、「軍縮」による打撃は大きく、しかも、「軍縮」下において不採算部門の徹底的な整理を行うことなく、むしろ三菱とは逆に既存設備の温存を図っている。製鋼部門については、葺合工場（厚鈑・中鈑製造）中心に艦船用鋼材自給を推進していたのであるが、その葺合工場で余剰となった厖大な鋼鈑製造設備の活用をはかるべく薄鈑製造への進出を図った（一九二四年製造開始、当初生産能力二万トン、その後さらに一〇万トンに増大したが、実際生産高は一九二七年の四万九〇〇〇トン止まりで当時の薄鈑輸入高は一九万トン前後(49)）。さらに、川崎造船所は飛行機部門にも進出を図り、専門工場を建設して生産態勢を整えようとした。こうした薄鈑生産への進出と飛行機生産態勢の整備は、ともに新たな多額の投資を必要とした。その金額は不詳だが、一九二二・二三年には同社固定資産総額は九〇〇万円も増加しており、同社の資金事情が悪化しているもとで（注(47)参照）、さらに多額の追加投資を行ったのであり、薄鈑も航空機も同社の収益に貢献するようになるのは一九二〇年代後半以降のことであり、結局は、同社はその間に資金的に行き詰まってしまう(50)。

(2) 三菱財閥——長崎造船所中心の兵器・造船・鉄鋼生産——

次に三菱財閥についてであるが、三菱の重工業部門は従来から長崎造船所中心の製造体制であり、兵器関連産業でも同様であった（図10-1参照）。

そこで、以下では長崎造船所と密接に関連して推進される魚雷製造と鉄鋼材生産について記すことにする。

①長崎兵器製作所

長崎兵器製作所は民間唯一の魚雷製造工場として注目されるが、同所については、海軍の積極的勧奨により設立されたこと以外に、その経緯等はほとんど知られていない。その主な理由は史料欠如によると思われる[51]。そこで、極めて重要と思われる一次史料[52]に基づき、同所設立経緯と魚雷製造の要点を記しておく。

第一次大戦前には海軍工廠においても魚雷製造は緒についたばかりであったが[53]、大戦期の海軍拡張に伴い、海軍当局者は、従来の海軍工廠の製造能力のみでは到底需要を満たし得ないので、民間工場培養の必要性を痛感した。一九一六年初頭、海軍艦政本部長（村上格一中将）が当時三菱合資会社社友であった武田秀雄予備海軍機関中将に諮り、三菱合資社長岩崎久弥と相談の結果、魚雷製作所設立を決め（工場建設地長崎市茂里町、付属発射場大村湾）、三菱合資会社長崎造船所の一分工場として着工した（同年七月）。

これに先立ち取り交わされた覚書「魚雷製造ニ関スル件」（同年三月一七日海軍艦政本部長中野直枝より三菱合資会社岩崎久弥宛）によると、二年以内に年間約一〇〇個の一八インチ魚形水雷を製造できる工場を完成すること、工場の設備は二一インチ魚形水雷をも製造できる能力を具備して将来拡張の余地を残すこと、艦政本部長は工場完成後毎年予算の範囲内で一八インチ魚形水雷約一〇〇個を購入すること、ほか価格、代価支払方法、検査などが定められている。

なお、三菱の計画とほぼ同時期に、神戸製鋼所も海軍技術本部長に対して魚雷製造所創設を申し出ているが（一九一六年二月八日）、海軍としては同所の申し出自体は歓迎しつつも、技術者の供給ができないことなどを理由にあげて、婉曲に断っている[54]。

図10-1　三菱財閥の造船・鉄鋼・兵器関連諸企業系統図（第二次大戦終了前まで）

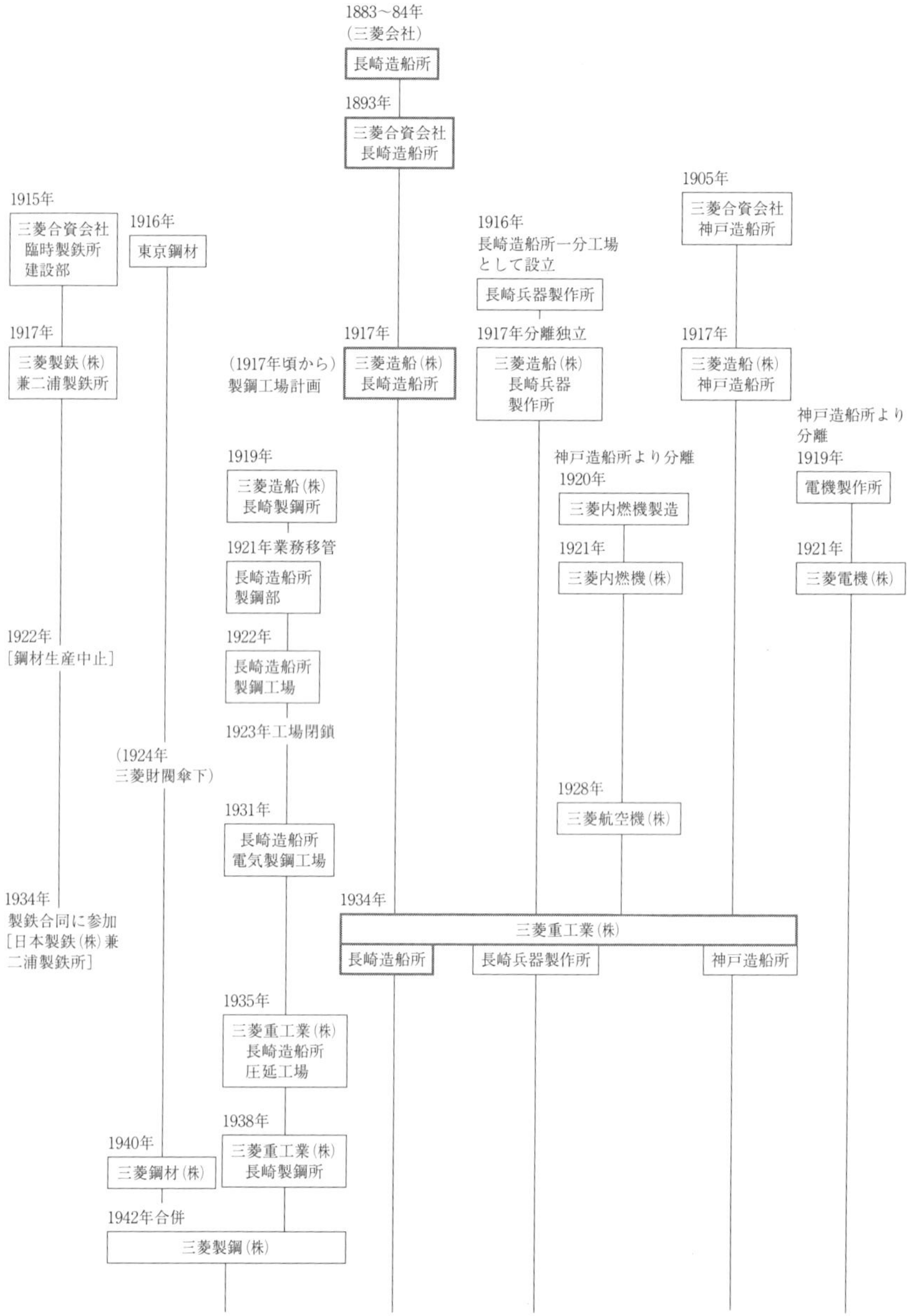

出典：各社社史類（稿本を含む）より筆者作成。

三菱の魚雷製造工場は、一九一七年三月には建築工事ほぼ完成し、長崎造船所分工場から三菱合資会社長崎兵器製作所として分離独立した（同年一一月三菱合資会社造船部から三菱造船株式会社独立に伴い三菱造船株式会社長崎兵器製作所となる）（図10－1参照）。そして、それに先だち顧問として招聘していた呉海軍工廠水雷部長（竹村伴吾）を長崎兵器製作所の所長として就任させ、業務を統括させた。

一九一七年六月、初めて海軍省注文の魚雷製作工事を開始した（同年八月設立登記完了、資本金一二〇万円）。また、翌一八年四月には魚雷発射試験場の建築・機械類据付けも終わり、魚雷発射作業も開始した。同年七月、佐世保海軍工廠に五個の魚雷を納入した（長崎兵器製作所設立後初の魚雷納入）。

以後海軍省の注文は増加傾向にあり、魚雷年産三〇〇個への増加希望に基づき、二年間（一九一八年一一月から二〇年一〇月）の第一次拡張計画をたてて一九年一月より工事開始し、さらに（第一次拡張計画中に）二〇年一月から第二次拡張計画に着手するというように、急速な拡張を実施した。第二次拡張については、時あたかも「四四式」四五センチ（一八インチ）魚雷から新式五三センチ（二一インチ）「六年式」魚雷の転換期に当たっていたので、海軍当局は長崎兵器製作所に対して五三センチ魚雷年産八〇〇個の製造を要求していた。しかし、この海軍側の要請は、当時の長崎兵器製作所の設備能力を遙かに超えるものであったので、長崎兵器製作所としては直ちに引き受けることができず、所長（竹村伴吾）から海軍艦政本部艦政局員（桜井真清大佐）に対して確認（一時的な注文では困ることなど艦政局側に記録が残るようにしてもらいたいこと）を求めたうえで、二〇年一月に第二次拡張予算（一九〇万円）を計上した。こうして、長崎兵器製作所は、一九二二年にわたる大拡張工事の結果、五三センチ魚雷年産八〇〇個の設備能力を有するに至った。

ワシントン海軍軍縮後も、魚雷の製造は減少することはなく、海軍としてはむしろ補助艦艇競争下に巡洋艦の魚雷作戦を重視しており（前述）、長崎兵器製作所に対しても一層の魚雷増産を要請したので、同所はさらに第三次拡張工事を実施した（一九二二年一一月〜二四年一〇月）。二三年から二五年に至る期間は長崎兵器製作所にとっては「全盛期ト称スベキ時代」であり、魚雷注文量激増して全力を挙げて生産に努力した結果、作業収入高も巨額に達し、業績も相当の成績を挙げ得た。以後の詳細は略すが、長崎兵器製作所は、二六年までは拡張工事を続け、同年末をもって「帝国海軍ノ希望ノ全部ヲ充足スルニ足ル工事ヲ施工完了」した。

つまり、三菱・長崎兵器製作所は、大戦後の海軍による魚雷作戦重視を受けて、「軍縮」後も積極的設備拡張・増産を行うことができたのである。

②鉄鋼材製造分野

三菱財閥は、第一次大戦期の深刻な鋼材不足（艦艇・商船とも）のもとで、鋼材自給計画を積極的に推進した。すなわち、三菱製鉄（兼二浦製鉄所）と長崎製鋼所である。

三菱製鉄・兼二浦製鉄所については、同所は元々朝鮮における鉄鉱資源確保を前提として銑鉄製造計画を建てていたものであったが、第一次大戦期の造船用鋼材不足に直面して製鋼・圧延設備（大形・厚鈑製造設備）をも擁する銑鋼一貫計画として立案し直し、主として長崎造船所で使用する造船用鋼材、しかも主として海軍用の高張力鋼材製造を試みることになったものである。実際、一九二二年上期には海軍艦艇用高張力鋼鈑の製造を開始した。三菱製鉄（兼二浦）の製鋼部門が海軍艦艇用鋼材生産を主目的としたということは、ワシントン海軍軍縮の影響を直接的に受けることをも意味した。事実、海軍軍縮に伴い、二二年五月には鋼材受注が「殆ド杜絶」という状態となり、遂に鋼材工場の作業中止（大形・厚鈑両工場とも）を余儀なくされた。もっとも、三菱製鉄は、休止した設備を廃棄することなく、遊休設備のまま維持している（銑鋼一貫設備は有しつつ銑鉄生産のみ行い、製造銑鉄を外販する状態が後の日本製鉄設立・参加まで持続）[55]。

長崎製鋼所については、工場建設計画自体が三菱長崎造船所内部より出ていることにまず注意しておきたい。すなわち、長崎造船所は、大戦期における造船主要材料の鉄鋼入手不円滑化のもとで鉄鋼材の自給自足の方途を講じるとして、自社製鋼所設立を急務と本社（当時三菱合資会社）に具申したところ、前記兼二浦製鉄所とも相俟って「時宜に適したる処置」として認許され（一九一七年三月）、同年一〇月には具体的な設計案を作成、翌一八年四月建設工事を開始し、一九年四月末に竣工した（五月一日三菱造船㈱長崎製鋼所として独立、営業開始）。[56]

つまり、長崎製鋼所は、直接的に長崎造船所用鋼材自給を企図したものである。[57] 兼二浦製鉄所の鋼材圧延設備が大形・厚鈑用であったのに対して、長崎製鋼所は鍛錬工場を建設して、大型艦船に必要な鍛鋼品供給に不便なきことを期していることが特徴的であり、[58] 兼二浦製鉄所と相俟って、長崎造船所で建造する大型艦船の鋼材自給の実現を期したものと言える。[59]

長崎製鋼所は、第一次大戦終了後も海軍拡張が引き続く限り活況を呈した。すなわち、一九一九年度は創業当初にもかかわらず「可なりの利潤を計上」し、また、長崎造船所が戦艦「土佐」（八八艦隊案に基づく）などの艦艇建造により「依然として繁忙を極め」ていたため、長崎製鋼所も順調な成績を辿っていた。[60]

つまり、長崎製鋼所も兼二浦製鉄所同様、海軍拡張に依存しただけに海軍軍縮の打撃をまともに受ける。すなわち、一九二一年度にはほとんど赤字同然となり、[61] 同年八月末、同所は長崎造船所に吸収されて同所製鋼部となり（二二年五月さらに事業縮小して同所製鋼工場と改称）、二三年一〇月末には工場閉鎖を余儀なくされる[62]（図10－1参照）。

以上のように、三菱財閥の鋼材部門は、兼二浦製鉄所、長崎製鋼所ともに、長崎造船所用の造船用鋼材（しかも主として艦船用鋼材）自給計画に基づくものであったがために、造船不況と海軍軍縮による打撃を直接的に受けて鋼材生産の中止を余儀なくされるのである。そして、三菱財閥は海軍軍縮に伴い、方針転換し、造船用鋼材については、財閥内自給ではなく、外部からの購入方針に切り替えたと思われる。[63]

(3) 三井財閥――日英合弁兵器鉄鋼会社・日本製鋼所――

三井財閥は当時三大財閥の筆頭格であったが、軍事関連分野への投資は三菱・住友に比較すれば少なかった。その中では日本製鋼所が海軍艦載砲および原料鋼材等を製造する「兵器鉄鋼」部門として極めて重要な位置を占めていた。しかし、日本製鋼所に対しても三井財閥がその当初から積極的に関わっていたわけではなかった。

すでに筆者が繰り返し指摘しているように、日本製鋼所は元々海軍のバックアップを受けて、北海道炭礦汽船（北炭）と英国二大兵器会社（アームストロング社およびヴィッカーズ社）の出資により設立されたものであり、三井財閥が関わりを持つようになるのは、北海道地方の石炭支配を企図して、北炭専務井上角五郎（日本製鋼所初代会長）を辞任に追い込み（一九一〇年四月）、北炭を傍系会社として支配下に置くようになってからのことである（とくに一九一三年一月以降[64]）。

つまり、三井財閥は北炭の再建過程（一九一〇〜一三年）を通じて日本製鋼所に対する関与も強めつつあったのだが、海軍や英国側株主との関係もあって日本製鋼所に対する経営支配力は十分とは言えず、第一次大戦直後の輪西製鉄所合併（一九一九年）により経営支配権を決定的にした（合併提案は大戦末期に英国側株主に提起され、英国側は情報を十分得られないままに承認[65]）。

日本製鋼所は、すでに大戦前から「金剛」同型艦積載の一四インチ砲製造に着手して、一九二〇年までの一四インチ砲製造量は呉海軍工廠を上回るまでに至っていた（質的にはさまざまな問題を抱えていたが）。日本製鋼所の主製品は艦載砲および砲架等関連商品であったので、日本製鋼所の受注高の動向は海軍受注に直接左右される[66]。そうした日本製鋼所にとって、ワシントン軍縮は大打撃となったが、前述のように、同所は「軍縮補償」において独特な補償方式により最多額の補償金を得ただけでなく、大口径砲関連設備も同所内に温存することができた。三井財閥は、軍縮補償要求には熱心であったものの、日本製鋼所の拡張政策や合理化には極めて消極的であった（「軍縮補償」をあてにして新市場開拓などもためらいがちと海軍側からも指摘される）。

こうした中で、海軍は、一九二三年八月以降ヴィッカーズ社代理人として活躍していた日本製鋼所取締役油谷堅蔵海軍少将（二五年六月取締役就任）とも協力して、日本製鋼所の役員人事に介入して、海軍少将水谷叔彦技術顧問（一四年一月から二一年一〇月まで日本製鋼所常務取締役）の常務取締役への復帰を実現した（二五年一〇月）。以後水谷常務主導のさまざまな経営改善策がなされ、とくに日本製鋼所室蘭・広島両製作所の役割分担や室蘭本社化構想などが推進されたが、水谷が重要かつ抜本的再建とした新市場開拓プラン（とくに輪西工場に薄鈑製造設備を建設する民需市場開拓プラン）は、三井による資金投入の消極性ゆえに採用されずに終わる。さらに、油谷の発案に基づき英国側株主から提起された日本製鋼所からの輪西製鉄所再分離の提案は、水谷常務を中心に実施を試みたものの、実際に実現した輪西分離（一九三一年）に際しては、英国側株主の提案は通らず、日本側（三井）の経営支配権が維持され、また、水谷常務も退任を余儀なくされる[67]。

つまり、ワシントン軍縮下においては、三井財閥としては、日本製鋼所に対する経営権を維持しつつも、英国側株主や海軍側の要望には必ずしも応えることなく、全体として消極的な経営策をとっていたものと言える。

(4)　住友財閥――「軍官需」依存の金属素材製造――

住友財閥の重工業部門は従来から素材中心である（住友鋳鋼所［製鋼所］と住友伸銅所［伸銅鋼管][68]）。住友鋳鋼所（製鋼所）製品は特殊な圧延品（外輪）のほか各種鋳鋼品・鍛鋼品だが、その製品は「鉄道用品」が主である。第一次大戦期・直後期には「兵器用品」も増大するが（一九一七年には販売額全体の四二％、二〇年二六％、二一年二三％）、これは一五年に着手された「車輪車軸製造及び大塊鍛錬設備起業」名の大設備投資の内容が、時局

工場）販路別販売高（1920〜26年）

（単位：千円、（　）内比率%）

道	輸出		その他		合計		（参考）尼崎工場販売額
（内）鋼管類		（内）鋼管類		（内）鋼管類		（内）鋼管類	
1,289（14）	1,284（5）	67（1）	6,090（26）	326（3）	23,735	9,556（40）	3,555
321（4）	359（2）	8（0）	3,361（18）	269（3）	18,607	9,249（50）	2,957
212（5）	247（2）	36（1）	4,009（33）	167（4）	12,166	4,505（37）	1,399
445（10）	428（4）	9（0）	3,955（34）	264（6）	11,660	4,422（38）	1,126
434（11）	668（5）	21（1）	5,035（41）	229（6）	12,205	3,826（31）	1,742
427（14）	1,209（11）	1（0）	5,096（45）	291（10）	11,294	2,978（26）	2,016
595（21）	1,009（9）	7（0）	5,121（46）	279（10）	11,279	2,825（25）	1,894

販売高全体に占める比率。

柄鉄道用品が繰り延べられ、艦船用大型クランクシャフト類が重点とされたためだが（「造船用品」の販売割合も一九一八年一八%、一九年には一六%）、大戦後には「鉄道用品」生産への集中という経営方針が明確に採用され、販売割合でも「鉄道用品」が大きな割合を占めた（二三〜二六年には七〜八割）。とくに鉄道用車輪・車軸類は同社の独占分野である。主たる納入先は鉄道省であり（南満州鉄道、朝鮮鉄道への納入品も積極的に開拓・生産）、住友製鋼所の「鉄道用品」中心の「官需依存」体質が形成されてゆく（「兵器用品」も減少したとは言え一割弱を維持しており、「鉄道用品」と併せると八〜九割）。

　これに対して、住友伸銅所（伸銅鋼管）の鋼管事業は、明治末の鋼管事業開始（同所は元々伸銅事業から出発）当初から呉海軍工廠との緊密な連携のもとに行われており、その後も第一次大戦期の飛躍的発展期を通じて同社の鋼管販売高は「艦船用」が一貫して過半を占め（同じく鋼管事業であってもガス管・水道管素材等の一般民需中心の日本鋼管㈱とは対照的）[69]、大戦直後には「八八艦隊案」に対応して大径鋼管製造設備を増設したので（一九二〇年八月）、同年の鋼管販売高中の海軍の占める比率は一層高まる。安治川工場鋼管販売金額中、二〇年には七九%、二一年には九〇%と圧倒的な比率を占める（伸銅事業を含む安治川工場全体の販売金額中の海軍の占める割合は五五%［一九二〇年］、七三%［二一年］）[70]（表10-4参照）。こうした海軍向

表10－4　住友伸銅所（安治川

	海　軍		民間造船		陸　軍		鉄
		（内）鋼管類		（内）鋼管類		（内）鋼管類	
1920	12,936（55）	7,589（79）	1,997（8）	214（2）	118（1）	72（1）	1,310（6）
1921	13,543（73）	8,289（90）	725（4）	170（2）	246（1）	193（2）	372（2）
1922	7,175（59）	3,923（87）	281（2）	60（1）	196（2）	108（2）	259（2）
1923	5,973（51）	3,463（78）	587（5）	166（4）	219（2）	75（2）	498（4）
1924	5,437（45）	2,930（77）	326（3）	79（2）	257（2）	133（4）	482（4）
1925	3,879（34）	2,064（69）	515（5）	121（4）	136（1）	73（3）	460（4）
1926	3,607（32）	1,730（61）	644（6）	156（6）	228（2）	57（2）	671（6）

出典：『住友金属工業株式会社五十年史』（未定稿）第五分冊（尼崎工場のデータのみ第四分冊）付表より作成。
注：比率は安治川工場の販路別販売高それぞれの合計を100とする比率。ただし「鋼管類」合計の比率は安治川工場

け販売高の増大（とくに鋼管類増大）により、一九～二一年度の住友伸銅所営業成績は、尼崎工場[71]の多額の損失にもかかわらず、全体として「純益」を計上し続けた。

このように、住友伸銅所（伸銅鋼管）の鋼管事業は海軍艦艇用鋼管を中心とするものであっただけに、海軍拡張が続く限り大戦直後の不況期にあっても「活況」を呈したが、ワシントン軍縮後は逆に鋼管事業の急速な縮小を余儀なくされる。もっとも一九二〇年代半ばにおいても、住友伸銅所の鋼管事業は、海軍向けは販売金額で過半を占めており（六九％［二五年］、六一％［二六年］）、「軍縮」下の軍需に応ずる鋼管事業として存立し続けた。

しかも、先に見たように、住友伸銅所も八八艦隊案に対応した諸設備（大径鋼管製造設備等）増設を理由に「軍縮補償金」を受領しており（同所の「査定部率」が比較的低いのは軍縮後もそれら諸設備が使用可能と「査定」されたためと推察される）、同所は業績不振の当該時期に受領した補償金（三九万八〇〇〇円弱）を各種償却財源に充当した[72]。

なお、同所は、桜島工場および尼崎東工場建設により（一九二五年以降の安治川工場移転計画に基づく）伸銅部門を桜島工場に移転するとともに、鋼管部門を尼崎に統合した（二七年末～二九年初頭）[73]。参考のために、二八・二九年以降の住友伸銅鋼管の販路別販売高も掲出しておくが（表10－5(a)(b)）、(a)の「桜島工場」製品は二八年も含めてほぼ銅製品関連で鋼管類を含まず

表10-5（a） 住友伸銅鋼管（桜島工場）販路別販売高（1928～33年）

（単位：千円、（ ）内比率%）

	海軍	民間造船	陸軍	鉄道	輸出	その他	計
1928	2,317（27）	487（1）	1,038（12）	118（1）	212（3）	4,323（51）	8,496
1929	2,644（27）	525（2）	903（9）	208（2）	456（5）	4,902（51）	9,637
1930	1,770（22）	377（1）	376（5）	96（1）	767（10）	4,700（58）	8,086
1931	1,266（19）	265（1）	639（10）	76（1）	702（10）	3,818（56）	6,765
1932	3,675（28）	262（1）	3,463（28）	92（1）	1,088（8）	4,410（34）	13,170
1933	7,350（32）	237（1）	5,609（24）	127（1）	1,550（7）	8,272（36）	23,147

出典：『住友金属工業五十年史』（未定稿）第七分冊付表（8）より作成。
注：1927年の数値はすべて不詳なので割愛。安治川工場の伸銅部門設備は1927年末より29年初頭にかけて桜島工場に移転完了。したがって、1928年のデータには一部移転前の安治川工場の数値を含む場合があり得るが、「冷間仕上鋼管」3,929（千円）（同上史料付表7記載）は、本表には計上されていない。
販路別比率は販売金額の千円未満を四捨五入する以前の数値に基づき計算。

表10-5（b） 住友伸銅鋼管（尼崎工場）販路別販売高（1929～33年）

（単位：千円、（ ）内比率%）

	海軍	民間造船	陸軍	鉄道	輸出	工業直需	問屋	計
1929	3,234（48）	377（6）	42（1）	979（15）	7（0）	1,120（17）	998（15）	6,757
1930	2,208（44）	318（6）	56（1）	544（11）	20（0）	784（16）	1,125（27）	5,056
1931	1,496（33）	214（5）	71（2）	363（8）	197（4）	735（16）	1,417（32）	4,493
1932	3,976（49）	214（3）	373（5）	449（6）	268（3）	976（12）	1,824（23）	8,080
1933	6,377（52）	714（6）	444（4）	531（4）	411（3）	1,573（13）	2,143（18）	12,153

出典：『住友金属工業五十年史』（未定稿）第四分冊付表より作成。
注：1927・28年の尼崎工場の数値は不詳。本表の数値は鋼管部門を尼崎工場に統合後のもの。
販路別比率は販売金額の千円未満を四捨五入する以前の数値に基づき計算。

（表注記参照）、(b)の「尼崎工場」製品は鋼管部門統合後のため、二〇年代末においても「海軍」向けが半ばを占める（もっとも岸本製鉄所以来の「問屋」向け比率も比較的多い[74]）。

(5) 大倉財閥——低燐銑鉄製造（山陽製鉄所および本渓湖煤鉄公司）——

大倉財閥は、すでに記したように、第一次大戦期に軍用鋼材製造に不可欠な低燐銑鉄輸入途絶という事態のもとで、海軍の積極的支援を受けつつ、低燐銑鉄（中でも燐分・硫黄分ともに極小な「純銑鉄」）製造を企図した。大倉鉱業山陽製鉄所の木炭吹「純銑鉄」の製造である。そして、この山陽製鉄所の木炭吹「純銑鉄」製造の企図は「八八艦隊案」予算通過以前のものであったにもかかわらず、前述のように、大倉鉱業はこの「不用設備」について「軍縮補償金」を得たのである。

大倉鉱業は、山陽製鉄所の木炭吹「純銑鉄」製造に加えて、さらに、「満州」本渓湖煤鉄公司におけるコークス吹き低燐銑鉄（「高級低燐銑鉄」）製造を海軍の強い要請を受けつつ推進した。当時、コークス吹き「高級低燐銑鉄」製造は至難とされていたが（日本が特殊鋼原料として輸入・使用していたスウェーデン低燐銑鉄も木炭吹き）、本渓湖炭はコークス用強粘結炭として優れていただけでなく、炭層によっては低燐の（さらに一部には硫黄分の少ない）石炭を産出できたので、「高級低燐銑鉄」用の低燐コークス製造が可能であった。つまり、本渓湖煤鉄公司は、本渓湖付近一帯の鉄鉱石と石炭とを原料として、木炭吹き「純銑鉄」に成分的に匹敵ないし近似し、かつ大量生産可能なコークス吹き「高級低燐銑鉄」製造を企図したのであり、実際、一九二一年八月には製造を開始することができたのである（当時世界希なコークス吹き「高級低燐銑鉄」製造に成功）。

表10-6　本渓湖低燐銑鉄・生産高

（単位：トン）

	高級低燐銑	普通低燐銑	計
1921	1,220	15	1,235
1922	—	—	—
1923	—	146	146
1924	—	420	520
1925	927	2,051	2,978
1926	—	—	—
1927	3,654	784	4,438
1928	3,790	485	4,275
1929	5,278	3,573	8,851
1930	5,667	372	6,039
1931	7,251	2,286	9,537
1932	17,678	277	17,955
1933	31,883	3,425*	35,308
計	77,348	13,834	91,182

出典：井門文三「本渓湖における低燐銑（純銑鉄）の製造に就いて」（『鉄と鋼』第21年3号、1935年3月）。
注：＊印、原史料の数値（2,425）を訂正。

しかし、ちょうどその直後にワシントン軍縮に直面したため、その製造は一時中止となり、前記山陽製鉄所も工場閉鎖となって（一九二一年五月）、大倉鉱業による「高級低燐銑鉄」製造は一旦途絶える。もっとも、同社が得た「軍縮補償金」二〇〇万円余は、先にも記したように、山陽製鉄所大竹工場の木炭吹き小高炉関係の設備だけではなく、「満州」本渓湖選鉱工場および団鉱工場も含むものとして査定されたので（「査定部率」六八％）、同社はそれら残存設備を活用することが可能となり、事実、一九二五年に本渓湖煤鉄公司のコークス吹き「高級低燐銑鉄」製造は再開

表10-7　本渓湖低燐銑鉄の「得意先別」契約高

（単位：トン）

得意先	1931年度	1932年度	1933年度
呉海軍工廠	3,100	7,400	11,500
日本製鋼所	1,430	4,450	8,000
住友製鋼所	2,236	2,600	3,150
神戸製鋼所	800	3,070	4,720
大阪砲兵工廠	1,300	200	3,800
その他	50（2）	556（8）	1,065（5）
計	8,916	18,276	32,235

出典：各年度「本渓湖低燐銑鉄得意先並号別契約内訳」（大倉鉱業資料［東京経済大学図書館所蔵］）より作成。
注：「その他」のかっこ内は取引先数。

される。ただ、「軍縮」下にはその大量需要は期待できず、「高級低燐銑鉄」生産高は二〇年代後半においては年間三〇〇〇～五〇〇〇トン台に留まらざるを得なかった（表10－6参照）。

その結果、本渓湖煤鉄公司の低燐銑鉄製造にとって有利な原料資源条件は生かされることなく、その製造銑鉄の多くも普通銑鉄用として供給することを余儀なくされる。本渓湖煤鉄公司による「高級低燐銑鉄」製造が盛んとなるのは、「満州事変」後の一九三〇年代のことである。同公司低燐銑鉄の主要販売先は三一年以降については明らかとなるので、参考のために三年間分だけ掲げておく（表10－7）。同公司の「得意先」は呉海軍工廠や日本製鋼所等であり、「高級低燐銑鉄」が主として軍用高級特殊鋼原料として開発されたことの意義（低燐銑鉄の「勢力圏内確保」実現！）を見てとることができよう。(75)

6　おわりに

以上、本章では、第一次大戦期に発展した海軍兵器関連産業（とりわけ財閥系民間兵器企業）がワシントン海軍軍縮と「軍縮補償」に対応してどのように再編されたのかを検討してきた。そこで明らかにした内容のうち、全体的に強調すべき要点と今後の課題を提示して、結びに代えたい。

まず第一に、八八艦隊案に呼応して設備新増設した民間兵器関連企業は、ワシントン軍縮による打撃を「軍縮補償」を得ることにより緩和することができた。「軍縮補償」の「査定部率」の高かった事例中には、当該設備の「存続」を前提とした特殊な補償方式を採用したケース（形式的に政府所有とする日本製鋼所の「大口径砲等関係設備」）や、八八艦隊案以前に計画された諸設備に対する補償をも含んでいる場合もあった（大倉鉱業による低燐銑鉄製造設備など）。こうした事例はいずれも海軍にとって必要不可欠な諸設備であり、後の再軍拡の際には再稼働を要請すると認識していたものとして注目される。

第二に、多額の「軍縮補償金」を得たものの「査定部率」は低かった事例の場合、「軍縮補償」のみを単独に切り離して評価するのではなく、「軍縮」下の「軍拡」とも関連して評価をすることが必要である（三菱・川崎両造船所に対する補助艦艇発注など）。

第三に、財閥系兵器関連企業の動向は、やはりそれぞれの財閥の特徴を反映している。総合財閥筆頭の三井財閥は当時は重工業関連には重点を置いておらず、傍系の北炭を通じて関わった日本製鋼所についても、従来の経緯から英国側株主との関係も良好とは言えず、海軍との関係でも積極的に関わったとは言えなかった。それに対して、三菱・住友両財閥は比較的重工業のウェイトは高く、前者は長崎造船所中心に軍拡・軍縮に迅速に対応し、後者は金属素材工業中心に海軍の需要に応じ、軍縮下にも軍需依存は継続した（とくに住友伸銅鋼管）。また、大倉財閥の場合は、大倉鉱業に見られるように、早くから「大陸」に進出して「満州」の資源を確保するとともに、海軍需要に積極的に応じ、低燐銑鉄製造を試みた（山陽製鉄所の木炭吹き「純銑鉄」および本渓湖コークス吹き低燐銑鉄）。

最後に、「国家総力戦」への「適応体制」、あるいは「軍器素材独立」の課題と「資源白給圏」の確保・拡大について、展望的に付言しておこう。

日本の場合、ワシントン軍縮下ないし一九二〇年代においては、「国家総力戦」認識が希薄であっただけでなく、「国家総力戦」への「適応体制」づくりは大幅に遅延した。一般重化学工業の国際競争力は欧米に比して未だ劣っており、とくに基礎素材としての鉄鋼業の生産力的劣位は否めない。そうした状況の下で、日本は、一方では「国内資源の貧困」を大陸進出によって確保することにより「解決」しようとする（「資源自給圏」の確保・拡大の追求）とともに、他方では、「総力戦体制」の根幹たる重化学工業の本格的育成を図ろうとする。しかし、その課題は、一九三〇年代の準戦時・戦時期に持ち越される。米国に比して重化学工業生産力決定的劣位の日本は「無条約時代」（あからさまな軍拡時代）に「国家総力戦」遂行が要請されるのだが、正にその頃に本格的な「重化学工業化」（「生産力拡充」政策）の推進を余儀なくされる。そうした時期の国家（政府・海軍）と財閥系民間企業との関係の考察については、別の機会に譲らざるを得ない。

注

（1）経済史的検討の不十分さは史料的制約によるところも大である。軍縮期前後の時期や関連分野も含めて研究史上重要と思われるものは、古典的な位置を占める小山弘健［一九七二］があり、陸軍工廠については、近年三宅宏司［一九九三］および佐藤昌一郎［一九九九］により実証水準が大きく引き上げられたが、海軍工廠については、横須賀・呉・佐世保・舞鶴の四工廠について所在地発行の市史編纂が進展し、呉については史料復刻も行われ（山田太郎ほか編［一九九六］、同［二〇〇〇〜二〇〇一］）、筆者も日露戦争期の海軍工廠については実態解明を試みたが（奈倉文二［二〇〇九］、同［二〇一三］第6章に補正収録）、第一次大戦後の軍縮との関連での研究は不十分である。なお、近年、千田武志が呉鎮守府・海軍工廠について精力的に研究を発表している（本書第9章もその一環）。

民間兵器関連会社についての研究は一層少なく、ほとんど個別的な会社史研究に留まっている。こうした中にあって、筆者は、海軍艦載砲および同鉄鋼材料の生産を行った日英合弁会社・日本製鋼所について、日英関係史の視点から経営内容にまで踏み込んで詳細に検討し（奈倉［一九九八］）、同書第6章では「軍縮補償」についても英国側株主との関連で初めて解明した。しかしながら、軍縮と民間兵器会社との関連についての本格的な検討は残された課題とされていた。

（2）「大艦巨砲主義」の盛衰については奥宮正武［一九八九］、日本海軍の戦略思想「大艦巨砲主義」「艦隊決戦主義」の簡潔な紹介と問題点については、寺谷武明［一九八一］一四五〜一四八頁、同［一九九六］六七〜六九頁、等参照。
（3）山田朗［一九九七］七二頁。
（4）「ポストユトランド型戦艦」は、攻撃力だけでなく艦全体の防御力をくまなく強化し、かつ、巡洋戦艦並みの速力を有した高速戦艦である。ユトランド海戦後、巡洋戦艦は側面防御とともに水平防御をも重視し、攻撃力・防御力ともに戦艦と変わらないほど大艦となり、他方、戦艦は砲力が優れていても劣速では決戦に参加できないので巡洋戦艦並みの速力が要求され、高速戦艦時代に突入した（寺谷武明［一九九六］七七頁）。
（5）以上の経緯については、山田［一九九七］七三〜七八頁。
（6）「八八艦隊案」は、新型戦艦（紀伊型）四隻、新型巡洋戦艦（八〜一一号艦）四隻を建造（戦艦「長門」「陸奥」「土佐」「加賀」と合わせて第一線戦艦八隻、巡洋戦艦「赤城」「天城」「愛宕」「高雄」と合わせて第一線巡洋戦艦八隻、これら新鋭戦艦八隻、巡洋戦艦八隻に既成の戦艦四隻（「扶桑」「山城」「伊勢」「日向」）、巡洋戦艦四隻（「金剛」「比叡」「榛名」「霧島」）が第二戦戦力としてひかえるという「八・八・八艦隊案」とも言うべきものであった（山田［一九九七］八〇〜八一頁、防衛庁防衛研修所戦史室［一九六九］二六七頁）。
なお、「八八艦隊計画」の起点は一九〇七年「帝国国防方針」（および「国防ニ要スル兵力」）に求められるのが一般的だが、鈴木淳［一九九二］は、名称は同じ「八八艦隊」であっても内容的には大きく変容したと言う。すなわち、一九〇七年の艦齢八年以下の一艦隊整備計画が、一九一四年以降に同じく艦齢八年以下の二艦隊整備計画として再登場し、海軍は実質的に倍増した構想を折からの財政好転、米艦隊拡張、議会支持を背景に予算成立させた、と。
（7）平間洋一［一九九八］第5章。
（8）山室信一［二〇一二］（とくに一五五頁以降）。
（9）第Ⅲ部序で記したように、第一次大戦期から陸海軍の研究は開始され（陸軍は一九一五年一二月臨時軍事調査委員会、海軍は同年一〇月臨時海軍軍事調査会設置）、「総力戦」認識は一部には生まれており、注目すべき先駆的なものとして、いち早く物的資源の動員の必要性の観点から「国防資源」の調査を行った陸軍参謀本部［一九一七］（当時参謀本部員歩兵少佐小磯国昭「編述」）などがあるが、総力戦思想の陸海軍全体への定着は遅れる。

(10) 軍需工業動員法が大戦末に急遽制定された事情については本書第11章（鈴木淳執筆）参照。

(11) 陸軍と国家総力戦との関わりに関する研究は比較的多い。後の軍ファシズムの形成との関連で国家総力戦思想を検討した安部博純［一九七三］（とくに第二編第一章）、軍需工業動員法や陸軍の軍拡・軍縮との関連で総力戦対策を検討した纐纈厚［一九八一］（増補復刊［二〇一〇］）、同［一九九九］、日本陸軍の総力戦構想を「一九二五年体制」との関連で検討した黒沢文貴［二〇〇〇］、「戦時経済思想」「戦時経済体制」の視点から陸軍の総力戦体制構築について検討した荒川憲一［二〇一一］、など。

海軍では、戦略戦術関係に秀でた山本英輔海軍大佐中心に検討され、とくに「正兵」としての高速主力艦の建造促進と「奇兵」としての駆逐艦・潜水艦の緊急装備の必要性が強調された点が注目される（斎藤聖二［一九八四］二〇～二二頁）。なお、荒川［二〇一一］は、海軍の総力戦対応についても「アウタルキー思想」との関連で検討している（第5章）。

(12) 「総力戦適応体制」とは、総体的な国家力量が戦争能力に反映するあり方を意味し、㈠大規模な兵力および産業動員への人的即応体制、㈡十分な軍備力とその基盤となる産業能力への物的即応体制の確立の両者を含むが（斎藤［一九八四］一六頁）、ここでは後者をとくに念頭に置いている。

(13) 斎藤［一九八四］二二頁。

(14) 奈倉［一九九八］二〇〇、二〇七頁。

(15) 加藤友三郎は、主力艦対米六割だけでは日本に不利だが、太平洋諸島の軍事施設の現状維持取決めをも考慮すれば「五分五分」と判断して「対米七割」論者（加藤寛治ら）を抑え、対米交渉に臨んだ。条約締結の結果、日本は旧式主力艦廃棄（一〇隻）、非武装練習艦への転換（三隻）、建造中主力艦の建造中止・廃棄（四隻）、航空母艦への改装（二隻）、起工準備中の建造取止め（八隻）がなされ、八八艦隊の内、戦艦二隻（「長門」「陸奥」）を除く戦艦六隻、巡洋戦艦八隻が葬り去られた（山田［一九九七］八九～九〇頁）。

(16) 室山義正［一九八六］六〇頁、小池聖一［一九八八］六九頁、山田［一九九七］九〇頁。

客観的な財政の持続可能性の判断基準として「ドーマー条件」を適用して八八艦隊計画を仔細に検討した小野圭司［二〇一二］も、加藤友三郎ら海軍首脳は、財政の持続可能性を念頭に置きながら八八艦隊計画を提起し、また、軍縮条約に同意したと結論づけている。

近年の研究は、ワシントン軍縮条約締結に際して日本側が米英の提案を最終的に受け入れたことを前記のように評価する見解が多いが、日本海軍は軍備制限問題を重視するあまり、ワシントン会議全体との関連、とくに四カ国条約締結＝日英同盟破棄の及ぼす影響に関心を示せず、軍備と同盟を総合的に捉える視点が希薄で両問題の背後に秘められた米英側のねらいを十分見抜けなかったことも指摘されている（黒野耐［二〇〇四］二〇〇～二〇六頁）。

(17)　海軍軍縮に関する日本工業倶楽部の対応、英米訪問実業家団の派遣については、竹村民郎［一九七一］一三一、一四五～一四七、一五三～一五五頁。

(18)　軍縮補償問題について、筆者はすでに日本製鋼所を中心に詳細に検討した（奈倉［一九九八］第6章）。以下の叙述も、断りなき限り、それに依拠している。

(19)　一九二四年六月案の補償対象会社一一社は、海軍省が二〇年に招致した民間関連会社一一社とほぼ同様である（ただし、住友伸銅所・神戸製鋼所・大阪製鎖所名称ではなく、それぞれを代表する形で住友家、鈴木商店、大阪鉄工所が出席［奈倉［一九九八］二〇七頁］）。注意すべきことは、大倉鉱業および帝国火薬はそこには含まれていないことである。つまり、軍縮補償法案の趣旨が後に拡張解釈されて両社が補償対象会社に加わったことが（後述）ここにも見て取れる（表10－1中「算出基礎」欄が両社空白にも注意）。一九二四年案（表10－1、アミ掛け部分）にすでに大倉鉱業が含まれ、逆に神戸製鋼所が含まれていない理由は定かでない。

(20)　一九二四年当時海軍側に集約された各社の損害補償要求額は、「未済工事ニ依リテ得ヘカリシ利益」約一四三六万円、「将来ノ注文ヲ予想シ準備セル材料中他ニ利用ナキモノノ価値」約二六四万円、「固定資本ニ対スル補填」約五九〇〇万円（表10－1の「特設設備未償却額」に相当）、「失業救済ニ対スル補填」約七三八万円、「事業縮小ニ伴フ整理費」約二六一万円、計約八五九九万円に及ぶ（奈倉［一九九八］二〇八頁）。

(21)　一〇〇〇分の二五とした理由は、契約代価中の固定資本の償却費は通例一割だが、会社の「特設設備」の利用程度をできるだけ大きく見積り、海軍監督官の実地再調査を標準として、普通算定額の四分の一としたとする（奈倉［一九九八］二〇八頁）。

(22)　海軍省による大倉鉱業に対する「純銑鉄製造設備」の「勧告」は一九一五年四月、帝国火薬に対する「無煙火薬製造設備」の「勧告」は一七年六月（奈倉［一九九八］二〇八頁）。

(23) 以上の方法で算出された二項目の金額を加えたものが各社の補償額であるが、二六年案の場合は、一三社の合計金額を二二〇〇万円以内に収めるため、端数が各社の補償算出額から「按分控除」され、「補償金額」が決定されている。

(24) 鈴木武雄［一九六二］一三四頁。

(25) 柴孝夫［一九九四］によれば、三菱造船が海軍へ行った賠償請求額は二五三七万円にのぼる巨額なものであった（同社が八八艦隊計画破棄後に海軍に提出したと考えられる「主艦船建造中止ニ伴フ調査事項ニ対スル答申」に基づく）。これには直接的には八八艦隊計画には関わりない長崎製鋼所（後述）分も含まれており、また、戦艦「土佐」のみならず、巡洋戦艦「高雄」の「得ベカリシ利益」が六九三万円も含まれているなど、明らかに過大な見積もりであり、同論文では長崎造船所の軍縮による損失は一〇〇〇万円強と試算されている。

(26) 小池聖一［一九八八］七四頁。なお、同［一九八九］（四七頁）は、三菱川崎両造船所に対する査定部率の低さをもって、経営困難に陥っていた両社にとっては「焼け石に水」と指摘しているが、軍縮補償が全体として持った意味をどのように評価しているのか定かでない。

(27) 詳しくは、奈倉［一九九八］二〇九〜二一二頁。

(28) 奈倉［一九九八］二〇三頁。

(29) 海軍艦政本部と大倉組（大倉喜八郎）が「純銑鉄製造所設立ニ関スル契約書」を締結したのは一九一五年七月のことであり、大倉鉱業㈱（一七年大倉組より分離独立）はこの契約書に基づき、山陽製鉄所を設立して日産二〇トンの木炭吹き高炉二基および付属設備を建設した。

(30) 大倉鉱業（大倉組）の「純銑鉄」製造計画に対しては、海軍の支援だけではなく、大蔵省預金部資金二〇〇万円の貸付（年利五分、償還期限二〇年）を日本興業銀行を通じて受けていたが、「軍縮補償金」二〇〇万円余を得ることができたので、これを返済している。

(31) 以上、詳しくは奈倉文二［一九八四］第2章第2節「本渓湖煤鉄公司」。

(32) 同所は「造船分業法」（分業による外注主義＝他社との協力により機関類の提供を受け、自社は船体の建造組立てに専念）を採用し、また標準船型の反復建造方針により船価低減を図った。一九一七〜二〇年の僅か四年間に商船三五隻（一九万三七三四トン）を建造、この間、一八年には一〇〇〇万円に増資、「鉄饑饉」下に製鉄自給をも計画して浅野製鉄㈱を設立（資

本金六〇〇万円、ただし戦後不況下に二〇年浅野造船所に合併)。以上、浅野造船所(原正幹)[一九三五]四二頁、安岡重明編[一九七六]九八〜九九頁(寺谷武明執筆)、寺谷武明[一九七九]二九〇頁、小早川洋一[一九八一]四四〜四五頁、斎藤憲[一九九八]一四五〜一四七、一七三頁、等。

(33) 「鳳翔」は当初から航空母艦として設計・建造されたものとしては世界で一番早く完成した艦と言われる(福井静夫[一九九六]五〇頁)。横須賀市[二〇一二]によれば、「鳳翔」の艤装が横須賀工廠で行われたのは航空関連艤装の多くが当時手探りで行われたことと関係している。つまり、一方では「軍縮」に伴う工事量減少に苦しむ民間造船所支援の一環として浅野造船所から工員三〇〇名の出張による艤装への参加を受け入れ、同時に他方では、英国からの航空技術導入を「センピル飛行団」の招聘により行っている(四二八頁、小高正稔執筆)。なお、センピル航空使節団の日本招聘については、奈倉・横井編著[二〇〇五]第8章(横井執筆)を参照されたい。

(34) 浅野造船所(原正幹)[一九三五]四六〜四七頁。なお、同書によると、同所の受領した軍縮補償金は四九万六〇〇〇余円。

(35) ワシントン会議後の主要海軍国の補助艦艇競争に関する連鎖反応メカニズムについては、関静雄[二〇〇六](一一四〜一二〇頁)などを参照。

(36) 「不用額」の約一・六倍に当たる三四七五万七〇〇〇円が他の艦に流用(流用額中の四〇・八%が巡洋艦に、四一・一%が駆逐艦に流用・増額)。寺岡平吾[一九二八]、小池[一九八八]七二頁。

(37) 川内級軽巡洋艦四番艦「加古」を設計変更して平賀譲による七一〇〇トン級重巡洋艦とし、「古鷹」「衣笠」「青葉」と同型艦四隻を八八艦隊計画での継続費より支出、さらに条約型一万トン級重巡洋艦妙高級(「妙高」「那智」「羽黒」「足柄」)の計画着工を予算決定した。これらにより。大型巡洋艦の計画は基準排水量八〇〇〇トンから一万トンに増加、隻数は四隻から八隻に増加、合計金額も八八艦隊構想時の約二倍に増大した(小池[一九八八]七四頁)。

(38) 山田[一九九七]九四〜九六頁。「漸減邀撃」作戦構想は、索敵・漸減・決戦という三段構えをとり、どのように米国艦隊を「漸減」するかが重点とされたが、「漸減邀撃」作戦思想の定着とその矛盾については、寺谷[一九八二]一四八〜一四九頁、同[一九九六]六八〜七一頁、等参照。

(39) 一九二二〜三〇年に巡洋艦(一八隻一一万八七四五トン)・駆逐艦(五二隻六万六五七〇トン)・潜水艦(四八隻五万七七五五トン)完成。三〇年初めには、巡洋艦保有量でアメリカとほぼ同レベルに達し、潜水艦も対米九割に迫った(山田[一九九七］九六～一〇〇頁）。

(40) 六一センチ魚雷は、長良型以降の二等巡洋艦、古鷹型以降の一等巡洋艦、睦月型以降の駆逐艦に搭載された（その保有は厳秘とされつつ）。山田［一九九七］一〇〇～一〇一頁。

(41) 脇山信雄［一九六八］、柴孝夫［一九七八］等。

(42) 奈倉［一九八四］三三二～三三四頁。

(43) 脇山信雄［一九六七］、柴［一九七八］、寺谷［一九七九］二六〇～二六五頁、など。

(44) 川崎造船所『事業要覧』（一九二二年末、推定）、同所『営業報告書』第四九～五一期（一九二〇年下期～二一年下期）。

(45) 一九二二年以降二八年までの川崎造船所における艦艇建造量は合計一二隻、四万五一三四トンにのぼり、民間第一位を占める（金子栄一編［一九六四］二〇八頁）。

(46) 柴孝夫［一九八三］。

(47) 柴［一九八三］一〇～一一頁。なお、軍縮条約締結による打撃は三菱造船の場合も大きかったが、川崎造船所の場合は多大な設備投資が無に帰す以上の財務上の問題が露呈した。すなわち、主力艦建造に際して海軍省から受領していた「前受け金」を竣工艦艇工事代金に振り替え、余る分は将来受注する艦艇の「前渡し金」とするという振替決済を行っていたために、廃棄艦以外の艦艇建造工事進行に伴って得られるはずの現金収入を当分の間失ってしまったという（同一七頁）。

(48) 第一次大戦期における三菱財閥の造船部門からの経営多角化とワシントン海軍軍縮下の対応については、三島康雄編［一九八一］第4章（柴孝夫執筆）参照。

(49) 奈倉［一九八四］三三六、三三八頁。

(50) 柴［一九八三］一九～二一頁。

(51) 三菱重工業株式会社社史編纂室編［一九五六］においても、長崎兵器製作所についてはごく簡単な記述がなされているだけである（二八四頁）。同所の魚雷製造が高度な軍事機密により行われたこと、第二次大戦末期の米軍による長崎への原爆投下により工場自体が破壊・消滅したことなども史料が殆ど残存していない要因であろう。

(52) 三菱重工業㈱長崎造船所史料館所蔵、三菱重工業株式会社「長崎兵器製作所沿革」（一九二二年三月調）および同「長崎兵器製作所史」（一九四二年六月）。これらは、管見の限り、長崎兵器製作所に関するほとんど唯一の残存一次史料と思われる。

当該史料の閲覧（二〇〇五年三月）は、元三菱重工業㈱長崎造船所総務部史料館特別嘱託松本孝氏の御好意による。記して謝意を表します。なお、本史料および注(56)記載などの同館所蔵史料は、現在は原則として非公開とされている。

(53)　呉工廠は一九〇五年にフューメ・ホワイトヘッド社の魚雷を購入して「三八式一号魚雷」を製造したが、模倣ではない国産第一号は同工廠水雷部による「四四式魚雷」（一九一一年制式採用）であった（堀川一男［二〇〇〇］一四三頁）。奈倉［二〇一三］第7章第3節の「魚雷」の項をも参照。

(54)　海軍側の回答に対して神戸製鋼所側は納得せず、あらためて神戸製鋼所社長（鈴木岩次郎）から海軍大臣（加藤友三郎大将）宛に「魚形水雷製作ノ義ニ付御願」を提出している（一九一六年二月一七日付）。これに対する海軍側の回答（一九日）においては、本件に関する三菱合資会社の優先権を明瞭に提示し、さらに、前回回答同様海軍側の魚雷製造技術者の不足をあげ、神戸製鋼所の申し出を断っている。

三菱の魚雷製造所設立にとっても海軍からの技術者割愛等の技術支援は不可欠であり、同時期に（一九一六年二月）三菱合資より海軍大臣（加藤友三郎）宛に願出が提出されており、海軍側はさしあたり技師一名の譲渡を認めている（同年三月艦政本部長名で回答）。

(55)　詳しくは、奈倉［一九八四］（とくに第2章第1節「三菱製鉄・兼二浦製鉄所」）。三菱製鉄・兼二浦製鉄所に関する近年の研究として、姜雄［二〇〇三］、金承美［二〇〇六］、同［二〇〇七］がある。

(56)　三菱重工業株式会社「長崎製鋼所史原稿」（三菱重工業長崎造船所史料館所蔵史料）二頁。三菱製鋼㈱社史編纂委員会［一九八五］二～四頁。

(57)　一九一七年一〇月時点の計画は二案あり、第一案は製鋼年産一万五五〇〇トン、鋼塊はすべて鍛錬工場にて鍛錬して必要鋳鍛鋼品の供給に当てる計画で（総工費六四三万五〇〇〇円）、第二案は製鋼能力年産九〇〇〇トン、鋼塊は一五〇〇トンプレスにより鍛錬、小型打物は飽きの浦鍛冶場にて分担する計画で（総工費三一三万円）、まず第二案にてスタートし、漸次第一案まで拡張するというものである（三菱製鋼㈱社史編纂委員会［一九八五］三～四頁）。なお、前掲「長崎製鋼所史原稿」（二頁）によれば、一九一七年四月時点では三種の設計案があったと言う。

(58)　長崎製鋼所の実際の生産高は、一九一九年（五月一日営業開始）一四二四トン（鍛鋼品七四五トン、鋳鋼品六七九トン）、二〇年四六四四トン（鍛鋼品三四四二トン、鋳鋼品一二〇二トン）、二一年（八月三一日長崎造船所に移管）三五三八トン（鍛鋼品二六九三トン、鋳鋼品八四五トン）であり（ピーク時の二〇年でも計画能力の半分程の生産）、主な受注先は三菱造船㈱長崎造船所、同神戸造船所、同彦島造船所、三菱電機㈱長崎製作所、同神戸製作所、三菱鉱業㈱高島鉱業所、同筑豊鉱業所となっており（前掲「長崎製鋼所史原稿」二〇～二一頁、三菱製鋼㈱社史編纂委員会［一九八五］七頁）、長崎造船所を主たる受注先として（注(60)参照）、すべて三菱財閥内の企業であった。

(59) なお、長崎製鋼所が生産開始に先立ち、技師・幹部職工を八幡製鉄所のみならず呉工廠製鋼部や日本製鋼所に派遣したのは（前掲「長崎製鋼所史原稿」五頁）、鍛鋼品製造を企図したことに基づくものと思われる。

(60) 前掲「長崎製鋼所史原稿」二一頁、三菱製鋼㈱社史編纂委員会［一九八五］四頁。
なお、同書同頁では、長崎製鋼所が「順調な成績をたどっていった」理由として、同所が長崎造船所建造の海軍艦艇のうちの部品製造の九割を占めていたと記しているが、長崎製鋼所の製品は上記のように鍛鋳鋼品のみであるので、これは明らかな誤認である。むしろ長崎製鋼所の「受注量の約九割は長崎造船所に依存する」（前掲「長崎製鋼所史原稿」二四頁）や「当所製品の約九〇％を使用する長崎造船所」（三菱重工業株式会社社史編纂室編［一九五六］二九〇頁）という記述のほうが正しいと思われる。後二者では、それゆえにワシントン軍縮を受けて「当所の経営困難なるは自明の理」や「独立工場としての維持経営が困難」と記述している。

(61) 一九二〇年度の「営業成績は甚だ不振にして、辛うじて赤字を防ぎ得たる程度に終われり」（前掲「長崎製鋼所史原稿」二三頁）。

(62) 以上の記述については、三島康雄ほか［一九八七］第4章「製鋼事業の拡大」（柴孝夫執筆）をも参照。

(63) なお、三菱財閥は一九二四年頃から発条（スプリング）専門メーカーの東京鋼材㈱への影響力を強め（三菱銀行からの融資による経営再建）、二六年には三菱製鉄と連携して（同社からの役員派遣）、東京鋼材の経営を担っている（実際の経営管理を三菱製鉄に委任）。奈倉［一九八四］三九五頁、三島康雄ほか［一九八七］一三八～一四〇頁、詳しくは、三菱製鋼株式会社三菱鋼材史編纂室［一九七二］第2編第4章および第3編第1章。

(64) 詳しくは、奈倉［一九九八］第2～3章、北沢満［二〇〇三］。

(65) 輪西合併の目的は、通常銑鋼一貫経営を企図したものと言われることが多いが、筆者が繰り返し指摘しているように、元々日本製鋼所の特殊鋼製造用の銑鉄としては輪西銑鉄は不向きであり、実際にも輪西銑鉄は大戦期の「鉄飢饉」下にしかほとんど使用されなかったのであり、輪西合併の真のねらいは日本製鋼所に対する日本側株主（三井）の支配権確保にあった（詳しくは奈倉［一九九八］第5章、また、奈倉［二〇一三］第4章をも参照）。

(66) 奈倉［一九九八］二四七～二四八頁。一九一九～二三年度の受注高全体のほぼ七～九割は海軍である。この間二一年のみ五割で「民間」受注が三三％だが（日本製鋼所［一九六八］四〇五頁）、これも「民間」大造船所（三菱・川崎等）による軍艦建造に伴うもの（つまり間接軍需）と推察される。

(67) 詳しくは奈倉［一九九八］第7章。また、奈倉［二〇一三］第4章をも参照のこと。

(68) ㈱住友鋳鋼所は一九二〇年㈱住友製鋼所と社名変更、住友伸銅所は二六年㈱住友伸銅鋼管と改称、三五年両社合併により㈱住友金属工業。当該時期の住友財閥の金属工業部門としてはほかに住友電線製造所（二〇年株式会社改組［のちの㈱住友電気工業］）がある。以下、住友財閥の鉄鋼部門については、断りなき限り、奈倉［一九八四］三二〇～三二七頁。同書住友財閥鉄鋼部門に関する叙述の元になったのは奈倉［一九七三］である。その後、第一次大戦前後の住友財閥に関する経済史・経営史研究は、作道洋太郎編［一九八二］（当該時期の執筆は畠山秀樹）、麻島昭一［一九八三］、畠山秀樹［一九八八］（とくに第3～5章）等と優れた実証的研究がなされているが、鉄鋼部門についての筆者の見解は基本的には変わっていない（大筋において前記諸研究にも継承されている）。

(69) 奈倉［一九八四］三四八～三五四頁。

(70) これらの数値については、住友金属工業㈱本社所蔵『住友金属工業五十年史』（未定稿）第三・四・五分冊付表による。筆者は奈倉［一九七三］で同史料をある種特別の便宜により初めて本格的に利用し得たが（その後麻島［一九八三］、畠山［一九八八］も利用）、同史料は依然「非公開」のようである。

(71) 住友伸銅所は、一九一九年九月、従来の安治川工場に加えて、岸本製鉄所を買収して尼崎工場を設置（管材自給目的）。

(72) 一九万円余を尼崎工場線材ロールその他売却差損金の償却に、一五万円余を尼崎工場内の閉鎖した製鋼工場その他「死蔵財産」の評価切り下げに充当（前掲『住友金属工業五十年史』（未定稿）第六分冊、一九頁）。なお、麻島［一九八三］一一六、一一八頁をも参照。

(73) このような事情に起因してか、前掲『住友金属工業五十年史』（未定稿）でも同社の一七～二八年の各種データは不詳箇所が多い。

(74) 前掲『住友金属工業五十年史』(未定稿)記載の住友伸銅所(伸銅鋼管)の一九二六年までのデータと二八年以降のデータは接続しない場合があるので注意が必要である。たとえば、麻島[一九八三](二一二頁)は、「伸銅所(伸銅鋼管)の安治川工場・桜島工場販路別販売高」および「伸銅所(伸銅鋼管)の尼崎工場販路別販売高」の二表を掲げるが(いずれも一九二〇~三四年を接続して示す)、一九二六年までの安治川工場販売高を連続して掲出すると海軍向け販売高が急減したかのように見え、また、二八年以降の桜島工場販売高はほぼ銅製品関連の数値であり、これを連続して掲出すると海軍向け販売高には伸銅類・鋼管類ともに含み、二八年以降のデータは鋼管部門六年までの尼崎工場のデータは岸本製鉄所時代からの整理途上のもの(釘・線等)を含み、二九年以降のデータは鋼管部門統合後のものであるので、これを連続して掲出すると逆に二九年以降に海軍向け販売高が急増したかのように見えてしまう。また、畠山[一九八八]は、表「住友伸銅所(住友伸銅鋼管)の経営推移」(三〇一頁)において、一九二八年の鋼管部門統合直後の尼崎工場販売額が不詳(表注記ではその旨記す)にもかかわらず、本文記述(三〇二頁)では、海軍向け販売高について桜島工場のデータ(鋼管部門含まず)のみで約二三二万円とピーク時(二一年の鋼管部門含む金額約一二五四万円)の二割にも満たなくなったと過小評価的記述をしている。

(75) 以上の経緯について、詳しくは奈倉[一九八四]第2章第2節「本渓湖煤鉄公司」を参照されたい。近年の本渓湖煤鉄公司に関する研究については、張乃麗[二〇〇〇]、木場篤彦[二〇〇九]がある。

参考文献(一次史料については注記および表出典を参照されたい)

麻島昭一[一九八三]『戦間期住友財閥経営史』東京大学出版会。

浅野造船所(原正幹)[一九三五]『我社の生立』同社。

安部博純[一九七三]『日本ファシズム研究序説』未来社(新装版[一九九五])。

荒川憲一[二〇一一]『戦時経済体制の構想と展開——日本陸海軍の経済史的分析——』岩波書店。

大倉財閥研究会[一九八二]『大倉財閥の研究——大倉と大陸——』近藤出版社。

大蔵省編纂[一九五六]『明治大正財政史』第一一巻、経済往来社。

奥宮正武[一九八九]『大艦巨砲主義の盛衰』朝日ソノラマ(文庫版[一九九二])。

小野圭司[二〇一二]「八八艦隊計画と大正期の財政政策」『軍事史学』四八-二。

金子栄一編［一九六四］『現代日本産業発達史　9造船』現代日本産業発達史研究会。

姜雄［二〇〇三］「三菱製鉄兼二浦製鉄所に関する技術史的検討」日本科学史学会技術史分科会『技術史』四。

木場篤彦［二〇〇九］「本渓湖煤鉄公司の形成に関する歴史的研究」『科学史研究』四八。

金承美［二〇〇六］「三菱の鉄鋼業への進出――三菱製鉄株式会社兼二浦製鉄所を中心に――」『三菱史料館論集』七。

金承美［二〇〇七］「三菱製鉄会社の経営――兼二浦製鉄所を中心に――」『三菱史料館論集』八。

黒沢文貴［二〇〇〇］『大戦間期の日本陸軍』みすず書房。

黒野耐［二〇〇四］『大日本帝国の生存戦略――同盟外交の欲望と打算――』講談社。

小池聖一［一九八八］「ワシントン海軍軍縮会議前後の海軍部内状況――「両加藤の対立」再考――」『日本歴史』四八〇。

小池聖一［一九八九］「大正後期の海軍についての一考察――第一次・第二次財部彪海相期の海軍部内を中心に――」『軍事史学』二五‐一。

纐纈厚［一九八一］『総力戦体制研究――日本陸軍の国家総動員構想――』三一書房（増補復刊［二〇一〇］社会評論社）。

纐纈厚［一九九九］『日本陸軍の総力戦政策』大学教育出版。

小早川洋一［一九八二］「浅野財閥の多角化と経営組織――大正期から昭和初期の分析――」『経営史学』一六‐一。

小山弘健［一九七二］『日本軍事工業の史的分析』御茶の水書房。

斎藤憲［一九九八］『稼ぐに追いつく貧乏なし――浅野総一郎と浅野財閥――』東洋経済新報社。

斎藤聖二［一九八四］「海軍における第一次大戦研究とその波動」『歴史学研究』五三〇。

作道洋太郎編［一九八二］『日本財閥経営史　住友財閥』日本経済新聞社。

佐藤昌一郎［一九九九］『陸軍工廠の研究』八朔社。

参謀本部［一九一七］『帝国国防資源』（陸軍参謀本部内資料）。

柴孝夫［一九七八］「大正期企業経営の多角的拡大志向とその挫折――川崎造船所の場合――」『大阪大学経済学』二八‐二、三。

柴孝夫［一九八三］「不況期の二大造船企業――大正後期の三菱造船と川崎造船所――」『経営史学』一八‐三。

柴孝夫［一九九四］「ワシントン軍縮条約の締結と日本の造船業――三菱造船の場合――」『京都産業大学論集』二四‐四。

鈴木淳［一九九二］「八八艦隊の変容」『海軍史研究』二一。

鈴木武雄［一九六二］『財政史』東洋経済新報社。

関静雄［二〇〇六］「ワシントン・ジュネーブ両会議間の補助艦問題」『帝塚山法学』一一。

竹村民郎［一九七一］『独占と兵器生産――リベラリズムの経済構造――』勁草書房。

張乃麗［二〇〇〇］「本渓湖煤鉄公司設備・機械の内外製造別分析」『経済集志』七〇－三。

寺岡平吾［一九二八］『斎藤七五郎伝』同伝記刊行会。

寺谷武明［一九七九］『日本近代造船史序説』巖南堂書店。

寺谷武明［一九八一］『海運業と海軍――太平洋戦争下の日本商船隊――』（海事産業研究所編『日本海運経営史 三』）日本経済新聞社。

寺谷武明［一九九六］『近代日本の造船と海軍――横浜・横須賀の海事史――』成山堂書店。

奈倉文二［一九七三］「第一次大戦前後における民間鉄鋼資本の発展過程」『土地制度史学』第五八号。

奈倉文二［一九八二］「日本鉄鋼業と大倉財閥」（大倉財閥研究会［一九八二］所収）。

奈倉文二［一九八四］『日本鉄鋼業史の研究』近藤出版社。

奈倉文二［一九九八］『兵器鉄鋼会社の日英関係史――日本製鋼所と英国側株主：一九〇七～五二――』日本経済評論社。

奈倉文二［二〇〇九］「日露戦争期における海軍工廠――海軍軍令部『極秘　明治三十七八年海戦史』分析――」『獨協経済』八七。

奈倉文二［二〇一三］『日本軍事関連産業史――海軍と英国兵器会社――』日本経済評論社。

奈倉文二・横井勝彦・小野塚知二［二〇〇三］『日英兵器産業とジーメンス事件――武器移転の国際経済史――』日本経済評論社。

奈倉文二・横井勝彦編著［二〇〇五］『日英兵器産業史――武器移転の経済史的研究――』日本経済評論社。

㈱日本製鋼所［一九六八］『日本製鋼所社史資料　上』同社。

畠山秀樹［一九八八］『住友財閥成立史の研究』同文舘出版。

畑野勇［二〇〇五］『近代日本の軍産学複合体』創文社。

平間洋一［一九九八］『第一次世界大戦と日本海軍――外交と軍事との連接――』慶應義塾大学出版。

福井静夫著（阿部安雄・戸高一成編）［一九九六］『福井静夫著作集：軍艦七十五年回想記』（第七巻　日本空母物語）光人社。

防衛庁防衛研修所戦史室［一九六九］『戦史叢書　海軍軍戦備　一』朝雲新聞社。

堀川一男［二〇〇〇］『海軍製鋼技術物語――大型高級特殊鋼製造技術の発展――』アグネ技術センター。

三島康雄編［一九八一］『日本財閥経営史 三菱財閥』日本経済新聞社。

三島康雄ほか［一九八七］『第二次大戦と三菱財閥』日本経済新聞社。

三菱重工業株式会社社史編纂室編［一九五六］『三菱重工業株式会社史』同社。

三菱製鋼株式会社三菱鋼材史編纂室［一九七二］『三菱鋼材史』同社。

三菱製鋼㈱社史編纂委員会［一九八五］『三菱製鋼四十年史』同社。

三宅宏司［一九九三］『大阪砲兵工廠の研究』思文閣出版。

室山義正［一九八六］「日露戦後財政と海軍拡張政策」原朗編『近代日本の経済と政治』山川出版社。

安岡重明編［一九七六］『日本経営史講座 第3巻 日本の財閥』日本経済新聞社。

山田太郎ほか編［一九九六］『呉海軍工廠製鋼部史料集成』同編纂委員会。

山田太郎ほか編［二〇〇〇～〇二］『呉海軍工廠造兵部史料集成』（上・中・下）同編纂委員会。

山田朗［一九九七］『軍備拡張の近代史――日本軍の膨張と崩壊――』吉川弘文館。

山室信一［二〇一一］『複合戦争と総力戦の断層――日本にとっての第一次世界大戦――』人文書院。

横須賀市［二〇一二］『新横須賀市史 別編 軍事』同市。

脇山信雄［一九六七］「第一次世界大戦期の造船材料――日米船鉄交換をめぐって――」『長崎造船大学研究報告』。

脇山信雄［一九六八］「大正後期の民間造船所――川崎造船所を中心として――」『長崎造船大学研究報告』九。

第11章　陸軍軍縮と兵器生産

鈴木　淳

1　はじめに

第一次世界大戦期には、航空機、戦車などが新たな兵器として登場し、機関銃が広範に使用され、火砲でも列車砲などの大規模火砲、高射砲、迫撃砲、歩兵砲などの発達と全般的な利用の拡大が見られた。自動車、通信機材、光学機器なども軍事力の構成要素として著しく発達し、欧米参戦国のそれらの製造力も飛躍的に拡大した。日本でも、ロシアや中国をはじめとする連合国の要請に応じて、在来型の兵器類の生産が量的に拡大した。しかし、新たに登場した兵器類の生産は進まず、他の交戦国のような兵器の量的な蓄積もなされなかった。このような状況を、一九二四年に現役を退いた砲兵大佐小林順一郎は「大戦後に於ける帝国陸軍の質に関する驚くべき落伍は、比較威信の異常な低下だ。異常なる軍備縮小をなしたと同一の結果である」(1)と評している。

海軍が、その国産主力艦の性能が欧米列強のそれらに匹敵していることを前提として国際協調による軍縮を迎えたのとは大きく異なり、陸軍は近代兵器の装備と生産の立ち遅れの中で、財政的な、また徴兵制による人的な負担の軽減を求める国内世論に対応して、山梨軍縮・宇垣軍縮を進めた。陸軍は軍縮のなかで兵器面での遅れを取り戻すことを試みなくてはならなかった。

一方、総力戦として戦われた第一次世界大戦は、砲兵工廠を整備し、動員用兵器を貯蔵して戦争に備えるだけではなく、民間企業を動員することが、今後の戦争の標準的なあり方であることを示した。そして、日露戦争で経験済みの砲弾製造だけではなく、兵器全般、飛行機や自動貨車（トラック）、火薬や被服といった多くの工業製品について、動員可能な民間企業を育成する必要を感じさせた。海軍はすでに明治末年から艦船兵器生産全般に民間企業を参加させており、陸軍は海軍より遅れて、民間企業との関わりを深めることになった。本章では、軍縮という外枠の中で、このような課題を追いながら陸軍がどのように兵器生産を展開したのかを検討する。

陸軍軍縮と兵器生産に関しては、旧防衛庁防衛研修所戦史室の戦史叢書をはじめとし[2]、かなりの研究の蓄積がある。第一は陸軍の総力戦に向けての準備という観点からの戦史叢書の『陸軍軍需動員』、あるいは纐纈厚氏に代表される研究で[3]、一九一八年の軍用自動車補助法、軍需工業動員法の制定など陸軍の構想と施策、その下での民間軍事産業の育成が指摘される。第二は戦史叢書『陸軍航空兵器の開発・生産・補給』や疋田康之氏をはじめとする航空機工業に関する研究で[4]、陸海軍の民間工業の育成、利用策に応じて一九二〇年には民間主要企業が出そろい、軍縮下でも外国から技術導入して競争試作に対応するなど、生産を発展させていったことを示した。第三は佐藤昌一郎氏のこの時期の陸軍造兵廠に関する詳細な検討と[5]、三宅宏司氏による、技術的内容にも立ち入った大阪砲兵工廠の研究であり[6]、軍縮期の生産規模の縮小、また技術導入の取り組みと限界が明らかにされた。このほか陸軍の軍備については戦史叢書『陸軍軍戦備』が旧陸軍史料を用いて概要を描き、国防方針の所要兵力とその軍事思想的背景に関しては黒野耐『帝国国防方針の研究』[7]がこの史料群の分析を深め、さらに横山久幸「日本陸軍の軍事技術戦略と軍備構想について――

第一次世界大戦前後を中心として」[8]が具体的な兵器の装備・開発方針との関係を明らかにした。横山氏によれば、宇垣軍縮は技術戦略的な思考を伴い「欧米への追随からの脱却」を目標として「一歩進んだる未来型の研究」を目指す一方で、現在の欧米に対する遅れを取り戻すためには兵器輸入を進める方針を採った。しかし、宇垣は自国の兵器技術の向上しつつある現状を把握しておらず、国内産業基盤や技術基盤の育成の視点を欠き、また軍備の「質」的優位が争われるこの時代の流れで欧米諸国が最新兵器の譲渡には容易に応じなくなっていたため、目的を果たすことができなかった。その後、横山久幸「日本陸軍の兵器研究思想の変遷」[9]は、実際には欧米の現用技術を兵器に応用することすら困難であったと、当時の国内技術への評価をやや下げているが、宇垣の技術理解の不足を指摘する点は一貫している。

これらの諸研究により、われわれは軍縮期の陸軍の兵器生産に関し、軍需工業動員体制整備への着手、民間を中心とした航空機生産の勃興、そして作業量減少下で技術導入にとりくむ工廠といった豊かなイメージを持っている。そして、これらを政治過程につなげる議論として、航空機の民間生産を介した陸軍と財閥の結合を田中義一内閣の成立に結びつけた竹村民郎氏の先駆的な業績[10]がある。

しかし、それらを統一的に理解するにあたっては、残された課題も多い。総動員準備の起点とされる軍用自動車補助法や軍需工業動員法は何を意図して制定され、軍縮下でどのように機能したのか。陸軍は兵器生産での軍工廠と民間企業の役割分担をどのように構想し、民間企業はどのように対応したのか。そして宇垣のような陸軍全体を展望する優れた軍政家がなぜ兵器技術の現状への基本的理解を欠いて、適切な技術戦略を立てられなかったのか、といった疑問である。本章では、主に民間銃砲・弾薬生産に注目して、これらの問題に迫る。銃砲・弾薬は従来からの陸軍工廠の主製品であり、その変化は陸軍の兵器生産のありかたがこの時代にどう変化したのかを良く示すと考えられる。

2　第一次世界大戦〜軍縮期の陸軍兵器需給の概観

陸軍にとっての軍縮を、決算金額で海軍のそれと対比すれば、図11－1のように、海軍軍縮がワシントン条約による一九二二年度からの減少として明確に表れるのに対し、陸軍の軍縮は同年の山梨軍縮開始による微減で始まる。これは大戦中の海軍軍拡が顕著で、一九一八年九月に成立した原敬内閣でも、二七年度までは海軍拡張を優先し、二八年度以降陸軍拡張を本格化することが合意されていたことによる。[11]

次に陸軍の兵器・火薬製造部門である陸軍工廠の作業収入を検討する。陸軍工廠には小銃・機関銃とその弾薬の製造を主な任務とする東京砲兵工廠と、大砲生産を担当する大阪砲兵工廠があり、それぞれに火薬製造所などが属していたが、一九二三年四月に陸軍造兵廠に統合された。その作業収入を示す図11－2では、図11－1とは対照的に、軍縮期が大幅な落ち込みとして観察できる。その一因は第一次大戦中にロシアを中心とした連合国向けの兵器生産によって大きな伸びが見られたからである。

さて、金額ベースでこの時期を捕えようとするとき、物価変動が無視できない。大戦景気のため、東京の卸売物価指数は一九一二年に対して、一九一九年の前半に三倍に高騰したのを頂点に、二一年から二五年ころには二倍前後、一九三一年には一・二倍弱へと推移する。[12] 図11－1では軍縮の状態が満州事変勃発まで続くように見えるが、昭和期に入ると歳出の微増と実質価値の上昇で軍事費が拡大していた。実質価値を織り込んでこれらの表を見れば、軍事予算は軍縮により第一次大戦前の水準に下がり、工廠の作業収入は大戦前の半分に減少したことがわかる。そして工廠職工数は、一九二四年以後の数年間、日露戦争前、一九〇二年の一万一〇〇〇余名すら下回っている。

陸軍工廠の作業には波があるのが普通である。兵器は陸軍全体を通じて同一であることが望ましいので、更新の際

図11-1 陸・海軍省所管歳出決算額

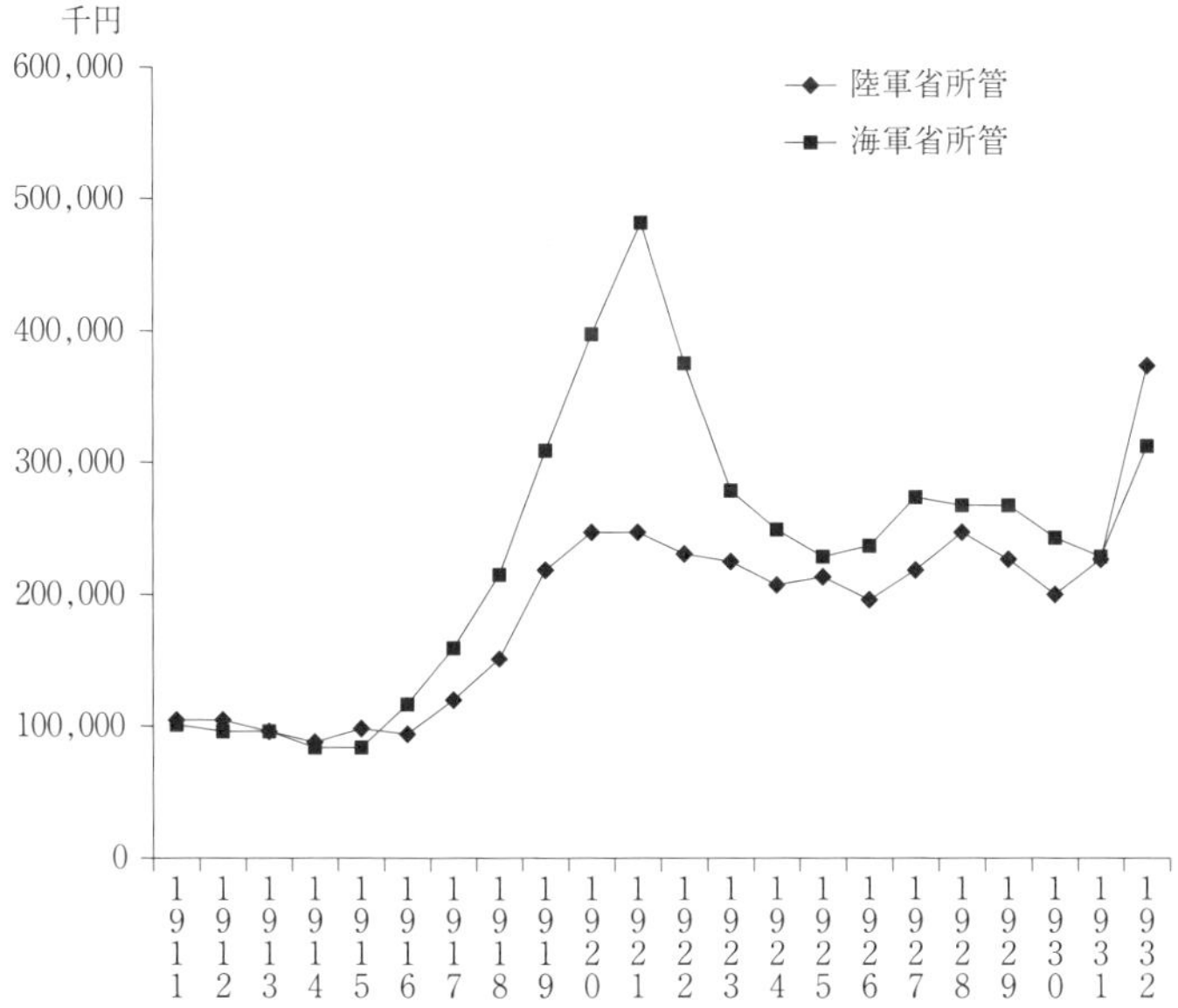

出典：大蔵省『明治大正財政史 第4巻』（財政経済学会、1937年）778～779頁、大蔵省昭和財政史編集室『昭和財政史 第3巻 歳計』（東洋経済新報社、1955年）統計5～7頁。

には数年間で全軍の所要量を供給することが求められ、それに応じた生産設備が設けられる。世界大戦勃発の頃、大阪砲兵工廠は「日露戦役に対する兵器の復旧略ぼ整備せると、製造令達に係る年度割配当額の逐次減少せるとに依り職工は自然減退に委し作業維持上縮少を図らざるべからざる状況」(13)で、需要の減退に直面していた。兵器の近代化が図られる中で、大戦勃発時の水準への復帰に留まらない生産規模の縮小が見られることは、軍縮期の工廠が大戦前のそれとは異なる役割を持っていたことを窺わせる。

3 第一次世界大戦期の連合国軍需と兵器生産

(1) 砲兵工廠の対応

対独開戦を前に、大阪砲兵工廠は一九一四年八月九日以降、逐次作業時間を増加して戦時体制に入った。しかし、同年一〇月一五日までの対独戦役期間中の同廠の生産高は一二五万余円に留まった。これに対して、同年一一月から一九一七年八月までのロシア向けを主とし、イギリス、フラン

図11-2　陸軍工廠歳入・職工数

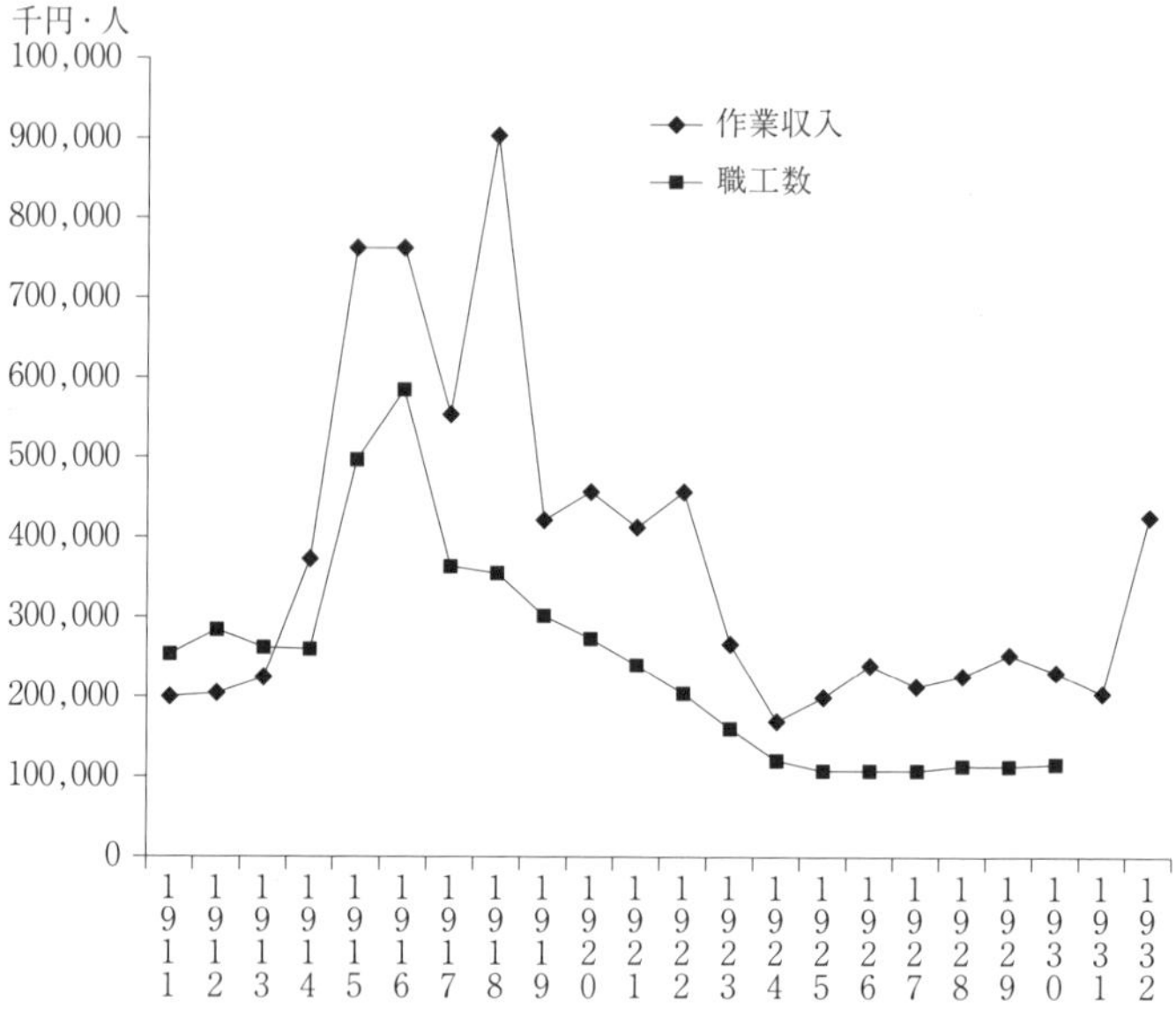

出典：陸軍省統計年報。

ス向けを含む連合国向け製品の払下げ高は、一億二三五四万余円とほぼ九八倍に達した(14)。陸軍工廠にとって、第一次大戦の軍需は連合国向けが主であった。大阪砲兵工廠では、従来一万余坪の建物を利用して作業を行っていたが、工廠内で使用していなかった八三〇〇余坪を利用し、さらに一万七〇〇〇余坪を新築して対応した。新築建物のうちロシア向け作業に間に合ったのは五九〇〇坪だけであったので、結果的には実際の生産に必要だった以上の設備拡大がなされたことになる(15)。

砲兵工廠の作業収入には、既存の兵器を砲兵工廠で整備して各国に引き渡した分が一九一六年一月の調べで約三〇〇〇万円含まれており(16)、この代替品の生産は一七年九月以降も継続した。また、一九一八年には両工廠で中国向け、また東京ではチリ、マカオ向けの生産があり、作業量の急激な落ち込みを緩和した。

一方、このような設備拡充にもかかわらず、弾薬・砲弾を日露戦争時の実績に基づく基準で補給できるだけの設備が整うのは一九一九年であり、世界大戦水準での砲弾消費への対応はできなかった(17)。大戦の経験を反映して砲弾の補給率は一九一九年四月に改訂されたが、それにより、従来一会戦期間四カ月分一門当たり六〇〇発とされていた野砲弾所要数は一五〇〇発と二・五倍に引き上げられ(18)、工廠だけでは能力不足が明らかだった。

大戦期に利用が進んだ自動車と飛行機は、それぞれ開戦前に研究が進められていた。自動貨車（トラック）は一九一一年に大阪、東京の両砲兵工廠で二台ずつ試作されて以後、継続的に生産され、青島での対独戦にも四台が参加した[19]。しかし、それらは試作に近いもので、一九一八年度にはじめて自動車隊の新設に着手されたものの、年度内に必要とされたトラックは二八台にとどまり[20]、欧米交戦国の活用ぶりとの格差は大きかった。飛行機の機体は一九一一年から生産され、発動機は一九一三年から東京砲兵工廠で製作された。大戦中の生産は数十機にとどまったが、一九一八年には名古屋の東京砲兵工廠熱田兵器製造所に飛行機工場が設けられ、一九二〇年には、航空機と自動車の発動機製造を本格化するため、東京砲兵工廠名古屋機器製造所が開業した。同所は後に千種製造所と改称される[21]。

(2)　民間軍事工業の育成

開戦時の陸軍次官大島健一は、ロシアなど連合国向けの兵器の供給を自ら担当して「是等を成るべく民間に製作せしめて、我が民間に於ける工業を指導して、漸次に軍需工業を経営し得べき素養を与へて置きたい」との意図で、民間企業の状況を調査し、また勧誘して兵器生産を受注させ、あるいは砲兵工廠の作業を下請させた[22]。ロシアからの兵器弾薬の注文を受けた大阪砲兵工廠では、官報と新聞で広告して一九一五年九月に下請を希望する一三二工場の担当者を集め、要領を示して希望する工場に試験発注を行い、少なくとも四二の工場に下請作業をさせた。一九一七年までの期間中にその納品額は三一七万円余りに及んだ。この額は同廠のロシア向け武器払下げ総額一億二三五四万余円の三％にも満たない[23]。しかし、この経験を通じて大阪砲兵工廠は、「戦時に於て、之に適当なる指導を加ふれば、弾丸及信管部品の製作には市井工場を利用することを得るものと判定」した。そして、工廠では信管製造における填薬作業のような「特種機械を要し且技術も全く専門的にして他に応用の途なき」ため民間に期待できず、また戦時に急造できない設備を拡張し、それと同時に、民間工場の利用に備えて、度量衡のメートル式への統一や民間に貸与すべき検査器の準備、そして指導要員の教育などを進めるよう提案した。(24)

ロシアは日本陸軍への発注のほか日本企業にも直接、砲弾や信管の製造を依頼した。一九〇五年に呉工廠の技術者を中心に発足し、鈴木商店の資本で海軍を主たる顧客として成長してきた神戸製鋼所は、一九一五年夏に野砲砲弾五〇〇万発の製造を持ちかけられ、翌年に搾出機と仕上用の工作機械を備えた工場を設けた。(25)一九一七年には三インチ破甲榴弾五万発を受注して年内に完成させている。これらの民間工業の発展を前提として、大阪砲兵工廠は一九一八年に神戸製鋼所、川崎造船所、奥村電機で各月産一万発をはじめ、北海道の日本製鋼所と京都以西の民間工場とで野砲弾月産一〇万発程度が調達できると見込んだ。(26)一九二四年の陸軍工廠の野砲弾製造能力は昼夜継続月二八日間で二八万二〇〇〇発であり、(27)それには及ばないが、東京砲兵工廠が利用する名古屋、関東方面に手を伸ばさないでこの程度の生産力が期待できることは、工廠と民間との分担を構想させるに十分であったろう。

小銃の実包は従来民間では製造されていなかったが、大島は戦時に備えて多少なりとも民間に製造能力を持たせたいと考えた。そこで、大阪でランプなどを製造していた三平組合を勧誘し、工廠を見学させ、製造方法を指導して一六年末には月産三〇〇万発程度の生産ができるようにして、ロシアの買付担当者に紹介して供給させた。(28)

大島はドイツ留学経験のある砲兵で、日露戦争時に大本営兵站総監部参謀長として、児玉源太郎参謀次長、ついで山県有朋総参謀長が兼任した総監の下で全軍の兵站監部を一元的に運用した。戦術を重視する陸軍大学校教育で兵站（ロジスティクス、補給）が軽視され、多くの陸大出身幕僚がこの点で無力な中で、兵站担当の参謀本部第四部長であった大島を中心とした一元的な運用で、日露戦争時の陸軍兵站はかろうじて破綻なく維持された。(29)大島は戦後樺太境界画定委員長として対露交渉の経験も積んでおり、ロシアへの軍需品供給の担当にふさわしかった。彼は、一九一五年八月から年末にかけて兵器製造調査委員長として、砲兵工廠はじめ部内の兵器技術・兵器行政関係者とともに、ロシアの兵器需要に応えるために工廠の技術指導で民営の小銃・実包製造工場を建設する計画をとりまとめた[30]。この計画は日露の意向の相違で実現しなかったが、大島は、部内随一の大規模な軍需品補給の経験と軍需生産の現状の知識を備えて、一六年三月に陸軍大臣に就任する。

(3)　民間軍事工業の発展と挫折

広島の漁民の子に生まれた松田重次郎は、一八八八年に鍛冶屋に弟子入りして以来、大阪砲兵工廠や呉・佐世保海軍工廠を含む多くの現場を経験しながら技量を上げ、一九〇六年に鉄工所を開いた。手押しポンプから動力ポンプ、ついで海軍の演習用魚雷頭部などを生産していたが、一九一五年にロシア向け信管製造の話を持ち込まれ、小西喜代松らの出資を得て同年一〇月に資本金五〇万円の松田製作所を創設した。信管製造の開始にあたり、松田は大阪砲兵工廠に同工程の見学を繰り返し願い出たが拒絶され、陸軍の直接の技術的援助は受けないまま、翌年には従業員三八五〇名、日産一万五〇〇〇個の工場とした[31]。この生産量は一九二四年の陸軍工廠の最大生産力をわずかながら上回る。松田製作所は一六年六月に一五〇万円に増資、一二月にさらに五〇〇万円に増資して日本兵機製造と改称したが、松田は出資者と対立して会社を去ることになった[32]。

一方、一九一〇年にガス器具製造の東京瓦斯工業として発足した東京瓦斯電気工業は、松方五郎のもとで一九一三年に社名を改め、生産品の幅を広げていたが、一九一五年以降、大阪砲兵工廠経由のロシア向け信管部品二〇〇万個をはじめ、信管や信管部品の生産で連合国や陸海軍の需要に応えて規模を拡大した[33]。

このように、技術者、技能者の形成を含めた機械工業の一定の発展を背景に、砲弾、信管などの限られた範囲ではあったが、連合国軍需に応えて新興の企業が急激に兵器生産力を拡大した。当然ながら、これらの民間企業にとって、連合国需要の停止は大きな打撃となった。日本兵機は一九一七年七月のロシア政府からの信管発注中止の連絡を受けて、即座に三二〇〇名を解雇した(34)。そして残った少数の従業員で量水器、紡織機などの製作を開始したが、一七年一二月に小西喜代松社長が今後一年間に五〇〇丁、独自設計の十連発小銃を試作することを申請して翌年三月に認められた。同社は顧問として、一九〇三年から一九〇六年まで欧米に派遣されて兵器製造を研究し、東京砲兵工廠製造部長を務めた予備役砲兵大佐小林鉀八郎を招いた(35)。信管製造での利益の蓄積と設備を背景に、独自開発の小銃生産という積極的な形での、兵器製造への進出の試みである。陸軍が軍需工業動員体制の整備に乗り出すのは、このような時期においてであった。

4　軍需工業関係立法と民間工業奨励

(1)　軍用自動車補助法と軍需工業動員法

一七年一一月二一日の兵器局の提案に端を発して一八年二月に勅令第一四号で行われた砲兵工廠条例の改正により、砲兵工廠は民間の委託を受けて兵器などの製造の指導、また従事者の養成や兵器の試験を行えることとなった。この制定理由として、民間兵器工業の一定の発展と、工廠からの職工引き抜きの防止のほか、戦時に民間工場を利用し、あるいは民間製作兵器を軍用に利用する便宜が挙げられた(36)。これが、日本兵機のように陸軍の直接の発注を受けない企業も含む兵器産業を軍が支援する最初の枠組みであった。

一九一八年に成立した軍需工業動員法は、直接には一九一七年一二月に参謀本部が陸軍省に対して軍需品管理法の制定を求めたことに由来する。これは革命後のロシアがドイツと休戦条約を結んだ数日後のことで、ドイツ勢力の東進も懸念され、場合によっては極東ロシア領に陸軍の全力を使用することを考慮して大正六年度対露国作戦計画を改定した時期にあたる(37)。すなわち、第一次世界大戦に陸軍が本格的に参加することを想定しての提案であった。その性格は、参謀本部が提示した「法案ノ要旨」が「十、戦争終了後ニ於テモ要スレハ本法ヲ持続シ得ルコト(38)」と基本的には戦争継続中の活用を意図していることからも明らかである。軍需工業動員法がなければ一八八二年の徴発令によって工場を徴発することになるが、その場合は同四八条により「其地平常ノ代価若シクハ損料」が賠償されるにとどまる。軍管理工場として生産の割り当てを受けながら経営が続けるといった方策がとれるこの法律の制定は、経営側からも望まれたであろう。

陸軍省は「軍需品法案」を起草し、内閣法制局の修正を受けた後、二月一八日に陸・海軍大臣連署の「軍需工業動員法案」を作成した。関係各省の意見を参考にした法制局による再度の修正を経て二三日に閣議決定されたが、衆議院でさらに条文が修正された。纐纈厚氏は陸軍省にはじまるこれらの条文修正が、財界との調整をはかるもので、議会での修正と付帯決議により、財界関係者が最も関心の深かった企業秘密の堅持や損害賠償といった私権保護について配慮し、その実行を軍需評議会に委ねる手続きがとられたと指摘した。すなわち、「大戦特需に充分対応出来ず、そこから日本重化学工業水準の低位性を克服したいとする財界」が「重化学工業化政策を国家政策レベルへと押し上げ、自らその主導性を確保したいとする欲求」から軍と協調し、これを契機に陸・海軍、財界、官僚、政党が相互癒着の関係に入っていったという(39)。

軍の側の事情については、諸橋英一氏が軍需工業動員法が軍が自らの権限の一部を手放す性格を持っており、「軍内でも理解の深い一部の総力戦専門家が進歩的な案を起案し、広範な注目を集めないまま、あるいは注目しても知識がないので深い意味が理解できないままに、この時期の総動員政策が企画されたと推測できる」という興味深い指摘を行っている(40)。軍需工業動員法の主務課は軍務局軍事課であるが、その起案や議会での説明には兵器局銃砲課の鈴村吉一砲兵少佐があたり、同法成立後は兵器局に同法成立に尽力した元銃砲課長吉田豊彦砲兵大佐を課長に新設された工政課がその事務を担当した(41)。また、軍用自動車補助法の主務課は軍務局砲兵課であり、軍務局長は砲兵出身の奈良武次少将であった。これら二法案の立案と実施は、兵器製造も担当した砲兵の将校たちによって主に担われた。そして、前述のように砲兵出身の大島陸相自身が軍需工業の現状や課題に通暁していた。先述の三平株式会社への小銃実包生産勧奨は貴族院での大島の答弁で明らかにされたが、質問者は当時の陸軍次官山田隆一から小銃実包の生産は危険なので民間にはやらせられないという誤った情報を聞いて質問していた(42)。山田は歩兵で、大島が前任者としてこの問題に取り組んでいた時軍務局長であったから、彼が十分に把握していないということは、陸軍部内で民間兵器工業に関する大島の方針がほとんど共有されていなかったことを示している。

(2) 休戦と二法の運用

指定する軍需品の生産や設備拡充を条件に補助金を下付できるとする条項は、原案にはなく、閣議請議案から登場した。一九一八年四月一六日の同法公布を受けて、陸軍省は六月二七日に翌年度からの補助対象として中口径砲弾の製造に用いる中型旋盤、ブリキ板、アルミニウム、光学ガラス、研磨剤、発条(ばね)鋼、帯鋸、飛行機発動機点火用のマグネット鋼、ボールベアリング、電機用軟鉄、ニッケル、羊毛紡績用のカード、空中窒素固定、カーボン、絶縁塗料を軍需局に提案した。しかし、一般的な基準を定めて設備に奨励金を支給することは行われず、一九二一年度から軍需工業研究奨励金のみが実施された(43)。

軍需工業動員法に先だって同年三月二五日に成立した軍用自動車補助法は、長期的な視野に立った奨励策であった。その目標は自動貨車(トラック)一七〇〇台の確保であったが、当面は五年次目に二九〇台の確保が予定されるにとどまった。しかも、このうち国内生産は九〇台と見積もられており、国産車が輸入車を数的に上回るのには第九年次の調達分から、目標達成は二〇年後と想定されていた(44)。奨励金は製造、購買、維持の三種で、製造者、購買者、そして製造後五年間の所有者に与えられる。維持補助金を受けている間は軍が収用できる。一九二一年度までに交付された奨励金は、製造は八七台であったが、購買補助金を受けたのは二二台であり、五年度目である一九二二年度に維持補助金を受給したのは二八台に留まる。[45]製造から維持を差し引いた五九台はほとんどが軍に納入、あるいは製造後収用されたと考えられる。このころまでの国産数は制度設計時の予定とほぼ等しく、一方で、附則で陸軍大臣が認めれば奨励金を交付できるとしていた輸入車には、実際には交付しなかったために、予算が使い残された。

両法とも、大規模な戦争に備えて砲弾製造用の中型旋盤のような生産設備やトラックを国内に確保するような奨励金支給を行うことが可能であった。しかし、施行後早々の一九一八年一一月に休戦を迎えて動員の必要が遠のき、また機械やトラックの輸入も可能になったところから、そのような役割は果たさず、研究の奨励や、輸入車との競争でより困難になった国内での軍用車生産を補助する役割だけを果たした。

(3)　民間工業者の対応と陸軍の方針

大阪砲兵工廠では一九一七年に三菱造船・川崎造船・奥村電機・安田鉄工・日本兵器（機）製造の技術者に自動車用エンジンの鋳造技術を指導した。[46]軍用自動車補助法に関しては、安田を除くこの各社と、岸発動機、東京瓦斯電気等が当初補助を希望したが、一九一九年の指示期日までに実車を完成できたのは東京瓦斯電気だけであったと報じられ、[47]初期の適用車両は同社のものだけだった。輸入が困難な戦時下で自動車の国産化に積極的だった各社は、ほとんどが手を引いたのである。

このうち岸発動機は一九一四年に個人経営で航空発動機の生産をはじめた医師岸一太の工場で一七年一二月には赤羽飛行機製作所に発展している。このころには海軍工廠で発動機製造にあたっていた中島知久平が開業し、一八年には三菱や川崎も飛行機生産のためフランスから技術導入を行った。[48]技術力ある大手企業にとって適切な新分野であるとともに、法的な保護はなくとも、軍が国産機を採用するなら、輸入車と競合する民間市場に依存する自動車より軍需中心の航空機工業のほうが展望があると考えられたのであろう。一九年四月に陸軍航空部が誕生すると、兵器局と協議して、民間航空産業奨励のため、その発達に応じて機体は一部を、発動機は半数までは民間会社に製造させる方針を定めた(49)。

日本兵機は結局小銃を生産した形跡はなく、一九一八年七・八月に大阪砲兵工廠注文の軍用自動貨車の製作を主な理由に工作機械の優先輸入を申請したが(50)、自動車生産も実現してはいない。戦時下では軍需に応えることに工作機械輸入の便宜を得る利点もあったが、休戦でそれも失われ、あえて自動車生産に挑戦する利点は少なかった。

一方、東京瓦斯電気工業も一九一八年八月には東京砲兵工廠注文の四噸自動貨車一〇台と一〇〇馬力発動機一〇台の製作にあてるためとしてアメリカからの工作機械の輸入を申請した(51)。同社は実際にこれらの製作にあたるとともに、一九一九年から工廠の生産能力が不足していた陸軍の慫慂を受けて中国向けの南部式自働拳銃を生産し、次いで三年式機関銃を生産した(52)。この作業にあたってはこれらの銃器の発明者である南部麒次郎少将以下、砲兵工廠の技術者の指導を受けた(53)。

一九二〇年一二月に陸軍省工政課が工業動員に関心が高く貴族院議員でもあった大河内、斯波両帝大教授に説明するために作成した「軍需工業ニ関スル概説」は「官民工業の調和」を唱え、軍工廠は平時の作業量が設備に比べて少ないのは当然であり、戦時に民間と競合しない「素人職工」を募集して操業するために「熟練せる基幹職工」を平時に維持すればよいとしている。そして「兵器製造費を活用して一般工業の衰退を防止し、或は発達助長せしむるは当局の最も念とする所」であるから、民間工業に委ねられるものは委ねるとした。具体的には「民間工業を指導し且製造せしめつつあるもの」として、東京瓦斯電気の拳銃・自動貨車・飛行機用発動機が概ね良好であるほか、三平株式会社の小銃弾丸・薬莢、日本特殊鋼の各種特種鋼、東京電気の光学硝子、日本皮革の皮革製品、中島飛行機と赤羽飛行機の機体と発動機が実績を上げ、日本製鋼所の中口径砲砲架は良好ではないが発達しつつあり、同社の飛行機用発動機と住友鋳鋼所の大中口径火砲砲身素材は製造・研究中だが発達しつつある、と実績をまとめた(54)。このように、民間工業の育成方針が決まり、具体策が緒に就いたところで、軍縮を迎えることになる。

5　軍縮と兵器需要の変化

(1)　軍縮の過程

まず第一次大戦期から軍縮前までの軍備増強をたどる。一九一五年に二個師団の増設が決まり一九年までに二一個師団体制が整うことになるとともに航空大隊が設置され、軍縮までに六個飛行大隊が設置された。大戦中の列国の火力の増強に対応して、一九一七年には各歩兵連隊に六丁ずつの機関銃隊を一〇年計画で置くという形で歩兵の火力増強が着手され、一八年には師団の野砲兵連隊に各一大隊が増設され、うち六個は野戦重砲を装備した。また、徒歩編成の重砲兵隊を改組して野戦重砲兵六個連隊を設け、鉄道第二連隊、電信連隊を置き、輜重兵を増強して自動車隊を新設した。

一九二二年の軍備整理、山梨軍縮は人員五万九四六四名、馬約一万三〇〇〇を削減した。二一個師団という枠組みには手を付けず、歩兵連隊の各大隊四個中隊のうち一個中隊を削減し、軽機関銃を配備した。砲兵は野砲六個連隊、山砲一個連隊を削減し野戦重砲兵二個連隊と騎砲兵一個大隊を新設した。野戦重砲兵は増強されているように見えるが、一九一八年の改編で野砲兵連隊の一部に置かれた野戦重砲兵大隊のすべて、三個連隊相当を廃止しているので、全体的には削減である。

一九二五年には、三万三八九四名、馬約六〇〇〇頭を削減する宇垣軍縮が行われた。これにより四個師団が廃止され、代わって、第一戦車隊、高射砲第一連隊、通信学校、自動車学校等が新設された。航空部は航空本部となり、兵科としても航空兵科が設けられた。飛行大隊は連隊に改編され、飛行第七、第八連隊が加えられた[55]。

以上の軍縮による部隊廃置の簡単な描写からも明らかなように、軍縮では直前には拡大されつつあった砲兵が削減され、歩兵も機関銃の導入とともに削減された。一方、飛行隊は軍縮前の急増を引き継いで増強され、高射砲、戦車隊が新たに加わった。

(2) 火砲生産

第一次世界大戦の欧州戦域では、砲兵力の強化が活発で、とくに野戦重砲の増強が進んだ。日本陸軍もこれに対応して一九一八年の編制改正で野戦重砲の連隊、大隊を置いたが、これらの部隊が装備するのは、国内開発されて一九一五年に制式となった四年式一五センチ榴弾砲であった。この砲は、既存の技術で、第一次大戦型の軍備に対応しようとした動きを象徴する兵器であった。軍縮で装備する部隊が減らされ、この砲の調達はどうなったのであろうか。表11-1に示したように一九二七年までその保有数を知ることができるが、軍縮によって一九二四年に野砲兵連隊への配備がなくなるにもかかわらず、総数の増加は鈍らない。これは、山梨軍縮時に、戦時に編成される野戦重砲兵連隊補充隊の砲数を四門から一八門に引き上げ、動員所要数を大きくしたからである[56]。野戦重砲の分野では、平時の部隊や人馬を減らしてはいるが、兵器の生産には影響させなかった。

一方、山梨軍縮で増置された野戦重砲兵二個連隊は当面、徒歩重砲兵が用いた三八式一〇センチカノン砲をアメリカから輸入した牽引自動車で牽引したが、一九二五年から二九年にかけて十四年式一〇センチ加農砲五八門を生産して、これを代替した[57]。このうち五一門は二七年までに生産されたが、二七年には四年式一五センチ榴弾砲も三六門が生産され、この年で野戦重砲の整備は一段落して以後は縮小する。その後、火砲生産の中心となったのは高射砲であった。高射砲は防空兵器で、土田宏成氏が防空は一九二八年以後、軍縮の圧力の下で陸軍が予算を獲得するプロジェクトの一つという意味があり、それはある程度成功した、と主張していることが注目される(58)。このように、軍縮期にも火砲の生産は細々とながら維持され、それを担当した大阪工廠火砲製造所は比較的繁忙であった(59)。

一方で、火砲の生産予定に大きな影響を及ぼしたのは、海軍軍縮であった。一九一九年に参謀本部が定めた要塞整理要領では、第一期と第二期にわけて国内の要塞の火砲を一新する予定であった(60)。このうち第一期に二四門が必要とされた三五センチ加農砲は海軍工廠に製造を委託する予定であったが(61)、六〇門が予定された長短二種の三〇センチ榴弾砲は一八年に制式化されて大阪砲兵工廠で生産され、一六門が予定された四一センチ榴弾砲も二〇年三月に試製が命じられた(62)。この三種の榴弾砲の所要数を、当時の造兵廠の作業力換算基準(63)で四五式二四センチ榴弾砲に換算すると二八八・八門相当となる。一九二四年の工廠の昼夜業での最大作業力は、同砲換算で年一二門相当だったので、昼夜業でも二四年かかる。四一センチ砲の砲身素材を納入した日本製鋼所に一部を委ねるにしても、砲兵工廠の大口径火砲製造能力は拡張が必要であった。実際、一九二一年には大阪砲兵工廠内で、四一センチ砲砲身仕上げ用の鑽開機、施線機、平削り機の部品が合わせて約一九〇トン分鋳造され(64)、設備の整備が進められていた。第一次大戦後の工廠の作業量の減少は、これらの要塞砲製造でかなり補われるはずであった。

しかし、海軍軍縮により廃棄される主力艦の砲を要塞砲に転用することになり、要塞整理案は大幅に変更された。二四年の計画では陸軍工廠製の大型榴弾砲は二四センチ榴弾砲換算八・八門相当にまで減り(65)、艦砲を陸上用に改修する作業も海軍工廠が担当した。海軍軍縮は、陸軍工廠の大型火砲製造部門の拡張

表11-1　四年式15cm 榴弾砲動員可能数

年次	門数
1920	21
1921	47
1922	98
1923	146
1924	193
1925	219
1926	258
1927	284

出典：軍事機密大日記。

図11-3　陸軍の飛行機・発動機調達額

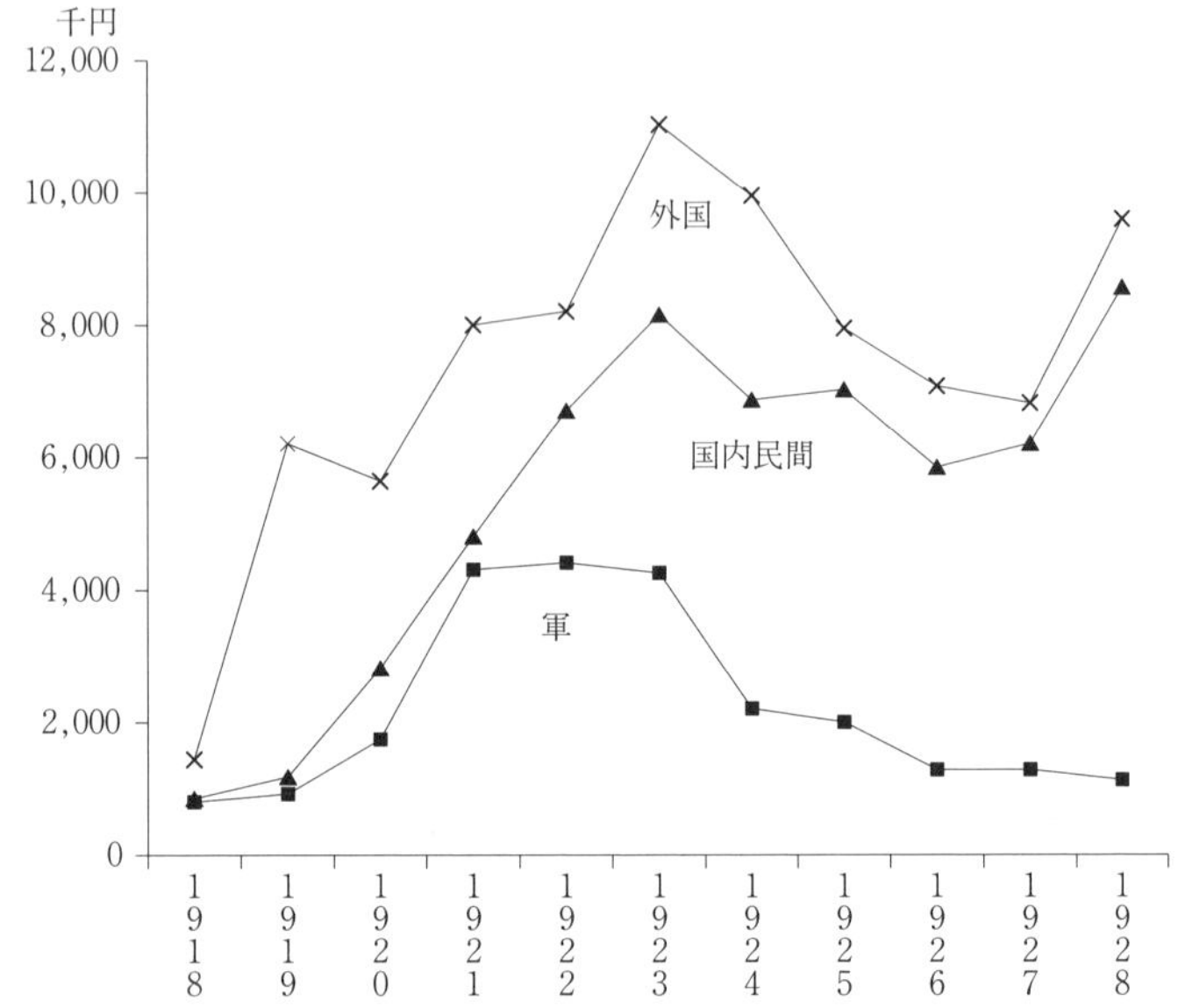

出典：高橋重治『日本航空史　乾』（航空協会、1936年）。

を妨げ、工廠全体としての生産の落ち込みを大きくした。

(3)　飛行機と自動車

高橋重治『日本航空史　乾』には、各年に陸軍が調達した飛行機、発動機の名称や調達先が記されている。予算年度との関係は明確でなく、詳細不明のものもあるが、同書から得られる情報を集計したの図11-3である。部隊の新設が一段落することで、一九二四年から二七年まで調達総額が漸減する。しかし、一九一九年の工廠民間半々までという方針を早くも二三年に破って民間からの発動機調達が工廠からのそれを凌ぎ、一九二四年の陸軍による生産の急減と、翌年の輸入の急減により、民間からの調達は一九二五年まで増加し続け、その後もほとんど縮小しない。詳細は先行研究に譲るが、軍についで民間への外国からの技術導入により、飛行機の国産化が達成され、川崎、三菱、中島を中心とし、発動機ではこれに東京瓦斯電気と石川島が加わる、国内民間企業を中心とする供給体制が形成された。これを前提に、一九二五年からは競争試作の形で飛行機の開発も民間に委ねられていった(66)。

飛行隊は陸軍における自動車導入の中心でもあった。一九二五年に陸軍は自動貨車一四三台を保有し、ほかに古品四五台を保続していたが、うち一一一台が飛行隊・学校の所属で、自動車隊・学校の五八台、砲兵の四九台を凌いでいた[67]。自動貨車でも調達の中心は工廠から民間に移り、一九二七年には造兵廠で八台の自動貨車を製造する一方で八四台の民間国産車を購入している[68]。

戦時に動員される兵站自動車隊は、大正一四（一九二五）年度の動員計画で四隊が登場し、翌年度以降は三〇隊の編成が計画された[69]、これには二四六〇台の自動貨車が必要である[70]。これに対して、軍用自動車補助法による製造補助金の受給台数は、一九二四年度からダット自動車と石川島造船所の参入により当初の予定を上回るようになったものの、動員時に収用対象となる維持補助金の受給車両は一九三〇年でも九〇二台に留まった。これは補助法立案時の構想に近いが、所要台数の半分にも満たない。にもかかわらず、このような動員計画がつくられたのは、一九二〇年には八八九台だった国内のトラックが急増し、二四年には五七八八台、二八年には二万台を超えたからである[71]。この大半は補助を受けていない輸入車両であるが、戦時には徴発令によって徴発することが可能である。動員計画上の兵站の自動車化は、軍用自動車保護法の効果というより輸入車の増加によって、予想以上に順調に進んだのである。

陸軍の兵器は兵器本廠が、航空に関する器材は航空部、一九二五年以降は航空本部が調達した。一九二六年の兵器本廠の調達と航空に関する器材のうち図11－3の分を対比すると表11－2のようになる。航空本部の調達分は機体・発動機以外にもあるので、不完全集計であるが、兵器本廠に比べて規模が小さいことは間違いない。それにもかかわらず、民間企業の市場としては兵器本廠より航空本部のほうが大きかった。また、一九二七年度の兵器本廠の民間国産自動貨車八四両

表11－2　1926年陸軍の兵器類調達

（単位：万円）

	兵器本廠	航空本部
工廠	1,520	126
民間	307	459
外国	164	123
合計	1,991	708

出典：兵器本廠は「陸軍兵器本廠歴史　第九編」、航空本部は図11－3。

の調達額は七九万円余で、国産品の調達額としては最多であった。自動車や飛行機という、軍縮期に拡張が進んだ領域が、民間企業の陸軍兵器類生産の中心であり、軍縮期陸軍のこの領域での民間依存度は高かった。

6　軍縮期兵器生産の官民分担

(1)　銃砲の民間生産

従来から工廠で生産されていた兵器に関しては、民間企業の参入はどの程度進んだのであろうか。陸軍は大島の勧めで小銃弾や薬莢の製造を始めた三平株式会社に対し、一九二〇年度から弾丸と薬莢を発注していた。しかし、二二年度には東京砲兵工廠の作業維持のために弾丸の注文を停止し、さらに二三年以降は造兵廠における作業維持の関係上、当分薬莢も含めて民間注文が不可能であると予告したため、同社は転業を余儀なくされた[72]。前述のように砲兵工廠=造兵廠の作業が減少し、職工数が削減されて行く中で、基幹的な熟練工の雇用を維持するため工廠に一定の作業量を確保することは、戦時に工廠の生産力を量的に補う力を持つ民間企業の保護より優先された。一方で、機関銃生産における軍、民の分担関係を示す表11-3からは、軍縮期にも民間への発注を継続し、あるいは新たに開始している状況が読み取れる。これはどのような事情によるのであろうか。

機関銃は日露戦争期から東京砲兵工廠で生産され、この時期の制式銃である三年式の生産能力は、昼夜業での最大月製力が震災被害後の一九二四年に五〇丁であった[73]。民間での生産は、前述のように東京瓦斯電気によって一九一九年に東京砲兵工廠関係者の指導の下で開始されたが、一九二三年七月には陸軍省から兵器本廠への調弁の令達の中で「三年式機関銃は民間兵器工業奨励の目的を有するもの」なので一〇〇丁すべてを東京瓦斯電気工業株式会社に注文するよう指示され[74]、翌年もその趣旨が確認されている[75]。軍縮の最中で工廠に十分な余力があっても、民間工業の奨励を目的に発注されたのである。

海軍向けの火砲生産に実績があった室蘭の日本製鋼所は一九二五年には陸軍向けに歩兵砲の部品や四年式一五センチ榴弾砲の砲身を作っていた。しかし、製品は工廠職員による技術指導が必要な水準であったので、次に予定されていた試製未了の高射砲に代えて野砲の改造を担当させたと、大阪工廠の火砲製造所長であった大角亭が回顧している[76]。同社の社史によれば、一九二七年一二月に野砲七一門の改造工事を受注したが、同年に大阪工廠に納入した高射砲砲身は好評で、一九三〇年以降は同社広島工場で仕上げ、組立てた完成品を供給した[77]。また、大角によれば、大阪工廠は日本製鋼所の広島工場とともに大阪の汽車製造会社でも改造野砲の砲架製作を指導し、困難を克服して成功させたという。汽車製造はこれより先、一九二三年に、前年に制式化されたばかりの新兵器である十一年式軽機関銃の試製を大阪方面の三社と連合して願い出、許可されて図面と現物を交付された[78]。軍縮期にも、陸軍はある程度の技術力と規模がある企業が陸軍銃砲生産に進出することに好意的で、技術に見合った仕事を与えながら育成し、一定の成果を挙げたということができよう。

表11-3　機関銃生産の官民別

（単位：丁）

	三年式機関銃		十一年式軽機関銃	
	造兵廠	民間	造兵廠	民間
1924	0	100	948	
1925	204	115	1,256	
1926	172		1,002	
1927	0	133	1,195	195
1928	10	16	1,044	50
1929	45		743	
1930	20	120	951	150
1931	0	114	541	335

出典：造兵廠生産は「陸軍造兵廠歴史」各年、民間は1927、28、30、31年は「陸軍兵器本廠歴史　第九編」による年度内調弁数、他は「大日記乙輯」で確認できた民間調弁数。

(2)　日本特殊鋼の参入

一九二五年六月九日に日本特殊鋼合資会社代表社員渡邊三郎は十一年式軽機関銃の火造部品一式の払い下げを陸軍大臣宇垣一成に願い出た。その事由書では、各種飛行機用発動機鋼、小銃及重・軽機関銃用鋼など各種兵器用特殊鋼を製造し、また鍛造品としては陸海軍が民間に発注した各種軍用発動機や三年式機関銃の半製品を供給し、またその製造方法を研究している実績を誇る。そして、新たに大型空気鎚二台と一トン落鎚を増備して三年式機関銃鍛造部品年一〇〇〇挺分の製造能力を持つようになったので、十一年式軽機関銃鍛造部品の製造法を研究し、「他日急需ノ場合」に備えたいとして、「差当御注文ノ如何ニ不拘、国家総動員上ノ見地ニ拠リ」見本の払下げを求める。当面の作業量は確保しつつ、生産能力は育成したい陸軍の軍事工業奨励の事情にあわせた申請である。

渡邊は一九〇七年に東京帝大採鉱冶金学科を卒業し、足尾銅山の精錬課熔鉱係長を務めた後、一九一一〜一四年にアーヘン工科大に留学し、帰国後帝大講師を勤めながら、一九一五年一一月に大森の旧松井鉄工所あとで日本特殊鋼を創業した。当初、八幡製鉄所で一九〇四年から坩堝製鋼を担当していた石原米太郎と古賀義右衛門ら呉海軍工廠の鍛造技術者を招き、一九一八年には日本製鋼所から転籍した松井篤三郎が二トンハンマーを導入するなど、渡邊自身の科学技術と先進工場の技術者の経験により、国内では高い水準で坩堝製鋼と鍛造を行い、輸入が難しくなった工具鋼や部品を生産して成長した。

軍に対しては、一九一八年に東京砲兵工廠に自動車発動機用鋼を、大阪砲兵工廠には高速度鋼を供給し、翌年には陸軍が飛行隊創設のためフランスから招聘したフォール教育団のジョセー少佐以下二名が半年間日本特殊鋼でサムルソン式発動機のシリンダー・クランクシャフト用特殊鋼の製造指導を行った。以後特殊鋼を名古屋機器製造所へ納入し、一九二〇年には呉工廠の佐々木彦太郎技師を招聘して電気炉を設け、海軍工廠からも発動機用鋼を受注した。軍工廠出身者の技術や、軍の技術導入の恩恵を受けつつも民間企業の側に工廠に匹敵するか、あるいはそれを凌ぐ技術が蓄積されていたのである。同社は一九一九年には形打鍛造工場を開設して小銃と機関銃の部品製造を開始していた(79)。

同社の申請に対して、陸軍省は「目下ノ処、軽機関銃ヲ陸軍以外ノ工場ニ注文スヘキ意図無之ニ付為念申添候」と書き添えて許可を与えたが、それに至る省内での稟議にあたって、大臣官房は付箋を付けて二点を原案を作成した銃

砲課に問い合わせた

一、火造部品モ秘密ニ属スルモノアラスヤ。若シ秘密ナラハ払下クルハ如何

二、軍部カ民間ニ注文スル意図ナキニ不拘本件部品ヲ払下クル理由

兵器の秘密保持を重視した疑問だが、軍需工業動員やその準備の必要性の具体的理解を欠いている。これに対して銃砲課は、東京瓦斯電気工業、汽車製造、日本特殊鋼などには、有時の場合を顧慮すると、会社側の希望があれば試製させたほうが有利なので、図面や火造品などの払下を認める方針であり、汽車製造に対しては部品払下げと図面貸与の先例があると回答し、原案どおりの処理に同意を得た。

東京瓦斯電気も日本特殊鋼のほぼ半月後、六月二六日に三年式機関銃の製造能率が上がって余力が生じているので将来のために十一年式軽機関銃の製造を研究し、工具や取付具を準備したいとして、火造品の払下げと銃全体の図面の貸与を求めた。陸軍省は、これに対しても目下軽機関銃を部外の工場に注文する意図はないとしながら認めた(80)。

(3)　陸軍工廠の整備

十一年式軽機関銃は表11－3に見るように、二年後には民間でつくられた。にもかかわらず銃砲課が民間に注文しないとしたのは、なぜであろうか。これは、一九二七年に名古屋工廠千種機器製造所が十一年式軽機関銃の製造に着手することと関連するであろう。一一年式軽機関銃の生産ラインは長沢寸美遠技師の主導ですでに東京砲兵工廠に整備されていたが、これを震災復旧費によって名古屋にも整備したのである。

千種機器製造所は発動機を製作する名古屋機器製造所が二三年に改称したもので、日本特殊鋼の指導にあたったフランス顧問団はここで発動機本体の製造方法を指導した。しかし前述のように、陸軍は一九二四年ころから民間企業に航空機生産を委ね、工廠での生産を減少させた。かわって千種では拳銃、機関銃、ついで小銃と銃器の生産体制が

整えられ、銃器の生産開始にあたって、発動機工場から職工を転用した。また発動機生産にあたった技師が渡米してプラット・アンド・ホイットニー社から従来の半分の工程で生産できる小銃の量産ライン用の機械を購入した[81]。同型の発動機五〇〇台以上という、当時としてはまとまった規模の、精密さを要する発動機生産ではじまった互換性、はめあい、また機械加工の合理化といった量産技術の研究が銃器生産に生かされたであろう。このように技術者や熟練工が発動機と銃器の双方の技術導入や生産を担うことで、発動機生産の縮小に対応でき、また銃器の量産体制の進歩にも益したと考えられる。

千種では併行して航空発動機の試作も行われたが、一九二八年に、従来製造していたサルムソン発動機にかえて、すでに二年前に川崎造船所で国産化されていたBMW四五〇馬力発動機の生産が開始される。技術導入を民間に委ねると、工廠が戦時に備えて十分な製造技術と設備を平時から保持しておくためには、民間からの技術移転によって製品を時代の要求に合うよう向上させてゆく必要がある。

大砲生産に関しても、大角は日本製鋼所や汽車製造による生産が「作業消化の一助と十分なった」としており[82]、それが縮小された規模で熟練工や技術を維持しながら試製品も含めた多様な火砲生産にあたっていた火砲製造所の活動を妨げていないことがわかる。

銃砲に関しては、軍工廠が一定の縮小と生産の多様化を図りながらも、熟練工を維持し、時代に応じた生産設備を整えて行くことと矛盾しない形で、民間工業の育成が行われた。これに対して、銃弾や薬莢では、需要減少の中で、工廠がその生産に特化した銃包製造所を維持しなくてはならないため、民間工業奨励を続けることが困難だったのであろう。

(4) 軍首脳の変化

日本特殊鋼の申請に対する銃砲課の回答原案に疑問を呈した大臣官房は、陸軍省副官を中心とした組織で、稟議書には後に陸相となる中村孝太郎大佐と伊藤知剛少佐、原守大尉が捺印している。彼らは三人とも歩兵で、陸軍大学校出身者である。国家総動員の準備の必要性には陸軍全般の合意があったはずだが、彼らは民間企業に情報を提供して準備させるという技術的には当たり前な発想になじめなかったようだ。陸軍部内でも、兵科による技術的知識や経験の差が大きかったのである。同じく陸大卒歩兵出身の宇垣の兵器技術への理解が不足していたことも驚くにはあたらない。

第一次世界大戦開戦時の陸軍大臣は歩兵で陸大卒の岡市之助、次官は士官学校の同期で陸大には進まなかった砲兵の大島健一であった。一六年三月に大島が大臣に進むと、歩兵で陸大卒の山田隆一が次官となった。連合国向け軍需生産から軍需工業動員・奨励体制の整備に大島が果たした役割は大きい。しかし一八年九月に原敬内閣の成立に伴って就任した田中義一陸相は士官学校旧八期と陸大でともに同期で同じ歩兵であった山梨半造を次官とした。以後二八年八月に陸大卒砲兵の阿部信行が次官になるまで約一〇年、大臣と次官はともに陸大卒歩兵という時代が続き、宇垣もその一人である。これは偶然ではない。

フランス顧問団が指導した初期の士官学校では、優秀者を砲工兵科に進ませて歩騎兵より一年ないし二年長期間教育し、さらにその優秀者をフランスの砲工学校に留学させていた。これに対して、一八八二年に設立された陸軍大学校は、この進路を取らなかった歩兵を中心に、選ばれた将校に参謀教育を施した。砲工兵の優等者が理数系、語学の成績に影響されやすかったのに対し、陸軍大学校は独自の試験と部隊長の推薦によった。軍が若手に期待するものが、外国技術の導入から軍の作戦、さらには軍部内の秩序の安定の担い手へと変化していた。砲工兵の優等者を留学させたのは、上原勇作、楠瀬幸彦ら士官学校三期までで、四期の大島は部隊勤務の後にドイツに留学した。それ以後の世代では、優秀者が歩兵に進み、陸大を目指すのが一般的となった。その影響が三〇年余りたって、陸軍首脳の構成に現れたのである。

7　おわりに

兵器は需要に波があり、第一次大戦期には連合国向け生産で軍工廠の拡張と民間工場の増加、拡大が進んだ。企業の経営上の要求と、今後の軍需工業動員の可能性を広げようとする砲兵将校を中心とする担当者たちの意向は合致し、また民業奨励は幅広い財界の要求でもあった。そこで、従来工廠で独占されていた銃砲生産の分野も含め軍事工業奨励策がとられ、連合国向け生産が一段落すると、法律による制度化も図られた。この流れは軍縮期にも継続し、軍は基幹的な熟練工や技術者を維持できる範囲で軍工廠の規模を縮小し、民間軍事工業の育成を図った。一方で、軍工廠は人的規模を縮小しつつも、有事に備えて、新らたな兵器類や製造方式に対応した設備の拡充を行った。

総兵力の軍縮が進められる中でも装備の近代化が図られた。その中心となった飛行機や自動車では、当初軍が技術開発と生産を先導したが、軍縮期には技術導入も含め民間に委ねていった。これらが民間に委ねられたのは、他の兵器に比べれば耐用年数が短く、モデルチェンジが活発なため、かなりの量を継続的に発注でき、第一次大戦で発展しながらその後の不況に苦しむ民間工業に適当な製品であったためでもある。しかし、このような民間依存の進行と、技術や補給に暗い陸軍大学校出身歩兵が陸軍首脳を独占するという変化が、第一次大戦への技術的対応が不十分な中で軍縮を進める局面で同時に起こったことは、陸軍の軍事技術の進歩への対応に影を落とした。

注

（1）小林［一九二四］。

（2）防衛庁［一九六七］、同［一九七五］、同［一九七九］。
（3）纐纈［一九八一］。
（4）疋田［一九七七］。
（5）佐藤［一九九九］。
（6）三宅［一九九三］。
（7）黒野［二〇〇〇］。
（8）横山［二〇〇〇・二〇〇一］。
（9）横山［二〇一一］。
（10）竹村［一九七〇］。
（11）高橋［一九八六］一四五～一四六頁。
（12）日本銀行金融研究所サイト「歴史統計」。
（13）大阪砲兵工廠「欧州戦役ニ関スル大製造経験録」一九二〇年、一頁（陸軍省「密大日記　大正一二年」防衛省防衛研究所所蔵、アジア歴史資料センター：Ref. C03022644700）以下同センターのレファレンスコードの冒頭がCであるものは防衛研究所所蔵の陸軍省の文書で、レファレンス番号のみ記す。
（14）前掲「欧州戦役ニ関スル大製造経験録」二～三頁。
（15）同前、二六七、三〇五頁。
（16）「第三十七回帝国議会貴族院予算委員第四分科会議事速記録第三号」一九一六年一月二八日、二一頁。
（17）「第四十回帝国議会貴族院予算委員第四分科会議事速記録第三号」一九一八年二月二三日、一四、二五頁。
（18）防衛庁［一九六七］九五～一〇二頁。
（19）三宅［一九九三］二二六～二三三頁。
（20）「自動車隊新設着手第一年度ニ於ケル自動車及自転車所要数ノ件」（「密大日記　大正七年」4冊の内3）：Ref. C03022446600）。
（21）名古屋陸軍造兵廠記念碑建立委員会［一九八六］三七～五二頁。
（22）「第四十回帝国議会貴族院予算委員第四分科会議事速記録第二号」一九一八年二月二二日、一〇頁。

(23) 前掲「欧州戦役ニ関スル大製造経験録」一六八、五六八頁。
(24) 前掲「欧州戦役ニ関スル大製造経験録」四七二～四七九頁。
(25)「神鋼五十年史」編纂委員会［一九五四］二七～三一頁。
(26) 吉田豊彦「大正七年自一月二六日至二月四日民間工業及枝光製鉄所視察報告」(「密大日記　大正七年」4冊の内2」: Ref. C 03022440600)。
(27) 佐藤［一九九九］四三〇頁。
(28)「第四十回帝国議会貴族院予算委員第四分科会議事速記録第二号」一九一八年二月二二日、一〇頁。
(29) 大江［一九七六］三二四～三二五頁、大江［一九八七］三一七～三一八。
(30)「兵器製造調査委員会記事並調査書類報告の件」(「歐受大日記　大正十一年二月」: Ref. C 03025305600)。
(31) 梶山［一九六六］一三一～一三七頁。
(32)「機械工業愈多忙」(『大阪時事新報』一九一七年八月六日) 神戸大学附属図書館デジタルアーカイブ新聞記事文庫、以下神戸大新聞記事文庫と略記。
(33) 日野自動車工業［一九八二］三～九頁。
(34)「職を失ふ三〇〇〇の職工」(『関西日報』一九一七年七月七日、神戸大新聞記事文庫)。
(35)「軍用銃試製許可ノ件」(「大日記乙輯　大正七年」: Ref. C 03011095600)。
(36)「砲兵工廠条例中改正ノ件」(「大日記甲輯　大正七年」: Ref. C 02030814500)。
(37) 防衛庁［一九六七］五一～五三頁。
(38)「軍需品管理法制定ニ関スル件照会」(「密大日記　大正七年」4冊の内4: Ref. C 03022453000)。
(39) 纐纈［一九八五］三八～四八頁。
(40) 諸橋［二〇一三］一五七～一五八頁。
(41) 防衛庁［一九六七］四四～七二頁。
(42)「第四十回帝国議会貴族院予算委員第四分科会議事速記録第二号」一九一八年二月二二日一〇頁。
(43) 佐藤［一九九九］一三六～一三八頁。

(44)「自動貨車及乗合自動車ノ奨励ニ要スル金額一覧表」(「警保局長決裁書類・大正6年　下」国立公文書館所蔵、アジア歴史資料センター：Ref. A05032240500)。

(45)「大正七年度〜昭和五年度自動車奨励費（奨励金）支出決算額調」(「昭和財政史資料第六号」第60冊：Ref. A09050531900)。

(46) 三宅［一九九三］二三四頁。なお日本兵器製造は日本兵機製造がこのころ用いた表記。例えば「自働車図面借用願ノ件」(「大日記乙輯　大正六年」：Ref. C03010983700)。

(47)「軍用自動車検査」(『大阪朝日新聞』一九一九年二月一九日) 神戸大新聞記事文庫。

(48) 井上幾太郎伝刊行会［一九六六］二一八〜二二五頁。

(49) 防衛庁［一九七五］三九頁。

(50)「日本兵器製造会社ノ諸機械輸入方ニ関スル件」(「欧州戦争ノ経済貿易ニ及ホス影響報告雑件／米国輸出禁制品ニ関スル件／証明　第七巻」外務省外交史料館所蔵：Ref. B11100581500)。「日本兵機製造会社ノ『フルド、ゲーヂ』其他輸入ニ関スル件及曲軸施盤」(同第九巻)(Ref. B11100585800)。

(51)「東京瓦斯電気工業会社ノ機械類輸入方ノ件」(「欧州戦争ノ経済貿易ニ及ホス影響報告雑件／米国輸出禁制品ニ関スル件／証明　第八巻」：Ref. B11100582900)。

(52)「自働拳銃供給ニ関スル件」(「密大日記 大正十二年」6冊の内3：Ref. C03022605900)。

(53)「顧問応聘許可ノ件」(「大日記乙輯　大正十年」) Ref. C03011426200)。

(54)「軍需工業ニ関スル概説」(「密大日記　大正九年　四／五」：Ref. C03022522500)。

(55) 以上は防衛庁［一九七九］七二〜一〇一頁による。

(56)「兵器表甲号」(「密大日記　大正一三年」：Ref. C03022663000の二一七画像目)。

(57)「陸軍造兵廠歴史」各年、佐藤［一九九九］四五八頁の表9‐11には、二五年から二八年までのこの砲の生産実績が欠けている。

(58) 土田［二〇一〇］八八〜九九頁。

(59) 大角亨『経験回顧録』(返還文書（旧陸海軍関係）国立公文書館所蔵：Ref. A03032171000) 七三丁。

(60)「要塞整理要領」(「軍事機密大日記　大正十年」5冊の内3：Ref. C02030098200)。

(61) 佐山［二〇一二］二五五～二六一頁。
(62)「四十一珊榴弾砲審査ノ件」（「大日記甲輯　昭和六年」：Ref. C01001239100）。
(63) 佐藤［一九九九］四三三頁。
(64) 三宅［一九九三］二二五頁。
(65)「要塞再整理第一期備砲著手順序ニ関スル件」（「密大日記　大正十四年」6冊の内3：Ref. C03022702500）。
(66) 防衛庁［一九七五］五三～六七頁。
(67)「兵器表甲号改正ノ件」各隊の保管兵器表（「密大日記　大正十五年」6冊の内3：Ref. C03022756700）。
(68)「大正十五年度　陸軍造兵廠歴史」、「陸軍兵器本廠歴史　第九編」（防衛省防衛研究所戦史研究センター所蔵）。
(69) 防衛庁［一九七九］一〇四頁。
(70) 中隊に三トン車五四、四トン車一四、野戦自動車廠に四トン車一四（甲号兵器表）。
(71) 内閣統計局『第五〇回　日本帝国統計年鑑』同、一九三一年、二〇二頁。
(72)「三平株式会社三八式銃包用弾丸及薬莢注文ニ関スル件」（「大日記乙輯　大正十二年」：Ref. C03011897700）。
(73) 佐藤［一九九九］四三〇頁。
(74) 陸軍省兵器局銃砲課起案陸軍兵器本廠長宛陸軍省副官通牒（「大日記乙輯　大正十二年」：Ref. C03011855200）。
(75)「兵器調弁ノ件」（「大日記乙輯　大正十三年」：Ref. C03011973900）。
(76) 大角亨『経験回顧録』八八丁。
(77) 四五九～四六〇頁。
(78)「十一年式軽機関銃及図面貸与ノ件」（「大日記乙輯　大正十二年」：Ref. C03011846400）。
(79) 矢島忠正［二〇〇五］。
(80)「十一年式軽機関銃火造品払下及同図面貸与ノ件」（「大日記乙輯　昭和二年」：Ref. C01001918900）。
(81) 名古屋陸軍造兵廠記念碑建立委員会［一九八六］二九五～三四二頁。
(82) 大角亨『経験回顧録』八八丁。

文献目録

井上幾太郎伝刊行会［一九六八］『井上幾太郎伝』井上幾太郎伝刊行会。

大江志乃夫［一九七六］『日露戦争の軍事史的研究』岩波書店。

――［一九八七］『日露戦争と日本軍隊』立風書房。

梶山季之［一九六六］『松田重次郎』時事通信社。

黒野耐［二〇〇〇］『帝国国防方針の研究――陸海軍国防思想の展開と特徴』総和社。

纐纈厚［一九八一］『総力戦体制研究――日本陸軍の国家総動員構想』三一書房、（社会評論社、二〇一〇年再版）。

――［一九八五］「軍需工業動員法制定過程における軍財間の対立と妥協　下」『政治経済史学』二三一号。

小林順一郎［一九二四］『陸軍の根本改造』時友社。

佐藤昌一郎［一九九九］『陸軍工廠の研究』八朔社。

佐山二郎［二〇一一］『日本陸軍の火砲　要塞砲』光人社NF文庫。

「神鋼五十年史」編纂委員会［一九五四］『神鋼五十年史』株式会社神戸製鋼所。

高橋重治［一九三六］『日本航空史　乾』航空協会。

高橋秀夫［一九八六］「陸軍軍縮の財政と経済」近代日本研究会『年報　近代日本研究　8』山川出版社。

竹村民郎［一九七〇］「大正期における産学連繫の諸問題――田中内閣の成立に関連して」『経済評論』一九七〇年一一月号、一二月号）。

土田宏茂［二〇一〇］『近代日本の「国民防空」体制』神田外語大学出版局。

名古屋陸軍造兵廠記念碑建立委員会［一九八六］『名古屋陸軍造兵廠史・陸軍航空工廠史』同。

疋田康行［一九七七］「戦前期日本航空機工業資本の蓄積過程」（『一橋論叢』七七巻六号）。

日野自動車工業株式会社［一九八二］『日野自動車工業四〇年史』日野自動車工業株式会社。

防衛庁防衛研修所戦史室［一九六七］『陸軍軍需動員〈1〉計画編』朝雲出版社。

――［一九七五］『陸軍航空兵器の開発・生産・補給』。

――［一九七九］『陸軍軍戦備』。

三宅宏司［一九九三］『大阪砲兵工廠の研究』思文閣出版。

矢島忠正［二〇〇五］『渡邊三郎――その生涯と日本特殊鋼』里文出版。

諸橋英一［二〇一三］「第一次世界大戦期における総動員機関設置過程にみる政軍関係――英国からの影響と文民優位体制の展開」『法学政治学論究』第九六号。

横山久幸［二〇〇〇・二〇〇一］「日本陸軍の軍事技術戦略と軍備構想について――第一次世界大戦前後を中心として」『防衛研究所紀要』第3巻第2号、第3号。

――［二〇一一］「日本陸軍の兵器研究思想の変遷」『軍事史学』四六巻四号。

あとがき

昨年四月の国連総会において、武器貿易条約（ATT: Arms Trade Treaty）が、賛成一五六カ国、反対三カ国（イラン、シリア、北朝鮮）、棄権二二カ国で採択された。これは、通常兵器の国際取引を管理することによって、人権弾圧や戦争犯罪を防ぐことを目的とした初の条約である。だが、手放しでは喜べそうにない。この国連総会での採択は、それに先立つ国連本部での交渉会議において条約案が全会一致で採択されなかった結果の表決なのである。はたして、この条約によって兵器産業の武器輸出にどの程度の歯止めがかけられるのであろうか。なお、昨年一二月に安倍内閣は、外交・安全保障の基本方針となる国家安全保障戦略（ＮＳＳ）を初めて策定し、武器輸出を原則禁止した武器輸出三原則に代わる新原則を定める方針を打ち出した。わが国の武器輸出三原則は確実に緩和の方向に向かいつつある。

われわれは、こうした国内外の情勢をどのように評価すべきであろうか。今日、アメリカが武器輸出管理の緩和と同盟国への防衛協力の強化を求めるなかで、武器輸出はわが国にとってもこれまで以上に重要な課題となりつつある。にもかかわらず、兵器の輸出や兵器を生産する防衛産業に関するわれわれの知識はきわめて乏しい。現代世界の一見複雑な問題も、歴史を遡ることによって、その本質を浮彫りにすることが期待できるのであるが、これまで歴史研究も武器輸出問題を研究対象とはしてこなかった。

本書で扱った軍縮の歴史研究にしても、従来はそのほとんどが外交史・国際関係史の領域にとどまり、軍縮問題を武器移転や兵器産業との関連から実証的に分析した研究は国内外を問わずほとんど皆無であったと言っていい。このような状況の下で、われわれの研究グループはこれまで一〇年以上にわたって、以下のようなＪＳＰＳ科研費に依拠した三つのプロジェクトを組織して、武器移転と兵器産業の世界展開に関する実証的な歴史研究を進めてきた。

(1) 一九九九－二〇〇一年度「第二次大戦前の英国兵器鉄鋼産業の対日投資に関する研究――ヴィッカーズ・アームストロング社と日本製鋼所：一九〇七～四一年――」（研究代表者：奈倉文二）

(2) 二〇〇二－〇五年度「イギリス帝国政策の展開と武器移転・技術移転に関する研究――第二次大戦前の日英関係を中心に――」（研究代表者：横井勝彦）

(3) 二〇〇八－一一年度「軍縮と武器移転の総合的歴史研究――軍拡・軍縮・再軍備の日欧米比較――」（研究代表者：横井勝彦）

第一プロジェクト（一九九九－二〇〇一年度）と第二プロジェクト（二〇〇二－〇五年度）は、両大戦間期までの日英関係に研究対象を限定したが、そこで得られた成果を踏まえて第三プロジェクト（二〇〇八－一一年度）では、研究対象を時代的にも空間的にも大幅に拡大し、兵器の拡散防止と軍縮を阻む近現代世界の本質的構造の解明を試みた。本書はそうした共同研究の成果の一部である。

第二次大戦以降、武器取引は急速に拡大し複雑化したが、その基本的構造はすでに第一次大戦以前に形成されていた。兵器産業・武器移転史に関するわれわれの共同研究はその点を明確にしてきたが、本書ではその成果を踏まえて、より多角的な視点から両大戦間期における軍縮と軍備管理の歴史を実証的に検討した。両大戦間の軍縮期には、兵器産業と政府との関係、武器移転の「送り手」と「受け手」の関係、軍縮と武器輸出規制への政府と兵器産業の対応などを、きわめて明確な形で確認することができた。また、本書では「軍縮下の軍拡」に注目することによって、軍縮・軍備管理が破綻して再軍備へ転化していく過程についても、一定の見通しを示すことができたと思っている。

しかし、軍縮・軍備管理の破綻の全体構造を解明するためには、なおもいくつもの課題が残されている。なかでもとくに重要な課題は、すでに『軍拡と武器移転の世界史』の終章においても提示した「武器移転の連鎖の構造」の解明である。武器移転はこれまで「送り手」と「受け手」の二国間（たとえば日英間）だけで完結する閉ざされた事象として捉えられてきた。しかし、それは実際には連鎖的な事象（つまり武器移転の「受け手」がやがては「送り手」に転化・拡散しうる連続的な過程）なのであり、それに伴って現実の武器市場は多層化・多極化を遂げていく。軍縮と軍備管理が困難をきわめ、その取り組みがたえず破綻を繰り返してきた原因の究明には、「武器移転の連鎖の構造」を動態的なものとして把握することが不可欠なのである。

本書では、前作で広げた分析時期をふたたび両大戦間の軍縮期に限定し、軍縮論議、軍事技術、武器移転などに関して「軍縮下での軍拡」という視点から分析を加えたが、今後はこのような視点を堅持しつつ、経済史・国際関係史・帝国史・軍事史の分析視角を総動員し、戦間期以降をも視野に入れて、「武器移転の連鎖の構造」の実証に努めていきたい。それによってはじめて、従来の国際政治史に偏った軍縮研究では解明しえなかった軍縮と軍備管理の困難な実態や軍縮破綻の要因も、世界史的全体構造のなかで明確に捉えることが可能となるのではなかろうか。

われわれの研究グループは、すでに第四プロジェクト（二〇一三－一六年度）「軍縮・軍備管理の破綻に関する総合的歴史研究――戦間期の武器移転の連鎖構造を中心に――」（研究代表者：横井勝彦）に着手しており、そうした研究の成果を引き続き発信していくことで、武器拡散という冷戦後の世界が直面した地球規模の問題が、歴史研究の課題として広く共有されていくことを切望している。

本書はＪＳＰＳ科研費（課題番号20242014）の助成を受けた。本書の刊行に際しては、日本経済評論社社長栗原哲也氏に格別のご理解を賜った。執筆者一同を代表して深謝申し上げる。また、編集に関しては今回も同社編集部の谷口京廷氏のお世話になった。ほとんど常体化しつつある執筆陣の足並みの乱れと入稿の大幅な遅れにも寛大に対処していただき、しかも神業的な速度と正確さで本書を仕上げていただき、心よりお礼申し上げる次第である。

二〇一四年一月

横井　勝彦

【ラ行】

【ワ行】

【マ行】

【ヤ行】

【ナ行】

【ハ行】

【サ行】

【タ行】

索　　引

奈倉文二（なぐら・ぶんじ）

1942年生まれ

1974年東京大学大学院経済学研究科博士課程単位取得退学、1985年経済学博士（東京大学）

現在、茨城大学名誉教授、獨協大学名誉教授。

主な業績：『日本鉄鋼業史の研究――1910年代から30年代前半の構造的特徴――』（近藤出版社、1984年）、『兵器鉄鋼会社の日英関係史――日本製鋼所と英国側株主：1907～52――』（日本経済評論社、1998年）、『日英兵器産業とジーメンス事件――武器移転の国際経済史――』（共著、日本経済評論社、2003年）、『日英兵器産業史――武器移転の経済史的研究――』（共編著、日本経済評論社、2005年）、『日本軍事関連産業史――海軍と英国兵器会社――』（日本経済評論社、2013年）

鈴木　淳（すずき・じゅん）

1962年生まれ

東京大学大学院人文科学研究科国史学専攻博士課程修了、博士（文学）

現在、東京大学大学院人文社会系研究科・文学部教授

主な業績：『明治の機械工業』（ミネルヴァ書房、1996年）、「戦間期日本陸軍の技術将校制度」（『軍事史学』第47巻第２号、2001年）

小野塚知二（おのづか・ともじ）

1957年生まれ
1987年東京大学大学院経済学研究科第二種博士課程単位取得退学、博士（経済学）
現在、東京大学大学院経済学研究科教授
主な業績：『クラフト的規制の起源——19世紀イギリス機械産業』（有斐閣、2001年、社会政策学会奨励賞）、『西洋経済史学』（馬場哲と共編著、東京大学出版会、2001年）、『日英兵器産業とジーメンス事件——武器移転の国際経済史』（奈倉文二・横井勝彦と共著、日本経済評論社、2003年）、『自由と公共性——介入的自由主義とその思想的起点——』（日本経済評論社、2009年）、『軍拡と武器移転の世界史——兵器はなぜ容易に広まったのか——』（横井勝彦と共編著、日本経済評論社、2012年）

飯窪秀樹（いいくぼ・ひでき）

1966年生まれ
2001年横浜市立大学大学院経済学研究科博士課程単位取得
現在、学習院大学非常勤講師
主な業績：「1920年代における内務省社会局の海外移民奨励策」（『歴史と経済』第181号、2003年）、「防護巡洋艦『畝傍』の建造——区画構造を中心に——」（『軍事史学』第46巻第４号、2011年）、「史料紹介：ヴェルニー関連史料について——横須賀造船所の黎明期——」（『市史研究横須賀』第10号、2011年）、「書評 リチャード・シムズ著／谷田部厚彦訳『幕末・明治日仏関係史』」（『史学雑誌』121編第７号、2012年）、「造船所を経営した人びと 2：フランソワ・レオンス・ヴェルニー」、「造船所を経営した人びと 3：ジュル・セザール・クロード・ティボディエ」、「技術を担った人びと 14：ルイ・エミール・ベルタン」（『新横須賀市史 別編 軍事』2012年）

山下雄司（やました・ゆうじ）

1975年生まれ
2008年明治大学大学院商学研究科博士後期課程修了（博士：商学）
現在、日本大学経済学部助教
主な業績：『日英兵器産業史——武器移転の経済史的研究——』（共著、日本経済評論社、2005年）、D. R. ヘッドリク著『インヴィジブル・ウェポン——電信と情報の世界史1851-1945年——』（共訳、日本経済評論社、2013年）

千田武志（ちだ・たけし）

1946年生まれ
1971年広島大学大学院経済学研究科修了（修士課程）
現在、広島国際大学非常勤講師
主な業績：『英連邦軍の日本進駐と展開』（御茶の水書房、1997年）、「英連邦軍の進駐と日本人との交流」（平間洋一編『日英交流史 1600－2000』第３巻「軍事」東京大学出版会、2001年）、「明治中期の官営軍事工場と技術移転」（奈良文二・横井勝彦編著『日英兵器産業史——武器移転の経済史的研究——』日本経済評論社、2005年）、「軍都広島と戦時救護」（黒沢文貴・河合利修編『日本赤十字社と人道援助』東京大学出版会、2009年）

【執筆者紹介】（執筆順）

倉松　中（くらまつ・ただし）

1964年生まれ

1992年英国キール大学国際関係学部修士課程修了（MA in Diplomatic Studies）、ロンドン大学（LSE）国際史学部博士課程中退

現在、青山学院大学国際政治経済学部准教授

主な業績：“The Geneva Conference of 1927: The British Preparation for the Conference, February to June 1927”, *Journal of Strategic Studies,* 19-1（March 1996）、「戦間期の日英関係と海軍軍縮——一九二一－一九三六」平間洋一他編『日英交流史 1600-2000』第３巻「軍事」（東京大学出版会、2001年）、“Matsui Keishiro: An Efficient Public Servant” in Ian Nish（ed.）, *Japanese Envoys in Britain, 1862-1964*（Global Oriental, 2007）, Ch. 15.

西川純子（にしかわ・じゅんこ）

1967年東京大学大学院経済学研究科博士課程単位取得退学、博士（経済学）

現在、獨協大学名誉教授

主な業績：『アメリカ企業金融の研究』（東京大学出版会、1980年）、『冷戦後のアメリカ軍需産業』（編著、日本経済評論社、1997年）、『アメリカ航空宇宙産業』（日本経済評論社、2008年）

松永　友有（まつなが・ともあり）

1969年生まれ

早稲田大学大学院政治学研究科博士後期課程単位取得退学

現在、横浜国立大学国際社会科学研究院教授

主な業績：「イギリス商務院と最低賃金制度の形成」（『社会経済史学』第77巻第１号、2011年）、「1909年職業紹介所法の制定とイギリス商務院の労働政策」（『エコノミア』第61巻第２号、2010年）、「イギリス失業保険制度の起源」（『史学雑誌』第115編第７号、2006年）、「イギリス関税改革論争再考」（『歴史学研究』第817号、2006年）、「イギリス自由党の経済政策再評価」（『社会経済史学』第65巻第５号、2000年）

ジョナサン・グラント（Jonathan Grant）

1963年生まれ

1995年ウィスコンシン大学でPh.D取得

現在、フロリダ州立大学歴史学部教授

主な業績：*Big Business in Russia: The Putilov Company in Late Imperial Russia, 1868-1917*（Pittsburgh, Pa.: University of Pittsburgh Press, 1999）; *Rulers, Guns and Money: The Global Arms Trade in the Age of Imperialism*（Cambridge, Mass.: Harvard University Press, 2007）.

【編著者紹介】

横井勝彦（よこい・かつひこ）

1954年生まれ

1982年明治大学大学院商学研究科博士課程単位取得

現在、明治大学商学部教授

主な業績：『大英帝国の〈死の商人〉』（講談社、1997年）、『アジアの海の大英帝国』（講談社、2004年）、『日英兵器産業とジーメンス事件——武器移転の国際経済史——』（小野塚知二・奈倉文二との共著、日本経済評論社、2003年）、『日英兵器産業史——武器移転の経済史的研究——』）（奈倉との共編著、日本経済評論社、2005年）、『日英経済史』（編著、日本経済評論社、2006年）、『軍拡と武器移転の世界史——兵器はなぜ容易に広まったのか——』（小野塚知二との共編著、日本経済評論社、2012年）、D. R. ヘッドリク著『インヴィジブル・ウェポン——電信と情報の世界史1851-1945——』（共監訳、日本経済評論社、2013年）。

軍縮と武器移転の世界史　「軍縮下の軍拡」はなぜ起きたのか

2014年 3 月18日　第 1 刷発行　　定価（本体4800円＋税）

編著者　横　井　勝　彦
発行者　栗　原　哲　也

発行所　株式会社　日本経済評論社

〒101-0051　東京都千代田区神田神保町3-2
電話　03-3230-1661　FAX　03-3265-2993
info8188@nikkeihyo.co.jp
URL：http://www.nikkeihyo.co.jp

装幀＊渡辺美知子　　印刷＊文昇堂・製本＊高地製本所

乱丁・落丁本はお取替えいたします。　Printed in Japan

ISBN978-4-8188-2319-8